Dinâmicas do desenvolvimento em África 2019

ALCANÇAR A TRANSFORMAÇÃO PRODUTIVA

As opiniões expressas e os argumentos utilizados não refletem necessariamente as opiniões oficiais da Comissão da União Africana; ou dos países membros da OCDE, ou do Centro de Desenvolvimento desta organização.

Este documento e qualquer dados e mapa aqui incluídos foram elaborados sem prejuízo do status ou soberania de qualquer território, da delimitação de limites e fronteiras internacionais e do nome do território, cidade ou área.

Os nomes de países e territórios referidos nesta publicação seguem a prática da União Africana.

Originally published by the OECD in English under the title Africa's Development Dynamics 2019: Achieving Productive Transformation © 2019 AUC/OECD.

Por favor, cite esta publicação como:
AUC/OECD (2020), *Dinâmicas do desenvolvimento em África 2019: Alcançar a transformação produtiva*, AUC, Addis Ababa/OECD Publishing, Paris, *https://doi.org/10.1787/a9bd7ae4-pt*.

ISBN 978-92-64-58881-3 (impresso)
ISBN 978-92-64-63045-1 (PDF)

African Union Commission
ISBN 978-92-95104-92-1 (impresso)
ISBN 978-92-95104-93-8 (PDF)

Os dados estatísticos para Israel são fornecidos por e sob a responsabilidade das autoridades israelenses. O uso desses dados pela OCDE é feito sem prejuízo das colinas de Golã, Jerusalém Oriental e assentamentos israelenses na Cisjordânia, nos termos do direito internacional.

Fotografias: © Cover Design da capa por Aida Buendia (Centro de Desenvolvimento da OCDE), com base em imagens de Smilewithme, Taparong Siri, Sidhe, Tomiganka/Shutterstock.com.

As erratas das publicações da OCDE podem ser acedidas online em: *www.oecd.org/about/publishing/corrigenda.htm*.

Prefácio

O relatório anual, *Dinâmicas do Desenvolvimento em África*, analisa as políticas de desenvolvimento do continente. Apresenta um relato sobre o desenvolvimento de África, avaliando o desempenho económico, social e institucional à luz das metas da Agenda 2063 da União Africana. Esta segunda edição analisa as políticas públicas que podem ajudar a transformar os sistemas de produção de África.

As *Dinâmicas do Desenvolvimento em África* são o resultado, de uma parceria única e abrangente entre a Comissão da União Africana para os Assuntos Económicos e o Centro de Desenvolvimento da OCDE. Uma equipa de investigadores, economistas, peritos estatísticos e de outros especialistas de África e de várias outras regiões do mundo contribuíram para esta edição.

O relatório é constituído por seis capítulos que apresentam análises da transformação produtiva em África e fornecem recomendações concretas de políticas públicas. O primeiro capítulo analisa o continente no seu conjunto. Os capítulos 2 a 6 centram-se nas cinco regiões conforme definidas pelo Tratado de Abuja: África Austral, África Central, África Oriental, Norte de África e África Ocidental. Os autores adaptaram as recomendações a cada região.

O anexo estatístico contém os mais recentes indicadores económicos, sociais e institucionais dos países africanos para os quais os dados são comparáveis. Os dados são apresentados por país, região, comunidade económica regional e outros grupos de países africanos e comparam África com outras regiões do mundo e grupos de países em desenvolvimento. O relatório apresenta uma lista de indicadores e os dados estão disponíveis *online*, o que permite atualizações ao longo do ano. Esta compilação de dados relevantes para a definição de políticas públicas, é um fonte de informação única para decisores políticos, consultores, analistas de empresas, atores do setor privado, jornalistas, organizações não-governamentais e cidadãos de todo o mundo interessados em avaliar as trajetórias de desenvolvimento dos países africanos.

O relatório é publicado na íntegra em inglês, francês e português. Está também disponível uma versão *online*, em conjunto com as respetivas figuras e tabelas e o anexo estatístico. Esta publicação pode ser consultada no sítio *web* da Comissão da União Africana (https://au.int/afdd2019) e do Centro de Desenvolvimento da OCDE (https://oe.cd/afdd2019).

Editorial

Esta segunda edição do relatório económico anual da Comissão da União Africana, produzido em conjunto com o Centro de Desenvolvimento da OCDE, é dedicada à memória do Dr. René N'Guettia Kouassi, Comissário de Assuntos Económicos da Comissão da União Africana e principal impulsionador do nascimento deste relatório, em 2016. Um pan-africano empenhado, o Dr. Kouassi defendeu sempre que o continente só poderia alcançar a sua ambição de integração, através de uma transformação profunda das suas estruturas produtivas e do desenvolvimento de atividades criadoras de valor acrescentado e emprego de qualidade. Foi graças à sua convicção e ao seu incansável empenho que surgiu esta segunda edição das *Dinâmicas do Desenvolvimento em África*, pouco tempo após a sua morte prematura em Janeiro 2019.

Muitos fatores estão a contribuir para a transformação produtiva de África: a revolução do telemóvel e a digitalização, as alterações na produção e na distribuição de bens e serviços, a adaptação, pela mão dos empreendedores, das inovações às tradições locais, o empoderamento progressivo das mulheres, a adoção de normas de qualidade regionais, o acesso a novos métodos de financiamento das empresas, a melhoria das infraestruturas, a transmissão de conhecimentos através de investimentos estrangeiros e os progressos no ambiente de negócios.

Este ambiente económico favorável, radica em tendências macroeconómicas auspiciosas que favorecem esta transformação. O crescimento do PIB do continente deverá atingir os 3.6% em 2019 e a procura dos consumidores finais, cada vez mais orientada para produtos transformados, deverá aumentar cerca de 6.7%.

Finalmente, o lançamento da Zona de Comércio Livre Continental Africana (ZCLCA), aprovada na Cimeira da União Africana de Niamey, Níger, em 7 julho de 2019, deverá abrir caminho a novos mercados e promover uma melhor alocação de recursos.

Por agora, no entanto, a transição para atividades mais produtivas é ainda o resultado de alguns nichos de excelência. A grande maioria das pequenas empresas, que desempenha um papel fundamental na inclusão social, não está suficientemente envolvida nesta transformação. O rácio da produtividade do trabalho África-Ásia diminuiu de 67% em 2000 para 50% em 2018. Em alguns países, quase 91% da mão-de-obra não agrícola permanece no setor informal.

Para permitir às empresas africanas subirem nas cadeias de valor, as economias do continente necessitam de políticas públicas mais proactivas, coordenadas a nível continental, regional, nacional e local, em três áreas prioritárias: assegurar o fornecimento dos serviços necessários aos *clusters* de empresas, desenvolver redes de produção regional e melhorar a capacidade de crescimento dos exportadores em mercados em contínua mudança.

Para concretizar estes objetivos é fundamental que os países africanos e os seus parceiros mundiais disponham de uma plataforma de diálogo, sobre políticas que permitam acelerar a transformação produtiva. Esta plataforma deverá permitir articular melhor as estratégias das organizações continentais, das comunidades económicas regionais e dos governos nacionais, com as dos países Africanos, num espírito de parceria franca e aberta, dominada pelo respeito mútuo.

Este é o principal objetivo do presente relatório, graças a uma parceria entre a Comissão da União Africana e o Centro de Desenvolvimento da OCDE.

Estamos certos de que esta parceria, com base no respeito mútuo, é essencial para alcançar as metas assumidas pelas nossas respetivas instituições. Uma parceria equilibrada ajudar-nos-á alcançar os nossos sonhos comuns de um mundo menos fragmentado e menos dividido pelas desigualdades. São estes os objetivos da Agenda 2063 e da Agenda 2030 para o Desenvolvimento Sustentável das Nações Unidas. É esta a razão de ser da nossa cooperação e a ambição das *Dinâmicas do Desenvolvimento em África*. Este é o nosso objetivo.

Moussa Faki Mahamat
Presidente
Comissão da União Africana

Angel Gurría
Secretário-Geral
Organização de Cooperação
e de Desenvolvimento Económicos

Agradecimentos

Esta edição do relatório *Dinâmicas do Desenvolvimento em África* é dedicada à memória do Dr. René N'Guettia Kouassi.

O relatório emblemático *Dinâmicas do Desenvolvimento em África* da União Africana (UA), elaborado em colaboração com o Centro de Desenvolvimento da Organização de Cooperação e de Desenvolvimento Económicos (OCDE), é um dos principais legados do Dr. Kouassi. O Dr. Kouassi deu início a este relatório económico da União Africana em 2016, cimentou a parceria com o Centro de Desenvolvimento da OCDE em 2017 e forneceu orientações estratégicas para a seleção dos futuros temas deste relatório anual. Liderou a primeira edição do *Dinâmicas do Desenvolvimento em África*, publicado em 2018, sobre *Crescimento, emprego e desigualdades*. Supervisionou a redação desta segunda edição até falecer inesperadamente em 13 de janeiro de 2019. O Dr. Kouassi encarava o relatório como uma nova plataforma para os líderes da União Africana partilharem conhecimentos sobre África com parceiros mundiais. As equipas da União Africana e do Centro de Desenvolvimento da OCDE estão infinitamente gratas à sua visão e liderança intelectual na conceção e elaboração deste relatório que permitiu iniciar um diálogo sobre políticas públicas bem fundamentado, baseado em dados concretos.

O relatório económico anual, *Dinâmicas do Desenvolvimento em África 2019: Alcançar a Transformação Produtiva*, foi preparado em conjunto pela Comissão da União Africana e pelo Centro de Desenvolvimento da OCDE, sendo publicado sob a égide de Sua Excelência Moussa Faki Mahamat, Presidente da Comissão da UA, e de Sua Excelência Angel Gurría, Secretário-Geral da OCDE. Foi orientado por Sua Excelência Victor Harison, Comissário para os Assuntos Económicos da União Africana, e por Mario Pezzini, Diretor do Centro de Desenvolvimento e Conselheiro Especial para o Desenvolvimento do Secretário-Geral da OCDE. Foi supervisionado por René N'Guettia Kouassi, Diretor dos Assuntos Económicos da Comissão da UA e por Ligane Massamba Sène, economista, da Divisão de Política e Investigação Económicas da Comissão da UA, em conjunto com Federico Bonaglia, Diretor-Adjunto do Centro de Desenvolvimento da OCDE e com Arthur Minsat, Chefe da Unidade de África do Centro de Desenvolvimento da OCDE.

A **equipa de redação** da Comissão da UA foi liderada por René N'Guettia Kouassi, Diretor dos Assuntos Económicos, e por Ligane Massamba Sène, economista, da Divisão de Política e Investigação Económicas. Os membros da equipa incluiram Désiré Avom (Universidade de Dschang), Aram Belhadj (Universidade de Cartagena), Alemu Kassahun Berhanu (Universidade de Addis Ababa), Jude Eggoh (Universidade de Angers), Kouadio Clément Kouakou (Universidade Félix Houphouët-Boigny), Winford H. Masanjala (Universidade do Malawi) e Mohamed Ben Omar Ndiaye (Universidade Cheikh Anta Diop de Dakar). A equipa no Centro de Desenvolvimento da OCDE, liderada por Arthur Minsat, Chefe da Unidade de África, e por Bakary Traoré, economista, incluiu Rodrigo Deiana, Sébastien Markley, Thắng Nguyễn-Quốc, assim como Dieu-Donné Gameli, Heddie Moreno, Elisa Saint-Martin, ajudados pelas contribuições de Armin Lalui (Vanguard Economics). O capítulo 1 também beneficiou dos valiosos dados e sugestões de Ana Margarida Fernandes (Banco Mundial), Adnan Seric e Michael Windisch (ONUDI), Ali Alsamawi, Agnes Cimper, Joaquim José Martins-Guilhoto, Jose René Orozco, Colin Webb e Norihiko Yamano (OCDE).

A Comissão da UA acolheu uma série de seminários técnicos para definir a estrutura e o teor do relatório, promover o intercâmbio das inovadoras conclusões de investigação entre os membros da equipa de redação e rever e harmonizar os capítulos (em Nairobi em setembro de 2018 e em Addis Ababa em julho de 2018, em novembro de 2018 e em fevereiro de 2019).

Os capítulos beneficiaram da **opinião e dos comentários** de peritos que participaram numa reunião entre pares realizada no Centro de Desenvolvimento da OCDE em dezembro de 2018: Richard Carey (ACET), Robert Nantchouang (Fundação Africana para o Reforço de Capacidades [ACBF]), Landry Signé (Brookings), Gyude Moore (Centro para o Desenvolvimento Global), Cristina Mitaritonna (CEPII), Simeon Koffi (CEDEAO), Gaëlle Doleans (Comissão Europeia), Anna Waldmann (GIZ), Mariam El Joubari (Haut Commissariat au Plan, Maroc), Isabelle Ramdoo (IISD), Stephen Gelb e Dirk Willem te Welde (ODI), Gwamaka Kifukwe, Golvine de Rochambeau e Ines Zebdi (Sciences-Po), Lilia Hachem Naas (UNECA), Elizabeth Glass (UN Habitat), Michele Clara (ONUDI), Kako Nubukpo (Universidade de Lomé), Clémence Pougué-Biyong (Universidade Paris Dauphine), David Kaplan (Universidade da Cidade do Cabo), James McGregor (Universidade de Surrey), Souleymane Coulibaly (Banco Mundial) e Lucia Cusmano, Iza Lejarraga, Andrea Goldstein e Vasiliki Mavroeidi (OCDE). O relatório também beneficiou das consultas realizadas no *Overseas Development Institute* em outubro de 2018, no Comité Técnico Especializado (CTE) da União Africana sobre Finanças, Assuntos Monetários, Planeamento e Integração Económicos sobre o tema "Políticas Públicas para a Transformação Produtiva" realizado em Yaoundé em março de 2019 e na Comunidade dos Países de Língua Portuguesa (CPLP) em Lisboa, no *Policy Centre for the New South* em Paris, na 6.ª Cimeira de Grupo de Reflexão Africano da ACBF em Nairobi e no Banco Europeu de Investimento no Luxemburgo em abril de 2019.

Os capítulos revistos beneficiaram da revisão e dos comentários de pares realizados por Robert Nantchouang (ACBF), Stefan Agne, Thomas Feige, Antonio Crespo Moreno, Nicoletta Kolovou, Juergen Kettner, Odoardo Como, Vincent Durruty, Gaëlle Doléans entre outros (Comissão Europeia) e por Anna Waldmann, Niklas Malchow e Arumugam Pillay (GIZ). Os capítulos beneficiaram dos comentários adicionais de Ben Shepherd (Developing Trade Consultants), Kasper Søgaard (Global Maritime Forum) e Michelle Harding, Linda Smiroldo Herda, Sébastien Miroudot, Annalisa Primi, Jan Rielaender, Henri-Bernard Solignac-Lecomte e Martin Wermelinger (OCDE). Todos os capítulos beneficiaram de uma revisão adicional realizada por José Pineda (Universidade de British Columbia). O relatório recebeu comentários ou apoio adicional de Dossina Yeo, Chefe de Política e Investigação Económicas, Djeinaba Kane, Diretor Editorial, Charumbira Ndinaye Sekwi, Economista Tributário e de Rumbidzai Treddah Manhando, *Youth Volunteer* (Departamento de Assuntos Económicos da Comissão da UA).

Yamrot Kifle (Comissão da UA), Kokobe Georges (Comissão da UA) e Julia Peppino (OCDE) deram um apoio valioso na coordenação do trabalho administrativo.

O envolvimento da equipa de edição, tradução e revisão foi fundamental para a produção atempada do relatório, que foi editado por Sabine Cessou e Jill Gaston. A versão portuguesa foi traduzida por a Divisão de Tradução da OCDE, tendo a revisão ficado a cargo de Kesia Braga. Elizabeth Nash e Delphine Grandrieux supervisionaram a produção com Aida Buendía, Irit Perry e PYKHA, responsáveis pela estrutura das páginas. Aida Buendía criou o design gráfico e a capa e Irit Perry criou a infografia.

A União Africana e o Centro de Desenvolvimento da OCDE estão gratos à ACBF pelo seu envolvimento neste relatório. O Centro de Desenvolvimento da OCDE agradece à Comissão Europeia (DG DEVCO), à Alemanha (BMZ/GIZ), a Itália (Ministério dos Negócios Estrangeiros e Cooperação Internacional) e a Portugal (Camões – Instituto da Cooperação e da Língua, I.P.) pelo seu apoio adicional a esta segunda edição.

Sumário

Figuras

Tabelas

Caixas

Siglas e abreviações

ALC	América Latina e Caraíbas
APD	Ajuda Pública ao Desenvolvimento
ASEAN	Association of Southeast Asian Nations (Associação das Nações do Sudeste Asiático)
ASS	África subsariana
BAfD	Banco Africano de Desenvolvimento
CAD	Comitê de Ajuda ao Desenvolvimento
CAO	Comunidade da África Oriental
CCI	Centro de Comércio Internacional
CEDEAO	Comunidade Económica dos Estados da África Ocidental
CEEAC	Comunidade Económica dos Estados da África Central
CEMAC	Comunidade Económica Monetária da África Central
CEN-SAD	Comunidade dos Estados do Sahel e do Saara
CER	Comunidade Económica Regional
CNUCED	Conferência das Nações Unidas sobre Comércio e Desenvolvimento
COMESA	Common Market for Eastern and Southern Africa (Mercado Comum da África Oriental e Austral)
CTEM	Ciências, Tecnologia, Engenharia e Matemática
CUA	Comissão da União Africana
CVG	Cadeias de Valor Globais
CVR	Cadeias de Valor Regionais
FEM	Fórum Económico Mundial
FFI	Fluxos Financeiros Ilícitos
FMI	Fundo Monetário Internacional
ICE	Índice de Complexidade Económica
ICG	Índice de Competitividade Global
I&D	Investigação e Desenvolvimento
IDE	Investimento Direto Estrangeiro
IG	Indicação Geográfica
IGI	Índice Global de Inovação
ISIC	International Standard Industrial Classification (Classificação Internacional Normalizada Industrial de Todas as Atividades Económicas - CINI)
ISO	International Standards Organization (Organização Internacional de Normalização)
IVA	Imposto sobre Valor Acrescentado
NEPAD	New Economic Partnership for Africa's Development (Nova Parceria para o Desenvolvimento de África)
OCDE	Organização para Cooperação e Desenvolvimento Económico
OIT	Organização Internacional do Trabalho
OMC	Organização Mundial do Comércio
ONU	Organização das Nações Unidas
ONUDI	Organização das Nações Unidas para o Desenvolvimento Industrial
PIB	Produto Interno Bruto
PIDA	Programme for Infrastructure Development in Africa (Programa de Desenvolvimento das Infraestruturas em África)
PME	Pequena e Média Empresa
SADC	Southern African Development Community (Comunidade de Desenvolvimento da África Austral)

SAPP Southern Africa Power Pool (Agrupamento de Energia da África Austral)

TAU Território Aduaneiro Único

TEC Tarifa Externa Comum

TIC Tecnologias da Informação e Comunicação

UA União Africana

UE União Europeia

UEMOA União Económica e Monetária do Oeste Africano

UMA União do Magrebe Árabe

VCL Vantagem Comparativa Latente

VCR Vantagem Comparativa Revelada

WAMZ West African Monetary Zone (Área Monetária da África Ocidental)

XOF Franco da África Ocidental

ZAR Rand da África do Sul

ZCLCA Zona de Comércio Livre Continental Africana

ZEE Zona Económica Especial

Sumário executivo

Os mercados em crescimento de África apresentam um grande potencial de transformação dos seus sistemas de produção. O produto interno bruto (PIB) do continente cresceu 4.6% ao ano desde 2000, a segunda maior taxa de crescimento do mundo. A procura interna foi responsável por 69% do crescimento africano tendo-se deslocado para produtos mais transformados. A Zona de Comércio Livre Continental Africana traz novas esperanças de criação de um mercado pan-africano para a industrialização do continente.

Muitas empresas locais estão a aproveitar estas oportunidades para crescer em dimensão e produtividade. O setor privado de África é heterogéneo: inclui "campeões" dinâmicos, empresas estáveis, empresas de subsistência, empresas informais e pequenas empresas em crescimento. Muitos "campeões" pan-africanos como o *Office chérifien des phosphates* de Marrocos ou a MTN da África do Sul estão a diversificar as suas bases de produção e de mercado para operar em todo o continente. As *start-ups* como a Jumia (com sede na Nigéria) e a M-KOPA (com sede no Quénia) estão a utilizar novas tecnologias e novos modelos de negócios para tirar partido do aumento da procura local e atrair grandes investimentos. As *start-ups* tecnológicas africanas alcançaram um recorde de USD 1.2 mil milhões em capitais próprios em 2018, por comparação com USD 560 milhões em 2017.

Contudo, a transformação produtiva não se está a propagar, em especial onde seria necessária, como é o caso dos setores de emprego intensivo. O rácio de produtividade do trabalho África-Ásia diminuiu de 67% em 2000 para os atuais 50%. A produção de África ainda não satisfaz a procura interna: as exportações africanas de bens de consumo para mercados internos diminuíram de USD 12.9 mil milhões em 2009 para USD 11.8 mil milhões em 2016, ou de 0.8% do PIB de África em 2009 para 0.5% em 2016. Sem um impulso político forte e coordenado, as empresas africanas podem perder terreno para os novos concorrentes mundiais.

África tem de acelerar a sua transformação produtiva para criar empregos de qualidade para os 29 milhões de africanos que entrarão no mercado de trabalho até 2030. Os empregos de qualidade continuam a ser uma exceção para os jovens e as mulheres de África: cerca de 42% dos jovens africanos que já estão no mercado de trabalho vivem com menos de USD 1.90 por dia (em paridade de poder de compra) e somente 12% das mulheres africanas em idade ativa dispunham de um emprego remunerado em 2016. Embora os cidadãos africanos sejam os mais empreendedores a nível mundial, muitos não têm competências básicas. A maioria dos jovens empresários na Côte d'Ivoire e em Madagáscar não dispõe das capacidades necessárias para realizar a contabilidade básica, implantar uma fábrica, utilizar ferramentas para planear num horizonte plurianual, identificar um avanço tecnológico relevante ou formar os recursos humanos.

Uma abordagem sistémica à transformação produtiva em África requer três conjuntos de políticas:

1. **Desenvolver** *clusters* **estratégicos de empresas.** Os governos podem usar *clusters* estrategicamente para desenvolver as vantagens comparativas da economia. O sucesso desta política depende de escolher a localização adequada, atrair as competências certas e disponibilizar os serviços empresariais para assegurar as ligações dentro dos *clusters*. Embora os governos africanos tenham realizado progressos consideráveis nas duas primeiras áreas, o apoio às empresas locais pode ajudar a desenvolver uma base de fornecedores mais forte.

2. **Facilitar as redes de produção regional.** As políticas públicas têm de reforçar as redes de produção regional. O fornecimento regional continua a ser inferior a 15%. As normas regionais ajudam os pequenos proprietários a integrarem-se nas

cadeias de valor regionais, em particular na agricultura, que representa 50% de todo o emprego. A coordenação de estratégias para a captação de investimento direto estrangeiro atrairá investidores, desenvolverá competências regionais e evitará o excessivo recurso a incentivos fiscais.

3. **Reforçar as capacidades das empresas para prosperar em novos mercados.** As políticas públicas devem ajudar os exportadores africanos a prosperar adaptando-se aos mercados de destino. A eliminação de barreiras não tarifárias reduz as incertezas dos exportadores e pode aumentar os ganhos em cinco vezes. Desta forma, precisam de procedimentos administrativos simplificados e de melhor conectividade e infraestruturas, em especial nos transportes aéreos, estradas e portos. Os exportadores têm de cumprir normas de qualidade: as empresas africanas apresentam atualmente três vezes mais pedidos de certificação ISO do que em 2000. Contudo, em 2015, só as empresas malaias apresentaram tantos pedidos de certificação quantos os pedidos apresentados por todas as empresas africanas.

O ritmo da transformação produtiva e as políticas dos governos para transformar os seus sistemas de produção variam entre as regiões africanas. As economias da África Austral enfrentam os problemas decorrentes de uma desindustrialização precoce. As percentagens de valor acrescentado industrial no PIB total diminuíram desde 2000. A Estratégia de Industrialização da Comunidade de Desenvolvimento da África Austral pretende promover a transição das economias da região da atual trajetória de crescimento dependente das matérias-primas para economias industrializadas, de valor acrescentado e de conhecimento intensivo. O seu plano de ação dá prioridade a seis *clusters* principais para o desenvolvimento de cadeias de valor regional: agroalimentar, minerais e beneficiação, produtos farmacêuticos, bens de consumo, automóveis e novos serviços. Esta estratégia pode apoiar-se na participação da África do Sul nas cadeias de valor globais (CVGs) e aproveitar a presença de empresas multinacionais para integrar as pequenas e médias empresas nas CVGs. O desenvolvimento de bens públicos regionais, em especial nas infraestruturas de energia e transportes, e a harmonização de procedimentos aduaneiros e sistemas de pagamentos serão essenciais.

A África Central está a experimentar uma transformação produtiva lenta. A região é altamente dependente de matérias-primas, que representaram 85% do total das suas exportações em 2017, enquanto a média de África foi de 51%. O petróleo sozinho representa quase metade do total das receitas externas. Para diversificar a sua base económica e aumentar a resiliência, os governos da África Central pretendem adicionar mais valor acrescentado nos sectores da madeira, pedra e vidro, que apresentam uma vantagem comparativa revelada. Recomendam-se três ações principais: reforçar a integração e as sinergias regionais, promover os agrupamentos empresariais setoriais em zonas económicas especiais e operacionalizar as estratégias de diversificação.

As economias da África Oriental passaram gradualmente de uma agricultura de subsistência para os serviços, os agronegócios de maior valor acrescentado e as indústrias transformadoras de mão-de-obra intensiva. O setor dos serviços é o maior contribuinte para o valor acrescentado na região. Os indicadores de competitividade mostram progressos, mas permanecem abaixo dos níveis mundiais. Os países precisam ultrapassar os constrangimentos ao crescimento a nível nacional e regional: i) aumentando o investimento na formação de capital humano, na melhoria contínua do ambiente de negócios e no apoio à empresas em cadeias de valor estratégicas, ii) colaborando a nível regional para promover oportunidades de maior competitividade, e iii) promovendo as "indústrias de futuro", como os serviços financeiros, a economia digital e o turismo.

Várias economias no Norte de África estão a diversificar-se para atividades de tecnologia intensiva, enquanto outras se baseiam na exportação de recursos naturais, em particular, petróleo e gás. As exportações com vantagem comparativa latente são mais diversificadas no Egito, em Marrocos e na Tunísia do que na Argélia, na Líbia e na Mauritânia. Os decisores políticos podem promover a melhoria da qualidade em conjunto com a diversificação dos produtos nos *clusters* existentes. As políticas públicas podem apoiar a investigação e o desenvolvimento e fomentar a inovação através do financiamento e de transferências de tecnologia. A eliminação de barreiras à livre circulação de bens e serviços (em particular, barreiras não tarifárias) e a harmonização das normas técnicas são fundamentais para melhorar os atuais níveis insuficientes de comércio intrarregional. Por último, uma melhor regulamentação do mercado de trabalho e das políticas *anti-trust*, protegendo a propriedade intelectual e simplificando os procedimentos administrativos podem melhorar o ambiente de negócios.

A África Ocidental depende das exportações de bens não transformados nos setores extrativos e agrícolas. Os 15 países da região – grandes exportadores de matérias-primas não processadas – estão atrasados em termos de industrialização, competitividade e ascensão na cadeia de valor. Apesar de terem realizado progressos na integração financeira e económica, os resultados em termos de inovação e de competitividade são limitados ou até mesmo negativos em muitos países. Cinco estratégias políticas podem acelerar a transformação produtiva das matérias-primas *in situ*: i) reforçar as complementaridades regionais, ii) melhorar a inovação empresarial, iii) facilitar o acesso aos mercados, iv) racionalizar a política fiscal (nacional e regional) e v) aumentar o acesso à energia e terra.

Perspetiva continental: políticas para realizar a transformação produtiva em África

Dinâmicas do Desenvolvimento em África 2019 examina políticas para a transformação produtiva do continente para ajudar os líderes africanos a alcançar as metas da Agenda 2063 da União Africana. O primeiro capítulo analisa o potencial de transformação produtiva em África e as políticas em curso que exploram esse potencial. Em razão disto, propõe três políticas principais para transformação das empresas africanas num mundo em mudança. Os cinco capítulos regionais do relatório descrevem as grandes diferenças existentes entre as transformações produtivas da África Austral, Central, Oriental, Ocidental e do Norte, e propõem políticas específicas para cada região. O relatório oferece aos decisores políticos africanos um instrumento atualizado para o diálogo sobre políticas e reformas a nível nacional, regional e pan-africano.

Os mercados africanos em crescimento apresentam grande potencial de transformação produtiva

O continente africano registou um crescimento do produto interno bruto (PIB) de 4.6% entre 2000 e 2018. Em termos de crescimento, este desempenho foi melhor do que o da América Latina e Caraíbas (ALC) que se situou nos 2.6%, mas foi inferior à média da Ásia, de 7.4%, no mesmo período. O crescimento deverá ser de 3.6% em 2019 e de 3.9% em 2020-23. Desde 2000, 11 países africanos atingiram um estatuto de país de rendimento médio ou elevado. Atualmente, 17 países africanos têm o estatuto de economia emergente ou de economia de fronteira (MSCI, 2019).

A procura interna de África é o principal motor deste crescimento, tendo sido responsável por 69% do crescimento anual entre 2000 e 2018. Esta procura está a evoluir para produtos com um maior grau de transformação. A procura do continente por alimentos transformados está a crescer a um ritmo 1.5 vezes superior ao da média mundial e a procura de muitos outros produtos, como veículos rodoviários, produtos de metal e máquinas industriais, está também a expandir-se mais rapidamente do que a média mundial.

Muitas empresas locais aproveitam estas oportunidades para crescer em dimensão e produtividade. Entre as empresas que estão a expandir os seus negócios para todo o continente incluem-se o *Office chérifien des phosphates* (OCP) e o Attijariz Bank de Marrocos, a Dangote e o United Bank of Africa da Nigéria, o Ecobank do Togo, o METL Group da Tanzânia, as Ethiopian Airlines, a Safaricom que integra a M-PESA do Quénia, e a MTN e a Shoprite da África do Sul. Estes "campeões" são exemplo da forma como as empresas africanas estão a aproveitar o potencial do continente. Os conglomerados africanos diversificaram até mesmo os seus serviços ou produtos para operarem em diversos mercados e países.

As *start-ups* mais jovens em África estão também envolvidas em muitos setores. As três principais atividades das *start-ups* africanas estão relacionadas com a tecnologia de informação e os serviços de internet: aplicativos e *software*, criação de conteúdos audiovisuais e de radiodifusão (Figura 1). O comércio eletrónico situa-se em 6.º lugar (12%). As *start-ups* como a Jumia (com sede na Nigéria) e a M-KOPA (com sede no Quénia) estão a utilizar novas tecnologias e novos modelos de negócios para explorar o aumento da procura local e regional e atrair grandes investimentos. Em 2018, as *start-ups* tecnológicas africanas angariaram quase USD 1.2 mil milhões em capitais próprios, por comparação com USD 560 milhões em 2017.

Figura 1. O que fazem as *start-ups* africanas? Os 10 principais setores

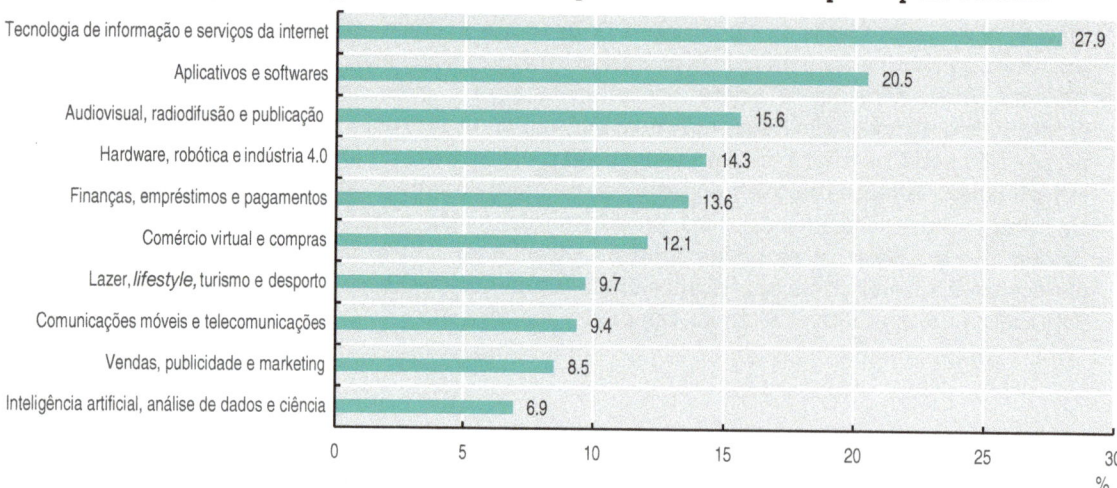

Fonte: Cálculos dos autores com base na Crunchbase (2019), *Crunchbase Pro* (base de dados).
StatLink ᠁᠁᠁ https://doi.org/10.1787/888933966599

A transformação produtiva é o processo através do qual as empresas acumulam maiores capacidades organizacionais, produtivas e tecnológicas e as propagam ao resto da economia. Estes ganhos ocorrem, em primeiro lugar, ao nível das empresas. Uma empresa inova ou adapta novas tecnologias com êxito para desenvolver novos mecanismos de produção ou introduzir novos produtos no mercado. A inovação permite à empresa especializar-se, modernizar-se para realizar atividades de maior valor acrescentado, melhorar a sua produção ou aumentar a sua produtividade. No seu conjunto, estas alterações podem conduzir à transformação de toda a indústria e economia por efeito da concorrência, da aprendizagem entre empresas e da melhoria dos fatores de produção, como melhores competências e infraestruturas. Em consequência, a produtividade aumenta, aproximando-se das economias com melhores desempenhos.

A transformação produtiva é limitada, em especial nos setores que empregam mais mão-de-obra

O crescimento não criou empregos de qualidade nem bem-estar suficientes para a população. A percentagem de emprego precário em África diminuiu apenas de 71% em 2000 para 68.2% em 2018. Em alguns países, cerca de 91% da mão-de-obra não agrícola continua em empregos informais. O número de pessoas que vive com USD 1.90 por dia ou menos aumentou 31 milhões entre 1999 e 2015, passando de 376 milhões para 407 milhões de pessoas. A correlação entre os indicadores de bem-estar e os níveis mais elevados de rendimento é menor em África do que noutras regiões do mundo.

Esta divergência entre os resultados do crescimento e do desenvolvimento decorre da estrutura do sistema produtivo em África. O que os países produzem e comercializam determina os resultados do desenvolvimento global e molda a capacidade dos sistemas económicos gerarem e redistribuírem riqueza. A maioria das economias africanas depende de atividades mineiras ou relacionadas com matérias-primas agrícolas pouco especializadas. Os setores mineiro e dos serviços públicos representam 11% do produto africano, apesar de empregarem 1.4% da população ativa. Os bens não transformados ainda representavam quase metade (48.7%) das exportações de África em 2017, face a

10.1% nos países asiáticos em desenvolvimento e a 27.6% na região da América Latina e Caraíbas.

No geral, a produtividade não está a recuperar. A produtividade laboral em África tem-se mantido em 12% do nível da produtividade laboral dos Estados Unidos desde 2000 (Figura 2). O rácio de produtividade do trabalho África-Ásia diminuiu de 67% em 2000 para os atuais 50%. Esta estagnação da produtividade sugere que as capacidades não estão a ser difundidas de forma generalizada: a produtividade continua limitada às empresas mais produtivas.

Figura 2. **Produtividade do trabalho em África, na Ásia e na América Latina e nas Caraíbas por comparação com o Estados Unidos, 2000-18**

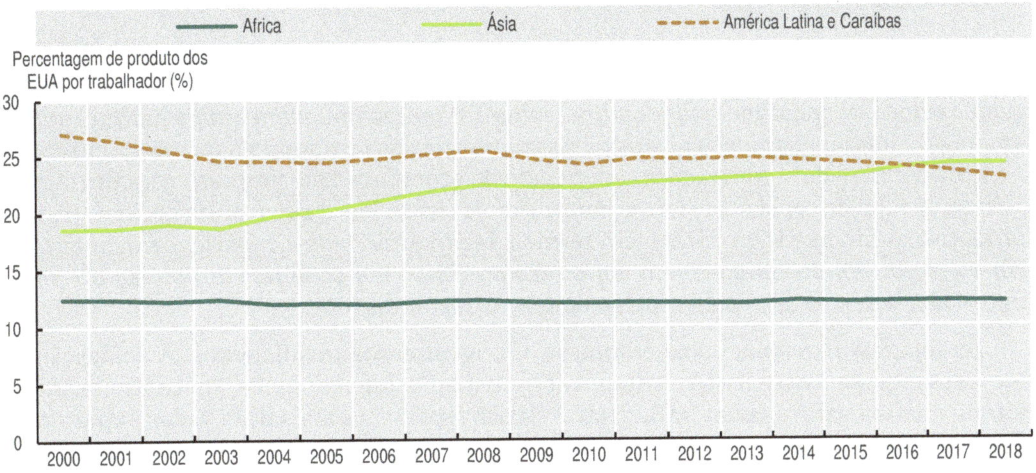

Fonte: Cálculos dos autores com base no *Conference Board* (2019), *Total Economy* (base de dados).
StatLink ▩⬛ https://doi.org/10.1787/888933966618

A maioria das empresas, em especial as de menor dimensão, não dispõe das capacidades básicas e apresenta uma produtividade baixa. Num painel de 9 países africanos, o valor acrescentado por trabalhador em empresas com 100 trabalhadores é mais de 3 vezes superior ao das empresas com 5 trabalhadores e 3.5 vezes superior ao das empresas com 200 trabalhadores (Page e Söderbom, 2015). Na Côte d'Ivoire e em Madagáscar, a maioria das empresas carece das capacidades básicas, como fazer a contabilidade básica, criar uma fábrica, utilizar ferramentas para planear num horizonte plurianual, identificar um avanço tecnológico relevante e promover a formação dos recursos humanos.

A melhoria das capacidades das pequenas empresas é essencial para criar mais empregos de qualidade. Entre as empresas formais de 38 países africanos, as empresas com menos de 20 trabalhadores são responsáveis por 41% da criação líquida de emprego, enquanto as empresas com 20-99 trabalhadores são responsáveis por 23% e as empresas com mais de 100 trabalhadores por 20%. As pequenas e médias empresas (PME) mais jovens – com menos de cinco anos – são responsáveis por 22% da criação líquida de emprego.

Libertar o potencial empreendedor de África pode impulsionar a capacidade de inovação da economia. Cerca de 22% da população ativa africana está a criar novas empresas, a taxa mais elevada do mundo, quando comparada com 19% nos países da América Latina e 13% nos países em desenvolvimento na Ásia. Entre os novos empreendedores africanos, 20% introduzem um novo produto ou serviço no mercado, uma percentagem semelhante à de outras regiões em desenvolvimento. O dinamismo do empreendedorismo pode fomentar o que Joseph Schumpeter designou de processo de "destruição criativa" e tornar toda a economia mais inovadora e produtiva.

O reforço das conexões entre as empresas africanas é fundamental para a disseminação de novas capacidades

As empresas africanas estão muitas vezes isoladas umas das outras, o que impede a difusão de novas tecnologias e o *know-how* entre empresas. As ligações a montante e a jusante são relativamente fracas, como por exemplo no Quénia:

- Ligações a montante com fornecedores nacionais: 66% dos bens e serviços intermédios utilizados por empresas que recebem investimento direto estrangeiro (IDE) são importados, por comparação com 25% no Vietname.
- Ligações a jusante: apenas 3% das empresas que recebem IDE no Quénia produzem bens e serviços para outras empresas quenianas, por comparação com 61% no Vietname.

As grandes diferenças de capacidade impedem a criação de ligações entre as empresas mais produtivas e as outras. Em termos de intensidade de capital, práticas de gestão e normas aplicáveis aos produtos, estas diferenças impedem um pequeno grupo de empresas altamente produtivas – principalmente grandes empresas nacionais e empresas multinacionais – de criar ligações com o resto da economia. Este processo gera um círculo vicioso de falta de capacidade nas empresas mais atrasadas, o que resulta numa estrutura produtiva altamente segmentada em termos de produtividade e capacidade de inovação. Por exemplo, 1% das empresas mais produtivas do Gana produz, em média, 169 vezes mais valor acrescentado por empresa do que as restantes 99%.

As ligações regionais entre empresas são igualmente insuficientes. A utilização de recursos regionais em África continua a ser, em média, inferior a 15%. Em contrapartida, o fornecimento intrarregional no Sudeste Asiático representa mais de 80% das exportações em indústrias como veículos a motor, têxteis e vestuário e produtos informáticos, eletrónicos e óticos. Em certos casos, as políticas implementadas não conseguiram reforçar as cadeias de valor regionais, como por exemplo a exploração mineira na África Austral que dependia tradicionalmente da África do Sul para o fornecimento de bens de capital. No entanto, as importações mais competitivas de bens de capital da China para a África Austral têm desafiado a posição da África do Sul nos últimos anos.

A melhoria do ambiente de negócios através das habituais reformas regulatórias não é suficiente para reforçar as ligações industriais. A divulgação de novas tecnologias e capacidades exige políticas do lado da oferta para os fornecedores locais e PME. As empresas enfrentam diferentes constrangimentos relacionados ao financiamento, às infraestruturas e às competências que as impedem de inovar e modernizar-se. Outros fatores não relacionados com o ambiente de negócios impedem também as empresas africanas de crescer em termos de dimensão: cerca de 60% da diferença de dimensão entre as empresas africanas e as de outros países em desenvolvimento continua sem explicação, mesmo depois de isolados os efeitos do ambiente de negócios, da idade e da propriedade das empresas e da dimensão do mercado. Ultrapassar estes constrangimentos exige, para além de um melhor ambiente de negócios, soluções de longo prazo que reforcem a capacidade das empresas produzirem bens de qualidade.

As empresas africanas têm de antecipar e responder melhor às futuras megatendências

O continente africano mudou muito, o que continuará a verificar-se nos próximos anos. Cinco megatendências a nível continental e mundial criam oportunidades e desafios significativos para as empresas africanas iniciarem, gerirem e expandirem os seus negócios. Estas tendências incluem o crescimento demográfico, a urbanização rápida, as alterações climáticas, a Nova Revolução Industrial e a transferência dos termos de troca para outras economias emergentes na parte oriental do globo.

Tabela 1. Cinco megatendências que afetam a transformação produtiva em África

Megatendência	Principais riscos	Principais oportunidades
"Deslocação da riqueza" e o surgimento de economias emergentes	• Concorrência de outros mercados emergentes • Criação de "empregos de um dólar". • Nova "partilha de África" • Degradação ambiental	• Diversificação do cabaz de exportações africanas • Realocação de indústrias transformadoras pouco qualificadas da Ásia para África • Atração de IDE para África • Novas fontes de financiamento para o desenvolvimento • Transferência de competências
Nova Revolução Industrial	• Automatização • Relocalização de indústrias transformadoras para economias avançadas • Falta de competências e base tecnológica • Fluxos financeiros ilícitos	• Redução dos custos com o comércio, especialmente no caso das pequenas empresas • Criação de novos nichos e mercados • Utilização de novas tecnologias para melhorar o acesso aos serviços públicos e a qualidade das políticas públicas
Transição demográfica	• Elevada taxa de desemprego dos jovens e aumento do emprego no setor informal • Aumento da pressão sobre os serviços públicos e os recursos ambientais • Migração e fuga de cérebros	• Crescimento do mercado de trabalho africano • Maior poupança, consumo e crescimento do PIB devido ao aumento da oferta de mão-de-obra e à criação de riqueza • Crescimento de uma classe média em África
Transição urbanística em África	• Maior pobreza e desigualdade nas zonas urbanas • Desigualdade entre zonas rurais e urbanas • Congestionamento urbano • Mais poluição atmosférica e utilização ineficiente da água e de outros recursos naturais	• Crescimento de uma classe média "urbana" e procura de bens, alimentos e de infraestruturas urbanas de elevado valor acrescentado • Geração de economias de escala e inovação social • Utilização mais sustentável dos recursos graças à partilha eficiente de infraestruturas em zonas de alta densidade
Alterações climáticas	• Catástrofes naturais, secas e alterações dos padrões meteorológicos • Perda de meios de subsistência e atividades económicas	• Expansão de novos setores verdes • Maior criação de emprego em setores verdes

Estas megatendências serão fatores de mudança. Elas proporcionam novas fontes de financiamento, novos mercados e padrões de procura e novas possibilidades de dar um salto qualitativo, através do recurso a oportunidades inovadoras para a transferência de tecnologia e gestão empresarial. Este é o caso das técnicas de extração ecológica, que podem melhorar a competitividade no setor mineiro e no resto da economia (por ex., o OCP em Marrocos e o Projeto de Eficiência Energética Industrial da África do Sul). Estas megatendências também trazem a necessidade da criação de melhores empregos, novos concorrentes e novos riscos para o crescimento inclusivo e para o ambiente.

Atualmente, a maioria das empresas africanas corre o risco de perder mercado para novos concorrentes, tanto nacionais como de mercados emergentes. Entre 2009 e 2016, as exportações africanas de bens de consumo para mercados africanos diminuíram de USD 12.9 mil milhões para USD 11.8 mil milhões. Ao mesmo tempo, as importações de bens de consumo provenientes do resto do mundo aumentaram de USD 11.2 mil milhões para USD 19 mil milhões. Nos mercados emergentes, os exportadores africanos também estão atrasados no aproveitamento desta nova procura em relação aos novos concorrentes da Ásia e da América Latina, assim como os chineses. Os exportadores africanos representaram apenas 0.3% do aumento das importações de bens de consumo da China face aos 12% dos países da Associação das Nações do Sudeste Asiático e de 5.1% dos países da América Latina e Caraíbas.

As taxas de sobrevivência das empresas exportadoras mostram que estas precisam melhorar a sua capacidade de prosperar em mercados altamente competitivos. As empresas africanas têm tentado diversificar as suas exportações, mas apenas 18% dos novos exportadores do continente sobrevivem após o seu terceiro ano, por comparação com 22% dos exportadores de outros países em desenvolvimento. Vários fatores ao nível das firmas impedem as empresas africanas de inovar e crescer.

Estas diferenças implicam que os países africanos não podem replicar as abordagens da industrialização utilizadas no passado devido às diferenças de contexto. Não existe um modelo único de transformação ao nível de cada país. As vias para a transformação produtiva dependem de muitos fatores, que desempenham um papel diferente em diversos países e setores e de acordo com contextos económicos históricos e mundiais variáveis. Por exemplo, a indústria transformadora depende cada vez mais dos serviços e de setores como o das tecnologias de informação e comunicação (TIC), do marketing e dos transportes e da distribuição. Os serviços representaram 40-42% do valor acrescentado nestes setores em 2015 no Egito, na Etiópia e no Quénia (Figura 3). Globalmente, os serviços com funções de apoio representam entre 25% e 60% do emprego nas empresas da indústria transformadora. Os governos devem, assim, centrar-se nas cadeias de valor estratégicas e não exclusivamente na indústria transformadora.

Figura 3. **Conteúdo de valor acrescentado dos serviços no total das exportações de produtos transformados, mineiros e agrícolas em nove países africanos**

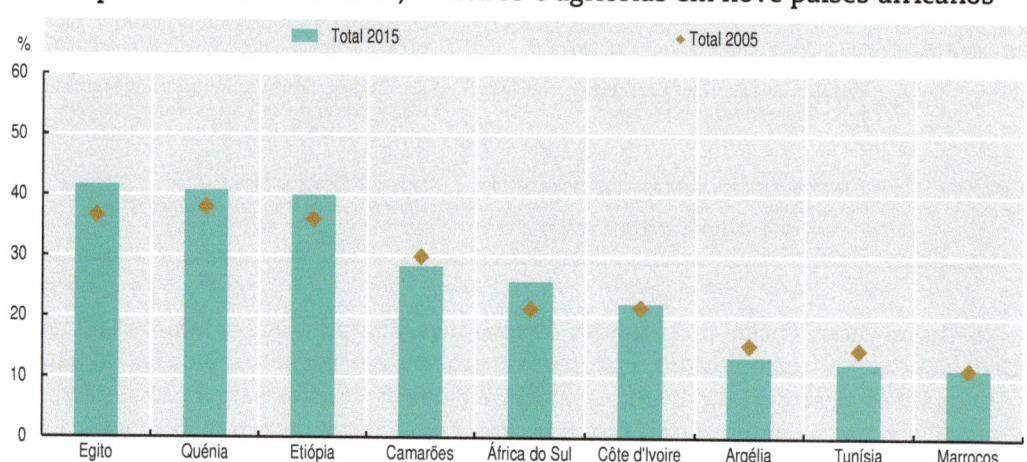

Fonte: Cálculos dos autores com base nas fontes de dados subjacentes da OCDE (2018), *Trade in Value Added* (base de dados).
Nota: Exportações totais de "manufaturados, mineiros e produtos agrícolas" definido como nos códigos CINI D01 a 03 (agricultura) + código D05 a 09 (mineiros) + códigos D10 a 33 (manufaturados).
StatLink ⬛⬛⬛ https://doi.org/10.1787/888933966637

Tempo de agir: um apelo a estratégias de transformação produtiva proactivas e coordenadas

Acelerar o desenvolvimento dos setores produtivos em África é fundamental para cumprir os objetivos do continente estabelecidos em várias iniciativas pan-africanas atualmente em curso (Kouassi, 2015a). A União Africana, através da Agenda 2063, prevê a transformação estrutural das economias africanas, com vista a criar um crescimento forte, robusto e inclusivo, gerador de empregos e de oportunidades para todos. A entrada em vigor e o funcionamento do Acordo de Comércio Livre Continental Africano (AfCFTA) em 2019 assinalam o forte empenho dos líderes africanos no sentido da transformação produtiva. Em conjunto com outras iniciativas pan-africanas, como o Mercado Único Africano dos Transportes Aéreos e o passaporte único de África (ver Tabela 2), estas iniciativas salientam a importância da industrialização para uma transformação económica sustentável.

Tabela 2. **Dez iniciativas continentais em curso para a industrialização de África**

Iniciativas continentais em curso (lista não exaustiva)	Principais instituições	Calendário
1 Agenda 2063 Meta 1: "Uma África Próspera Baseada no Crescimento Inclusivo e no Desenvolvimento Sustentável"	AUC	2013-63
2 Plano de Ação da UA para o Desenvolvimento Industrial Acelerado de África (AIDA)	AUC	2008-em curso
3 Acordo de Comércio Livre Continental Africano	AUC	2019-em curso
4 A Terceira Década de Desenvolvimento Industrial das Nações Unidas para África (DDIA III)	ONUDI	2016-25
5 Programa de Desenvolvimento de Infraestruturas em África (PIDA)	AUC, NEPAD, BAfD, CEA	2012-40
6 Estratégia de Ciência, Tecnologia e Inovação para África 2024 (STISA)	AUC	2014-24
7 Iniciativa Africana para o Desenvolvimento das Indústrias de Agronegócios e Agroindustriais (3ADI)	FAO, FIDA, ONUDI	2010-20
8 Programa Integrado para o Desenvolvimento da Agricultura em África (CAADP)	AUC, NEPAD	2003-em curso
9 The Africa Mining Vision	AUC	2009-em curso
10 Iniciativa Africana de Capacidade Produtiva (APCI)	ONUDI	2003-em curso

Nota: CUA – Comissão da União Africana; ONUDI – Organização das Nações Unidas para o Desenvolvimento Industrial; NEPAD – Nova Parceria para o Desenvolvimento de África; BAfD – Banco Africano de Desenvolvimento; CEA – Comissão Económica das Nações Unidas para África; FAO – Organização das Nações Unidas para a Alimentação e a Agricultura; FIDA – Fundo Internacional para o Desenvolvimento Agrícola.

A complexidade do apoio à transformação produtiva requer uma estratégia sistémica. As empresas produtivas de África devem responder à crescente procura regional do continente. Tal permitir-lhes-á tirar partido da expansão da base de consumidores a que o AfCFTA dará acesso. O desafio aqui é não só eliminar as tarifas, mas coordenar os procedimentos aduaneiros a nível regional e melhorar o ambiente para criar e desenvolver negócios. A maioria das empresas, especialmente as micro, pequenas e médias empresas africanas, pode não ser capaz de aproveitar os benefícios das tarifas reduzidas e da dimensão do mercado do AfCFTA sem que sejam ultrapassadas barreiras internas e externas à capacidade das empresas, como custos de transporte excessivos, barreiras ao investimento transfronteiriço e outras barreiras não tarifárias.

Esta abordagem sistémica à transformação produtiva em África requer a adoção de três conjuntos de medidas: i) o desenvolvimento de *clusters* de empresas; ii) a promoção de redes de produção regionais; e iii) o reforço da capacidade das empresas para prosperar em novos mercados. Estas políticas destinam-se a melhorar as capacidades das empresas africanas, nomeadamente a sua capacidade para antecipar as tendências futuras, adaptar-se à evolução das condições do mercado, conhecer e melhorar o seu potencial e estabelecer ligações entre si (Primi, 2016).

Figura 4. Três conjuntos de políticas relacionados entre si para apoiar as empresas africanas na transformação produtiva

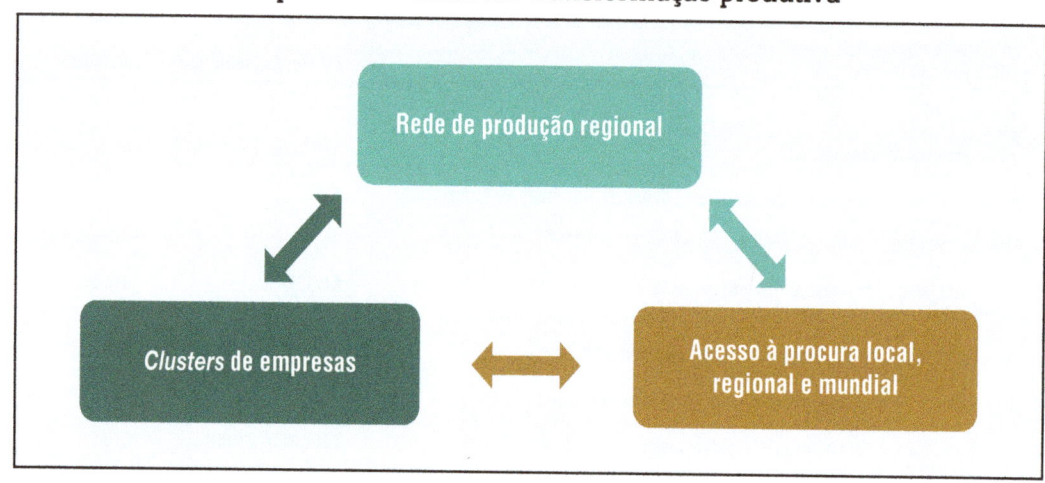

Fonte: Elaborado pelo autor.

A escala e a natureza transversal dos desafios que as empresas africanas enfrentam exigem políticas coordenadas entre os governos africanos. Por exemplo, um défice de infraestruturas estimado em 3.1%-6.9% do PIB por ano continua a representar um importante obstáculo ao desenvolvimento do setor privado em África (Ashiagbor *et al.*, 2018). Colmatar este défice exige soluções sustentáveis e de longo prazo, incluindo abordagens comuns para a mobilização de recursos nacionais. Réné Kouassi (2008, 2015a e 2015b) salientou a importância de estratégias coordenadas a nível nacional e continental. As abordagens bem-sucedidas são inclusivas e gozam de uma participação e apropriação fortes por parte dos intervenientes nacionais, regionais e locais. O sucesso dessas estratégias depende também de uma liderança transformadora por parte dos intervenientes públicos e privados e exige o reforço das capacidades de ambos os setores. Este fortalecimento das capacidades pode ser alcançado progressivamente ao longo do tempo (ACBF, 2019).

Desenvolver *clusters* de empresas: prestar serviços empresariais para melhorar a especialização, as ligações e as competências

Os *clusters* podem ser utilizados de forma estratégica para desenvolver as vantagens comparativas de uma economia (ver Capítulos 2-6 que apresentam as vantagens comparativas de cada região). Os *clusters* permitem que os governos com recursos limitados tirem o máximo partido dos seus ativos, investindo num local específico em vez de os dispersar. Neste processo, os países podem aproximar-se da fronteira tecnológica global atraindo IDE e facilitando a transferência de tecnologia. A densidade relativamente mais elevada de empresas, fornecedores, prestadores de serviços e instituições associadas num *cluster* pode traduzir-se em maiores repercussões e transferências de conhecimentos, com isso ampliando o impacto das políticas públicas. Como afirmou o economista Alfred Marshall, nas zonas industriais é como se os mistérios do comércio "estivessem no ar".

Os decisores políticos podem seguir uma abordagem em três etapas para a criação de *clusters* eficazes (Figura 5). Os governos africanos realizaram progressos consideráveis nas duas primeiras etapas que envolvem a identificação da melhor localização para os *clusters* e a atração de novas capacidades através de IDE. Para garantir um impacto de longo prazo na transformação produtiva, os decisores políticos africanos têm de prestar mais atenção à criação de ligações entre os atores destes *clusters*. A transferência de conhecimentos exige a utilização de capacidades locais mais elevadas em setores específicos que apresentam vantagens comparativas.

Figura 5. **Três fases no sentido da criação de polos eficazes**

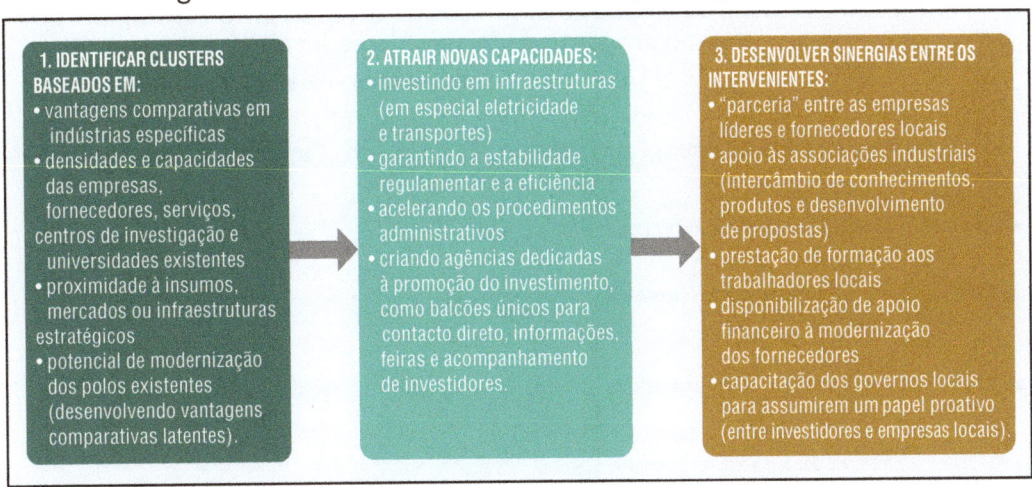

1. IDENTIFICAR CLUSTERS BASEADOS EM:
• vantagens comparativas em indústrias específicas
• densidades e capacidades das empresas, fornecedores, serviços, centros de investigação e universidades existentes
• proximidade à insumos, mercados ou infraestruturas estratégicos
• potencial de modernização dos polos existentes (desenvolvendo vantagens comparativas latentes).

2. ATRAIR NOVAS CAPACIDADES:
• investindo em infraestruturas (em especial eletricidade e transportes)
• garantindo a estabilidade regulamentar e a eficiência
• acelerando os procedimentos administrativos
• criando agências dedicadas à promoção do investimento, como balcões únicos para contacto direto, informações, feiras e acompanhamento de investidores.

3. DESENVOLVER SINERGIAS ENTRE OS INTERVENIENTES:
• "parceria" entre as empresas líderes e fornecedores locais
• apoio às associações industriais (intercâmbio de conhecimentos, produtos e desenvolvimento de propostas)
• prestação de formação aos trabalhadores locais
• disponibilização de apoio financeiro à modernização dos fornecedores
• capacitação dos governos locais para assumirem um papel proativo (entre investidores e empresas locais).

Fonte: Elaborado pelo autor.

Na primeira etapa, o sucesso dos *clusters* **depende da escolha estratégica da sua localização face à vantagem comparativa do país.** É necessária uma massa crítica de empresas e atores interdependentes com base no seu grau de especialização, composição e estádio de desenvolvimento, na intensidade das ligações existentes e na capacidade de criar empregos inclusivos. Várias antigas zonas económicas especiais da África Central e da África Ocidental transformaram-se em "catedrais no deserto" porque estavam situadas em áreas remotas sem as condições de apoio necessárias.

Na segunda etapa, os governos têm de atrair empresas líderes para os *clusters.* Os países africanos estão a tornar-se mais bem-sucedidos neste domínio. *Clusters* recentes, como o Tangier-Med (Marrocos), a *Eastern Industry Zone* e o *Hawassa Industrial Park* (Etiópia), e a Zona Económica Especial de Kigali (KSEZ, Ruanda) atraíram multinacionais de dimensão mundial em setores que vão da indústria automóvel e aeronáutica às indústrias têxtil, do vestuário e do calçado. Por exemplo, as empresas que se deslocam para a KSEZ estão associadas a um aumento de 206% das vendas, a um aumento de 201% do valor acrescentado e a um aumento adicional de 18% do número de trabalhadores permanentes, comparativamente a empresas semelhantes que não se deslocaram para a mesma zona.

Centrar-se no básico é o fator mais importante para atrair IDE, assegurando estabilidade e acesso a serviços empresariais. Nestes *clusters*, os governos estão a assegurar ativamente o acesso à infraestruturas de qualidade (em especial, eletricidade e transporte rodoviário) e a desenvolver, com êxito, regulamentação em vários domínios, como procedimentos aduaneiros, tributação e licenças de exercício de atividade. A estabilidade política e macroeconómica interna e a fiabilidade do ambiente regulamentar figuram entre as quatro principais determinantes dos fluxos de entrada de IDE. Por outro lado, baixas taxas de impostos e baixos custos do trabalho não são suficientes para atrair investidores internacionais. A nível global, estes fatores estão classificados como a sétima e a oitava motivações em dez.

O acesso aos serviços empresariais diretos também impulsiona as capacidades dos fornecedores locais para assegurar ligações. Intervenções específicas podem ajudar as empresas locais a melhorar as suas capacidades de produção de bens intermédios e serviços para empresas de maiores dimensões, a nível nacional e internacional. Na Etiópia, o *Bole Lemi Phase-I Industrial Park* organiza feiras destinadas a potenciais compradores e fornecedores com vista a ajudá-los a compreender as respetivas oportunidades, capacidades e necessidades. Assegura também um subsídio equivalente de até 60% para as PME investirem na sua operação e modernização.

Figura 6. O que determina que as empresas de investimento estrangeiro se abasteçam junto de fornecedores locais

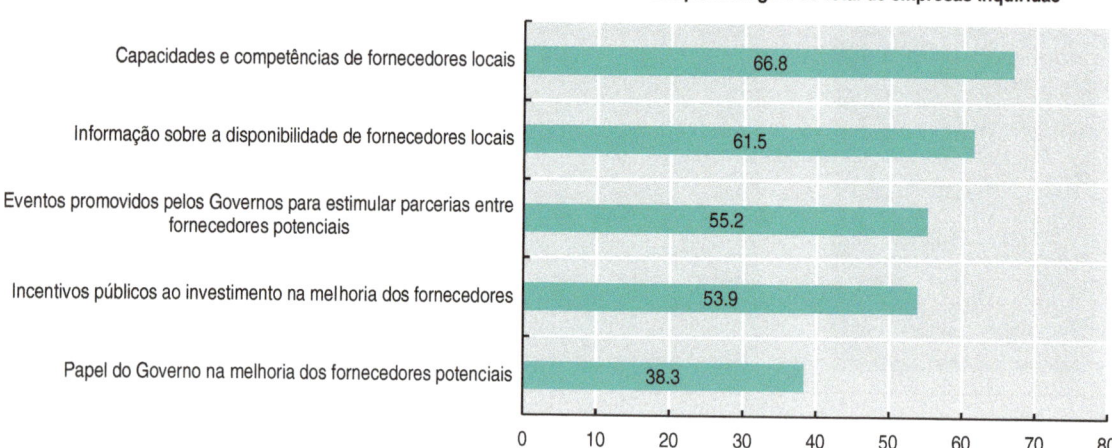

Em percentagem do total de empresas inquiridas

Fonte: Cálculos dos autores com base no Banco Mundial (2017), *"Global Investment Competitiveness Report: Foreign investor Perspectives and Policy Implications"* do Banco Mundial.
StatLink ᵐˢᵖ https://doi.org/10.1787/888933966656

Um maior envolvimento dos diferentes níveis de governo pode ajudar a identificar novas atividades dentro dos *clusters* e a melhorar a sua implementação. Na *Eastern Industrial Zone* da Etiópia e no *Hawassa Industrial Park*, a falta de autonomia impediu a gestão de adotar reformas rápidas e de adquirir ferramentas e equipamentos essenciais para a manutenção. Pelo contrário, os governos municipais na China e no Vietname trabalham em estreita colaboração com as empresas e os investidores nas ZEE, de modo a adequarem o investimento em infraestruturas e competências de acordo com as suas necessidades. Os governos locais podem desempenhar um papel de coordenação entre as empresas líderes, os fornecedores locais e os outros atores, tais como instituições de investigação, associações profissionais e investidores. O governo de Durban na África do Sul financiou associações industriais oficiais nos setores do vestuário e automóvel, o que conduziu a intercâmbios de informação e a sinergias de redução de custos, por exemplo, na formação de trabalhadores.

Apoiar as PME e políticas de competências inovadoras para assegurar uma transformação produtiva inclusiva

As PME africanas enfrentam diferentes necessidades. Para 23% das PME do continente o acesso ao financiamento é o maior constrangimento para as suas empresas. Esta percentagem é quase o dobro da referente às grandes empresas africanas com mais de 100 trabalhadores (13%). No entanto, os três tipos diferentes de pequenas empresas em crescimento em África (PEC)[1] têm necessidades de financiamento distintas, dependendo do seu perfil de crescimento e de inovação (ver Tabela 3):

1. As **empresas de elevado crescimento** são as pequenas empresas que seguem novos modelos de negócio de rutura e visam mercados de grande dimensão. Embora representem, com frequência, menos de 10% do total da categoria nos países em desenvolvimento, estas empresas de crescimento elevado podem contribuir mais do que proporcionalmente para a economia através do seu elevado potencial de expansão e inovação. Em geral, exigem "investimentos de capital de risco", redes interligadas de investidores, trabalhadores altamente qualificados e infraestruturas.

2. As **empresas dinâmicas** utilizam produtos existentes ou modelos de negócio comprovados para crescer através da especialização em mercados de nicho, da extensão do mercado ou de inovações graduais. O seu potencial de crescimento e de escala é moderado e depende do seu acesso aos mercados. Estas empresas enfrentam muitas vezes um défice de financiamento para empresas de média dimensão, o que significa que são demasiado grandes para se qualificarem para microcréditos, mas demasiado pequenas ou de risco para empréstimos bancários tradicionais, ao mesmo tempo que não apresentam o potencial de crescimento, retorno e saída necessário para fundos de capital de risco.

3. As **empresas de subsistência** são, frequentemente, entidades de pequena escala que são a fonte de rendimento para uma família individual. Tendem a reproduzir modelos de negócio existentes, servindo mercados locais ou cadeias de valor. As suas necessidades financeiras dependem de capital circulante de curto prazo. A integração destas empresas vai melhorando graças à difusão das TIC e à urbanização. Este tipo de empresa não inclui microempresas orientadas para a subsistência e com perspetivas limitadas de crescimento.

Tabela 3. Três tipos de pequenas empresas em crescimento em África, necessidades específicas e potenciais abordagens políticas

Tipo de pequena empresa em crescimento	Exemplos de necessidades específicas	Potenciais abordagens políticas
Empresas de elevado crescimento com novos modelos de negócio de rutura e um potencial de crescimento muito elevado	• Competências altamente especializadas e infraestruturas de apoio integradas (por ex., investidores, incubadoras, aceleradores) • Capital de risco faseado	• Apoio ao ecossistema empresarial através da definição de um enquadramento jurídico adequado na área da concorrência, normas, direitos de propriedade intelectual, entre outros • Investimento em educação em ciências, tecnologia, engenharia e matemática (CTEM), formação técnica e profissional e competências
Empresas dinâmicas e de nicho com potencial de crescimento moderado	Dificuldade de acesso a financiamento formal de empresas, especialmente empréstimos a médio e longo prazo • Mercado de pequenas dimensões, limitado a nichos específicos • Fracas competências de gestão deficientes	• Facilitar o acesso aos mercados • Apoiar a certificação da qualidade e a melhoria da qualidade • Promover programas de consultoria personalizados • Melhorar a variedade dos canais de crédito disponíveis (por ex., empréstimos garantidos por ativos, regimes de garantia de crédito, micro participações no capital)
Empresas de subsistência, de pequena escala, que servem os mercados locais	• Capital circulante de curto prazo • Fracas competências organizacionais	• Adotar uma política de requalificação para ajudar os empreendedores menos competitivos a entrar no mercado de trabalho • Prestar formação básica em gestão • Melhorar a inclusão financeira através de microcréditos

Dar resposta à procura de novas competências também requer políticas para desenvolver alianças público-privadas mais fortes, incentivar métodos de formação inovadores e promover a mobilidade de talentos no continente africano:

1. Atores públicos e privados podem cooperar mais no desenvolvimento de currículos, cursos e formação específicos e no alinhamento dos trabalhadores com as empresas. No Quénia, o *Generation Kenya* é um programa de formação intensiva que trabalha com 300 empregadores e 30 instituições públicas de ensino e formação técnica e profissional para requalificar licenciados através de uma formação intensiva do tipo "campo de treino".

2. A digitalização abriu a possibilidade de proporcionar uma formação de elevada qualidade em grande escala. No Níger rural, a formação por telemóvel, no âmbito do *Project Alphabétisation de Base par Cellulaire* (projeto de alfabetização básica por telemóvel) melhorou os resultados dos testes de escrita e matemática a adultos

em 20-25% relativamente aos programas tradicionais de alfabetização e aritmética elementar para adultos.

3. Os talentos africanos necessitam de poder deslocar-se facilmente em todo o continente para colmatar a escassez de competências. De acordo com o Índice de Abertura a Vistos em África, os cidadãos africanos ainda precisavam de visto para viajarem para 51% dos países africanos em 2017, face a 54% em 2016.

Desenvolver redes de produção regionais: reforçar as cadeias de valor, desenvolver normas e coordenar o investimento

As ligações regionais são fundamentais para gerar economias de escala entre os países africanos, em vez de um jogo concorrencial de soma nula entre eles. Considerada individualmente, a maioria dos países africanos pode não oferecer economias de escala suficientemente grandes ou condições suficientes para atrair tanto IDE quanto os seus concorrentes mundiais. Por exemplo, o total das exportações da Etiópia de produtos têxteis e vestuário aumentou para USD 235 milhões em 2017, o que o torna o quinto maior exportador têxtil a nível mundial, no entanto, dificilmente consegue competir com o de Bangladesh com USD 37 mil milhões. Os países africanos terão de pensar globalmente e agir regionalmente para gerar mais escala.

As cadeias de valor regionais têm uma grande margem de crescimento uma vez que a utilização de recursos regionais permanece consideravelmente limitada. Por exemplo, os produtores africanos apenas obtêm 12.9% das suas matérias-primas na região, por comparação com 21.6% no Sudeste Asiático. A percentagem do valor acrescentado intra-africano das exportações é mais elevada na África Oriental, situando-se em 25%, impulsionada pelo desenvolvimento da Comunidade da África Oriental desde 2000. Em contrapartida, a percentagem do valor acrescentado intra-africano representa apenas 4% do valor acrescentado das exportações do Norte de África.

Várias comunidades económicas regionais africanas estão a trabalhar no sentido de reforçar cadeias de valor regionais estratégicas. Em especial, o Plano de Ação da Estratégia de Industrialização da SADC dá prioridade a seis *clusters* chave para o desenvolvimento de cadeias de valor regionais: transformação agroalimentar; minerais e beneficiação mineral; produtos farmacêuticos; bens de consumo; automóveis e serviços modernos. O plano de ação identificou e avaliou projetos específicos para melhorar o alinhamento e a implementação de estratégias existentes (por ex., Programa de Modernização e Atualização da Industrialização e Estratégia de Beneficiação Mineral), desenvolver competências técnicas (por ex., os Centros de Excelência da SADC) e desenvolver o comércio de serviços. A implementação do plano de ação tem sido lenta, em parte devido à incerteza política e a um empenho irregular desde que a estratégia foi aprovada.

Uma análise comparativa e um acompanhamento sólido podem contribuir para apoiar o compromisso político de implementar estratégias regionais. Existem vários bons exemplos no continente:

* O quadro de resultados do Mercado Comum da Comunidade da África Oriental (CAO) acompanha os progressos dos países membros na eliminação das restrições legislativas e regulamentares à circulação de capitais, serviços e bens.
* A SADC está a acompanhar a implementação do seu *Policy Investment Framework* através de uma série de indicadores com base num quadro legislativo e de condições de investimento, nos resultados dos investimentos realizados e nos benefícios para o desenvolvimento.

As trocas regionais de matérias-primas podem ajudar a aproximar os pequenos produtores e a ligá-los às cadeias de valor regionais. As trocas regionais podem reduzir os custos associados à identificação de novas oportunidades de mercado, custos de armazenamento, inspeção da qualidade do produto e prospeção de compradores ou vendedores. Por exemplo, graças a uma parceria com várias instituições financeiras, os agricultores da África Oriental podem depositar os seus cereais num armazém da *East African Exchange* (EAX) e utilizar o recibo dado por esta bolsa como garantia para empréstimos até 75% do valor do produto depositado. Desde a criação da EAX, os agricultores tiveram acesso a USD 4.7 milhões para melhorar as suas empresas agrícolas. No entanto, os volumes de transações da EAX continuam a ser limitados e, sobretudo, concentrados no Ruanda. No médio prazo, uma maior cooperação e coordenação entre países membros podem alargar a cobertura da bolsa, aumentar o volume de matérias-primas transacionadas e fomentar a criação de liquidez suficiente no mercado.

A partir das especificidades locais os empresários africanos podem desenvolver novos produtos e mercados de nicho. A diferenciação de produtos, a melhoria da qualidade e a certificação são essenciais para acrescentar valor à maioria das cadeias de valor agrícolas. Os sistemas de classificação de qualidade, a rotulagem e a certificação podem ajudar os países produtores a irem além do comércio tradicional de matérias-primas nos mercados mundiais de culturas agrícolas de elevado valor (por ex. café, chá, cacau), a aumentar as receitas das exportações e a melhorar a resiliência aos choques de preços. A cooperação entre pequenos produtores através de estruturas formais e informais pode também ajudá-los a tornarem-se mais produtivos e a realizar atividades com maior valor acrescentado (Ralanson, Milliot e Harson, 2018). As parcerias entre instituições públicas de investigação e empresas locais podem ajudar a identificar novos nichos. Por exemplo, o *Ghana Centre for Scientific Research into Plant Medicine* estabeleceu uma parceria com a *Kasapreko*, uma empresa local, para introduzir a *Alomo Band* (uma bebida alcoólica à base de ervas) que se tornou um grande êxito comercial no Gana e noutros mercados da África Ocidental.

Os decisores políticos africanos podem atrair IDE de maior qualidade e adquirir novas capacidades identificando os respetivos fatores chave de atração para cada tipo de IDE. Entre 2013 e 2017, os fluxos totais de entradas de IDE em África ascenderam a USD 51 mil milhões por ano e tiveram como destino principal a África Austral (USD 12.5 mil milhões por ano), o Norte de África (USD 12 mil milhões por ano) e a África Ocidental (USD 11.6 mil milhões por ano). O IDE pode ser enquadrado em quatro categorias com base nas motivações dos investidores: procura de mercado, procura de eficiência, procura de recursos naturais e procura de ativos estratégicos. Nos últimos anos, verificou-se uma deslocação das tendências de investimento direto estrangeiro da extração de recursos para a procura de mercado. Esta última motivação foi responsável por 53.4% dos novos projetos de IDE em África entre 2013-17. Ao redefinir os seus fatores de atração para cada tipo de IDE, os países podem atrair os investimentos melhor preparados para trabalhar com a mão-de-obra local e as empresas locais.

As estratégias de IDE podem ser melhor coordenadas a nível regional, nacional e local para permitir que as empresas locais adquiram novas capacidades. Num mundo globalizado em que a distância é cada vez menos um obstáculo, a concorrência por IDE entre cidades não acontece apenas a nível local, nacional ou regional, mas mundial. Por exemplo, nenhuma cidade africana está incluída entre as cinco principais concorrentes de Joanesburgo (Bogotá, Chicago, Istambul, Deli e Buenos Aires). As principais concorrentes do Cairo em termos de IDE encontram-se também fora do continente (Al Manamah, Vilnius, Lima, Kiev e Riade). Apenas Abidjan conta com três cidades africanas entre as suas cinco principais concorrentes (Kampala, Kigali e Dar es Salaam), seguidas de duas cidades não africanas (Vienciana e Lahore).

A cooperação regional é fundamental para evitar a "concorrência" entre países beneficiários de IDE que resultaria em menor bem-estar para os países abrangidas. Por exemplo, a SADC promoveu uma colaboração alargada em matéria de incentivos fiscais para reforçar ações regionais coordenadas e responder à questão da concorrência fiscal prejudicial. A criação de um programa de convergência fiscal regulamentar poderia harmonizar progressivamente as legislações, alinhar as regulamentações nacionais ou criar normas regionais.

Desenvolver a capacidade das empresas para aproveitar o crescimento da procura: visar mercados específicos, melhorar a facilitação do comércio e eliminar barreiras não tarifárias ao comércio

As estratégias de exportação têm de distinguir entre os desafios enfrentados pelas empresas que exploram mercados intra-africanos e mercados mundiais. Os exportadores africanos são segmentados pelos mercados de destino e as estratégias de exportação devem ter em conta os diferentes mercados. As exportações das empresas africanas para mercados intra-africanos são 4.5 vezes mais diversificadas do que as exportações para mercados extra-africanos, mas têm um valor 8.5 vezes inferior às exportações para a China (Figura 7). Estas diferenças refletem vários processos de seleção que atraem e retêm diferentes tipos de empresas em diversos mercados. Elas também aconselham a adoção de abordagens específicas para explorar os diferentes mercados de exportação, em vez de uma abordagem única à promoção das exportações. O conjunto das medidas de política pode variar, tanto em termos de âmbito de aplicação como de instrumentos:

- O comércio intra-africano é essencial para diversificar os produtos e os destinos de exportação e para acumular novas capacidades, em particular para as PME. A produção para mercados regionais permite às PME aumentar a sua capacidade de fornecimento e melhorar o seu processo de comercialização e distribuição num ambiente que conhecem bem. As empresas de maior dimensão podem também beneficiar de maiores economias de escala e gama. Por exemplo, as empresas senegalesas são 8% mais suscetíveis de passarem para produtos mais sofisticados quando exportam para o mercado regional do que quando exportam para mercados da OCDE. As medidas de política pública devem ter por objetivo tornar as trocas comerciais mais fáceis, reduzindo as incertezas associadas ao acesso ao mercado.

- O comércio mundial continua a ser importante para o crescimento das exportações, bem como para a transferência de tecnologia. O comércio mundial exige mais investimento fixo e operações de maior dimensão. Por conseguinte, tende a permanecer mais acessível às empresas africanas de maior dimensão ou já estabelecidas. Os governos poderiam reforçar a capacidade de as empresas anteciparem e responderem à alterações nas normas internacionais e na procura dos consumidores, facultando informações sobre os mercados de destino, disponibilizando soluções de financiamento do comércio, apoiando a promoção das marcas das PME e facilitando o acesso aos mercados de exportação através do comércio eletrónico.

Figura 7. **Valores de exportação para África e outros mercados por exportador, em África**

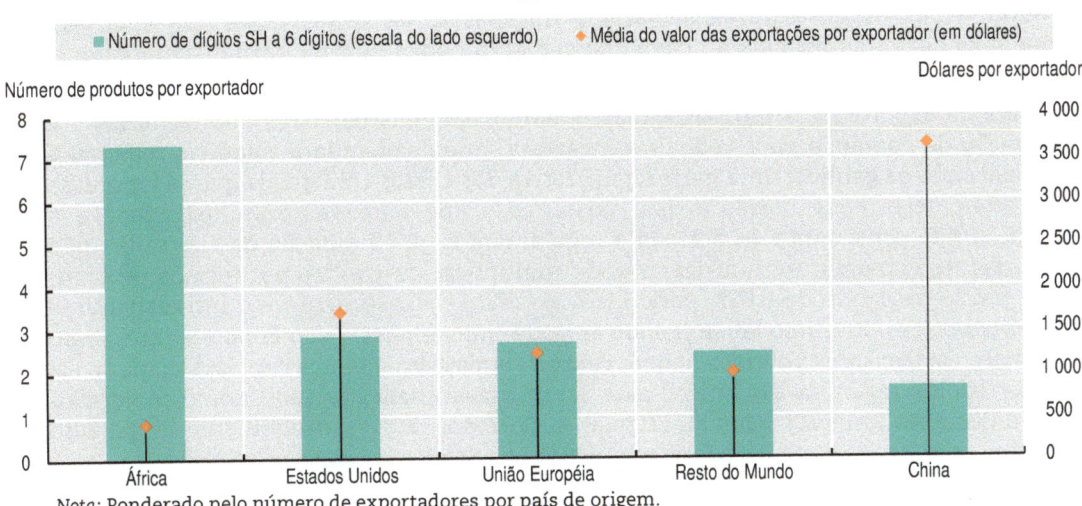

Nota: Ponderado pelo número de exportadores por país de origem.
Fonte: cálculos do autor com base em Banco Mundial (2019c), *Exporter Dynamic Database*.
StatLink ━━━ https://doi.org/10.1787/888933966675

As políticas regionais podem alcançar alguns "benefícios rápidos" através da redução dos procedimentos administrativos e da promoção e racionalização dos serviços logísticos. Para além das tarifas aduaneiras, são essenciais procedimentos aduaneiros e portuários rápidos e eficientes para o bom funcionamento das cadeias de abastecimento. A harmonização dos procedimentos e regulamentações no setor dos transportes, a simplificação dos procedimentos aduaneiros e a melhoria da gestão dos serviços de transporte de mercadorias e de armazenamento através da concorrência nos serviços de logística regional poderão reduzir os custos de trânsito. Por exemplo, a implementação do Território Aduaneiro Único da CAO reduziu significativamente os tempos de trânsito e o custo das mercadorias que entram na CAO a partir de Mombaça em cerca de 50% e 30%, respetivamente.

Os decisores políticos africanos devem reforçar os incentivos à adoção de normas internacionais industriais e comerciais por parte das empresas locais. Apesar de terem triplicado desde 2000, em 2015 os países africanos registaram tantas certificações ISO como a Malásia. A evidência de empresas em 41 países africanos mostra que dispor de um certificado ISO está associado a um aumento de 77% das vendas por trabalhador nas empresas industriais e de 55% das vendas por trabalhador nas empresas de serviços. Os governos podem apoiar o desenvolvimento de instituições para a acreditação, ensaio e calibração em função da disponibilidade das capacidades existentes nestes domínios e das necessidades estimadas do sistema produtivo. Subsídios equivalentes ou empréstimos de baixo custo também podem ajudar as empresas a pagar os custos da certificação: adotar e manter a aplicação da norma ISO 14001 poderá custar entre 7 000 e 16 000 dólares. A nível regional, os governos podem harmonizar as normas regionais e acelerar a implementação de acordos de reconhecimento mútuo, como se verifica no Mercado Comum da África Oriental e Austral, na CAO, na Comunidade Económica dos Países da África Ocidental e na SADC.

No médio prazo, a melhoria das infraestruturas regionais pode reduzir os custos para as empresas e impulsionar o comércio e o crescimento económico em todo o continente. A transmissão e a produção de energia, as estradas, os portos e os sistemas de pagamento são particularmente importantes. Num cenário de fornecimento de energia plenamente integrado, os agrupamentos de empresas de energia podem gerar poupanças de USD 41 mil milhões por ano até 2040. Além disso, a estabilização do custo da energia conduziria a poupanças entre 6% (na África Austral) e 10% (na África Oriental) para os utilizadores finais, o equivalente a cerca de USD 10 mil milhões por ano. A má qualidade das infraestruturas de transporte em África é responsável por 40% dos custos logísticos nos países costeiros e 60% nos países sem litoral. A adoção de uma abordagem regional à reforma das infraestruturas ajudaria a ultrapassar as ineficiências que emergem quando as barreiras formais ao comércio são eliminadas (por ex. tarifas aduaneiras e procedimentos administrativos).

Para os exportadores intra-africanos, a eliminação das barreiras não tarifárias e a facilitação do comércio pode reduzir a incerteza, impulsionando o comércio regional e multiplicando os ganhos. Uma parte significativa dos custos comerciais que as empresas enfrentam decorre de barreiras não tarifárias, como barreiras administrativas e a aplicação não consistente de normas e regulamentos. A eliminação das barreiras não tarifárias no comércio intra-africano pode multiplicar os ganhos em termos de bem-estar por 5, passando de 0.65% para 3.15% do PIB. O investimento em infraestruturas transfronteiriças, multimodais e holísticas pode impulsionar o comércio e a integração regionais. Os decisores políticos podem centrar o investimento dos recursos disponíveis em corredores regionais dinâmicos para atrair investimento privado, como se verifica com o Corredor LAPSSET (Quénia-Etiópia), o Corredor de Desenvolvimento de Maputo (Moçambique-África do Sul) e o Corredor de Walvis Bay (cinco países da SADC).

As políticas de financiamento para a transformação produtiva requerem a mobilização de novos recursos

Por si só, a despesa pública não sustentará o investimento produtivo e a acumulação de capital no médio prazo. O número de países de rendimento baixo que se encontra em situação de sobre-endividamento ou que enfrenta um elevado risco de sobre-endividamento aumentou de 7 em 2013 para 16 em 2018. Cerca de 43% da dívida acumulada pelos governos africanos está denominada em moeda estrangeira face a 6.3% nos países asiáticos em desenvolvimento (Figura 8). A proporção da dívida africana detida por bancos privados e detentores de obrigações também aumentou, sendo que as maturidades relativamente mais curtas e as taxas de juro mais elevadas destas dívidas podem não corresponder às necessidades de financiamento de projetos de longo prazo.

Por conseguinte, a manutenção da dinâmica de crescimento em África exigirá também a mobilização de mais recursos provenientes da poupança interna e das remessas de emigrantes. As poupanças privadas ascenderam a USD 431.5 mil milhões em 2017, o que representa 19.7% do PIB do continente, que compara com 25.5% na Ásia. Contudo, as políticas públicas têm de incentivar o investimento em atividades que aumentem a produtividade e criem empregos (Tabela 4).

Figura 8. Receitas, poupança e dívida em África e nos países asiáticos em desenvolvimento

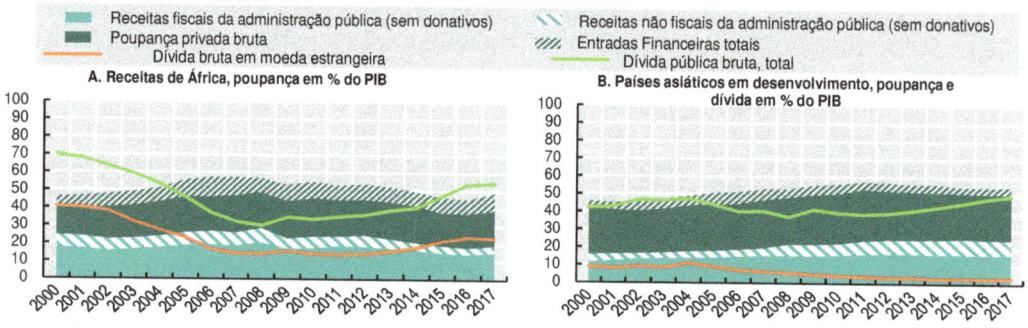

Fonte: Cálculos dos autores com base no FMI (2019), *World Economic Outlook* (base de dados).
StatLink ᵐˢ⁶ https://doi.org/10.1787/888933966694

Os governos africanos podem, simultaneamente, aumentar as receitas públicas e incentivar o crescimento do setor privado se seguirem políticas fiscais coerentes com a transformação produtiva. Estas políticas terão que encontrar um equilíbrio entre o aumento de impostos e o impacto positivo no ambiente de negócios.

- De um modo geral, os países africanos têm contado em larga medida com reformas do imposto sobre o valor acrescentado (IVA) para aumentar os níveis de tributação. O aumento das receitas do IVA representou, em média, 32% do aumento total das receitas fiscais entre 2006 e 2016 nos 21 países incluídos nas *Revenue Statistics in Africa 2018* e, no caso de Marrocos, 93%. As reformas do IVA requerem um regime fiscal com capacidade para processar reembolsos atempadamente e para evitar a fraude – conforme se verifica na Zâmbia.

- É necessário dar maior atenção à mobilização do valor da terra no contexto da rápida urbanização de África. A África do Sul começou a utilizar um sistema informático para avaliações imobiliárias em larga escala para obter avaliações e impostos sobre imóveis mais eficientes. Melhorar a administração fundiária pode também envolver benefícios para além da arrecadação de impostos. Na Etiópia e no Ruanda, a certificação da propriedade das terras agrícolas aumentou a propensão para investir e, por conseguinte, a produtividade das terras agrícolas. Na Etiópia, a propensão para investir em medidas de conservação do solo e da água aumentou em 20-30%. No Ruanda, os agregados familiares registados mostraram uma propensão para investir duas vezes superior (10%) à dos agregados familiares cujas terras não estão registadas.

- Proporcionar incentivos para que as empresas e os indivíduos se registem junto do governo pode melhorar os registos públicos e o cumprimento das respetivas obrigações legais. Por exemplo, muitas pequenas empresas e microempresas que utilizaram os Centros de Ligação de Empresas da África do Sul para obterem contratos e trabalharem com grandes empresas começaram a operar como empresas informais e foram posteriormente formalizadas. O Serviço de Rendimentos da África do Sul reduziu os custos de conformidade em 22.4% após a introdução da declaração eletrónica.

Tabela 4. Fluxos financeiros e receitas fiscais de África e poupanças privadas (dólares a preços correntes, mil milhões), 2000-17

			Média 2000-04	Média 2005-09	2010	2011	2012	2013	2014	2015	2016	2017
Fluxos financeiros externos	Privados	Investimento direito estrangeiro	16.1	46.0	46.7	46.7	52.0	50.8	52.4	56.6	53.2	41.8
		Investimento de carteira	1.8	10.4	36.8	23.2	37.6	33.7	30.2	20.8	5.9	46.0
		Remessas	14.2	41.9	54.7	61.7	66.8	65.9	70.2	70.0	66.9	74.4
	Públicos	Ajuda pública ao desenvolvimento	20.5	38.8	42.8	46.5	46.4	52.0	47.9	44.9	44.1	47.0
Total de fluxos de entrada externos			52.5	137.1	181.0	178.2	202.8	202.4	200.7	192.4	170.0	209.1
Receitas fiscais			118.6	266.9	330.3	403.2	417.7	414.5	408.8	339.5	309.5	328.7
Poupança privada			130.8	299.1	423.5	448.5	475.0	508.0	516.2	427.3	418.8	431.5

Fontes: Cálculos dos autores baseados no FMI (2019), *World Economic Outlook* (base de dados), OCDE-CAD (2018a), *International Development Statistics* (base de dados), OCDE-CAD (2018b), *Ajuda Programável por País* e Banco Mundial (2018), *Indicadores do Desenvolvimento Mundial* (base de dados).

Transformação produtiva na África Austral

Desde 2000, o PIB da África Austral cresceu a uma taxa média anual de 3.4%, inferior à de outras regiões africanas. A tendência prosseguirá com um crescimento projetado para 2019-21 de 2.2% ao ano. Embora a África Austral pareça ter resistido ao impacto da crise financeira mundial e esteja em curso uma recuperação, as duas maiores economias da região (a África do Sul, que representou 63% do PIB da região em termos de paridade do poder de compra em 2018, e Angola) estagnaram desde 2013. Isto resultou numa diminuição da percentagem da África Austral no PIB africano, que passou de 27% em 2000 para 22% em 2017.

Os investimentos de carteira são os principais fluxos de financiamento externo na África Austral desde 2009. Situando-se nos USD 21 mil milhões, os investimentos de carteira representaram 59% do total de fluxos financeiros externos na região em 2017, acima da ajuda pública ao desenvolvimento que se situou em USD 6.9 mil milhões (19%), do IDE que totalizou USD 3.8 mil milhões (11%), e das remessas de emigrantes que totalizaram USD 3.7 mil milhões (10%). Joanesburgo atrai um investimento de carteira significativo: a *Johannesburg Stock Exchange* (JSE) é a maior bolsa de valores de África e o seu setor financeiro funciona como plataforma para os investimentos pan-africanos.

A transformação da estrutura económica da África Austral tem sido limitada. Desde 1990, o peso médio do valor acrescentado industrial no PIB da África Austral diminuiu de cerca de 20% em 1990 para menos de 10% em 2017, o que se traduziu numa perda de competitividade industrial e internacional. Os países da África Austral estagnaram no Índice de Desempenho Industrial Competitivo, situando-se, em média, no 103.º lugar entre 138 países. O impacto da região na produção e no comércio mundiais diminuiu devido ao crescimento mais rápido da produção industrial noutras regiões do mundo. Os principais constrangimentos são os défices em infraestruturas e uma escassez de competências para manter a competitividade dos setores tradicionais e desenvolver novas indústrias.

A dependência dos recursos, a baixa criação de valor acrescentado e as poucas exportações de produtos baseados no conhecimento caracterizam a estrutura produtiva da região. A dependência de recursos naturais não processados está a minar a capacidade de diversificação e a complexidade da indústria da África Austral. Os países da região enfrentam o desafio de realizar a transição desta trajetória de crescimento dependente das matérias-primas para economias industrializadas de valor acrescentado e conhecimento intensivo.

A África Austral regista um reduzido nível de comércio intrarregional e uma ausência de conexões e de complementaridade regional. A África do Sul é o principal destino da maioria das exportações intrarregionais pelo facto de os restantes países da região partilharem perfis de produção e de exportação similares entre si. O comércio regional na África Austral confronta-se com custos elevados para o transporte terrestre devido, em grande medida, à ausência de concorrência e a constrangimentos estruturais. Os estrangulamentos regulamentares e administrativos impõem custos adicionais ao comércio e aos transportes regionais. Nenhum dos países da África Austral integra a lista dos 100 países mais eficientes em termos de serviços aduaneiros.

Figura 9. **Destinos das exportações da África Austral, 2016**

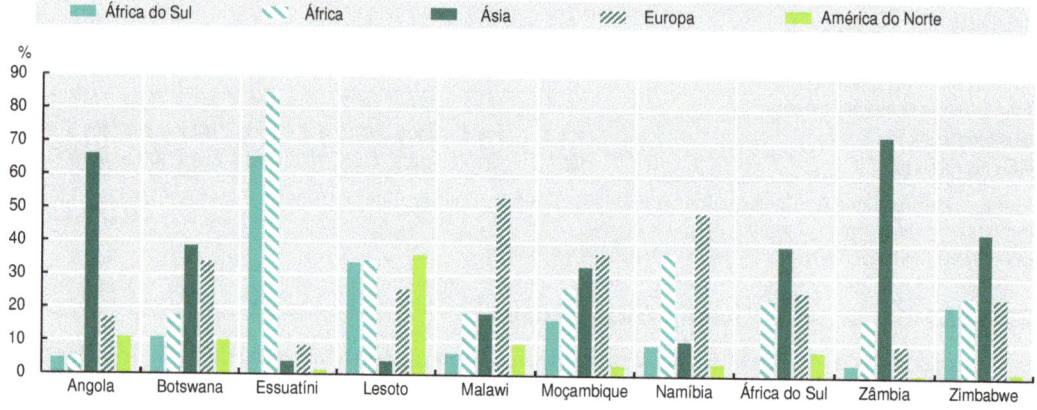

Fonte: Cálculos do autor com base em Banco Mundial (2019a), *World Development Indicators* (base de dados).
StatLink ᎒ᎮᏝ https://doi.org/10.1787/888933966713

As políticas para a transformação produtiva têm de aumentar a produtividade e a competitividade resolvendo os défices em infraestruturas, em especial no setor da energia. A região carece de uma oferta de energia suficiente para servir a crescente produção industrial e assegurar o acesso à energia da população, em contínuo crescimento. Embora a produção de eletricidade tenha aumentado, situa-se ainda no mesmo nível *per capita* de 2007 devido ao crescimento populacional (FEM/Banco Mundial/BAfD, 2017). Na África do Sul, a empresa pública de eletricidade, Eskom, luta para dar resposta ao aumento da procura de energia e enfrenta dificuldades em cumprir o serviço da sua dívida, tendo os preços do carvão aumentado cerca de 50% nos últimos dez anos.

A região deve reforçar a participação nas cadeias de valor globais (CVGs) para ajudar a transformar a sua estrutura económica. A participação em cadeias de valor pode iniciar-se a nível regional e evoluir para um nível mundial. A África Austral pode reforçar as complementaridades entre os respetivos países criando um mecanismo para o financiamento de bens públicos regionais. Além disto, pode promover indústrias de ligação que forneçam ao setor da extração mineira os bens e serviços de que precisa para alcançar progressos industriais e tecnológicos. A maioria das economias dos países da África Austral baseia-se na exploração de minérios e metais, mas estas economias não estabelecem ligações entre a indústria de extração mineira e os serviços a montante e a jusante. Os países da região podem seguir o exemplo da África do Sul que desenvolveu indústrias de ligação ao setor mineiro e domina o mercado regional de bens de equipamento de mineração.

O desafio da África Austral consiste em encontrar a forma de melhorar as cadeias de valor regionais e o ponto de entrada nas CVGs. A participação da região nas CVGs aumentou significativamente ao longo da última década e é superior à do resto do continente. No entanto, a África Austral permanece sub-representada nas CVGs e está integrada de forma assimétrica. À exceção da África do Sul, os países mais integrados em CVGs são economias pobres em recursos com populações pequenas, como o Essuatíni e o Lesoto. A sua participação deve-se sobretudo à sua proximidade da plataforma regional, a África do Sul.

Tabela 5. **Oportunidades e desafios das cadeias de valor na África Austral**

Cadeia de valor	Oportunidades	Desafios específicos
Agronegócios (horticultura e açúcar)	• O valor do comércio intrarregional no setor agroalimentar ultrapassa os USD 2.5 mil milhões e representa cerca de 28% das exportações da região.	• A localização de algumas atividades de produção nem sempre se baseia nos princípios económicos de maior eficiência que pautam as cadeias de valor nos mercados atuais (por ex. Botswana, Namíbia). • As condições climáticas, a escala do mercado e um setor de bens e serviços intermédios pouco desenvolvido limitam o desenvolvimento no Botswana, o Lesoto, a Namíbia e a Essuatíni.
Automóvel	• A África do Sul dispõe de uma indústria automóvel robusta. • A produção de bens e serviços intermédios já existe na região (por ex. baterias no Botswana, assentos automóveis fabricados no Lesoto).	• Necessidade de identificar nichos de mercado e matérias-primas e bens e serviços intermédios a preços competitivos. • Mercado de pequena dimensão. • Dependência da procura mundial.
Carne	• A carne bovina é o pilar do setor agrícola no Botswana, na Namíbia e (em menor grau) no Essuatíni, constituindo igualmente uma parte significativa do setor agrícola da África do Sul. • O Botswana, a Namíbia e o Essuatíni dispõem de matadouros aprovados para exportações para a União Europeia.	• Diferentes zonas veterinárias com diferentes estatutos no Botswana, Namíbia, África do Sul e Essuatíni, com exportações só autorizadas somente em zonas sem doenças. • Barreiras comerciais: monopólio à exportação no Botswana e proibição/restrições às exportações de gado vivo; regulamentos às importações pecuárias na África do Sul; proibição às exportações de alimentação animal da Zâmbia. • Elevados custos de transportes. • Baixa capacidade de utilização nos matadouros.
Minerais	• A maioria dos países da África Austral são economias baseadas na extração de minerais. • A criação de valor nos produtos minerais na região pode criar empregos, competências e aumentar as receitas das exportações (por ex. a Diamond Trading Company Botswana). • Podem ser criadas ligações entre empresas líderes mundiais e o setor privado local.	• Necessidade de uma coordenação e colaboração fortes com o setor privado. • As empresas que fornecem equipamento e serviços para a cadeia de valor mineral devem explorar a região como um mercado único. • Estratégias empresariais ineficientes, assimetrias de informação e baixa capacidade nos setores público e privado.

Tabela 5. **Oportunidades e desafios das cadeias de valor na África Austral** (cont.)

Têxteis e vestuário	• Todos os países dispõem de alguma atividade no setor, embora a maioria da atividade na região esteja concentrada no Lesoto e na África do Sul.	• Acesso a tecidos. • Falta de competências ao nível da gestão técnica e intermédia. • Acesso a financiamento a taxas competitivas. • Elevados custos de transporte e ausência de celeridade/flexibilidade nos transportes.

Fonte: Compilação dos autores e Banco Mundial (2016), *Factory Southern Africa? SACU in Global Value Chains.*

A África Austral necessita de acelerar a negociação e a implementação de acordos de comércio livre que sejam suficientemente ambiciosos para incluir serviços. Os serviços têm vindo a crescer de forma significativa na região e são essenciais para atrair os investidores privados e para impulsionar o crescimento da indústria transformadora. Para o efeito, o Fundo de Desenvolvimento da SADC poderia financiar projetos integrados de infraestruturas de transportes e logística regionais. Estes incluem corredores de transportes para ligar os portos de mar com os portos interiores, em especial, no caso de países sem litoral. A SADC poderia também promover uma maior integração e harmonização dos sistemas financeiros e de pagamentos para facilitar a liquidação das faturas de comércio internacional.

As políticas para a transformação produtiva e a industrialização devem contemplar três domínios:

1. **A região necessita de aumentar a produtividade e a competitividade das empresas aumentando o acesso à energia e ao financiamento, melhorando as competências e encorajando iniciativas que ajudem as PME.**

   a. No que diz respeito à energia, o Fundo de Infraestruturas da SADC poderia dar prioridade aos investimentos em infraestruturas, em especial, no setor da eletricidade, e em particular ao nível da capacidade de geração e das interligações aos restantes países onde o Fundo ainda não está operacional. Até o Fundo estar plenamente operacional, o Banco de Desenvolvimento da África do Sul necessita de ser apoiado enquanto instituição financeira seminal.

   b. No que se refere ao acesso a financiamento para PME, é possível retirar lições do programa de aconselhamento pós-empréstimo a PME da Namíbia, que alargou o acesso financeiro das PME, mitigando o risco através da prestação de serviços de apoio ao desenvolvimento de negócios. Os dois principais bancos comerciais da Namíbia, o *Development Bank of Namibia* e o *Bank Windhoek*, asseguram às PME o acesso a financiamento em condições generosas. Este financiamento está associado a um programa de aconselhamento e assistência pós-empréstimo para melhorar as competências de gestão empresarial dos empreendedores com vista a diminuir o risco de incumprimento do empréstimo (BAfD/OCDE/PNUD, 2017). Adicionalmente, a região poderia implementar programas inovadores liderados pelo setor privado para mitigar os estrangulamentos no acesso ao financiamento. A Bolsa de Joanesburgo (JSE) estabeleceu a primeira plataforma de negociações orientada para as PME em 2003. Desde então foram cotadas mais de 120 empresas, um quarto das quais se "qualificaram" para a Administração da JSE. Outras bolsas de valores na região adotaram igualmente esta inovação.

2. **A África Austral deve apoiar iniciativas que melhorem as complementaridades regionais através da promoção de bens públicos regionais, incluindo a harmonização dos procedimentos aduaneiros e dos sistemas de pagamentos.** O Corredor de Desenvolvimento de Maputo, que liga a região de Gauteng na África do Sul ao porto de águas profundas de Maputo em Moçambique, constitui um exemplo de infraestrutura integrada que promove a conectividade das áreas rurais. O corredor é multimodal, integrando transporte rodoviário, ferroviário e marítimo. A

integração financeira está a realizar-se através do Sistema Integrado de Liquidação Eletrónica Regional da SADC, que utiliza o *rand* da África do Sul como moeda de pagamento. Em todo o continente a utilização do rand aumentou de 6.3% em 2013 para 7.2% em 2017.

3. **A região tem de criar as condições para uma melhor integração nas CVGs, desenvolvendo cadeias de valor regionais que potenciem a participação da África do Sul nas CVGs.** Para tal é necessário aliviar os constrangimentos existentes ao nível dos acessos e da capacidade tecnológica. A África Austral é um dos casos que tem o potencial latente de expandir as indústrias de ligação mineira a montante fornecendo, por exemplo, equipamento, veículos todo o terreno e bombas e válvulas. O Plano de Ação para a Estratégia de Industrialização da SADC dá prioridade a seis *clusters* chave para o desenvolvimento de cadeias de valor regional: produção agroalimentar, minerais e beneficiação mineral, produtos farmacêuticos, bens de consumo, automóveis e serviços modernos. O plano de ação identifica projetos específicos para alinhar e implementar melhor estratégias existentes (como o Programa de Modernização e Atualização da Industrialização e Estratégia de Beneficiação Mineral), desenvolver competências técnicas (p. ex. os Centros de Excelência da SADC) e promover o comércio de serviços. Outro caso é a Zâmbia, que promoveu ligações a montante e a jusante da indústria mineira formando a mão-de-obra através de um abrangente programa de formação técnica e profissional realizado em conjunto com o setor mineiro. Por último, a África Austral tem de facilitar as alianças público-privadas para aprofundar a integração regional e desenvolver capacidades tecnológicas através de centros de excelência.

Transformação produtiva na África Central

A África Central registou uma dinâmica de crescimento positivo desde os anos de 2000, apesar da forte instabilidade. O crescimento anual do PIB em 2000-18 situou-se, em média, em 4.7%, com um abrandamento do crescimento estimado em 2019-21, para os 3.5%. O crescimento na África Central é mais volátil do que no conjunto do continente em geral e depende fortemente das condições económicas mundiais, tendo registado um máximo de 11.4% em 2004 antes de diminuir para 3.7% em 2006 (quase três vezes menos em dois anos). Esta forte instabilidade mantém-se ao longo do restante período de 2007-18, embora com um ciclo de crescimento correlacionado com o de África nas fases de ascensão e de recessão (um crescimento de cerca de 6% em 2013-15, seguido de um crescimento inferior a 3% em 2016-18). A exposição aos choques externos refletiu-se na diminuição das atividades entre 2008 e 2009, durante a crise financeira internacional, e em 2013, em resultado da descida dos preços do petróleo. A maior economia em termos de valor de paridade do poder de compra é o, que foi responsável por 31% do PIB da região em 2018, seguido pela República Democrática do Congo.

Entre 2010-17, a região recebeu USD 48.5 mil milhões em IDE, o valor mais baixo entre as regiões africanas e cerca de 12% do total de fluxos de IDE no continente. O IDE constituiu o principal fluxo financeiro externo em 2017, seguido pelo apoio público ao desenvolvimento que se situou nos USD 5.4 mil milhões (47%). As remessas e os investimentos de carteira representaram 3.2% e 1.9% do total dos fluxos financeiros externos respetivamente.

A região não registou nenhum aumento significativo no desenvolvimento da indústria transformadora ou do sector agrícola. Os recursos naturais explicam a dinâmica positiva da indústria, em especial ao longo do período de 2000-12, com uma contribuição para o PIB estimada em 45%, em 2011. Desde então, esta contribuição situou-se em torno dos 40%, com uma maioria de operadores estrangeiros. No final de 2016, somente quatro países dispunham de uma indústria transformadora com um peso superior a 10% do PIB: a República Democrática do Congo, a Guiné Equatorial e o Gabão com cerca de 18%

e o Camarões em 15%. A agricultura contribuiu negativamente para o crescimento do PIB, tendo apresentado a taxa de crescimento mais baixa quando comparado com o desenvolvimento do setor noutras regiões. No entanto, o peso da agricultura na economia da África Central, de 16.1 %, permanece acima da média africana de 15.8%. O setor terciário representou entre 36% a 37% do PIB em 2000-13 e depois 42.5% em 2016 (por comparação com uma média de 52% no conjunto de África), ultrapassando a percentagem da indústria. Todavia, estes serviços continuam a ter um baixo valor acrescentado, uma vez que são sobretudo de comércio a retalho.

O ambiente institucional e a qualidade das infraestruturas estão a prejudicar a transformação produtiva da África Central. De todas as regiões do continente, a África Central é a que mais carece de infraestruturas básicas, em particular de eletricidade e transportes, dois elementos que as empresas consideram estar entre os principais obstáculos. As taxas de eletrificação variam entre 83% no Gabão e apenas 5.6% no Chade, mas a média regional está próxima da de África que se situa em cerca de 30%. Somente 1 em cada 100 pessoas possui uma linha telefónica fixa, em comparação com 3 em África. A criação de *clusters* de competências, de tecnologia e de inovação requer enormes investimentos públicos e privados em pesquisa, investigação e desenvolvimento (I&D). As universidades interestaduais entre os Camarões e a República do Congo, e a instituição pan-africana da União Africana constituem exemplos disso mesmo. Embora onerosa, a I&D tem de ser uma prioridade devido ao seu papel no estabelecimento de cadeias de valor regionais em setores que podem explorar matérias-primas produzidas na região (Tabela 6).

O nível de concentração das exportações das diferentes economias continua muito alto, sendo que apenas cinco produtos representam mais de 75% das exportações. O petróleo representa quase metade das vendas ao estrangeiro (47.7%), seguido do cobre refinado e por ligas de cobre (16.4%). A região também enfrenta uma concentração muito elevada de parceiros comerciais. Os cinco principais mercados (China, Estados Unidos, Espanha, França e Itália, por esta ordem) são os destinos de mais de 60% do total de exportações. A especialização produtiva, com base no petróleo, está a perder terreno porque em alguns casos cria receitas que não geram valor acrescentado ou empregos.

Figura 10. Percentagem de tipos de produtos nas exportações da África Central e de África, 2000-17

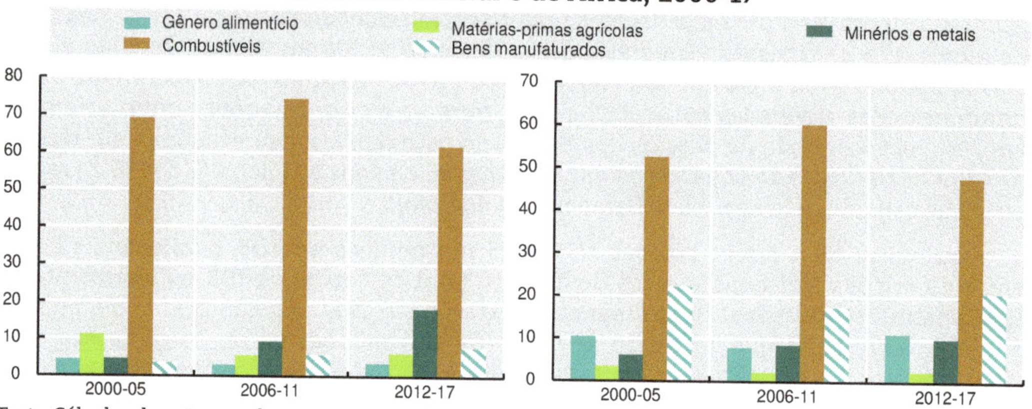

Fonte: Cálculos do autor com base em UNCTAD (2019), UNCTADStat (base de dados).
StatLink 🔗 https://doi.org/10.1787/888933966732

O comércio intrarregional na África Central não ultrapassa 3% do total. Todos os países da região são membros da Comunidade Económica dos Estados da África Central (CEEAC), uma zona de comércio livre criada em 1983. Para além dos problemas estruturais comuns a todas as regiões africanas (por ex., falta de infraestruturas, tarifas comerciais elevadas e baixa diversificação), a fragilidade do comércio regional pode ser explicada pela forte dependência das matérias-primas e pelos consequentes baixos níveis de complementaridade. Uma vez que as matérias-primas não são transformadas, a sua integração na economia mundial pode verificar-se ao nível mais baixo da cadeia de valor (Tabela 6).

As vantagens comparativas da região estão sobretudo em produtos de baixo valor acrescentado. Em média, a África Central exporta mais matérias-primas do que qualquer outra região do mundo. Uma análise do nível de sofisticação da estrutura produtiva confirma esta situação. De igual modo, nenhum país da região dispõe da capacidade de produzir bens com um elevado conteúdo em conhecimento. Os valores do Índice de Complexidade Económica dos Camarões (-1.65), do Congo (-1.28) e do Gabão (-1.43) são bastante inferiores à média de África (-1.02). A forte extroversão das economias e um baixo nível de complementaridade dos produtos exportados dificultam o desenvolvimento do comércio regional. A dinâmica positiva do setor industrial é impulsionada pelas indústrias de extração mineira em detrimento da indústria transformadora.

Tabela 6. Oportunidades e desafios das cadeias de valor na África Central

Cadeia de valor	Oportunidades	Desafios específicos
Algodão/têxteis	• As grandes marcas de vestuário poderiam eventualmente relocalizar-se indo à procura de mão-de-obra barata e de matérias-primas de melhor qualidade.	• Melhorar as fábricas têxteis no Chade e a capacidade de produção na região.
Frutas (bananas)	• A região poderia concentrar-se em três produtos finais: bebidas naturais, frutos secos e reciclagem de resíduos para produção de fertilizantes orgânicos e naturais.	• Reforçar as ligações nas cadeias de valor, desenvolver um marketing coletivo, penetrar em cadeias de valor elevado e melhorar as técnicas de transformação.
Produtos petrolíferos	• O petróleo oferece oportunidades de produção em diversos setores (têxteis, embalagens, materiais de construção, asfalto para estradas...). • Já existem várias refinarias: uma cadeia de valor mais abrangente poderia ser alargada a outras regiões e integrar a Nigéria.	• Disponibilizar formação de qualidade na área petroquímica.
Processamento de madeira	• Os produtos florestais são diversos (*ayous, okoumé, sapelli*, etc.). • É possível um grande leque de atividades: construção, pasta de papel, mobiliário, energia, etc.	• Reforçar a capacidade de transformação (serragem, descasque e corte de árvores para contraplacados e folheados), dominada por empresas informais. • Valorizar mais o *know-how* tradicional. • Assegurar a sustentabilidade da exploração de madeira para evitar a desflorestação e desenvolver ecossistemas sustentáveis.

A transformação da estrutura económica da África Central exige políticas adequadas e e estruturais:

1. **Criação de complementaridades e economias de escala através da integração das capacidades de produção e aproveitando as semelhanças dos perfis de exportação na região.** As iniciativas em curso incluem: uma estratégia regional de industrialização; o desenvolvimento do setor privado e a diversificação económica; estratégias de promoção das cadeias de valor do café e do óleo de palma; e outras iniciativas no domínio da segurança alimentar e do desenvolvimento rural no quadro do Programa Integrado para o Desenvolvimento da Agricultura na África Central e da Iniciativa Centro-Africana do Algodão (BAfD, 2019). Contudo, estes esforços exigem uma implementação firme e os resultados devem ser monitorizados e avaliados.

2. **Aumento do acesso à energia numa região com um enorme potencial.** O principal potencial da região situa-se ao nível da energia hidroelétrica, mas grandes projetos como a extensão da barragem Inga 3 ainda não se concretizaram. A região tem também um grande potencial de energia eólica e solar e poderia inspirar-se no reforço da central fotovoltaica Noor em Marrocos. Contudo, a instabilidade política e a falta de transparência têm prejudicado o investimento e os financiamentos no

setor energético, uma vez que as garantias para o investimento de capital a longo prazo nem sempre são satisfeitas. A nível regional, a Comunidade Económica e Monetária da África Central (CEMAC) criou recentemente uma Política Energética da África Central para 2035 com vista a assegurar uma infraestrutura energética fiável e eficiente para a integração da região (BAfD, 2019). O Grupo de Energia da África Central pretende criar um mercado energético regional através de conexões físicas (por ex., linhas de transmissão) e de regulamentação harmonizada. Entre os resultados alcançados até a data incluem-se um Código de Contratação Pública de Eletricidade da África Central e um fundo de desenvolvimento para o setor da eletricidade da região.

3. **Reforço do capital humano e adaptar a formação profissional ao mercado de trabalho.** O desfasamento entre a oferta e a procura no mercado de trabalho resulta em taxas de desemprego muito diversas em função do nível de escolaridade e formação. Uma plataforma poderia permitir aos operadores privados manifestarem as suas necessidades de formação, o que seria depois tido em consideração no desenvolvimento de programas de formação. A implementação destes instrumentos poderia ser realizada no âmbito de um quadro concertado com a União Africana através da sua Estratégia para a Ciência, Tecnologia e Inovação para África 2024 ou da Estratégia Continental para a Educação e a Formação Técnica e Profissional para Promover o Emprego dos Jovens. Uma política de educação ambiciosa a um nível mais estrutural para a África Central poderia envolver a escolaridade obrigatória até aos 16 anos, bem como disposições específicas para incentivar a educação das raparigas. Na República Democrática do Congo, por exemplo, a estratégia setorial da educação e da formação 2016-25 (*Stratégie setorielle de l'éducation et de la formation*) aumenta a escolaridade obrigatória para oito anos.

4. **Desenvolvimento de normas e padrões regionais.** Os países da África Central enfrentam dificuldades em harmonizar as suas normas regionais devido à falta de instituições regionais. Apenas três países dispõem de um organismo nacional de normalização operacional: o Camarões, a República Democrática do Congo e o Gabão, enquanto a República Centro-Africana e o Congo estão a criar um nestes moldes (ONUDI, 2014). Na região existem demasiadas instituições que estabelecem normas locais, o que cria dificuldades às PME para o cumprimento de normas de qualidade devido aos custos elevados e longos procedimentos envolvidos. A simplificação dos requisitos e regulamentos em matéria de certificação, nomeadamente nos domínios da saúde dos consumidores e das normas fitossanitárias e técnicas poderia promover o comércio intrarregional e a qualidade das exportações.

a. O investimento em grande escala em infraestruturas de transportes impulsionaria a atividade do setor privado. A região pode beneficiar de iniciativas continentais, como o Programa de Desenvolvimento de Infraestruturas em África. Por exemplo, o projeto rodoviário e ferroviário Kinshasa-Brazzaville já planeado poderia atenuar os estrangulamentos logísticos do rio Congo e suportar, potencialmente, 3 milhões de passageiros e 2 milhões de toneladas de mercadorias por ano até 2025. Os corredores comerciais na região estão ainda numa fase embrionária, mas a CEEAC está a trabalhar no desenvolvimento de corredores multimodais para impulsionar a conectividade dos transportes (BAfD, 2019). Um destes é o Corredor Central, que reduziu os custos de ligação da África Central ao Oceano Índico, ligando a República Democrática do Congo ao porto de Dar es Salaam (Tanzânia) por via rodoviária, ferroviária e por vias de navegação interiores através do Burundi, do Ruanda e do Uganda (CCTTFA, 2019).

b. Avançar com os planos da CEEAC para harmonizar a regulamentação e desenvolver uma rede regional de fibra ótica permitiria fechar o fosso na área da conectividade digital com o resto de África. O nível de utilização da *internet* na África Central continua baixo, assim como o acesso à rede de banda larga. A taxa de penetração de telemóveis é superior, situando-se em 76%, face a quase 96% a nível continental. O investimento em tecnologias móveis é aquele que tem o potencial de oferecer resultados mais imediatos em termos de inclusão digital, bem como de prestação de serviços baseados em plataformas móveis. Entre as principais iniciativas regionais a desenvolver incluem-se: adotar leis-quadro em matéria de telecomunicações, de TIC e de ciber segurança, assim como um quadro regulamentar das interligações transfronteiriças, atrair investidores estrangeiros para as infraestruturas de TIC e de segurança (na sequência da Declaração de Brazzaville) e criar pontos de troca de tráfego de *internet* regionais (BAfD, 2019).

Transformação produtiva na África Oriental

A África Oriental registou um crescimento sustentado do PIB de 5.2% entre 2000-18, estimando-se que mantenha uma taxa de crescimento semelhante (4.9%) até 2021. Este crescimento é o segundo maior e o mais estável entre as cinco regiões africanas, ultrapassando a média africana em mais de meio ponto percentual. Este crescimento mais estável deve-se, em grande medida, à dependência relativamente baixa da região das matérias-primas, à rápida expansão das exportações, à crescente procura local e à importância do investimento público. Ao mesmo tempo, o crescimento continua a ser desigual entre os países. Um ligeiro abrandamento recente do crescimento (para cerca de 5%) é atribuível a uma diminuição da produção agrícola provocada pela seca que se verificou em 2016 no Quénia, no Ruanda e no Uganda e à instabilidade política na Somália e no Sudão do Sul. A maior economia da região é a Etiópia, que foi responsável por 22% do PIB regional em termos de paridade do poder de compra em 2018.

Ao longo das duas últimas décadas, a contribuição setorial para o PIB alterou-se. Os serviços tornaram-se o maior setor da economia regional, representando 43% do PIB em 2017. A agricultura representa 30% do PIB, ou seja, aproximadamente o mesmo que na mudança do século. Embora a indústria transformadora tenha estado a crescer em termos absolutos, a percentagem de seu peso no valor acrescentado total diminuiu quatro pontos percentuais desde 2000, situando-se agora em 7% do PIB (Figura 11).

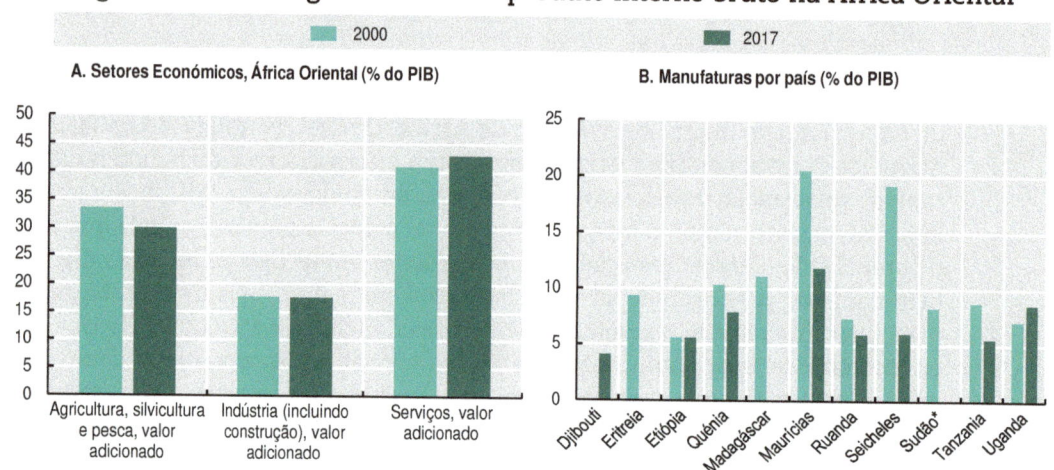

Figura 11. **Percentagem setorial do produto interno bruto na África Oriental**

Fonte: Cálculos do autor baseados em Banco Mundial (2019a), *World Development Indicators* (base de dados).
StatLink ═══ https://doi.org/10.1787/888933966751

Os governos introduziram reformas para promover a integração e facilitar o comércio. No entanto, o ambiente de negócios, no seu conjunto, tem de melhorar. A sobreposição das diferentes comunidades económicas regionais reunindo diferentes países impede uma integração mais profunda. Exceções notáveis em termos do ambiente de negócios são as Maurícias e o Ruanda, que ocupam respetivamente os 20.º e o 29.º lugares a nível mundial no *Doing Business Index* do Banco Mundial. Em contrapartida, a Eritreia, a Somália e o Sudão do Sul ocupam os últimos dez lugares a nível mundial. Estas questões continuarão a condicionar o crescimento do comércio intrarregional e a emergência de cadeias de valor regionais.

Ao longo das duas últimas décadas, a percentagem peso das exportações no PIB diminuiu de 19% para 14%, não obstante o crescimento dos serviços. Os serviços representam atualmente mais de 50% do total de exportações. Os principais setores de exportação de serviços na região incluem o turismo, os transportes, as TIC e as atividades financeiras. O peso das exportações agrícolas e de minerais aumentaram ao longo do tempo, situando-se em 26% e 6%, respetivamente, em 2017. Por outro lado, as exportações da indústria transformadora passaram de 20%, há uma década, para 12% em 2017, apesar dos esforços dos países da África Oriental para desenvolver a sua base industrial. As economias emergentes (ou seja, a China, a Índia e os países da Associação das Nações do Sudeste Asiático) tornaram-se parceiros comerciais mais importantes. Em 2017, estes países representaram 33.6% do comércio total de algumas das principais economias da África Oriental (região da CAO, Etiópia e Maurícias) face a 12.8% em 2001. A título de comparação, a União Europeia diminuiu de 32.9% em 2001 para 16.3% em 2017.

Os países estão a conquistar vantagens comparativas em setores e produtos semelhantes, limitando o papel que o comércio intrarregional pode desempenhar na diversificação das exportações. As semelhanças em termos de vantagem comparativa revelada e de fatores produtivos, como acontece na produção de vidro e de metais, assim como no processamento de pedra, impedem os países de avançarem para níveis mais elevados de complexidade económica. Os países da região não produzem bens complexos e, à exceção do Uganda, não estão a avançar para níveis mais elevados de complexidade. A análise comparativa de um conjunto de países selecionados da África Oriental face a outras economias emergentes – Botswana, Brasil, Chile, China, Egito, Coreia e Vietname

– revela um desempenho heterogéneo. De um modo geral, os países da África Oriental estão a perder terreno em matéria de complexidade relativamente à maioria dos restantes países. Apesar do crescimento económico robusto da região, o seu valor em termos de complexidade não está a acompanhar outros países emergentes.

A região apresenta uma classificação baixa nos indicadores de competitividade global, situando-se nos níveis inferiores dos índices **globais de competitividade, capital humano e inovação.** As Maurícias são o único país da região com uma classificação acima da média global, tendo atingido os 63.7% em 2018. A evolução das Maurícias é impulsionada pela maior abertura ao exterior, por uma política fiscal favorável às empresas e por melhorias na governação e na prestação dos serviços públicos. Quanto aos indicadores de corrupção, a maioria dos países da África Oriental tem também uma classificação fraca e, em alguns casos, está mesmo a regredir (como a Eritreia, Madagáscar, a Somália, o Sudão e o Uganda). A produtividade de uma criança nascida em 2018 será de apenas 43% do seu potencial máximo caso usufruísse de uma educação completa, em perfeitas condições de saúde. Este valor é superior à média da África Subsariana, que é de 39%, mas inferior à média global do continente de 57%. No tocante à inovação, os países da África Oriental apresentam um desempenho apenas ligeiramente superior à média continental. Em média, a região gastou anualmente 0.27% do PIB em I&D entre 2000-16, abaixo da meta da Agenda 2063 de 1%.

Os países da África Oriental devem continuar a implementar reformas que aumentem a competitividade do setor privado e apoiem o seu crescimento. A nível nacional, é necessário dar seguimento à reforma e a apoiar as empresas, tomando como exemplo as melhores práticas da região, como é o caso das Maurícias ou do Ruanda. A nível regional, os governos da África Oriental devem dar prioridade a projetos que permitam obter maiores economias de escala e melhorar a competitividade regional. Por exemplo, a dimensão regional deve incluir uma integração mais forte para reduzir os custos e o tempo de transporte de mercadorias na região à semelhança do Território Aduaneiro Único da Comunidade da África Oriental. Os países podem cooperar mais para assegurar maior complementaridade e coerência entre as políticas nacionais e regionais. A implementação do Território Aduaneiro Único da CAO reduziu significativamente os tempos de trânsito e os custos das mercadorias que entram na CAO a partir de Mombaça em cerca de 50% e 30%, respetivamente. Por último, o crescimento futuro através de setores altamente produtivos, incluindo a indústria transformadora, deverá ser complementado pelas chamadas "indústrias sem chaminé", como as TIC e os serviços às empresas, os agronegócios e a horticultura (Tabela 7).

Uma maior competitividade a nível nacional e regional pode ser alcançada através de:

1. **Melhoria do ambiente de negócios e da disponibilização de apoio** às empresas. Alguns países da região estão muito atrasados no *Doing Business Index* do Banco Mundial, enquanto outros se encontram entre os mais fortes a nível global. A melhoria do ambiente de negócios é um processo dinâmico e os governos devem procurar continuamente abordagens inovadoras para permanecer na fronteira das reformas empresariais. Um poderoso motor de capacitação é a promoção de interações entre empresas no âmbito das cadeias de fornecimento. As empresas líderes aplicam, em geral, normas internacionais rigorosas no seu aprovisionamento, expondo assim os produtores locais aos requisitos exigidos na exportação. A zona económica especial de Kigali (KSEZ) contribuiu significativamente para o desenvolvimento económico do Ruanda desde a sua criação em 2013. As empresas que se deslocam para a KSEZ tendem a registar um aumento das vendas de 206%, um aumento do valor

acrescentado de 201% e um aumento adicional de 18% do número de trabalhadores permanentes, comparativamente a empresas semelhantes que não se deslocaram para a referida zona económica. A melhoria das infraestruturas é fundamental para fomentar a atividade empresarial na região. Na CAO, um aumento em 10% dos investimentos na infraestrutura rodoviária poderia contribuir para aumentar as exportações de produtos transformados em quase 37%.

2. **Aumento do investimento em capital humano e promoção da I&D e a adoção de novas tecnologias.** A transformação produtiva exige que os países envidem esforços para integrar, facilitar e aplicar a utilização de tecnologias para transformar de forma produtiva o capital humano e a governação e para melhorar a produtividade das indústrias. O papel crescente da tecnologia nas empresas significa que cada vez mais um maior número de empregos (mesmo os pouco qualificados) exige competências cognitivas mais avançadas. Os setores público e privado dos diferentes países têm de trabalhar tanto em parceria como individualmente para assegurar as estruturas de saúde e de educação necessárias ao desenvolvimento de trabalhadores saudáveis, qualificados e com perfis diversificados. Além disso, os acordos de reconhecimento mútuo (ARM) que abrangem qualificações académicas e serviços profissionais reforçam a mobilidade do capital humano. Por exemplo, no âmbito da CAO estão em vigor ARM que reconhecem a validade dos títulos académicos de toda a região e permitem aos cidadãos exercer profissões reguladas noutros países.

3. **Desenvolver a cooperação regional como forma de gerar ganhos de eficiência e de competitividade.** A cooperação regional na África Oriental tem o potencial de gerar ganhos de eficiência a nível nacional, assim como de melhorar consideravelmente a competitividade. O reforço da competitividade regional através de projetos específicos, para além da integração comercial e de mercado, permite que os países cooperem ao um nível operacional sem necessidade de aprofundar a integração. Os exemplos práticos incluem:

   • A livre circulação de pessoas na CAO: todos os países à exceção de um dispõem de regimes de isenção de vistos para todos os cidadãos deste grupo de países. A livre circulação de pessoas aumentou as deslocações africanas para o Ruanda em 22% e contribuiu para o crescimento do seu comércio bilateral com o Uganda e o Quénia em 50%.

   • A introdução de um visto de turismo único na África Oriental: este visto deverá impulsionar a circulação de turistas entre os diferentes países da região.

   • O Território Aduaneiro Único da CAO e a introdução de postos fronteiriços únicos: a Comunidade da África Oriental (CAO) dispõe de pessoal plenamente operacional e formado em 13 postos fronteiriços únicos desde novembro de 2018, o que contribuiu para reduzir os tempos e os custos de trânsito.

   • A regulamentação das taxas aplicáveis às chamadas de telemóvel transfronteiriças e às transações monetárias móveis.

   • Os regimes comerciais simplificados do Mercado Comum da África Oriental e Austral (COMESA) e da CAO para os pequenos comerciantes.

   • A Bolsa de Mercadorias da África Oriental: a bolsa pode ajudar a integrar os pequenos agricultores nas cadeias de valor agrícolas.

Tabela 7. **Oportunidades e desafios das cadeias de valor na África Oriental**

Cadeia de valor	Oportunidades	Desafios específicos
Agronegócios	• Valor acrescentado através de instrumentos de propriedade intelectual, tais como marcas e indicações geográficas (por ex., a Iniciativa de Licenciamento e Marca do Café Etíope). • Posição da África Oriental como produtor de qualidade de flores e outros produtos (por ex., chá, café).	• Garantir a rastreabilidade e a qualidade ao longo da cadeia de valor. • Garantir que os agricultores se beneficiem de melhores preços de exportação. • Mecanismos de apoio financeiro a investidores, uma vez que os retornos dos investimentos podem demorar algum tempo.
Serviços financeiros	• Tirar partido da cotação transfronteiras das bolsas de valores e do intercâmbio regional de mercadorias já em vigor.	• Assegurar um acesso mais alargado ao financiamento para as PME e as famílias, incluindo as mulheres. • Custos e encargos administrativos elevados e ausência de harmonização entre países.
TIC/economia	• Boas infraestruturas de TIC e penetração dos telemóveis. • Potencial de integração através de plataformas de pagamentos digitais/móveis já largamente utilizadas. • Ecossistemas existentes para a criação de start-ups no domínio das TIC (por ex., no Quénia, no Ruanda e no Uganda).	• Relativamente ao comércio eletrónico, os impactos negativos das ineficiências logísticas e de infraestruturas no transporte de mercadorias na região. • Necessidade de nova legislação e regulamentação, por ex. em matéria de ciber segurança, pagamentos online, servidores e privacidade.
Turismo	• Aumento das receitas das exportações (as receitas do turismo representaram quase 50% das receitas totais com a exportação de serviços no Uganda em 2016 e o turismo é atualmente o maior setor de exportação do Ruanda). • Expansão do transporte aéreo (*Ethiopian Airlines, Kenya Airways e RwandAir*). • Redução das barreiras administrativas à entrada de turistas (visto à chegada, visto único de turismo na África Oriental). • Promoção do turismo ecológico e preservação de sítios ecológicos, melhor valorização dos costumes tradicionais, da vida selvagem e do património nacional. • Criação de empregos para trabalhadores não qualificados.	• Custos administrativos, ausência de infraestruturas em áreas remotas. • Formação e promoção necessários ao aumento da visibilidade da África Oriental como destino turístico (pacotes regionais). • Questões de segurança em alguns países.

Transformação produtiva no Norte de África

Em 2000-18, o crescimento do Norte de África foi de 4%, estimando-se que acelere para 4.4% ao ano em 2019-21. A região ainda não conseguiu manter um crescimento forte e estável devido a uma série de obstáculos: instabilidade dos preços do petróleo, baixos níveis de precipitação, tensões políticas e ataques terroristas (Egito, Líbia e Tunísia). A acumulação de capital e o aumento da despesa pública impulsionaram o crescimento desde meados da década de 2000, à semelhança da procura interna. A maior economia da região é o Egito, que é responsável por 52% do PIB regional em termos de paridade do poder de compra em 2018.

Os recursos externos (remessas e IDE) aumentaram, embora tenham registado uma ligeira diminuição em 2015-17. Uma grande diáspora fora da região contribui com remessas substanciais que, por vezes, ultrapassam 5% do PIB, e atingiram um máximo de 8.4% na Tunísia entre 2015 e 2017, ao contrário da Argélia onde ficam pelos 0.5%. À exceção de Marrocos, o *stock* de IDE está, em grande medida, concentrado no mesmo setor. No que diz respeito à Argélia, ao Egito e à Tunísia, cinco setores representam mais de 90% do IDE sendo a indústria o mais atrativo. No Egito, o setor petrolífero recebeu a maioria do IDE devido à zona económica estabelecida pela China. De um modo geral, a indústria da construção, as telecomunicações e o turismo são setores igualmente atraentes para o IDE. Este não é, contudo, o caso do setor agrícola, devido ao risco climático.

Os países do Norte de África caracterizam-se por cabazes de exportações pouco diversificados, pela dependência dos recursos minerais e por uma especialização limitada. O petróleo, os seus derivados e os produtos de baixo valor acrescentado dominam as vendas ao estrangeiro (Figura 12). Por exemplo, a Argélia e a Líbia ocupam os 18.º e o 21.º lugares do mundo no que se refere à produção de petróleo e 95% das suas exportações são derivados de petróleo. As suas economias têm uma base estreita e são vulneráveis a choques externos. À exceção de Marrocos, os outros países do Norte de África também exportam petróleo, mas em menor grau. A indústria transformadora é o setor de especialização nos países não exportadores de petróleo: ao longo do período 2010-1, 75.5% das exportações da Tunísia foram bens manufaturados, em Marrocos estas exportações representaram 67.5% do total das exportações e no Egito, 49.3%.

Figura 12. Peso médio das exportações de mercadorias nos países do Norte de África (por tipo de produto), 2010-17

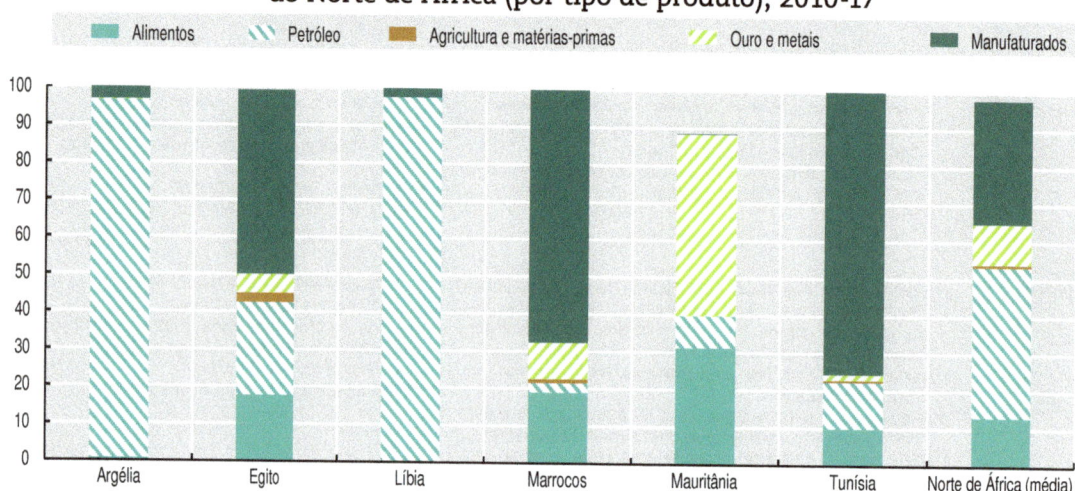

Fonte: Cálculos do autor com base no Banco Mundial (2019), *World Development Indicators* (base de dados).
StatLink 🔗 https://doi.org/10.1787/888933966770

Os países da região não tiram pleno partido do comércio internacional. Apenas 26.2% das exportações do Norte de África se destinam a países de rendimento baixo, das quais 3.9% à África Subsariana. A fraca integração regional é o resultado de estratégias que favorecem a integração norte-sul mais do que a integração sul-sul. No entanto, a percentagem de importações chinesas aumentou de forma consistente entre 2010 e 2015 (14.7%), antes de diminuir entre 2016 e 2017. O comércio intrarregional representou apenas 4.7% do comércio total entre 2010 e 2017, abaixo do comércio entre outros grupos de países em África, o que pode ser explicado pela limitada complementaridade das estruturas de exportação dos países da região.

O Egito, Marrocos e a Tunísia diversificaram as suas exportações. O Egito é o país com o conjunto de exportações mais diversificado, com 242 produtos que representam cerca de 90% das vendas ao estrangeiro. As oportunidades de diversificação das exportações são limitadas na Argélia, na Líbia e na Mauritânia devido à dependência das matérias-primas. Além disso, à exceção de Marrocos e da Tunísia, existem poucos produtos de valor acrescentado elevado entre as exportações da região com evidentes vantagens comparativas.

A região deve resolver os seguintes desafios para conseguir alcançar uma transformação produtiva:

1. A transformação produtiva requer não apenas a diversificação dos produtos, mas também a melhoria da qualidade.

- Atualmente, a exportação de bens de alta tecnologia continua a ser incipiente em toda a região, exceto em Marrocos e na Tunísia, onde as exportações de alta tecnologia representaram 5.6% e 5.4% do total das suas exportações, respetivamente, em 2010-16. Para que os países transformem com êxito as suas estruturas económicas, devem adotar as tecnologias necessárias para o desenvolvimento de bens sofisticados.

- A melhoria da qualidade pode ocorrer rapidamente através do desenvolvimento de *clusters* conforme se verificou no Egito, em Marrocos e na Tunísia. Por exemplo, a Zona Económica do Suez permitiu ao Egito subir na cadeia de valor da indústria petrolífera (perfurações e componentes). Zonas semelhantes surgiram na Mauritânia (mineração), em Marrocos e na Tunísia (indústria transformadora) e na Argélia e na Líbia (petróleo). Em contrapartida, a indústria das pescas da Mauritânia continua subdesenvolvida, exposta à concorrência estrangeira e assente em embarcações de pesca artesanal e nas exportações de peixe não transformado (cerca de 20-40% do total das exportações face a menos de 10% das capturas transformadas).

2. **As políticas públicas podem reforçar o capital humano através do apoio à I&D e do fomento da inovação através do financiamento e de transferências de tecnologia.**

- O *cluster* de Bizerte na Tunísia, por exemplo, integra uma plataforma de tecnologia agroalimentar, uma rede de parceiros de "Agro'tech" e 150 hectares de área industrial. Por outro lado, tornar a agricultura mais competitiva exige a utilização de TIC na tomada de decisões, na gestão da irrigação, no controlo de fertilizantes e na prevenção de doenças. Outra inovação bem-sucedida é o programa de codificação "Tunicode" da empresa GS1 Tunísia, que fornece códigos de barras para produtos locais de acordo com as normas GS1. O projeto Oum-Er-Rbia em Marrocos fornece serviços de irrigação e melhora o acesso dos agricultores à tecnologia, ao financiamento e aos mercados agrícolas.

- Estas iniciativas podem ser acompanhadas por orientação profissional, sistemas de informação para antecipar melhor as competências necessárias no mercado de trabalho e ligações mais fortes entre as associações empresariais e o Estado. Por exemplo, no setor automóvel marroquino, as associações empresariais criaram comités de trabalho para recomendar políticas específicas ao governo (criação de laboratórios de ensaio, subsídios à investigação e incentivos financeiros destinados a empresários), o que se traduziu numa mão-de-obra mais instruída e altamente qualificada. O OCP (*Office chérifien du phosphate*) em Marrocos integra as empresas locais nas suas atividades a montante e desenvolve as competências dos trabalhadores, oferecendo contratos às PME locais no setor da construção, subcontratação e engenharia industrial.

3. **O fomento do comércio entre o Norte de África e outras regiões africanas requer normas harmonizadas e melhores infraestruturas.** Os governos têm de eliminar as barreiras à livre circulação de bens e serviços (em particular, as barreiras não tarifárias). A introdução de acordos de reconhecimento mútuo – como ocorre em blocos regionais como o COMESA, a Comunidade Económica dos Estados da África Ocidental (CEDEAO) e a SADC – poderia ajudar a acelerar a harmonização de normas técnicas e de saúde. No que se refere à infraestruturas, estão em curso grandes projetos de autoestradas transafricanas, como a autoestrada Cairo-Dakar ou a autoestrada de Argel-Lagos. Além disso, estão a ser planeadas novas linhas de transporte marítimo, como a de Wazzan II em Marrocos e outra na Tunísia, que ligarão a região à África Ocidental. O porto de Alexandria, no Egito, regista uma percentagem elevada (60%) de entradas e saídas de comércio externo todos os anos. Em 2015, foi lançada a Estratégia do Porto de Alexandria 2035 destinada a expandir a área portuária e a modernizar as infraestruturas, entre as quais novos terminais de carga, centros de logística e uma zona económica especial.

4. **Por último, é fundamental melhorar a segurança e o ambiente de negócios.** O ambiente de negócios foi afetado negativamente pela Primavera Árabe. Em todos os países, as empresas são confrontadas com problemas que afetam a sua

competitividade, nomeadamente a transferência de propriedade, o financiamento, a corrupção e o incumprimento dos pagamentos. Embora Marrocos e a Tunísia estejam a melhorar neste domínio, é necessário realizar grandes progressos nos domínios do empreendedorismo e da legislação em matéria de insolvência, em especial na Argélia, na Líbia e na Mauritânia. Os progressos necessários poderão ser alcançados através de uma melhor regulamentação do mercado de trabalho, da proteção da propriedade intelectual, de um maior acesso à informação, de uma simplificação dos procedimentos administrativos e da prevenção dos monopólios.

5. **De igual modo, os governos devem promover a elaboração de regulamentação e documentos oficiais coerentes.** A estabilidade orçamental deve prevalecer sobre as isenções temporárias concedidas a determinados investidores. Para além de códigos de investimento atrativos, devem ser promovidos incentivos fiscais para as parcerias público-privadas (PPP). Os códigos governamentais e a legislação em matéria de investimento existentes, em especial no Egito, em Marrocos e na Tunísia são favoráveis aos investidores estrangeiros, mas devem ser melhorados para permitir a estes países integrarem cadeias de valor regionais e mundiais. O modelo de PPP para a construção da central fotovoltaica "Noor" em Ouarzazato, Marrocos, pode constituir um exemplo de como atrair parceiros estrangeiros.

Tabela 8. Oportunidades e desafios das cadeias de valor no Norte de África

Cadeia de valor	Oportunidades	Desafios específicos
Aeronáutica	• Proximidade geográfica aos líderes da indústria e existência de plataformas locais de montagem industrial (Midparc e Nouacer em Marrocos, Aéropôle M'Ghira na Tunísia).	• Necessidade de desenvolver competências em matéria de conceção, modelização e produção de protótipos. • Necessidade de infraestruturas logísticas apropriadas, necessárias para o IDE em atividades de elevado valor acrescentado.
Agronegócios	• Presença de *clusters* de transformação industrial; produção diversificada; e uma procura crescente de qualidade por parte dos mercados.	• Necessidade de desenvolver conjunto de técnicas de distribuição (marketing, criação de marcas, certificações).
Automóvel	• Ligações a atividades de montagem para atrair mais investidores e melhorar a produtividade.	• Baixa competitividade da indústria, uma vez que a integração em CVGs se baseia em custos baixos e em tecnologias de montagem de nível médio
Energia	• Disponibilidade em recursos naturais (petróleo, gás e exploração mineira). • Produção de petróleo (bruto e refinado) e gás natural para abastecer instalações fabris (por ex., plásticos e materiais compósitos, fibras sintéticas e tecidos para a indústria de vestuário).	• É necessário criar/expandir a capacidade das unidades de refinação nos países exportadores (Argélia, Egito e Sudão) e nos países importadores líquidos de petróleo (Marrocos e Tunísia).
Têxteis/vestuário	• Proximidade geográfica à União Europeia e acordo de comércio livre com os Estados Unidos. • *Know-how* acumulado. • Disponibilidade de matérias-primas na maior parte da região (lã, algodão, etc.).	• Necessidade de visar nichos específicos para subir ao longo da cadeia para segmentos de maior valor acrescentado (conceção, criação de marcas, marketing, etc.).

Transformação produtiva na África Ocidental

A **África Ocidental caracteriza-se por um elevado crescimento económico, apesar da vulnerabilidade a choques externos e às flutuações económicas da Nigéria.** No período de 2000-18, o crescimento médio do PIB situou-se nos 5.9%, com taxas de crescimento mais elevadas até 2014 registando, posteriormente, um abrandamento devido à diminuição dos preços das matérias-primas (em especial do petróleo). Apesar do rápido crescimento demográfico, o PIB *per capita* aumentou a uma taxa de 3.1% ao ano desde 2000, a taxa mais elevada do continente (cuja média foi de 2%). Enquanto exportador de matérias-primas não transformadas (cacau, algodão, borracha, urânio, petróleo), a África Ocidental depende da economia mundial e continua vulnerável a choques externos. O desempenho regional depende também da Nigéria, e da sua produção de petróleo, que é responsável por 67% do PIB da região em termos de paridade do poder de compra e acolhia 52% da população da região em 2018.

As remessas dos emigrantes representaram 45% dos fluxos financeiros externos na África Ocidental em 2017. As remessas para a África Ocidental aumentaram de USD 27.3 mil milhões em 2011 para USD 31.5 mil milhões em 2017, aumentando para mais de USD 32 mil milhões em 2018. Em 2018, setenta por cento (70%) do total das remessas da África Ocidental foram enviados para a Nigéria. Alguns países são altamente dependentes das remessas, como Cabo Verde, a Gâmbia e a Libéria, cujas remessas representam 12.5%, 14.4% e 17.7% do PIB, respetivamente.

Existe margem para o aumento das receitas fiscais. As receitas fiscais da região atingiram USD 41.8 mil milhões em 2017, um valor semelhante ao da África Oriental, de USD 40.4 mil milhões, mas que é menos de metade do total das receitas fiscais no Norte de África e na África Austral. As reformas fiscais recentes incluíram políticas para alargar a base fiscal através da reforma do IVA (Togo), a simplificação dos sistemas tributários (Senegal), assim como uma comunicação com os contribuintes e uma cobrança fiscal mais eficientes. Por exemplo, a Côte d'Ivoire cobra um imposto fixo às empresas abaixo de um determinado limiar de receitas para incentivar o cumprimento e alargar a base tributável no setor informal (OCDE, 2016).

A transformação produtiva na região continua a ser limitada e enfrenta uma série de desafios. Apesar de várias iniciativas de desenvolvimento industrial, a indústria não cresceu e representa cerca de 20% do PIB regional (e a indústria transformadora apenas 9.3% do PIB). A percentagem da agricultura no PIB diminuiu 3.1 pontos percentuais na última década – por oposição ao crescimento que teve na maioria das regiões. Os serviços aumentaram 3 pontos percentuais, mas menos do que a média continental de 3.8 pontos percentuais. O crescimento da produtividade total dos fatores diminuiu desde 2000 devido, sobretudo, a um desenvolvimento tecnológico insuficiente. A região também ficou atrás da média mundial em matéria de inovação, competitividade global, intensidade na inovação e valor acrescentado da indústria transformadora.

O comércio intrarregional continua a ser limitado e os cabazes de exportações não são diversificados. Menos de 15% dos bens formalmente comercializados permanecem na região, apesar dos esforços desenvolvidos no seio da CEDEAO para expandir o comércio intrarregional. Em 2016, as matérias-primas não transformadas representaram 75% das exportações da região para outros continentes. A União Europeia e a China são os principais parceiros comerciais da África Ocidental, representando 32.6% e 13.5% do comércio da região, respetivamente. Em média, cinco produtos compõem mais de 75% das exportações regionais. O Senegal tem o cabaz de exportações mais diversificado, com 28 produtos que perfazem 90% das suas exportações. Entre 2007 e 2017, apenas quatro países (Guiné, Libéria, Níger e Togo) conseguiram diversificar os seus cabazes de exportações. Estes resultados díspares sublinham o sucesso limitado das estratégias seguidas até agora para uma transformação produtiva.

A África Ocidental é um dos principais exportadores de várias matérias-primas. Para 13 produtos agrícolas, entre 5 e 9 países da África Ocidental figuravam entre os 20 maiores produtores mundiais em 2017 (Tabela 9). A região possui o quase monopólio da produção mundial da castanha de *karité*, *fonio* e inhame, com quotas de produção superiores a 90%. A região também é líder na produção de cacau, castanha de caju e mandioca. No entanto, tal característica não se traduziu num aumento da complexidade ou do valor acrescentado dos produtos exportados.

Tabela 9. **Produtos para a potencial criação de cadeias de valor na África Ocidental**

Produtos	Produção total, 2017 (em milhares de toneladas)	Percentagem da África Ocidental na produção mundial (em %)	Número de países da África Ocidental entre os 20 principais produtores mundiais
Fonio	671.4	99.9	9
Castanha de caju, com casca	1 410.5	35.5	9
Castanha de *Karité*	548.2	99.9	7
Inhames	67 309.3	92.2	7
Milho-miúdo	9 128.0	32.1	7
Quiabo	2 722.4	28.2	7
Amendoim, com casca	6 006.6	12.8	7
Noz-de-cola	228.4	84.0	5
Feijão-frade, seco	6 177.9	83.4	5
Cacau, grão	3 302.3	63.5	5
Mandioca	96 223.9	33.0	5
Borracha, natural	849.6	6.0	5
Óleo de palma	14 789.0	4.7	5

Cinco grandes conjuntos de políticas podem ajudar a acelerar a transformação produtiva na África Ocidental. A região tem muita experiência na implementação de políticas industriais desde a década de 1960, que oferecem várias lições. A cooperação regional é importante para conceber e implementar estratégias, podendo ajudar a prevenir os riscos significativos decorrentes do desemprego jovem, da fragilidade institucional e da insegurança, e das alterações climáticas.

1. **Continuar a explorar as vantagens comparativas para o desenvolvimento do setor industrial e o reforço das complementaridades regionais.** Os países da África Ocidental que apresentem uma complementaridade elevada devem coordenar os seus esforços de produção. A Côte d'Ivoire e o Gana estão a trabalhar em conjunto para transformar os grãos de cacau localmente, uma vez que os dois países exportam entre 45% e 65% do cacau de todo o mundo. A promoção de cadeias de valor regionais no sector agrícola requer uma boa gestão da produção e a aquisição de tecnologias que assegurem a valorização dos produtos agrícolas. O Senegal criou cinco centros de serviços agrícolas intensivos, centrados na formação de agricultores com dez hectares de terra, no acesso a água, na disponibilização de armazéns para as colheitas, bem como recursos para comercialização e embalagem.

2. **Responder às necessidades das empresas em setores industriais que geram externalidades fortes para a economia.**

   a. O aumento da produtividade e da competitividade das empresas exige um melhor acesso a competências, energia, financiamento e terra. A melhoria da educação e da formação profissional pode ajudar a satisfazer as necessidades do mercado de trabalho, especialmente tendo em conta a escassez de mão-de-obra em profissões técnicas. O crédito a médio e longo prazo aumentou, representando para 42% do total dos empréstimos concedidos em 2015. No entanto, o acesso ao financiamento ainda necessita de ser melhorado, em especial para as PME. As taxas de juro e os requisitos das garantias continuam a ser demasiado elevados, dissuadindo o investimento em setores produtivos que necessitam de capital de longo prazo.

   b. Os decisores políticos devem continuar a promover a integração do setor financeiro regional. A utilização do franco da África Ocidental (XOF) aumentou para os pagamentos comerciais intra-africanos (isto é, entre bancos) de 4.4% em 2013 para 7.3% em 2017. As trocas regionais (existências e matérias-primas) podem também ajudar a criar mercados financeiros mais integrados e profundos. As iniciativas destinadas a aumentar o acesso aos sistemas de pagamentos eletrónicos dos consumidores dos países da União Económica e Monetária da África Ocidental (UEMOA) diminuíram as taxas sobre transações para transações de baixo valor em 25% e aumentaram o número de operações com cartão em, pelo menos, 10% ao ano (CEA/CUA/BAfD, 2010).

3. **Reforçar o acesso aos mercados nacionais, regionais e continentais através do desenvolvimento de infraestruturas de transportes e serviços de logística competitivos.**

   a. Iniciativas como o corredor Abidjan-Lagos devem ser reforçadas e generalizadas. Criado como uma autoridade independente, o corredor visa facilitar o comércio entre a Côte d'Ivoire, o Gana, o Togo, o Benim e a Nigéria (de oeste para leste). O projeto já reduziu o tempo de permanência nos portos e de passagem nas fronteiras, assim como o número de postos de controlo na maioria dos países membros (OCAL, 2018). O Programa de Desenvolvimento da Comunidade da CEDEAO planeia outras intervenções, incluindo a autoestrada Lagos-Dakar, o nó ferroviário Cotonou-Niamey-Ouagadougou-Doris-Abidjan e a ferrovia Ouagadougou-Bamako. A ponte Senegambia construída recentemente facilita as viagens entre aa Gâmbia e o Senegal, eliminando a necessidade de esperar pelo transporte por *ferry,* que atrasava os transportadores em cerca de uma semana (Jahateh, 2019).

   b. **O desenvolvimento de infraestruturas portuárias e de portos de águas profundas reduzirá os custos de transporte e fomentará o comércio.** Os países estão a realizar reformas: a Côte d'Ivoire expandiu recentemente o porto marítimo de águas profundas de Abidjan (em cooperação com a China) e a Nigéria construiu zonas económicas especiais, como a base logística LADOL no porto de Lagos. No entanto, nenhum porto da África Ocidental se posiciona entre os 70 melhores do mundo, sendo que a Nigéria é um dos países da região com menor capacidade de movimentação de contentores.

   c. **As barreiras comerciais regionais têm de ser eliminadas.** A simplificação dos requisitos das regras de origem e a otimização dos regimes comerciais preferenciais ao nível da CEDEAO podem ajudar as empresas da África Ocidental a comercializar – e a crescer – mais facilmente. Por exemplo, a probabilidade das empresas senegalesas continuarem a exportar para todos os países da CEDEAO é 6% menor à probabilidade das mesmas empresas exportarem para os 5 países vizinhos.

4. **Facilitar a integração nas cadeias de valor regionais e globais.** Os produtos alimentares transformados e a valorização do setor mineiro poderiam oferecer melhores oportunidades de sucesso (Tabela 10).

Tabela 10. **Oportunidades e desafios das cadeias de valor na África Ocidental**

Cadeia de valor	Oportunidades	Desafios específicos
Produtos de mandioca	• O facto de a África Ocidental representar um terço da produção mundial. • Elevado potencial de lucro devido à crescente procura de produtos de mandioca.	• Necessidade de expandir as capacidades de transformação industrial para acompanhar o crescimento da procura. • Necessidade de incentivar a instalação de indústrias transformadoras na proximidade das principais áreas de produção agrícola.
Indústria do cacau	• O facto de a Côte d'Ivoire e do Gana representarem 50% da produção mundial de cacau em grão. • Oportunidade de criar uma zona económica especial transfronteiriça.	• Necessidade de desenvolver atividades e serviços que criem mais valor acrescentado (criação de marcas, marketing, transformação, controlo de qualidade, etc.).
Setor mineiro	• Abundância de recursos minerais (ferro, cobre, níquel, carvão, petróleo e ouro).	• Melhorar as competências locais e as ligações industriais. • Basear as políticas de transformação local em atividades que tenham um forte "efeito de incentivo" para o resto da economia.
Arroz	• Melhorias significativas na produtividade do arroz nos últimos anos. • Aumento do consumo anual de arroz na região.	• Necessidade de melhorar as infraestruturas para assegurar uma melhor ligação da produção excedentária ou das áreas de transformação aos principais mercados. • Desenvolver variedades locais de arroz.
Manteiga de karité	• Os sete maiores países produtores estão localizados na África Ocidental. • Reinvestimento das receitas geradas por outros tipos de atividades económicas.	• Atualmente é exportada em bruto, embora pudesse ser transformada localmente, gerando emprego e recursos financeiros sustentáveis.

Assegurar a coerência entre as políticas nacionais e regionais. Uma abordagem harmonizada pode estimular a competitividade das exportações e otimizar a complementaridade industrial entre os países que produzem as mesmas matérias-primas. A região já realizou progressos notáveis na livre circulação de pessoas, fazendo com que todos os países da CEDEAO autorizem viagens sem visto na região. No entanto, os obstáculos administrativos à livre circulação de bens na África Ocidental continuam a ser demasiado elevados. Nas principais estradas da região existem quatro pontos de controlo a cada 100 km, que constituem, frequentemente, fontes de pequena corrupção. Este número é da mesma ordem de magnitude nos eixos rodoviários da UEMOA assim como nos que ligam os outros países da CEDEAO.

Nota

1. O relatório The Collaborative for Frontier Finance (CFF, 2018) define pequenas empresas em crescimento como "empresas, comercialmente viáveis, com 5 a 250 trabalhadores com um potencial significativo e ambição de crescimento".

Bibliografia

ACBF (2019), *The Africa Capacity Report 2019*, Africa Capacity Building Foundation, https://elibrary.acbfpact.org/acbf/collect/acbf/index/assoc/HASH01e2/dd4b8476/1ef025af/0542.dir/ACR19%20English.pdf.

Ashiagbor, D. et al. (2018), "Financing infrastructure in Africa", in *Banking in Africa: Delivering on Financial Inclusion, Supporting Financial Stability*, European Investment Bank, www.eib.org/attachments/efs/economic_report_banking_africa_2018_en.pdf.

AUC/OCDE (2018), *Africa's Development Dynamics 2018: Growth, Jobs and Inequalities*, Publicações OCDE, Paris/AUC, Addis Ababa, https://doi.org/10.1787/9789264302501-en.

BAfD (2019), *Central Africa Economic Outlook 2019*, African Development Bank, Abidjan.

BAfD/OCDE/PNUD (2017), African Economic Outlook 2017: *Entrepreneurship and Industrialisation*, Publicações OCDE, Paris, http://dx.doi.org/10.1787/aeo-2017-en.

Banco Mundial (2019), *World Development Indicators* (base de dados), http://datatopics.worldbank.org/world-development-indicators/ (acesso em maio de 2019).

Banco Mundial (2017), *Global Investment Competitiveness Report 2017/2018: Foreign Investor Perspectives and Policy Implications*, World Bank Group, Washington, DC, https://openknowledge.worldbank.org/bitstream/handle/10986/28493/9781464811753.pdf.

Banco Mundial (2016), *Factory Southern Africa? SACU in Global Value Chains*, World Bank, Washington, DC.

CCTTFA (2019), *Central Corridor Transport Observatory Report 2018*, Central Corridor Transit Transport Facilitation Agency, Dar es Salaam.

CEA/CUA/BAfD (2010), *Assessing Regional Integration in Africa IV: Enhancing Intra-African Trade*, United Nations Economic Commission for Africa, Addis Ababa, www.uneca.org/sites/default/files/PublicationFiles/aria4full.pdf.

CFF (2018), *The Missing Middles: Segmenting Enterprises to Better Understand Their Financial Needs*, Collaborative for Frontier Finance, www.dalberg.com/system/files/2018-11/Missing_Middles_CFF_Report.pdf.

Conference Board (2019), *Total Economy* (base de dados), https://www.conference-board.org/data/economydatabase/ (acesso em maio de 2019).

Crunchbase (2019), *Crunchbase Pro* (base de dados), www.crunchbase.com/search-home (acesso em 13 de março de 2019).

FEM/BM/BAfD (2017), *The Africa Competitiveness Report 2017: Addressing Africa's Demographic Dividend*, World Economic Forum, Genebra, http://www3.weforum.org/docs/WEF_ACR_2017.pdf.

Fernandes, A., C. Freund and M. Pierola (2016), "Exporter Behavior, Country Size and Stage of Development: Evidence from the Exporter Dynamics Database", *Journal of Development Economics*, Vol. 119, pp. 121–137.

FMI (2019), *World Economic Outlook, April 2019* (base de dados), International Monetary Fund, Washington, DC, www.imf.org/external/pubs/ft/weo/2019/01/weodata/index.aspx (acesso em 23 de maio de 2019).

Jahateh, L. (2019), "Trans-Gambia bridge a boon for trade, but a blow for local traders", Reuters, www.reuters.com/article/us-gambia-senegal-bridge/trans-gambia-bridge-a-boon-for-trade-but-a-blow-for-local-traders-idUSKCN1PP1ZZ (acesso em 17 de junho de 2019).

Kouassi, R. (2015a), *L'Afrique : un géant qui refuse de naître – La solution, c'est de tout reprendre à zéro*, L'Harmattan.

Kouassi, R. (2015b), *La Côte d'Ivoire de notre rêve : comment peut-elle éclore ?*, L'Harmattan.

Kouassi, R. (2008), *Les chemins du développement de l'Afrique*, L'Harmattan.

MSCI (2019), *MSCI Global Market Accessibility Review 2019*, MSCI, https://www.msci.com/documents/1296102/1330218/MSCI_Global_Market_Accessibilty_Review_June_2019.pdf/014c03fe-a7c1-a4ce-65f7-5b186c935224.

OCAL (2018), *Projet de Facilitation du Commerce et du Transport sur le Corridor Abidjan-Lagos : Synthèse An 7*, Abidjan-Lagos Corridor Organisation, Cotonou, www.corridor-wa.org/index.php/actualite-de-l-organisation/activites-recentes/item/download/26_c4f9f43a0ea4045f1a7bff782ce3cd82.

OCDE (2018), *Trade in Value Added* (base de dados), OCDE, Paris, http://oe.cd/tiva (acesso em 1 de fevereiro de 2019).

OCDE (2016), *Multi-dimensional Review of Côte d'Ivoire: Volume 3. From Analysis to Action*, OECD Development Pathways, Publicações OCDE, Paris, http://dx.doi.org/10.1787/9789264258501-en.

OCDE/ATAF/CUA (2018), Revenue Statistics in Africa 2018, Publicações OCDE, Paris, https://doi.org/10.1787/9789264305885-en-fr.

OCDE-CAD (2018a), *International Development Statistics* (base de dados), www.oecd.org/dac/stats/idsonline.htm (accessed in May 2019).

OCDE-CAD (2018b), *Country Programmable Aid* (base de dados), www.oecd.org/dac/financing-sustainable-development/development-finance-standards/cpa.htm (accessed in May 2019).

ONUDI (2014), *Renforcement des Capacités de l'infrastructure de la Qualité dans les Pays de l'Afrique Centrale*, United Nations Industrial Development Organization, Bangui, https://open.unido.org/api/documents/5026452/download/PIQAC_Project%20Document.pdf.

Page, J. and M. Söderbom (2015), "Is small beautiful? Small enterprise, aid and employment in Africa", *African Development Review*, Vol. 27/1, pp. 44-55.

Primi, A. (2016), "A policy assessment and guidance tool to improve the effectiveness of production transformation strategies", *Production Transformation Policy Reviews (PTPRs)*, DEV/GB(2016)2, OECD Development Centre, Paris, www.oecd.org/dev/Session2_PTPR.pdf.

Ralandison, G., E. Milliot and V. Harison (2018), "Les paradoxes de l'intégration coopétitive : une approche fondée sur la sociologie de la traduction", *Revue française de gestion*, Vol. 2018/1, No. 270, pp 127-142, https://doi.org/10.3166/rfg.2017.00168.

Capítulo 1

Transformação produtiva em África num mundo em mudança

Este capítulo analisa a forma como as políticas públicas podem apoiar a transformação produtiva das empresas africanas. Em primeiro lugar, explica por que razão a transformação produtiva é importante para a agenda de desenvolvimento do continente. Em segundo lugar, o capítulo propõe três conjuntos principais de políticas para acelerar a transformação produtiva num mundo em rápida mudança. O primeiro conjunto consiste no desenvolvimento de *clusters* de empresas. Os *clusters* bem-sucedidos permitem que as empresas locais se especializem e aumentem a sua produção. O segundo conjunto de políticas visa o desenvolvimento de redes de produção regionais. Os governos podem reforçar os bens públicos regionais, como as infraestruturas e instituições transregionais, bem como as complementaridades das regiões em cadeias de valor. O terceiro conjunto centra-se no aumento da capacidade das empresas africanas de prosperar nos mercados de exportação. As exportações tornar-se-ão cada vez mais importantes à medida que os governos africanos forem implementando a Zona de Comércio Livre Continental. O capítulo destaca as práticas inovadoras no continente, relevantes para os decisores políticos africanos a nível local, nacional, regional e continental.

EM SÍNTESE

Prevê-se que o crescimento de África seja de 3.6% em 2019. A procura interna está a crescer a um ritmo de 6.7% ao ano e a deslocar-se para os produtos transformados. Estes desenvolvimentos estão a criar oportunidades para muitas empresas se expandirem por todo o continente.

No entanto, a maioria das empresas africanas é menos produtiva do que as suas concorrentes internacionais. O rácio de produtividade do trabalho África-Ásia diminuiu de 67% em 2000 para 50% em 2018. Em alguns países africanos, cerca de 91% da mão-de-obra não agrícola permanece no emprego informal.

Três conjuntos de políticas podem ajudar a transformar a estrutura de produção de África. Isto é especialmente importante para as empresas jovens e pequenas, responsáveis por 22% da criação líquida de emprego:

* Em primeiro lugar, os governos devem assegurar que os **clusters de empresas** têm acesso a serviços empresariais. O setor privado em África é heterogéneo: inclui "campeões" dinâmicos, empresas estáveis, pequenas empresas em crescimento, empresas de subsistência e empresas informais. Os *clusters* bem-sucedidos melhoram as ligações, o nível de especialização e as competências, como é o caso das empresas que se deslocaram para a Zona Económica Especial de Kigali e duplicaram o seu valor acrescentado. Os *clusters* requerem o desenvolvimento de uma vantagem comparativa que envolva investidores e governos locais e o reforço dos ecossistemas existentes para as empresas. Assim, 49% das *start-ups* africanas estão concentradas em cinco cidades: Cidade do Cabo, Lagos, Joanesburgo, Nairobi e Cairo.

* Em segundo lugar, as políticas devem reforçar as **redes de produção regionais**. O abastecimento regional das regiões continua a ser inferior a 15%. Os países podem coordenar melhor as suas estratégias a nível regional: atualmente 49% dos setores visados pelas novas estratégias de industrialização são os mesmos em vários países. As normas regionais ajudam os pequenos proprietários a integrarem-se nas cadeias de valor regionais, em particular na agricultura, o que representa 50% de todo o emprego. A coordenação de estratégias para o investimento direto estrangeiro atrairá investidores, desenvolverá as competências das regiões e evitará a redução de impostos.

* Em terceiro lugar, são necessárias políticas que ajudem os exportadores africanos a prosperar. Apenas 18% dos novos exportadores sobrevivem mais de três anos. As **estratégias de exportação** devem visar melhor os diferentes mercados. As exportações das empresas africanas para mercados intra-africanos são 4.5 vezes mais diversificadas do que as exportações para mercados extra-africanos, mas apresentam um valor 8.5 vezes inferior às exportações para a China. A eliminação das barreiras não tarifárias reduz as incertezas dos exportadores e pode aumentar os ganhos em cinco vezes. Os exportadores necessitam de procedimentos administrativos mais simples e de melhores infraestruturas de ligação, em especial, nos transportes aéreos, estradas e portos. Os exportadores têm de cumprir as normas de qualidade: apesar de terem triplicado as certificações ISO desde 2000, em 2015, os países africanos apresentaram tantas certificações quanto a Malásia.

Transformação produtiva em África num mundo em mudança

Crescimento

Prevê-se que o crescimento **em África acelere em 2019**

Taxa de crescimento do PIB

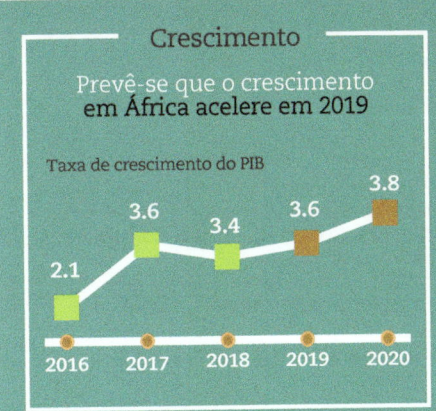

2016	2017	2018	2019	2020
2.1	3.6	3.4	3.6	3.8

Produtividade

A produtividade global **não está a recuperar**

Ratio da produtividade do trabalho África/Ásia

- 2000: 67%
- 2018: 50%

A produtividade do trabalho em África em % da produtividade do trabalho nos EUA manteve-se constante entre 2000 e 2018

12%

EUA

Comércio

Em média, as empresas africanas exportam uma maior variedade de produtos para o continente **do que para o resto do mundo ...**

- 7.4
- 2.9
- 1.6

...mas o **valor** das exportações **para os EUA e para a China é 4x e 8x mais alto**

Informalidade

Em muitos países, a maior parte da mão-de-obra não-agrícola **continua em empregos informais**

91%

Melhorar as infraestruturas para o transporte de mercadorias pode reduzir os custos das empresas africanas

Em África os **custos de manutenção das redes rodoviárias e ferroviárias** são os mais caros do mundo

O transporte ferroviário de mercadorias em África ...

... é 150% mais caro do que na América Latina ...

... e 200% mais caro do que na Ásia

África

ALC

Ásia

80% do total do comércio africano circula pelos portos marítimos

e mesmo assim, todos juntos geram menos carga do que Xangai

Indicadores de transformação produtiva: África na economia mundial

Tabela 1.1. Capacidades de transformação produtiva em África, Ásia e América Latina e Caraíbas, 2000 e 2018

			África		Ásia		ALC	
		Fonte	2000	2018*	2000	2018*	2000	2018*
Tecnologia de produção	Empregadores e empregados assalariados em % do total de emprego	OIT	29.0	31.8	34.6	45.7	62.7	66.1
	Produtividade do trabalho em % da produtividade dos Estados Unidos	CB	12.5	12.1	18.6	24.4	27.1	22.8
	Formação bruta de capital fixo privada em % do produto interno bruto (PIB)	FMI	13.5	15.9	14.5	23.7	16.3	16.7
	Capacidade de inovação. 0-100 (melhor)	FEM	-	29.0	-	36.7	-	32.8
Redes regionais	Comércio intrarregional em % do comércio de bens intermédios	Comtrade	11.0	11.9	17.1	28.3	8.1	10.2
	Comércio intrarregional em % das entrada de novos investimentos diretos estrangeiros (investimentos inteiramente novos)	fDi Markets	-	6.8	-	50.1	-	13.8
	Disponibilidade de Capital de Risco. 1-7 (melhor)	FEM	-	2.5	-	3.2	-	2.6
Capacidade satisfazer a procura	Certificações totais mundiais ISO9001 (%)	ISO	1.2	1.1	10.6	44.6	2.0	3.2
	Produtos processados e semi-processados em % do total de bens exportados da região	Comtrade	44.1	51.3	82.8	89.9	75.5	72.4
	Percentagem do total de importações africanas de bens de consumo (%)	Comtrade	2.0	2.9	4.2	11.3	4.7	4.5

Notas: * 2018 ou o ano mais recente. Ásia e América Latina e Caraíbas (ALC) incluem apenas países de rendimento baixo e médio. OIT – Organização Internacional do Trabalho, CB – The Conference Board, FMI – Fundo Monetário Internacional, FEM – Fórum Económico Mundial, ISO – International Standards Organization.
Fontes: Cálculos dos autores com base nos dados do The Conference Board (2019), *Total Economy* (base de dados); fDi Markets (2019), *fDi Markets* (base de dados); OIT (2019), *Key Indicators of the Labour Market* (base de dados); FMI (2019), *World Economic Outlook* (base de dados); ISO (2018), *The ISO Survey of Management System Standard Certifications* (base de dados); Divisão de Estatísticas das Nações Unidas (2018), *UN Comtrade* (base de dados) e FEM (2018), *Global Competitiveness Report*.

Figura 1.1. Dinâmica de crescimento em África, Ásia e América Latina e Caraíbas, 1990-2020

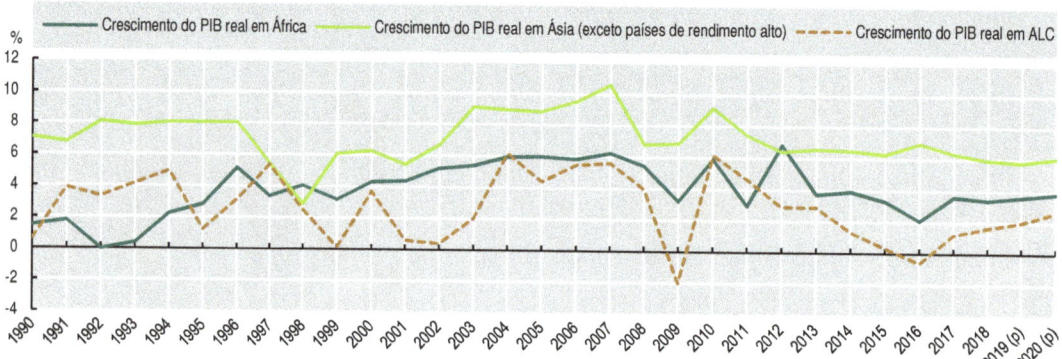

Fonte: Cálculos dos autores com base em FMI (2019), *World Economic Outlook* (base de dados).
StatLink https://doi.org/10.1787/888933966789

Tabela 1.2. Fluxos financeiros e receitas de impostos e poupança privada em África (USD atuais, mil milhões), 2000-17

			Média 2000-04	Média 2005-09	2010	2011	2012	2013	2014	2015	2016	2017
Fluxos financeiros externos	Privados	Investimento direto estrangeiro	16.1	46.0	46.7	46.7	52.0	50.8	52.4	56.6	53.2	41.8
		Investimento de carteira	1.8	10.4	36.8	23.2	37.6	33.7	30.2	20.8	5.9	46.0
		Remessas de Emigrantes	14.2	41.9	54.7	61.7	66.8	65.9	70.2	70.0	66.9	74.4
	Públicos	Ajuda pública ao desenvolvimento	20.5	38.8	42.8	46.5	46.4	52.0	47.9	44.9	44.1	47.0
Total de entradas do Estrangeiro			12.1	25.9	52.5	137.1	181.0	178.2	202.8	202.4	200.7	192.4
Receitas fiscais internas			44.4	104.4	118.6	266.9	330.3	403.2	417.7	414.5	408.8	339.5
Poupança privada			35.4	76.8	130.8	299.1	423.5	448.5	475.0	508.0	516.2	427.3

Fontes: Cálculos dos autores baseados em FMI (2019), *World Economic Outlook* (base de dados), OCDE-DAC (2018a), *International Development Statistics* (base de dados), OCDE-DAC (2018b), *Country Programmable Aid*, e Banco Mundial (2018a), *World Development Indicators* (base de dados).

O que é a transformação produtiva e porque é importante para África?

Acelerar o desenvolvimento do setor produtivo de África é fundamental para cumprir os objetivos do continente estabelecidos na Agenda 2063 da União Africana. O que os países produzem e comercializam determina os resultados do desenvolvimento mundial e molda a capacidade de os sistemas económicos gerarem e redistribuírem riqueza (Hausmann, Hwang e Rodrik, 2007; Primi, 2016).

O que é a transformação produtiva?

A transformação produtiva é o processo de acumular e propagar capacidades organizacionais, produtivas e tecnológicas no seio de uma economia. Durante este processo, a economia aumenta a sua produtividade e a capacidade de recuperar o atraso em relação às economias com melhores desempenhos. Ao mesmo tempo, os recursos e os trabalhadores passam de atividades que requerem baixos conhecimentos para novas atividades com uma exigência de conhecimentos mais elevada. O aumento da produtividade e o desenvolvimento de novas atividades através da melhoria das capacidades das empresas e da economia em geral são cruciais para alcançar um crescimento mais sólido, criar mais e melhores empregos e reduzir as desigualdades.

Não existe um modelo único de transformação ao nível de cada país. As vias da transformação produtiva dependem de muitos fatores que desempenham papéis diferentes em cada país e setor e de acordo com contextos económicos históricos e mundiais variáveis. O mundo de hoje, em rápida mudança, oferece aos decisores políticos a oportunidade da transformação através de várias políticas (Nübler, 2014; BAfD/OCDE/ PNUD, 2017; ver Anexo 1.A1). Este processo pode ser medido de formas diferentes ao nível das empresas e dos países (Caixa 1.1). Seguem-se dois exemplos:

- **Marrocos** expandiu a sua produção a novas atividades durante os anos de 2000, como a aeronáutica, a indústria automóvel, o equipamento elétrico e *off-shoring*. Isto foi feito tirando partido da sua proximidade geográfica dos mercados e investidores da União Europeia, dos acordos comerciais em vigor e da sua relativa estabilidade política.
- Desde 2004, a **Etiópia** tem aproveitado as novas oportunidades que se abrem nos mercados internacionais para aumentar o valor acrescentado da sua produção de café. O governo etíope lançou a iniciativa Licenciamento e Marca do Café Etíope, que utiliza uma série de direitos de propriedade intelectual para diferenciar o *"The Ethiopian Fine Coffee"*. A marca é gerida por um comité de representantes decooperativas e empresas de exportação privadas, em parceria com o Instituto da Propriedade Intelectual da Etiópia e outros organismos governamentais.

A manutenção do processo de transformação produtiva exige o reforço da densidade e da variedade das empresas nas redes de produção, e além disto a ativação das suas capacidades de melhoria e do seu potencial para aprenderem entre si.

Ao nível das empresas, a transformação produtiva é o processo de acumular e divulgar novas capacidades para realizar determinadas tarefas. Dois exemplos são:

- O **MeTL Group** (Mohammed Enterprises Tanzania Limited) é um conglomerado diversificado de empresas da Tanzânia que emprega 24 000 trabalhadores, sendo o maior empregador do setor privado do país. A empresa passou do comércio para a transformação industrial em 1998. Nessa altura, criou novas empresas e adquiriu empresas no setor agroindustrial e na indústria transformadora (ver Anexo 1.A1).

- O **OCP** (*Office chérifien du phosphate*) deMarrocos tem vindo a reforçar a produtividade agrícola e da indústria química, desde 2006 através da integração de empresas marroquinas nas suas atividades a montante e desenvolvendo as competências locais. O OCP tornou-se uma sociedade anónima em 2008 (ver Anexo 1.A1).

Caixa 1.1. **Medir a transformação produtiva**

A transformação produtiva é multifacetada. Para medir as suas vastas implicações na produção, o comércio, o emprego e o desenvolvimento social é necessário recorrer a vários indicadores. Em teoria, a transformação produtiva pode ser medida pelo progresso de uma economia em criar e difundir novas capacidades de organização, de produção e de tecnologia.

- A perspetiva da **mudança estrutural** analisa a transformação produtiva através dos padrões de mudança das contribuições e resultados setoriais (por ex. Hausmann e Klinger, 2006; Hausmann e Hidalgo, 2011; Lin e Monga, 2010).

- O aumento das **cadeias de valor globais** (CVGs) tem um impacto significativo na forma como os países podem conduzir as mudanças estruturais (por ex. Gereffi, 1999; Udo e Bruce, 1995; Borrus, Ernst e Haggard, 2000; Humphrey J. e Schmitz H., 2010; Martin e Rafiq, 2003; Dean J, Fung KC e Wang Zhi, 2007; Escaith, Lindenberg e Miroudot, 2010, Cattaneo, Gereffi e Staritz, 2010; Baldwin, 2011).

- De acordo com outra corrente da literatura, a **perspetiva do processo** tenta compreender a forma como os resultados económicos perduram no longo prazo. Discute capacidades como o fator determinante do comportamento das empresas e a capacidade das economias em desempenharem tarefas como a coordenação, o investimento, a inovação, a identificação e a resolução de problemas e a aprendizagem (Chang, 2010; Dosi, Nelson e Winter, 2000; Lall, 1992; Lall, 2000; Nelson, 2008; Nelson e Winter, 1982; Sutton, 2012; Teece, Pisano e Shue, 1997).

Na prática, estes estudos podem beneficiar de uma série de análises, tanto ao nível do país como ao nível das empresas. A escassez de dados, as preocupações relativas à qualidade das estatísticas e a prevalência do setor informal em África exigem uma combinação de instrumentos de análise ao nível dos países e das empresas.

Ao **nível do país**, a análise recorre frequentemente a três tipos de indicadores:

1. **Diversificação para novos produtos**, que à semelhança da transição para atividades de maior valor acrescentado, pode ser medido por indicadores baseados no comércio, como o Índice de Complexidade das Exportações e os Índices de Vantagem Comparativa Latente (Balassa, 1965; Hausmann, Hwang e Rodrik, 2007). Mais recentemente, as bases de dados que utilizam tabelas de entradas-saídas plurinacionais, tais como a base de dados *Trade in Value-Added* da OCDE-OMC, a Base de Dados Mundial sobre Entradas-Saídas, a CNUCED-EORA e o Projeto de Análise do Comércio Mundial permitem acompanhar a participação dos países nas cadeias de valor globais.

2. **Modernização tecnológica** através de exercícios contabilísticos de crescimento e de produtividade setorial usando bases de dados, tais como a *Total Economy Database* do Conference Board, a ONUDI *INDSTAT* e a análise do nível tecnológico das exportações (ver por exemplo Lall, 2000; OCDE, 1995).

3. **Criação de empregos mais bem remunerados na economia**. Inclui a análise da reafetação laboral entre setores (ver por exemplo (McMillan, Dani e Verduzco-Gallo, 2014; de Vries e Timmer, 2015).

Caixa 1.1. **Medir a transformação produtiva** *(cont.)*

Ao **nível da empresa**, a capacidade de mudar para um novo produto ou um novo modelo de negócio ou de adotar novas tecnologias a partir do espaço global de produtos e tecnologias é fundamental (Nübler, 2014).

Os **parâmetros de desempenho podem avaliar**: i) a capacidade das empresas existentes no desenvolvimento de novos produtos, na sua introdução nos mercados e na exploração de novos mercados de exportação; e ii) a competitividade das empresas no cumprimento das normas sociais, ambientais e de qualidade. Os inquéritos às empresas podem ajudar a avaliar a adoção das tecnologias de informação e comunicação (TIC), assim como os recenseamentos de empresas ajudam a compreender a sua dinâmica de sobrevivência e crescimento. Também os dados administrativos, como dados orçamentais, transações aduaneiras e registo de patentes podem contribuir para uma imagem exata da dinâmica de produtividade e de inovação das empresas.

Em África, a disponibilidade dedados ao nível das empresas que permitam a realização de análises entre países e a tomada de decisões informadas, continua a ser limitada. Os recenseamentos industriais das empresas são irregulares nos países africanos, à exceção da Etiópia, do Gana e da África do Sul. Os inquéritos às empresas do Banco Mundial constituem o conjunto de inquéritos mais popular e comparável ao nível internacional para compreender as características das empresas em África. No entanto, as respostas autoavaliadas sobrestimam frequentemente a inovação (Cirera e Muzi, 2016) e tornam as estimativas relativas à produtividade menos fiáveis. As iniciativas mais recentes disponibilizaram novas fontes de dados administrativos sobre as empresas. Por exemplo, a base de dados *Exporter's Dynamic* permitiu uma análise do comércio ao nível das exportações. No entanto, a cobertura dos países permanece limitada e o nível de agregação é elevado para a maioria dos países.

Fonte: Compilação dos autores da análise bibliográfica.

Por que razão a transformação produtiva é importante para a agenda de desenvolvimento de África?

Acelerar o desenvolvimento dos setores produtivos de África é fundamental para cumprir os objetivos do continente estabelecidos em várias iniciativas pan-africanas em curso. A União Africana, através da Agenda 2063, prevê a transformação da estrutura das economias dos países africanos e a criação de um crescimento forte, robusto e inclusivo, gerador de empregos e de oportunidades para todos. Para além das iniciativas pan-africanas já mencionadas, outras sublinham a importância da industrialização para uma transformação económica sustentável: i) Plano de Ação da União Africana para o Desenvolvimento Industrial Acelerado de África; ii) Iniciativa Africana de Capacidade Produtiva; iii) Estratégia de Ciência, Tecnologia e Inovação para África 2024; iv) *Africa Mining Vision*; e v) Iniciativa Africana para o Desenvolvimento dos Agronegócios e das Agroindústrias. A Assembleia Geral das Nações Unidas proclamou igualmente o período de 2016-25 como a terceira década de desenvolvimento industrial de África.

Esta visão pan-africana pressupõe a existência de cada vez mais empregos e de empregos melhor remunerados. A expansão do produto interno bruto (PIB) em África desde os anos de 2000 não criou empregos de qualidade e bem-estar suficientes para a população. O continente necessita de criar emprego para 29 milhões de jovens que entram na população em idade ativa todos os anos, entre o momento atual e o ano de

2030. Em comparação, entre 2000 e 2015, entraram 14 milhões de novos trabalhadores no mercado por ano. Além disso, 282 milhões de trabalhadores encontram-se atualmente em situação de emprego vulnerável e 30% dos trabalhadores continuam na pobreza apesar de trabalharem.

A escala e a natureza transversal dos desafios que as empresas africanas enfrentam exigem políticas coordenadas entre os governos africanos. Por exemplo, um défice de infraestruturas estimado em cerca de USD 108 mil milhões por ano continua a representar um importante obstáculo ao desenvolvimento do setor privado em África (BAfD, 2019). Colmatar este défice exige soluções sustentáveis e de longo prazo, incluindo abordagens comuns à mobilização de recursos nacionais (ver Caixa 1.2). As abordagens bem-sucedidas são inclusivas e usufruem de uma participação e apropriação fortes por parte dos intervenientes nacionais, regionais e locais. O sucesso dessas estratégias depende também da liderança transformadora dos atores públicos e privados e exige o reforço das capacidades de ambos os setores (ACBF, 2019).[1]

Tabela 1.3. **Dez iniciativas continentais em curso para a industrialização de África**

Iniciativas continentais em curso (lista não exaustiva)	Principais instituições	Calendário
1 Agenda 2063 Meta 1: "Uma África Próspera Baseada no Crescimento Inclusivo e no Desenvolvimento Sustentável"	CUA	2013-em curso
2 Plano de Ação da UA para o Desenvolvimento Industrial Acelerado de África (AIDA)	CUA	2008-em curso
3 Fomentar o comércio intra-africano (BIAT) Polo III – Capacidade produtiva	CUA, ECA	2012-em curso
4 A Terceira Década de Desenvolvimento Industrial das Nações Unidas para África (DDIA III)	ONUDI	2016-25
5 Programa de desenvolvimento de infraestruturas em África (PIDA)	CUA, NEPAD, BAfD, ECA	2012-40
6 Estratégia de Ciência, Tecnologia e Inovação para África 2024 (STISA)	CUA	2014-24
7 Iniciativa Africana para o Desenvolvimento das Indústrias de Agronegócios e de Agroindústrias (3ADI)	FAO, FIDA, ONUDI	2010-20
8 Programa Integrado para o Desenvolvimento da Agricultura em África (CAADP)	CUA, NEPAD	2003-em curso
9 The Africa Mining Vision	CUA	2009-em curso
10 Iniciativa Africana de Capacidade Produtiva (APCI)	ONUDI	2003-em curso

Nota: CUA – Comissão da União Africana; ECA – Comissão Económica das Nações Unidas para África; ONUDI – Organização das Nações Unidas para o Desenvolvimento Industrial; NEPAD – Nova Parceria para o Desenvolvimento de África; BAfD – Banco Africano de Desenvolvimento; FAO – Organização das Nações Unidas para a Alimentação e a Agricultura; FIDA – Fundo Internacional para o Desenvolvimento Agrícola.

Caixa 1.2. **Mobilização de recursos para a transformação produtiva**

Por si só, a despesa pública dificilmente poderá sustentar o investimento produtivo e a acumulação de capital no médio prazo. O número de países de baixo rendimento que se encontra em situação de sobre-endividamento ou que enfrenta um elevado risco de sobre-endividamento aumentou de 7, em 2013, para 16, em 2018 (FMI, 2019b). É muito mais provável que os países africanos contraiam empréstimos em moeda estrangeira do que os países asiáticos, o que pode aumentar este risco (ver Figura 1.2). No caso da África Subsariana, por exemplo, a percentagem da dívida pública total denominada em moeda estrangeira aumentou de 23% do PIB, em média, em 2011-13, para 32% em 2017 (FMI, 2018). A percentagem da dívida de África detida por bancos privados e detentores de obrigações também aumentou, mesmo se as maturidades relativamente mais curtas e as taxas de juro mais elevadas destas dívidas podem não corresponder às necessidades de financiamento de projetos no longo prazo (Coulibaly, Dhruv e Lemma, 2019).

Caixa 1.2. **Mobilização de recursos para a transformação produtiva** (cont.)

A manutenção da dinâmica de crescimento de África exigirá a mobilização de outras fontes para além da dívida pública, nomeadamente a poupança e as remessas, para incentivar o investimento em atividades que aumentam a produtividade e criam emprego (CUA/OCDE, 2018).

Figura 1.2. **A maior dependência dos países africanos de dívida em moeda estrangeira torna-os mais vulneráveis a sobre-endividamento do que os países asiáticos**

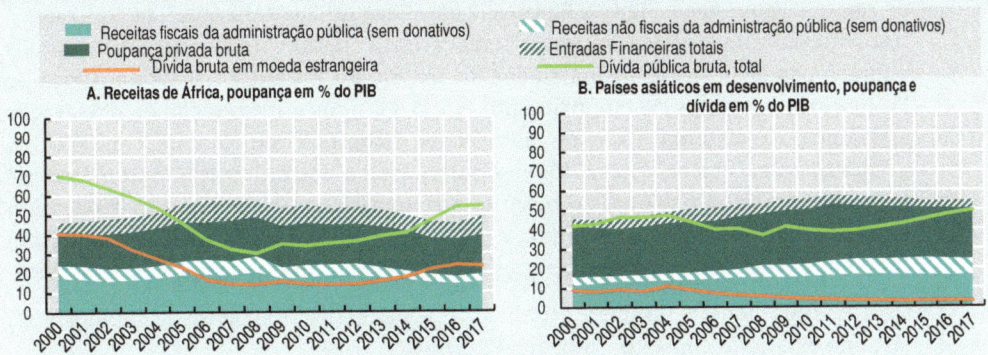

Fonte: Cálculos dos autores com base no FMI (2019), *World Economic Outlook* (base de dados).
StatLink ᴹˢᴸ https://doi.org/10.1787/888933966694

Os governos têm de reduzir a sua exposição financeira aos choques externos. Os governos africanos podem aumentar simultaneamente as receitas públicas e incentivar o crescimento do setor privado se seguirem políticas fiscais coerentes com a transformação produtiva. Estas políticas deverão encontrar um **equilíbrio entre o aumento da arrecadação de impostos e a melhoria do ambiente de negócios.**

- De um modo geral, os países africanos apoiaram-se em grande medida na reforma do imposto sobre o valor acrescentado (IVA) para aumentar os seus níveis de tributação. Nos 21 países que constam nas *Estatísticas das Receitas em África 2018*, os aumentos das receitas de IVA representaram, em média, 32% do aumento total das receitas fiscais de 2006 a 2016 e, no caso de Marrocos, 93% (OCDE/ATAF/CUA, 2018). No entanto, como concluiu a Zâmbia, a adoção do IVA pode nem sempre valer a pena. As reformas em matéria de IVA requerem um regime fiscal com capacidade para processar os reembolsos atempadamente e evitar a fraude.

- É necessária uma maior orientação para a mobilização do valor da terra. Os impostos sobre imóveis são desejáveis para o crescimento, tendo em conta o crescimento da população urbana projetado de África, de cerca de 3.2% entre 2015 e 2050. No entanto, os impostos sobre imóveis exigem uma distinção clara entre os direitos de propriedade tradicionais, públicos e privados, a fim de garantir a segurança e evitar contestação. Os impostos sobre prédios rurais poderiam ser mais eficazes se fossem simplificados, por exemplo, baseando-os na área de terra e não no respetivo valor. A África do Sul começou a utilizar avaliações em massa assistidas por computador para obter avaliações mais eficientes dos imóveis e dos impostos imobiliários. Melhorar a administração imobiliária pode também envolver benefícios para além da arrecadação de impostos. Na Etiópia e no Ruanda, a certificação da propriedade das terras agrícolas aumentou a respetiva produtividade e a propensão para investir (CUA/OCDE, 2018). No Burquina Faso,

Caixa 1.2. **Mobilização de recursos para a transformação produtiva** *(cont.)*

um projeto que utiliza imagens de satélite de resolução muito elevada produziu um mapeamento territorial pormenorizado. A expansão do imposto predial na Serra Leoa levou à criação de uma cartografia do sistema de informação geográfica, que ajudou a melhorar a capacidade de governação do Estado (Moore, Pritchard e Fjeldstad, 2018).

- Proporcionar incentivos para que as empresas e os indivíduos se registem junto do governo, melhorando assim os registos públicos, pode melhorar a recolha de dados. Por exemplo, muitas pequenas empresas e microempresas que utilizaram os Centros de Apoio a Pequenas e Médias Empresas da África do Sul para obterem contratos e trabalharem com grandes empresas começaram a operar como empresas informais e foram posteriormente formalizadas. O Serviço de Receitas Fiscais da África do Sul reduziu os custos de cumprimento em 22.4% após a introdução da declaração eletrónica. O sistema iTax da autoridade tributária do Quénia, introduzido gradualmente entre 2005 e 2010, assegura agora a administração automática de todos os impostos nacionais e permite aos contribuintes declararem e pagarem os seus impostos *online*. O Ruanda, em 2013, e o Quénia, em 2014, introduziram também o pagamento móvel de impostos através das suas plataformas M-Service.

- Os governos podem também atualizar a política fiscal através da melhoria do sistema estatístico no setor informal (OCDE/OIT, 2019).

- Uma melhor comunicação entre as administrações fiscais e os contribuintes melhorará o desempenho fiscal. A comunicação pode garantir não só que as políticas fiscais sejam informadas por uma consulta adequada, mas também que as empresas e os indivíduos estejam cientes do interesse comum de que a tributação financie os objetivos nacionais de desenvolvimento em benefício de todos.

Os países africanos beneficiariam de melhores estatísticas, de informação e da partilha de experiências. A concentração de recursos e a cooperação podem ajudar a identificar melhores práticas fiscais, encontrar ganhos de eficiência e conceber estratégias de tributação do comércio internacional.

- A cooperação internacional permitiu obter estatísticas mais pormenorizadas e completas sobre as receitas fiscais, como, por exemplo, na publicação "Estatísticas das Receitas em África" (OCDE/ATAF/CUA, 2018) ou no *African Tax Outlook* (ATAF, 2018).

- A cooperação a nível regional pode ajudar a identificar melhor as falhas nos sistemas tributários década país, tais como as quase 400 rubricas pautais da Comunidade da África Oriental incorretamente classificadas como produtos acabados. A Comunidade Económica dos Estados da África Ocidental harmonizou as suas tarifas de importação e as normas em matéria de IVA para reduzir os incentivos à arbitragem fiscal economicamente prejudicial.

- Atualmente, 23 países africanos participam no quadro inclusivo sobre erosão da base tributável e transferência de lucros e 23 países participaram no Quinto Fórum Mundial sobre o IVA em março de 2019.

- Os fluxos financeiros ilícitos (FFI) estão estimados em cerca de USD 50 milhões por ano. A diversidade e a complexidade dos FFI exigem uma estratégia transversal que englobe os diversos atores a nível nacional, regional e internacional e discuta as causas profundas desta realidade. Os governos africanos podem tirar partido das iniciativas regionais e internacionais para aumentar a sua capacidade de combater os FFI (CUA, a publicar em breve).

Caixa 1.2. **Mobilização de recursos para a transformação produtiva** (cont.)

Os países podem mobilizar as poupanças nacionais privadas e as remessas da diáspora para o investimento nacional. Existem várias políticas possíveis:

- Os decisores políticos e as instituições financeiras podem trabalharno sentido de bloquear as poupanças nacionais em ativos de longo prazo e de os utilizar para assegurar mais crédito, sem adicionar pressão nos seus balanços.

- Marrocos atraiu o investimento da sua diáspora. Do mesmo modo, a Etiópia, o Gana, as Maurícias e a Nigéria criaram regimes para facilitar o investimento da diáspora no país.

Fontes: ATAF (2018), *African Tax Outlook 2018;* CUA (a publicar), *Mobilisation of Domestic Resources: Fighting against Corruption and Illicit Financial Flows;* CUA/OCDE (2018), *Dinâmicas do Desenvolvimento em África 2018: Crescimento, emprego e desigualdades;* Coulibaly, Dhruv e Lemma (2019), "Is sub-Saharan Africa facing another systemic sovereign debt crisis?"; FMI (2019), *Regional Economic Outlook: Sub-Saharan Africa, Recovery Amid Elevated Uncertainty;* FMI (2018), *Regional Economic Outlook: Sub-Saharan Africa, Capital Flows and the Future of Work;* Moore, Pritchard e Fjeldstad (2018), *Taxing Africa: Coercion, Reform and Development;* OCDE/ATAF/CUA (2018), *Revenue Statistics in Africa 2018;* OCDE/OIT (2019), *Tackling Vulnerability in the Informal Economy.*

Que políticas podem acelerar a transformação produtiva no contexto atual em rápida mudança?

A transformação de África ocorre num contexto mundial incerto e em rápida mudança que requer abordagens políticas inovadoras. A evolução da produtividade e dos catalisadores da competitividade em África pode ser diferente da que se verificou nos países da Ásia Oriental que se industrializaram através da expansão da indústria transformadora. A industrialização já não passa apenas pelo crescimento da indústria transformadora, uma vez que a produção depende cada vez mais de serviços e bens de outros setores (OCDE, 2013; BAfD/OCDE/PNUD, 2017; Hallward-Driemeier e Nayyar, 2018). A nível mundial, entre 25% e 60% do emprego nas empresas da indústria transformadora são em funções de apoio a serviços, como transportes e marketing de logística, serviços pós-venda e trabalho administrativo de apoio a tecnologias de informação (Miroudot e Cadestin, 2017). As alterações climáticas estão também a alterar os requisitos e as oportunidades no panorama da produção mundial.

O continente está a mudar rapidamente e as suas experiências são diferentes das de outras regiões. A combinação da revolução demográfica em África, a transformação territorial, a rápida transição urbana e a integração regional colocam desafios e oportunidades únicas às políticas e às empresas. Estas mudanças trazem novas fontes de financiamento, novos mercados, padrões de procura e novas possibilidades de "dar o salto" aproveitando oportunidades de transferência de tecnologia e de práticas de gestão empresarial. Envolvem também a procura da criação de melhores empregos, novos concorrentes e novos riscos para o crescimento inclusivo e para o ambiente. Este contexto político em rápida evolução significa que o continente pode aprender com, mas não deve necessariamente repetir, o que outros países fizeram no passado.

As políticas de transformação produtiva de África devem ir além da agenda de industrialização tradicional de apoio às atividades da indústria transformadora ou dos setores industriais. As políticas de transformação produtiva de África devem abranger outras atividades produtivas, como a agricultura e os serviços modernos, de forma a alcançar um equilíbrio entre as especificidades africanas e o contexto mundial em rápida mudança. África está a adotar instrumentos de política mais abrangentes, como o apoio à atividades de inovação, o desenvolvimento de *clusters* de negócios e o reforço da integração em cadeias de valor globais e regionais. A complexidade do apoio à transformação produtiva exige uma estratégia sistémica que vá além da agenda de eliminação das falhas de mercado na produção e na prestação de serviços. Esta agenda difere de políticas anteriores de "seleção de campeões". A agenda atual de melhoria do ambiente de negócios é importante, mas não será suficiente para transformar a produção do continente. África está atrás de outros países em desenvolvimento em matéria de produtividade, o que se deve à má gestão das empresas e a ligações industriais limitadas, que não estão diretamente relacionadas com o ambiente de negócios (CUA/OCDE, 2018). As políticas têm de melhorar a capacidade das empresas africanas, especialmente a capacidade de adaptação à evolução das condições de mercado e a capacidade de antecipação das tendências futuras (Primi, 2016).

- **As políticas de transformação produtiva em África devem considerar os contextos de mudança, a estrutura económica local e a capacidade institucional.** O setor privado de África é hoje uma combinação de "campeões" de sucesso, *start-ups* promissoras e um conjunto diversificado de pequenas empresas Cerca de 22% da população africana em idade ativa está a criar novas empresas, a taxa mais elevada do mundo (BAfD/OCDE/PNUD, 2017), quando comparada com os 19% dos países da América Latina e os 13% dos países em desenvolvimento da Ásia. Simultaneamente, a maior parte (55%) dos empreendedores africanos trabalha atualmente em serviços não transacionáveis. Cerca de um terço dos jovens empreendedores cria empresa por necessidade, e não tem uma ideia comercial clara (BAfD/OCDE/PNUD, 2017).

- **Os governos devem centrar-se nas cadeias de valor estratégicas e não apenas na indústria transformadora.** Os países têm de melhorar os seus setores de serviços para dinamizar os setores da indústria transformadora, mineira ou agrícola. Os serviços desempenham um papel importante no valor acrescentado. Em 2015, representaram cerca de 40-42% do valor acrescentado nestes setores na Etiópia, no Egito e no Quénia (Figura 1.3), seguidos dos Camarões, África do Sul e pela Côte d'Ivoire (por esta ordem). O êxito das estratégias industriais pode depender de serviços de apoio, como as TIC, o *marketing*, os transportes e a distribuição.

- **As oportunidades de "dar osalto" no panorama tecnológico mundial podem criar novas vantagens competitivas.** A diminuição dos preços das energias renováveis cria uma nova oportunidade para colmatar o défice de infraestruturas em África usando energias sustentáveis. Os países africanos ricos em recursos também podem utilizar as mudanças no panorama tecnológico para alavancar a inovação ecológica, por exemplo no setor mineiro (Alova, 2018):

    - Em primeiro lugar, as técnicas de extração sustentáveis podem melhorar a competitividade do setor mineiro e do resto da economia (por ex., o OCP em Marrocos, o Projeto de Eficiência Energética Industrial da África do Sul).

    - Em segundo lugar, as receitas da inovação ecológica podem ajudar as empresas a entrar em novas cadeias de valor para uma indústria transformadora mais limpa (por ex., a gestão de resíduos pela Africa Global Recycling Company no Togo). A experiência do Chile é ilustrativa (OCDE/ONU, 2018). O Chile reinveste estrategicamente as suas receitas de lítio e de cobre para financiar a investigação e o desenvolvimento de tecnologias que permitam reduzir as baixas emissões de carbono ao longo dos próximos dez anos. O país pretende tornar-se uma plataforma mundial de tecnologia mineira ecológica, investindo na eletromobilidade, na energia solar e na extração mineira com baixos níveis de emissões através de um consórcio de universidades, empresas locais e empresas multinacionais.

Figura 1.3. **Valor adicionado dos serviços no total das exportações de produtos transformados, mineiros e agrícolas em nove países africanos**

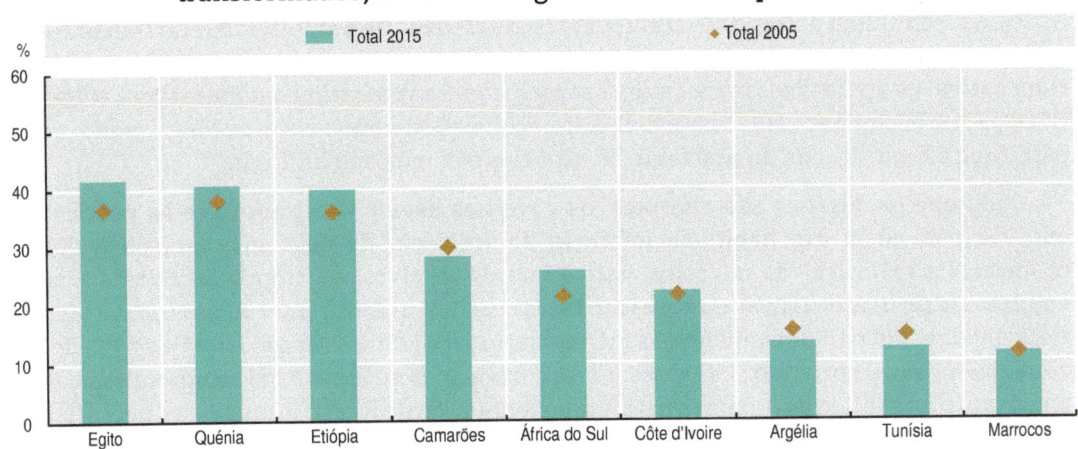

Nota: Total das exportações de "produtos transformados, mineiros e agrícolas", definidos como códigos ISIC D01 a 03 (agricultura) + códigos D05 a 09 (indústria mineira) + códigos D10 a 33 (indústria transformadora).
Fonte: Cálculos dos autores dos resultados preliminares baseados nas fontes de dados subjacentes do Inter-Country Input Output System da OCDE para os indicadores TiVA de 2018.
StatLink ᐧᐧᐧᐧᐧ https://doi.org/10.1787/888933966637

O presente capítulo propõe uma política nova para a transformação produtiva, centrando-se nos seguintes aspetos: i) *clusters* **de empresas** que poderão ser apoiadas pelos governos através da prestação de serviços com vista a melhorar a especialização, as ligações e as competências; ii) **redes de produção** através do reforço das cadeias de valor regionais, do desenvolvimento de normas regionais e da coordenação do investimento; e iii) **o acesso das empresas aos mercados**. A primeira secção identifica as intervenções políticas para ajudar diferentes tipos de empresas a melhorarem as suas capacidades através da inovação, da atração e da divulgação de novas capacidades, bem como da especialização. A segunda secção mostra como as políticas nacionais e regionais podem trabalhar em conjunto para criar oportunidades para as PME prosperarem nas cadeias de valor regionais. A última secção destaca as opções de política para melhorar o acesso das empresas produtivas aos mercados locais e regionais em crescimento do continente, bem como aos mercados globais. Recomenda a orientação para diferentes mercados locais e de exportação, a simplificação da administração e da logística no médio prazo e a modernização das infraestruturas no longo prazo.

Orientação para *clusters* de empresas: prestar serviços empresariais para melhorar a especialização, as ligações e as competências

O reforço das capacidades das empresas é fundamental para a transformação produtiva de África. Entre outros aspetos, o reforço dos sistemas de produção requer maior e melhor ligação entre empresas. As políticas públicas podem acelerar o crescimento da produtividade e a criação de emprego:

- incentivando os *clusters* **estratégicos**: desenvolver setores estratégicos com base nos ativos locais, facilitando a ligação entre as empresas e prestando serviços empresariais;
- **suprimindo as limitações das pequenas empresas em crescimento**: ajudar diferentes tipos de PME africanas a criar novos nichos de mercado, a crescer e a criar emprego através de uma abordagem adaptada;
- **abordando a procura de novas competências**: desenvolver alianças público-privadas mais fortes, incentivar métodos de formação inovadores e promover a mobilidade de talentos no continente africano.

O atraso nos níveis de produtividade e os ganhos de produtividade lentos constituem desafios à concorrência nos mercados globais. O rácio da produtividade do trabalho África-Ásia diminuiu desde 2000. O aumento do diferencial de produtividade do trabalho é mais acentuado na agricultura, mas também se verifica nos serviços comerciais, como os transportes, as atividades financeiras, a construção e a indústria transformadora (CUA/OCDE, 2018). Colmatar este diferencial exige soluções sustentáveis e de longo prazo, ao passo que a atual agenda do ambiente de negócios é demasiado limitada.

Dado que os desafios são enormes, os governos devem dar prioridade às políticas que vão para além das habituais reformas do ambiente de negócios. Para além dos obstáculos à realização de negócios, vários fatores ao nível das empresas impedem as empresas africanas de inovar e de crescer. Estas continuam a enfrentar muitos obstáculos relacionados com o financiamento, as infraestruturas, a administração fiscal e a mão-de-obra qualificada (Figura 1.4). Ultrapassar estes obstáculos de base exige compromissos de longo prazo no sentido de um investimento sustentado em infraestruturas e competências – que o presente capítulo aborda mais à frente. Ao mesmo tempo, os modelos de gestão das empresas e as circunstâncias pessoais dos proprietários e dos gestores influenciam consideravelmente a sobrevivência e o crescimento das empresas (Bloom e Van Reenen, 2010; Davies e Kerr, 2018). Um estudo sobre os empresários na Côte d'Ivoire, Madagáscar, Peru e Vietname revela que a maioria das empresas carece das capacidades de base: realizar a contabilidade básica, criar uma fábrica, utilizar as ferramentas para planear num horizonte plurianual, identificar um avanço tecnológico relevante e cultivar os recursos humanos (OCDE, 2017a). Além disso, as empresas africanas tendem a ser mais pequenas do que as empresas de outras regiões do mundo: cerca de 60% da diferença de dimensão entre as empresas africanas e as de outros países em desenvolvimento permanece por explicar, mesmo após o controlo do ambiente de negócios, da idade das empresas, da propriedade e da dimensão do mercado (Iacovone, Ramachandran e Schmidt, 2013).

Figura 1.4. Cinco principais obstáculos à realização de negócios a nível global e nos países em desenvolvimento, por dimensão da empresa

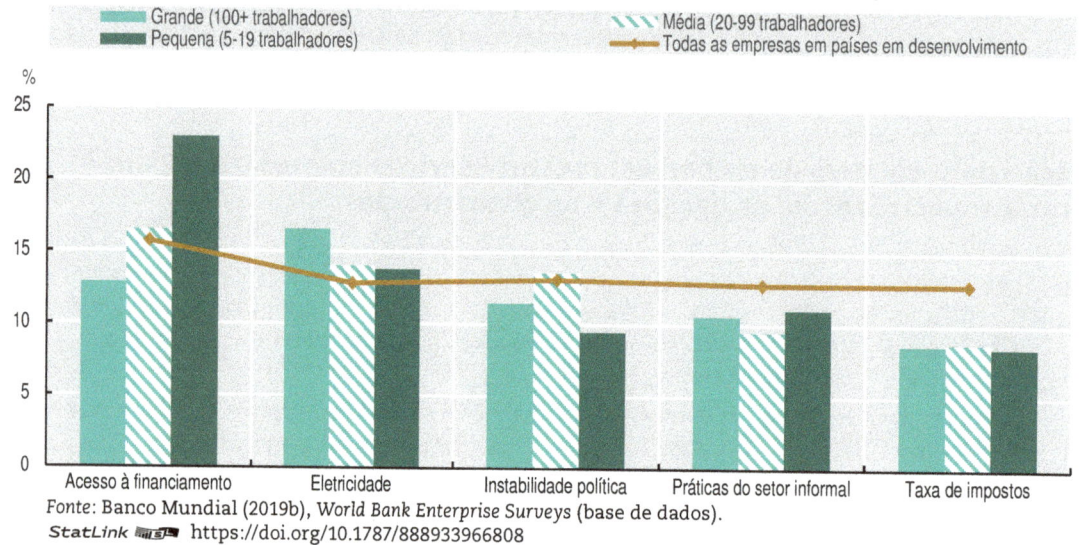

Fonte: Banco Mundial (2019b), *World Bank Enterprise Surveys* (base de dados).
StatLink ▨▨▨ https://doi.org/10.1787/888933966808

A presente secção propõe três conjuntos de medidas que podem aumentar a capacidade das empresas competirem no presente e prosperarem no futuro. Estas medidas complementariam as reformas em curso do ambiente de negócios:

- *Medidas de apoio à criação de clusters estratégicos*: desenvolver setores estratégicos com base nos ativos locais, facilitando a ligação entre as empresas e prestando serviços empresariais;
- *Medidas para ultrapassar os obstáculos ao crescimento das pequenas e médias empresas*: usar uma abordagem adaptada para ajudar diferentes tipos de PME africanas a criarem novos nichos de mercado, a crescerem e a criarem emprego;
- *Medidas para responder à procura de novas competências*: desenvolver alianças público-privados mais fortes, incentivar métodos de formação inovadores e promover a mobilidade de talentos no continente africano.

As políticas têm de reforçar os *clusters* existentes para criar ligações entre as empresas e difundir novas tecnologias e a inovação empresarial

As políticas de produtividade não devem centrar-se apenas nas grandes empresas líderes. As ligações deficientes entre as empresas africanas limitam a propagação das inovações das empresas líderes às outras empresas. Os benefícios decorrentes do investimento público em "campeões" africanos podem não se repercutir em ganhos de produtividade para toda a economia. Além disso, estas empresas líderes representam apenas uma pequena proporção do emprego formal no continente. Dada a grande dimensão da população jovem que entra no mercado de trabalho, os governos terão que apoiar as PME africanas a criarem mais e melhores empregos para garantir um crescimento inclusivo.

A melhoria dos sistemas produtivos em África exige a acumulação e a difusão de novas capacidades entre os diferentes tipos de empresas. Em geral, as empresas de maior dimensão estão em melhor posição do que as PME para acelerar o crescimento da produtividade – em particular porque impulsionam a maior parte do crescimento das exportações (McKinsey, 2018; Goswami, Medvedev e Olafsen, 2018; PNUD, 2018). No entanto, a melhoria global da economia depende da produtividade das outras empresas. O desempenho geral das empresas africanas é heterogéneo no que diz respeito à inovação:

- As inovações em matéria de produtos e processos revelam lacunas significativas entre as empresas africanas e os seus concorrentes internacionais, como por exemplo em relação às empresas indianas que são ligeiramente mais inovadoras em termos de organização e de *marketing* (Tabela 1.4). É provável que as empresas que participam em I&D introduzam algum tipo de inovação.
- A despesa total em investigação e desenvolvimento (DTID) em África, em percentagem do PIB, é de 0.45%, muito abaixo da meta atual de 1% para os países membros da União Africana. A título de comparação, a DTID do mundo é de 1.3% (UNESCO, 2019).

Tabela 1.4. **Taxas de inovação em dez países africanos e na Índia**

	Produto	Processo	Produto ou processo	Organização	Marketing
Nigéria	13.8%	29.6%	37.1%	47.1%	51.6%
Gana	17.1%	25.3%	36.3%	30.5%	51.9%
Quénia	25.4%	26.4%	43.8%	35.9%	39.0%
Média de África (dez países)	27.2%	30.7%	46.5%	40.6%	46.1%
Índia	58.1%	66.2%	91.1%	55.1%	63.8%

Nota: A média de África inclui: Rep. Dem. Congo, Gana, Namíbia, Nigéria, Quénia, Sudão, Sudão do Sul, Tanzânia, Uganda e Zâmbia.
Fonte: Buba et al. (2016), *An Assessment of the Investment Climate in Nigeria: The Challenges of Nigeria's Private Sector*.

As tecnologias e o *know-how* existentes têm de se propagar para além das ilhas de excelência desenvolvidas pelas empresas líderes e inovadoras. Atualmente, a estrutura produtiva de África é altamente segmentada em termos de produtividade e capacidade de inovação. Embora a escassez de dados impeça uma visão geral abrangente da estrutura industrial de África, a evidência disponível revela a existência de um grande fosso entre aa produtividade, as práticas de gestão e a *standardização* dos produtos de um pequeno grupo de empresas altamente produtivas – sobretudo grandes empresas nacionais e empresas multinacionais – e o resto da economia. Por exemplo, 1% das empresas mais produtivas do Gana produz, em média, 169 vezes mais valor acrescentado por empresa do que os restantes 99% (Teal, 2016).

A difusão das tecnologias e das novas práticas de inovação não é automática. Como mostra a Figura 1.5, as empresas em África não cooperam com outras empresas para desenvolver inovação de produto[2], nem têm ligações fortes em matéria de inovação com o meio académico ou as instituições governamentais. Em nove dos países africanos abrangidos pelos inquéritos às empresas do Banco Mundial, mais de 60% das empresas dependem das suas próprias ideias e competências para desenvolver inovação de produto (Buba et al., 2016). Na Nigéria, 85% das empresas desenvolvem as inovações internamente: dependem inteiramente das capacidades internas.

Figura 1.5. Modalidades através das quais as empresas desenvolvem inovações de produtos em nove países africanos, no Bangladesh, na Índia e no Paquistão

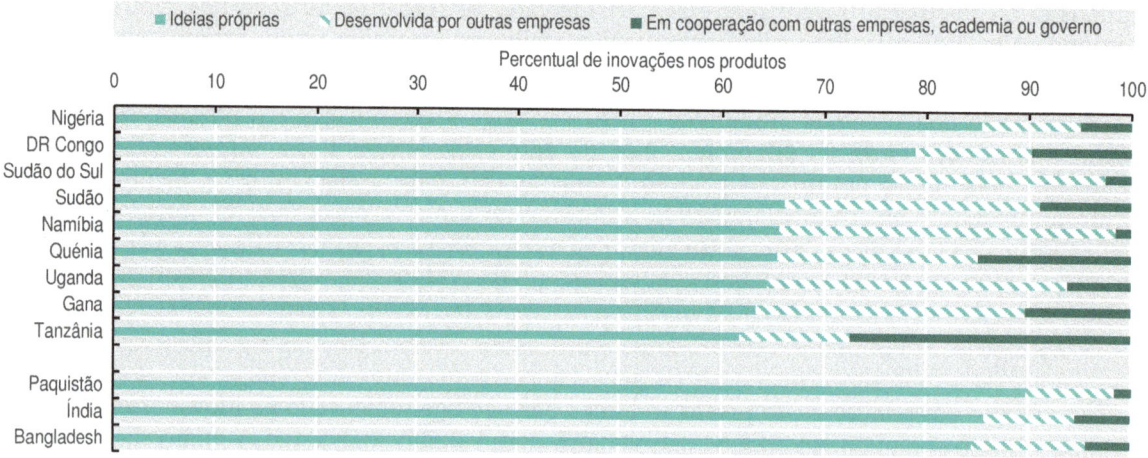

Nota: O Inquérito às Empresas do Banco Mundial analisa em que medida se desenvolveram inovações na empresa ou em cooperação com outras empresas ou instituições. Nesta figura, as modalidades em que as empresas desenvolvem inovações de produto são classificadas em quatro grupos: i) desenvolvidas com base em ideias próprias na empresa, incluindo através da contratação de pessoal especializado ou de empresas; ii) desenvolvidas em cooperação por outras empresas ou consultores; iii) desenvolvidas por outras empresas; e iv) desenvolvidas em cooperação com o meio académico ou instituições governamentais.

Fonte: Buba et al., 2016 e cálculos dos autores com base no Banco Mundial (2019b), *World Bank Enterprise Surveys* (base de dados).

StatLink ⬛⬛⬛ https://doi.org/10.1787/888933966827

Caixa 1.3. A inovação empresarial e os respetivos impactos esperados na economia

Vários fatores afetam a inovação e o crescimento da produtividade das empresas.

1. O **nível de concorrência** obriga todas as empresas a tornarem-se mais produtivas e mais inovadoras para poderem sobreviver. A concorrência também reduz o lucro das empresas menos produtivas e afasta-as dos negócios, aumentando assim os níveis de produtividade agregada através de um processo de "destruição criativa" (Schumpeter, 1942; Aghion e Howitt, 2006).

Caixa 1.3. A inovação empresarial e os respetivos impactos esperados na economia (cont.)

2. A abordagem política atualmente dominante em África reconhece a importância do **bom ambiente de negócios e das infraestruturas** para melhorar a produtividade das empresas. Com efeito, as empresas africanas enfrentam uma série de desafios transversais com necessidades significativamente diferentes.

3. Estudos recentes sobre os catalisadores da modernização das empresas em África salientam o papel das **características específicas** do setor e **das empresas**, tais como a capacidade de gestão, a prevalência do setor informal e a solidez das ligações industriais (Bloom et al., 2016; Rodrik, 2016; Altenburg e Lütkenhorst, 2015).

4. Os novos dados empíricos sobre a heterogeneidade das empresas e as **ligações de conhecimentos** realçam os estrangulamentos na difusão das tecnologias e conhecimentos existentes entre as empresas líderes e as restantes empresas (Andrews, Criscuolo C. e Gal P., 2016; OCDE, 2015). Esta conclusão sugere que o futuro crescimento da produtividade dependerá, em grande medida, da revitalização dos canais de difusão das tecnologias e conhecimentos existentes nas empresas líderes. O *Africa's Development Dynamics 2018* considerou a prevalência de empresas informais, a dificuldade na sua formalização e a fraca capacidade de gestão como explicações adicionais para o fraco desempenho das empresas africanas (CUA/OCDE, 2018).

O crescimento da produtividade em toda a economia resulta não apenas da capacidade das empresas líderes recuperarem o atraso relativo a novas tecnologias e conhecimentos desenvolvidos a nível mundial, mas também da falta de difusão das tecnologias e dos conhecimentos existentes das empresas líderes às restantes empresas. Utilizando os dados dos países da OCDE entre 2001 e 2013, Andrews, Criscuolo e Gal (2016) concluíram que a produtividade do trabalho no plano mundial aumentou a uma taxa média anual de 2.8% no setor da indústria transformadora, o que compara com ganhos de produtividade de apenas 0.6%, em média, nos países menos avançados. Esta divergência é ainda mais acentuada nos serviços às empresas.

A atualização de 2018 do *Manual de Oslo* define os resultados da inovação empresarial como "um produto ou processo novo ou melhorado (ou uma combinação de ambos) que divirja significativamente dos produtos ou processos anteriores da unidade e que tenham sido disponibilizados a potenciais utilizadores (produto) ou utilizados pela unidade (processo)".

Fonte: OCDE/Eurostat (2018), *Oslo Manual 2018: Guidelines for Collecting, Reporting and Using Data on Innovation*, 4th Edition.

O apoio à criação de *clusters* pode ajudar a desenvolver setores estratégicos com base nos ativos locais e prestar serviços às empresas *líderes* para as ajudar a reforçar as suas ligações aos fornecedores locais

Os *clusters* são estratégicos para desenvolver vantagens comparativas latentes e conhecidas numa economia (ver capítulos 2 a 6 para informações sobre a análise regional das vantagens comparativas). Uma política de criação de *clusters* deve acompanhar o investimento direto estrangeiro (IDE) e uma estratégia de transformação produtiva. Os *clusters* permitem que os governos com recursos limitados dêem prioridade ao investimento num local específico e criem ligações entre governos, empresas, investidores e universidades. Os governos podem, simultaneamente, abordar as barreiras ao investimento e à realização de negócios assegurando, por exemplo, o acesso a infraestruturas de qualidade (especialmente eletricidade e transportes rodoviários) e criando regulamentações sobre procedimentos aduaneiros, tributação e licenças de exercício de atividade. Neste processo, os países podem aproximar-se da fronteira tecnológica mundial, através da atração de IDE utilizando capacidades mais elevadas em setores específicos que apresentam vantagens comparativas. A densidade relativamente mais elevada de empresas, fornecedores, prestadores de serviços e instituições associadas num *cluster* pode facilitar maiores repercussões positivas e a mais transferências de conhecimento, aumentando ainda mais o impacto das políticas.

Os países africanos estão a tornar-se mais bem-sucedidos na construção de *clusters* industriais. Marrocos desenvolveu o Tangier-Med, um *cluster* automóvel e aeronáutico de nível global, que produz muitas peças e componentes para os fabricantes europeus. Na Etiópia, a Eastern Industry Zone e o Hawassa Industrial Park atraíram empresas chinesas da indústria têxtil, de vestuário e de calçado. A zona económica especial de Kigali (KSEZ) contribuiu significativamente para a economia do Ruanda desde a sua criação recente em 2013. As empresas que se deslocam para a KSEZ estão associadas a um aumento de 206% das vendas, a um aumento de 201% do valor acrescentado e a um aumento adicional de 18% do número de trabalhadores permanentes, comparativamente à tendência de empresas semelhantes que não se deslocaram para aí (Steenbergen e Javorcik, 2017). Esta situação contrasta fortemente com o insucesso das anteriores ZEE: dispunham de ligações limitadas a economias regionais, de modo que as empresas e os governos acabaram por abandonar muitos projetos (Farole, 2011).

Em África, a reduzida capacidade de produção da maioria das empresas limita o âmbito de interação entre empresas locais e líderes, que são competitivas a nível internacional (Hirschman, 1958; Rodriguez-Clare, 1996). As empresas locais carecem das capacidades necessárias para identificar e aproveitar as potenciais oportunidades e sinergias que surgem. Por exemplo, o modelo de ZEE impulsionado por IDE não pode, por si só, promover uma transformação produtiva em África. As ligações entre empresas multinacionais e empresas nacionais são mais fracas na Etiópia, no Gana, no Quénia, em Moçambique e no Uganda do que no Camboja e no Vietname, o que impede a transferência de tecnologia devido à limitação das ligações verticais nas cadeias de fornecimento.

Tanto as **ligações a montante como a jusante** são relativamente fracas:

- Ligações a montante com fornecedores nacionais: no Quénia, 66% dos bens e serviços intermédios adquiridos por empresas que têm participações de IDE são importados, por comparação com 25% no Vietname.
- Ligações a jusante: apenas 3% das empresas que recebem IDE no Quénia produzem bens e serviços intermédios para outras empresas quenianas, comparativamente a 61% no Vietname (Newman et al., 2019).

Os ativos locais e os serviços prestados às empresas são importantes para o sucesso das políticas de promoção de *clusters*. Pelo menos três aspetos são importantes para os governos africanos assegurarem que esta política pode transformar a estrutura de produção.

Em primeiro lugar, o sucesso do *cluster* depende da sua localização e da ligação à economia local existente. Os governos devem identificar uma massa crítica de empresas e atores interdependentes com base na sua especialização, composição, fase de desenvolvimento, intensidade das ligações existentes e capacidade de criar empregos inclusivos (Donahue, Parilla e McDearman, 2018). Por exemplo, Marrocos conseguiu aproveitar com sucesso o potencial da proximidade geográfica aos mercados europeus da região de Tangier-Med, devido a universidades locais sólidas e às infraestruturas existentes que sustentam o desenvolvimento da indústria automóvel e aeronáutica na região. No Ruanda, a principal característica do sucesso da Zona Económica Especial de Kigali é a sua proximidade à capital, onde já existe uma massa crítica de fornecedores e consumidores locais (Steenbergen e Javorcik, 2017). Em contrapartida, as antigas zonas económicas especiais da África Central, da Tunísia e da África Ocidental constituíram frequentemente "catedrais no deserto": estavam situadas em áreas remotas sem as condições de apoio necessárias (Farole, 2011).

A promoção de *clusters* existentes pode ser mais eficaz do que a criação de novos. *Clusters* como o Otigba ICT na Nigéria, o *cluster* de componentes automóveis Nnewi e a indústria de Nollywood surgiram espontaneamente em resultado de decisões empresariais diretas e não de planeamento estatal (Benner, 2012; Otsuka e Sonobe, 2011). No Gana, a Organização de Desenvolvimento Industrial de Suame Magazine foi criada depois de cerca de 200 mil produtores informais de peças automóveis terem desenvolvido um *cluster* informal. Foram introduzidas políticas *ex post* para apoiar o *cluster* informal através da melhoria das infraestruturas, de serviços às empresas e de formação que permitiu para validar as competências técnicas que foram adquiridas informalmente.

Em segundo lugar, os governos locais podem desempenhar um papel de coordenação entre as empresas líderes, os fornecedores locais e outros atores, tais como instituições de investigação, associações profissionais e investidores. Os governos podem ajudar a criar entidades que coordenem a interação entre os diferentes atores (Harrison e Rodríguez-Clare, 2010). No *cluster* automóvel de Durban na África do Sul, o governo local reuniu empresas em associações industriais nos setores do vestuário e automóvel, que foram as precursoras dos atuais *clusters* plenamente desenvolvidos. Fê-lo principalmente através do financiamento de associações oficiais, o que levou a intercâmbios de informação e a sinergias na redução de custos, por exemplo na formação dos trabalhadores (Morris e Barnes, 2006).

Um maior envolvimento dos diferentes níveis de governo pode ajudar a identificar novas atividades dentro dos *clusters* e a melhorar a sua implementação. Os governos locais podem estar mais bem posicionados para implementar determinadas políticas graças à sua proximidade. Na Nigéria, em 2004, o governo do Estado de Kwara criou a Shonga Farms, uma empresa público-privada de agricultura comercial, assegurando a coordenação com bancos locais, membros da comunidade e 13 agricultores deslocados do Zimbabwe. As explorações da Shonga Farms tornaram-se num dos maiores produtores agrícolas da Nigéria e empregam entre 4 500 e 6 000 trabalhadores, dependendo da estação.

A atribuição de mais responsabilidades aos governos locais confere-lhes a possibilidade de mobilizar mais recursos. A experiência de ZEE desenvolvidas na China e no Vietname sublinha a importância de capacitar os governos municipais para trabalharem em estreita colaboração com as empresas e os investidores das ZEE, de modo a combinarem o investimento em infraestruturas e as competências com as suas necessidades. Em contrapartida, uma avaliação recente das ZEE na Etiópia revela uma falta de autonomia local, na medida em que a *Industrial Park Development Corporation* que as construiu, não só é a proprietária como explora a maioria. A ausência de autonomia impediu que a gestão do parque empreendesse reformas urgentes ou adquirisse ferramentas e equipamentos essenciais para a manutenção das suas infraestruturas (Tang, 2019).

Muitas cidades africanas não dispõem de infraestruturas básicas, planeamento urbano e capacidade de gestão para impulsionar a sua competitividade (BAfD/OCDE/PNUD, 2016). Os escassos recursos financeiros explicam, em parte, este desfasamento. Os municípios tendem a ser mais populosos em África do que na Europa, na Eurásia ou na América do Norte, mas os governos subnacionais representam apenas 8% da despesa pública em África, por comparação com 24%, numa amostra de 95 países (BAfD/OCDE/PNUD, 2015; OCDE/UCLG, 2016). Atribuir mais autonomia aos governos locais para gerar os seus próprios recursos pode ajudar a colmatar esta lacuna, desde que a regulamentação macroprudencial e em matéria de transparência seja devidamente aplicada. Cidades como Banha, no Egito ou Nyagrate e Rubavu, no Ruanda, geram menos de 25% das suas receitas a nível local, ao contrário de Medellín na Colômbia, por exemplo, cujas receitas são maioritariamente (mais de 80%) geradas localmente (BAfD/OCDE/PNUD, 2016).

Em terceiro lugar, a política de *clusters* está associada a serviços diretos que impulsionam as capacidades dos fornecedores locais. As intervenções específicas devem ajudar as PME a melhorar as suas capacidades de produção de bens intermédios e serviços para empresas de maior dimensão a nível nacional e internacional. As competências dos fornecedores locais e as informações que lhes concernem são os dois fatores mais importantes para as empresas estrangeiras quando consideram trabalhar com fornecedores locais (Figura 1.6).

Na Etiópia, o Bole Lemi Phase-I Industrial Park está a testar um novo programa com o apoio da Associação Internacional de Desenvolvimento para responder a estes desafios. As intervenções incluem feiras destinadas a potenciais compradores e fornecedores para compreenderem as oportunidades, capacidades e solicitações recíprocas. Assegura também subsídios adequados de até 60% para as PME investirem na sua operação e modernização.

A experiência da Ásia revela a necessidade de prestar apoio aos fornecedores locais, para que possam beneficiar das ligações com as empresas internacionais que integram o *cluster.* Na década de 1980, Singapura conseguiu atrair investimentos estrangeiros através da sua política de *clusters*: 75% da sua produção industrial e 80% das exportações vieram de empresas multinacionais estrangeiras, representando as empresas de propriedade estrangeira uma grande parte do setor dos serviços, como os serviços financeiros, a hotelaria e os transportes. No entanto, as PME nacionais estavam atrasadas e tinham ligações limitadas às principais empresas multinacionais estrangeiras. O governo de Singapura contratou então o Japanese Productivity Center para criar o que é atualmente conhecido como o Standards, Productivity and Innovation Board SPRING, destinado a apoiar a capacidade das empresas locais. O programa SPRING de Singapura oferece agora uma vasta gama de programas de fortalecimento das capacidades às empresas, com vista a melhorar a gestão das empresas. Estes incluem incentivos ao setor privado através de prémios e distinções, a realização de investimentos em capital próprio ou de coinvestimentos, bem como o fortalecimento das capacidades em todo o ecossistema através de parcerias nacionais e internacionais múltiplas (Cirera e Maloney, 2017).

Figura 1.6. O que determina que as empresas de investimento estrangeiro se abasteçam junto dos fornecedores locais

Em percentagem do total de empresas inquiridas

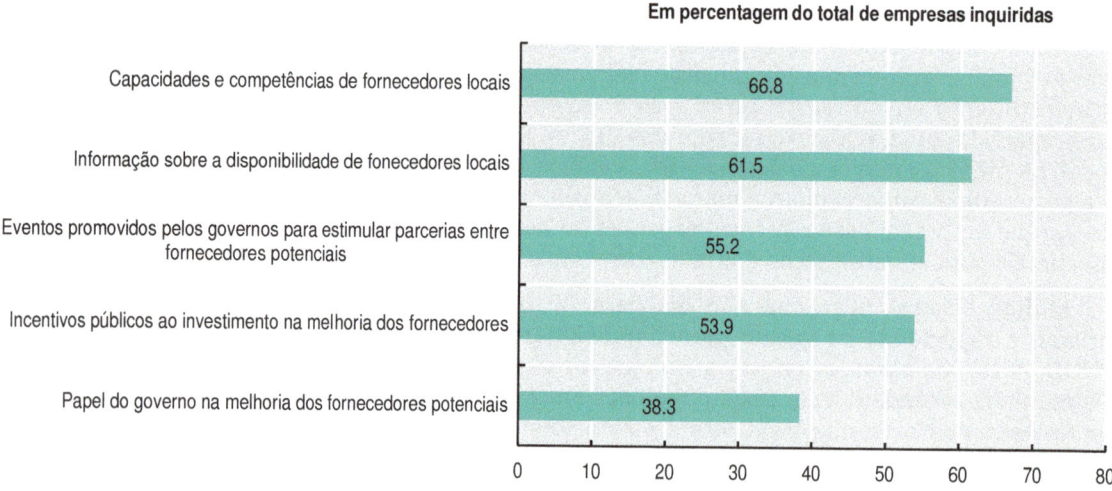

Nota: A amostra total do inquérito inclui 750 investidores multinacionais e executivos de empresas. As percentagens representam os inquiridos que responderam "importante" ou "muito importante" à pergunta "Qual a importância das capacidades das empresas locais para atuarem como fornecedores na sua decisão de investir em países em desenvolvimento?"
Fonte: Cálculos dos autores com base no Banco Mundial (2017a), *Global Investment Competitiveness Report: Foreign investor Perspectives and Policy Implications.*
StatLink 🔗 https://doi.org/10.1787/888933966656

No entanto, o desenvolvimento de infraestruturas para *clusters* deve fazer parte de uma estratégia mais abrangente de criação de milhões de empregos dignos. No Quénia, quase 20% de todos os empregos na indústria transformadora estão localizados em zonas francas industriais para a exportação (Signé, 2018). Ainda assim, o Quénia necessita de criar mais empregos para além destas zonas geográficas. O emprego total no Quénia aumentou 5.9% ao ano entre 2013 e 2015 (KIPPRA, 2017), mas foi em grande medida impulsionado pelo aumento do emprego informal, que representou 85% de todos os novos empregos. O rácio emprego/população era ainda de apenas 32% em 2014. As PME representam cerca de 25% do PIB e 83% do emprego informal no Quénia e 50% do PIB na África do Sul (Ngarachu, Draper e Owino, 2017). Na África Subsariana, as PME representam cerca de 80% dos empregos informais (CNUCED, 2017).

Ajudar as pequenas empresas em crescimento de África a especializarem-se em nichos de mercado e a expandirem-se

As pequenas empresas em crescimento de África continuam a ser um pilar do crescimento inclusivo e da inovação empresarial.[3] As pequenas empresas jovens com menos de 20 trabalhadores e com menos de 5 anos de experiência são responsáveis pela maior parte da criação líquida de emprego, que se situa atualmente nos 22% (Ayyagari, Demirguc-Kunt e Maksimovic, 2014). Ajudar estes novos projetos a crescer é fundamental para a criação de emprego no continente. As pequenas empresas em crescimento podem também conferir dinamismo à economia através da inovação e da diferenciação dos produtos: 20% dos novos empreendedores africanos introduzem um novo produto ou serviço. A Figura 1.7 mostra uma lista de 15 *start-ups* africanas bem-sucedidas, todas fundadas há menos de 10 anos. Dois exemplos de pequenas empresas em crescimento desenvolvidas por empreendedores mundiais em África são:

- Grupo Jumia, fundado em 2012, avaliado em mais de USD 1 mil milhões na oferta pública inicial na Bolsa de Nova Iorque (NYSE) em abril de 2019. O Jumia é a primeira *start-up* africana na NYSE, o que anuncia uma nova era de otimismo paraos investimentos no setor. A empresa com sede em Lagos está atualmente presente em mais de 18 países africanos, proporcionando plataformas para o comércio eletrónico, reserva de férias, fornecimento de alimentos e serviços de pagamentos, entre outros.

- A M-KOPA é uma empresa de energia solar queniana fundada em 2011. Durante o período de 2016-17, registou a venda de mais de 100mil painéis fotovoltaicos fabricados no Quénia pela Solinc East Africa. Embora alguns dos seus painéis tenham vindo do estrangeiro, até 2021, a M-KOPA espera fornecer todos os seus painéis a partir do Quénia; este valor ascenderá a meio milhão de painéis, o que representa 6.6 MW de potência. A Solinc planeia contratar mais 30 engenheiros ao longo dos próximos dois anos para satisfazer as encomendas crescentes da M-KOPA.

Figura 1.7. **Quinze exemplos de empresas jovens e de crescimento rápido em África fundadas após 2009**

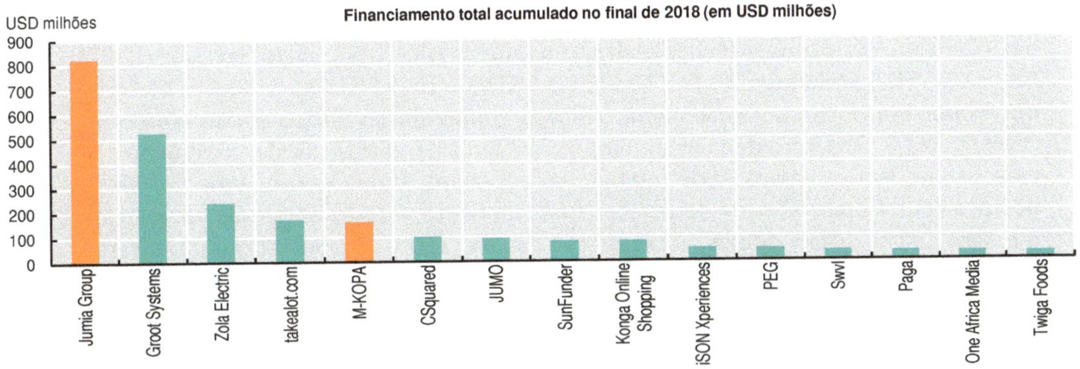

Fonte: Cálculos dos autores com base em Crunchbase (2019), *Crunchbase Pro* (base de dados).
StatLink ᵃˢˡ² https://doi.org/10.1787/888933966846

O relatório *The Collaborative for Frontier Finance* (2018) define pequenas empresas em crescimento como "empresas, comercialmente viáveis, com cinco a 250 trabalhadores com um potencial significativo e ambição de crescimento". Concentradas em cidades grandes e diversificadas, estas empresas operam num vasto leque de setores (ver Caixa 1.4). A segmentação destas pequenas empresas em crescimento pela sua orientação de crescimento e perfil de inovação revela três tipos diferentes de empresas em África (CFF, 2018; Woodruff, 2018):

1. As **empresas de elevado crescimento** são pequenas empresas em crescimento que seguem modelos de negócio de rutura e visam mercados de grande dimensão. Embora representem, com frequência, menos de 10% do total da categoria nos países em desenvolvimento, estas empresas de crescimento elevado podem contribuir mais do que proporcionalmente para a economia através do seu elevado potencial de crescimento e de inovação. Em geral, exigem "investimentos de capital de risco", redes interligadas de investidores, trabalhadores altamente qualificados e infraestruturas. Em 2018, as *start-ups* tecnológicas africanas angariaram quase USD 1.2 mil milhões em capitais próprios, por comparação com USD 560 milhões em 2017 (Collon e Dème, 2018).

2. As **empresas dinâmicas** utilizam produtos existentes ou modelos de negócio comprovados para crescer através da especialização em mercados de nicho, da extensão do mercado ou de inovações graduais. O seu potencial de crescimento e de escala é moderado e depende do seu acesso aos mercados. Estas empresas enfrentam muitas vezes um défice de financiamento para empresas de média dimensão, o que significa que são demasiado grandes para o microfinanciamento, demasiado pequenas ou de risco para empréstimos bancários tradicionais, ao mesmo tempo em que apresentam o potencial de crescimento, de retorno e de saída necessário para capitais de risco.

3. As **empresas de subsistência** são, frequentemente, entidades de pequena escala que são a fonte de rendimento para uma família individual. Tendem a reproduzir modelos de negócio existentes, servindo os mercados ou as cadeias de valor. As suas necessidades financeiras dependem de capital circulante de curto prazo. A integração dessas empresas vai melhorando graças à difusão das TIC e à urbanização (Jensen e Miller, 2018). Este tipo de empresas não inclui microempresas orientadas para a subsistência e com perspetivas limitadas de crescimento.

Caixa 1.4. *Start-ups* em África: Onde se encontram e o que fazem?

A maioria das *start-ups* em África está concentrada nas grandes cidades com infraestruturas de apoio e fornecedores de serviços. Este facto sublinha a importância de dispor de um ecossistema de apoio sólido. Por exemplo, em 2019, 5 cidades acolhem 49% das 7 000 *start-ups* africanas identificadas pela Cunchbasic (2019): Cidade do Cabo (12.5%), Lagos (10.3%), Joanesburgo (10.1%), Nairobi (8.8%) e Cairo (6.9%). Estas cidades oferecem um ecossistema forte com uma massa crítica de competências, infraestruturas de apoio, investidores e uma comunidade de empreendedores. A existência de aceleradores de crescimento e a orientação por fundadores experientes apresentam uma correlação positiva com a probabilidade de receber financiamento para as empresas tecnológicas em fase inicial (Qian, Mulas e Lerner, 2018). Na África do Sul surgiram diversas incubadoras de *start-ups* locais, tais como Jozihub, Capetown Garage, Black Girls Code, Shanduka Black Umbrellas, Raizcorp and The Innovation Hub (ver capítulo sobre a África Austral). Em contrapartida, um estudo recente sobre as *start-ups* tecnológicas em Dar es Salaam revela que um ecossistema de *start-ups* fragmentado, em que os aceleradores,

Caixa 1.4. *Start-ups* em África: Onde se encontram e o que fazem? *(cont.)*

os mentores e a comunidade empresarial têm poucas ligações, não é conducente ao seu desenvolvimento. O estudo identificou, por exemplo, apenas 11 investidores que realizaram um total de 11 investimentos em 9 *start-ups* tecnológicas (Banco Mundial, 2017b).

As *start-ups* de África estão dispersas por vários setores. As três principais atividades das *start-ups* em África estão relacionadas com informática e a *internet*, os aplicativos e *software*, a criação de conteúdos audiovisuais e de radiodifusão (Figura 1.8). O comércio eletrónico situa-se em 6.º lugar (12%). A maioria das *start-ups* em África realiza mais de uma atividade (56.3%). Na realidade, 29% gerem duas categorias de atividades e 27.3% a três ou mais. As que se centram apenas numa única atividade representam 43.7%.

Figura 1.8. O que fazem as *start-ups* africanas?

Distribuição das *start-ups* por setores em África

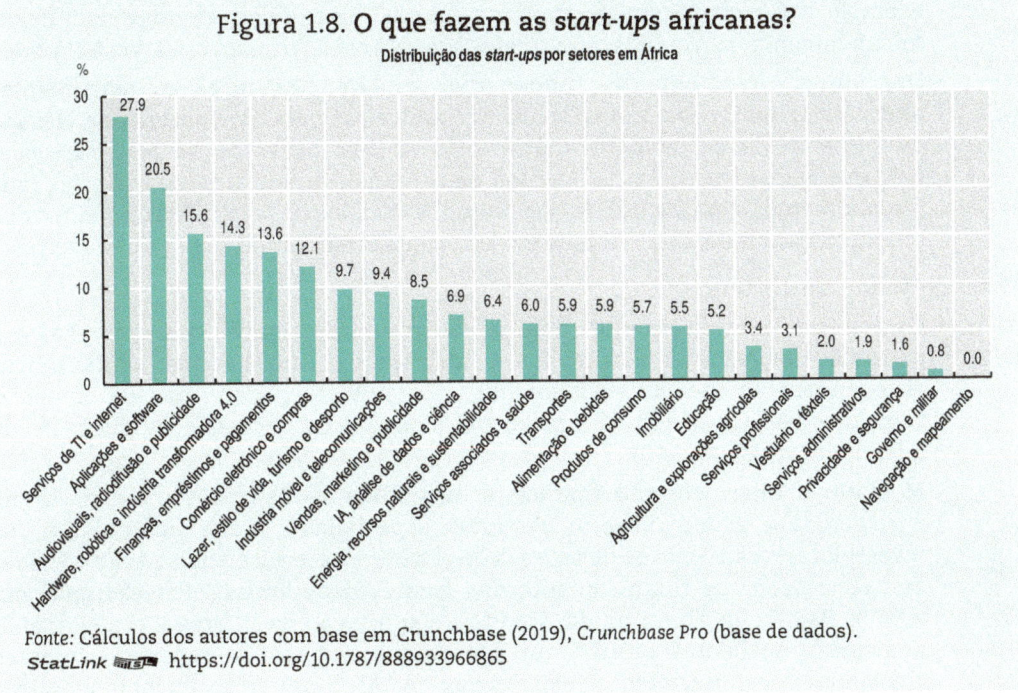

Fonte: Cálculos dos autores com base em Crunchbase (2019), *Crunchbase Pro* (base de dados).
StatLink ᠍᠍᠍ https://doi.org/10.1787/888933966865

Intervenções orientadas para a especificidade das necessidades das empresas são também fundamentais para ajudar as pequenas empresas em crescimento a inovar e a expandir-se, para além da continuação de reformas abrangentes para a melhoria do ambiente de negócios e do desenvolvimento das infraestruturas. As agências nacionais, as comunidades económicas regionais e a Organização Africana da Propriedade Intelectual podem unir forças para promover e fomentar o registo de marcas, patentes, *designs* industriais e marcas comerciais em África. Até a data, este registo continua a ser oneroso e leva, muitas vezes, até um ano ou mais. As agências governamentais não são eficazes no combate aos falsificadores e aos violadores da propriedade intelectual (i4Policy, 2018). A implementação de medidas visando ajudar as PME a cooperar através de estruturas formais e informais também pode ajudá-las a tornar-se mais produtivas (Ralandison, Milliot e Harison, 2018a; Ralandison, Milliot e Harison, 2018b).

As políticas devem ter em conta as especificidades locais e os tipos de empresas existentes para ajudar os empreendedores africanos a desenvolverem novos produtos e mercados de nicho. Os três tipos de pequenas empresas em crescimento referidos acima têm necessidade de apoios específicos distintos (Tabela 1.5), embora partilhem desafios comuns, como o acesso ao financiamento e a infraestruturas. As políticas públicas podem ajudar a expandir os aceleradores das empresas e as práticas que permitem às empresas realizar atividades inovadoras, centrando-se tanto no ambiente de negócios como no financiamento de pequenas empresas em crescimento:

a. Empresas de elevado crescimento:

- Os governos podem apoiar o desenvolvimento dos ecossistemas das *start-ups* através: i) da atualização dos quadros jurídico e regulamentar ao novo contexto digital, ii) do investimento em infraestruturas tecnológicas e iii) da melhoria da qualidade da educação – em especial no que diz respeito à educação em ciências, tecnologia, engenharia e matemática (CTEM) e às competências não cognitivas (ver mais informações na secção seguinte). As intervenções devem ser concebidas e implementadas em colaboração com contribuições fortes do setor privado. Por exemplo, a Tunisian Startups, uma organização central para *start-ups* na Tunísia, foi fundamental para a redação e a defesa da recente lei tunisina relativa a *start-ups*.

- Um número crescente de fundos que adotam estruturas e instrumentos alternativos representa novas soluções financeiras para as empresas de elevado crescimento. Estes incluem a utilização de instrumentos de tipo *mezzanine* (por exemplo, estruturas de partilha de receitas), financiamento *evergreen* (que gradualmente injeta capital nas empresas) e veículos de capital permanentes que proporcionam mais flexibilidade em horizontes temporais.

b. Empresas dinâmicas:

- Os governos podem orientar o apoio para a modernização das empresas e a expansão dos respetivos mercados. Os decisores políticos podem ajudar a ligar as empresas às cadeias de valor global através de plataformas de comércio eletrónico (ver Caixa 1.7) ou a promover a adoção de normas e certificações de qualidade (ver Caixa 1.10).

- Melhorar a intermediação financeira, incentivar os bancos comerciais locais e regionais a desenvolverem produtos especializados e a estimularem os investidores locais através de redes de investidores são essenciais para satisfazer as necessidades de financiamento das **empresas dinâmicas**. Por exemplo, em 2002, o Regime de Garantia de Crédito à Exportação da Etiópia e o pagamento antecipado a clientes permitiram à **Al-Impex** começar a exportar sementes oleaginosas, leguminosas e especiarias. A Al-Impex transformou-se numa plataforma multinacional de comercialização de mercadorias na África Oriental com um volume de negócios anual de USD 16 milhões. Mais recentemente, novos prestadores de serviços financeiros especializados, como o XLME, estão a oferecer a este grupo de empresas uma gama de novos instrumentos financeiros – capital próprio, estruturas tipo *mezzanine* e financiamento de mais longo prazo – e apoio técnico. Desde 2010, o fundo XLME disponibilizou quase USD 100 milhões em aumento de capital a pequenas empresas da África Central e Oriental.

c. Empresas de subsistência:

- Os governos podem promover o desenvolvimento de capacidades básicas. Podem também promover a participação destas empresas nas cadeias de valor global através de bolsas de mercadorias agrícolas ou da adesão a cooperativas comerciais. A aquisição de competências correspondentes às necessidades do mercado de trabalho pode ser decisiva para que os trabalhadores independentes regressem ao mercado de trabalho.

- As novas tecnologias podem ajudar a reduzir os custos da avaliação de crédito e do serviço a estas empresas. Por exemplo, a **Liwwa** é uma plataforma online que associa pequenos investidores a muitos outros pequenos mutuários. A plataforma disponibiliza empréstimos acessíveis, não garantidos, com valores compreendidos entre USD 7 000 e USD 70 000 para financiar o comércio e os ativos em 3 a 36 meses.

Tabela 1.5. Três tipos de pequenas empresas em crescimento em África, as suas necessidades específicas e abordagens políticas

Tipo de pequena empresa em crescimento	Exemplo de necessidades específicas	Potenciais abordagens políticas
Empresas de elevado crescimento com modelos de negócio de rutura e um potencial de crescimento muito elevado	- Competências altamente especializadas e infraestruturas de apoio integradas (por ex., investidores, incubadoras, aceleradores) - Capital de risco faseado	- Apoio ao ecossistema organizacional - Investimento em educação e competências em CTEM
Empresas dinâmicas e de nicho com potencial de crescimento moderado	- Dificuldade de acesso a financiamento formal de empresas, especialmente empréstimos a médio e longo prazo - Mercado de pequenas dimensões, limitado a nichos específicos - Fracascompetências de gestão	- Facilitar o acesso aos mercados - Apoiar a certificação e a melhoria da qualidade - Promover programas de consultoria personalizados - Melhorar a variedade dos canais de crédito disponíveis (por ex., empréstimos garantidos por ativos, regimes de garantia de crédito, micro participações no capital)
Empresas de subsistência, de pequena escala, que servem os mercados locais	- Capital circulante de curto prazo - Fracas competências organizacionais	- Adotar uma política de requalificação para ajudar os empreendedores no mercado de trabalho - Prestar formação básica em gestão - Melhorar a inclusão financeira através de microcréditos

Colmatar a falta de competências exige alianças público-privadas mais fortes, a implementação de novos métodos de formação e o aumento da mobilidade de talentos em todo o continente

As mudanças na ordem económica tecnológica mundial alteram a composição da procura de competências. Por exemplo, a base de dados do Banco Mundial/LinkedIn Corporation (2019) mostra que os setores estratégicos identificados pela estratégia de industrialização da Comunidade de Desenvolvimento da África Austral (SADC) exigem trabalhadores com fortes competências interpessoais, sociais e comportamentais. A nova tecnologia também requer competências cognitivas e técnicas altamente especializadas. O desenvolvimento destas competências reforça a capacidade de adaptação da força de trabalho às tendências futuras no domínio do emprego e da aprendizagem ao longo da vida.

- As empresas de toda a região identificaram a falta de qualificações da força de trabalho como um obstáculo importante à sua produtividade (41% de todas as empresas na Tanzânia, 30% no Quénia, 9% na África do Sul e 6% na Nigéria).
- O domínio de competências digitais é importante para que os países africanos beneficiem da Quarta Revolução Industrial. Por conseguinte, a utilização das TIC em todo o continente aumentou muito: a intensidade média das TIC dos empregos na África do Sul aumentou 26% na última década, e as percentagens de empregos com utilização intensiva de TIC no setor formal do Gana e do Quénia são de 6.7% e de 18.4%, respetivamente (FEM, 2017).
- O Índice de Competitividade Global de Talentos classifica África num lugar inferior ao de outras regiões em desenvolvimento no tocante a crescimento, atração e retenção de talentos. A boa notícia é que alguns países africanos registam um melhor desempenho do que o seu nível de rendimentos sugere, como o Gana, o Quénia, o Ruanda e o Senegal (Figura 1.9).

Figura 1.9. Classificações do Índice de Competitividade Global de Talentos *versus* produto interno bruto *per capita*

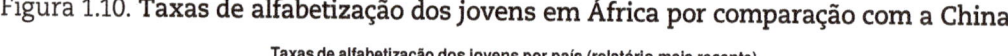

Fonte: INSEAD (2019), *The Global Talent Competitiveness Index 2019: Entrepreneurial Talent and Global Competitiveness.*
StatLink https://doi.org/10.1787/888933966884

A obtenção das competências certas para a economia pede o reforço da cooperação entre os atores públicos e privados no desenvolvimento de programas curriculares, cursos específicos e formação, bem como a correspondência entre os trabalhadores e as empresas. As empresas privadas terão de liderar este processo, identificando as suas necessidades e propondo soluções inovadoras. Os governos locais terão que garantir que as oportunidades de aprendizagem são acessíveis a todos e não se limitam apenas às pessoas que já estão empregadas (UA-UE DETF, 2019). Por exemplo, no Gana, o *Industrial Skills Development Centre* oferece uma formação valiosa em engenharia mecânica, eletrotécnica e de processos, e conta com representantes da indústria no seu conselho de administração e parcerias sólidas com empresas locais. No Quénia, o *Generation Kenya* é um programa de formação intensiva, fundado pela USAID e pela McKinsey & Company em colaboração com o governo do Quénia, a fim de ministrar nova formação a licenciados que lutam para encontrar um emprego (ver Caixa 1.5). No Uganda, a agência de desenvolvimento belga Enabel ajudou o operador de telemóveis MTN a criar programas especiais de formação em TIC em nove instituições de formação profissional. O maior operador telefónico em África, a MTN, fornece as competências técnicas e o equipamento, como parte das suas iniciativas de responsabilidade social da empresa.

Figura 1.10. Taxas de alfabetização dos jovens em África por comparação com a China

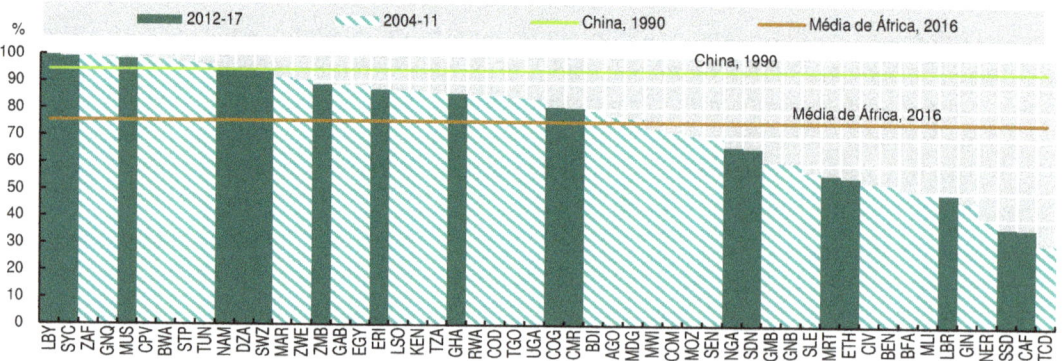

Fonte: Cálculos dos autores com base na UNESCO (2019), *Gross Domestic Expenditure on Research and Development* (base de dados).
StatLink https://doi.org/10.1787/888933966903

Caixa 1.5. *Generation Kenya* e *OCP Skills*: Programas de cooperação para a juventude em África

O *Generation Kenya* é um programa que visa dar resposta à escassez de competências através de uma formação intensiva tipo campo de treino. Seguindo um modelo orientado pela procura, coopera com o setor privado e com instituições de formação públicas e privadas. O *Generation Kenya* tem parcerias com 300 empregadores e 30 parceiros de educação e de formação profissional técnica.

O programa assegura a formação de jovens com idades compreendidas entre os 18 e os 35 anos, na sua maioria diplomados do ensino secundário, orientada para profissões com elevado crescimento no Quénia. Prepara-os para profissões como operadores de máquinas de costura, representantes de vendas de serviços financeiros, empregados de retalho e de restaurantes e agentes de hotelaria. Para além da aprendizagem de competências técnicas específicas, os participantes recebem formação para melhorar as competências sociais, desenvolver uma mentalidade empresarial positiva e utilizar a deontologia profissional no local de trabalho.

Desde 2015, o *Generation Kenya* lançou cinco programas de formação em serviços financeiros, assistência ao cliente, serviços de vendas a retalho e de restauração e operações de máquinas de costura. 85% dos 11.981 diplomados do *Generation Kenya* foram contratados após a conclusão do programa. A maioria (57%) dos diplomados era mulheres (em comparação com a média nacional de 29% no setor formal). Os empregadores parecem satisfeitos: 82% dos executivos indicam que contratariam novamente os diplomados do *Generation Kenya*.

Em 2011, a OCP (*Office chérifien du phosphate*), uma empresa marroquina especializada em fosfatos, criou o programa *OCP Skills*, que promove competências ao pagar os custos da universidade a 15 000 jovens provenientes de áreas de extração mineira e apoia projetos empresariais locais. A OCP criou quatro centros de competências nas regiões de Rhamna, Khouribga e Youssoufia, que beneficiaram 1 463 jovens. Os centros também permitiram a criação de 172 pequenas empresas, subsidiaram 58 projetos de cooperação e financiaram 171 projetos associativos e 135 projetos de atividades geradoras de rendimento.

Fontes: USAID (2019), "Generation Kenya: Fact sheet"; Muraya, 2018, "Generation Kenya delivers another 4 000 youths for Kenya job market"; Fondation OCP (2018), *Semer le savoir, cultiver l'avenir – Rapport d'activité 2017*.

As novas tecnologias podem complementar os métodos existentes de formação de competências. A digitalização abriu a possibilidade de proporcionar uma formação de elevada qualidade em grande escala. As empresas e os parceiros de desenvolvimento podem agora prestar formação profissional aos trabalhadores usando conteúdos digitalizados adaptados às suas necessidades. No Níger rural, a formação através do telemóvel, no âmbito do *Project Alphabétisation de Base par Cellulaire* (projeto de alfabetização básica por telemóvel) melhorou os resultados dos testes de escrita e matemática em 20%-25% relativamente à alfabetização de adultos normal e ao programa de aritmética elementar (Aker, Ksoll e Lybbert, 2011).

As instituições regionais podem adaptar os programas de ensino às necessidades específicas das empresas numa maior escala. A formação em competências inovadoras de sucesso recorre a tecnologias de forma complementar e prática, fornece materiais curriculares relevantes, orienta-se para a utilização da tecnologia e reforça a capacidade dos formadores qualificados. Por exemplo, a *African Virtual University* serve 38 centros de formação eletrónica em 26 países africanos através de formação eletrónica aberta e à distância.

Os talentos africanos necessitam de poder deslocar-se facilmente em todo o continente **para reduzir a escassez de competências**. Um inquérito-piloto a várias empresas multinacionais que operam em 17 países africanos identificou requisitos inadequados em matéria de vistos, quotas restritivas e obstáculos processuais, como limitações à mobilidade de mão-de-obra qualificada no continente. De acordo com o Índice de Abertura a Vistos em África, os cidadãos africanos ainda precisavam de visto para viajarem para 51% dos outros países africanos em 2017, face a 54% em 2016. A livre circulação de pessoas continua a divergir de região para região refletindo, em parte, as políticas regionais. A Comunidade Económica dos Estados da África Ocidental (CEDEAO) tem isenção de visto para todos os cidadãos do bloco (100% de reciprocidade aberta), seguidos pela Comunidade da África Oriental (ECA) (90%), pela União do Magrebe Árabe (UMA) (60%) e pela SADC (56%).

Orientação para as redes de produção regionais: reforçar as cadeias de valor regional, desenvolver normas regionais e coordenar o investimento

As **complementaridades regionais** podem proporcionar novas vantagens competitivas a muitas economias africanas. As **cadeias de valor regionais** apresentam um forte potencial para a industrialização de África e têm uma grande margem de crescimento, uma vez que o aprovisionamento regional continua a ser significativamente deficiente. Por exemplo, os produtores africanos apenas adquirem 12.9% das suas matérias-primas na região, por comparação com 21.6% no Sudeste Asiático.

Os governos africanos podem **unir forças** para melhor atrair as empresas líderes e os investidores mundiais, redefinindo os seus principais pontos fortes junto dos investidores. As estratégias de IDE necessitam de uma maior coerência a nível nacional e regional para se tornarem mais atraentes à escala mundial e promoverem os seus principais pontos fortes junto dos s investidores.

Investir melhor nas redes de produção regionais gera maiores economias de escala e efeitos multiplicadores

Os países africanos terão de pensar globalmente e agir regionalmente para gerar maior escala. Considerada individualmente, a maioria dos países africanos pode não oferecer economias de escala suficientemente grandes (Figura 1.11) e oportunidades suficientes para atrair tanto IDE como os seus concorrentes a nível mundial. Por exemplo, o total de exportações da Etiópia de produtos têxteis e vestuário aumentou para USD 235 milhões em 2017, o que a torna no quinto maior exportador de têxteis e vestuário, no entanto, dificilmente consegue competir com o Bangladesh com USD 37 mil milhões (Capital Economics, 2018). Por outro lado, as estimativas dos produtores internacionais quanto aos níveis de eficiência e produtividade do trabalho na indústria de vestuário na Etiópia são 45% e 30% inferiores às estimativas para o Bangladesh e o Quénia, respetivamente (CIIP/Banco Mundial, 2013). Para além disso, a autoridade das zonas económicas do Bangladesh (BEZA) pretende desenvolver 100 novas zonas económicas até 2025 (Banco Mundial, 2018a). A estratégia da BEZA é basear-se sobretudo no capital privado e nos conhecimentos especializados para criar e operar estas novas zonas.

Os países da Associação das Nações do Sudeste Asiático (ASEAN) usufruem de várias vantagens em relação a África para atrair IDE da China. Estas incluem as redes de produção mundiais estabelecidas, a proximidade física e cultural à China e uma maior competitividade, especialmente no que diz respeito às infraestruturas e ao capital humano. Além disso, proporcionam ecossistemas financeiros e empresariais mais bem estabelecidos, necessários para o IDE.

Figura 1.11. **População e produto interno bruto em países e regiões selecionados, 2017**

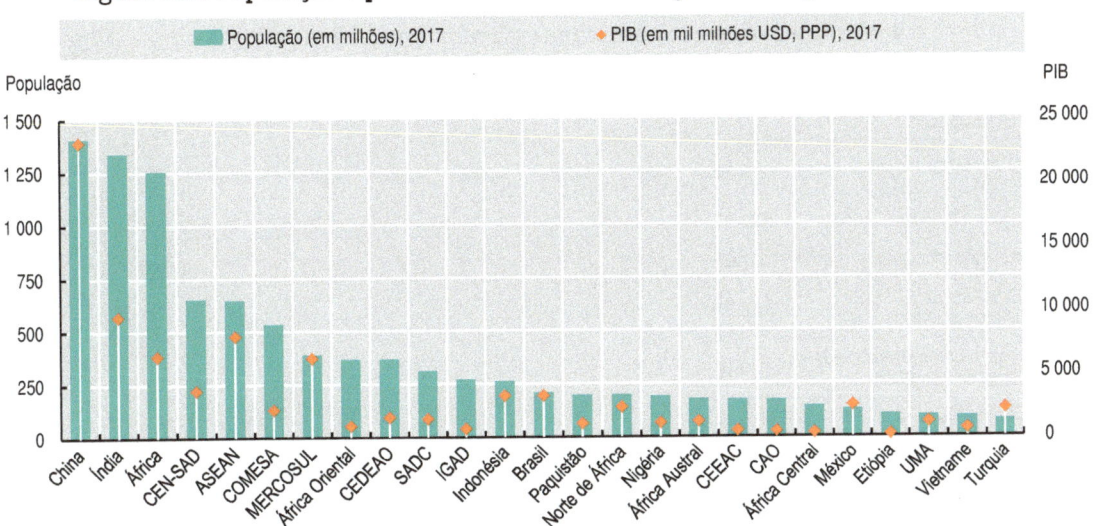

Fonte: Cálculos dos autores, com base em dados do FMI (2019a), *World Economic Outlook*, abril de 2019 (base de dados).
StatLink ⎙⎘ https://doi.org/10.1787/888933966922

As complementaridades regionais são fundamentais para gerar economias de escala entre os países africanos, em vez de um jogo concorrencial de soma nula. Os países têm de aumentar a coerência entre o compromisso regional e as ações nacionais. Como indicado na Tabela 1.6, bem como nos capítulos regionais do presente relatório, as estratégias políticas a nível sub-regional e nacional partilham ambições semelhantes com a sobreposição de vários setores prioritários. Cada país pretende tornar-se na plataforma regional num dado setor ou desenvolver uma indústria específica (por ex., indústria transformadora de mão-de-obra pouco qualificada), em concorrência direta com os seus vizinhos. A criação de potenciais cadeias de valor regionais exige uma maior coordenação das políticas industriais nacionais, das estratégias de industrialização regional e das estratégias empresariais das empresas nacionais e transnacionais que operam na região. As políticas de enfraquecimento do país vizinho abrandam o processo de integração regional, ao mesmo tempo que prejudicam o desenvolvimento das capacidades locais.

Tabela 1.6. **Comparação setorial de políticas industriais em curso em 20 países e 4 comunidades económicas regionais em África**

País (ISO3)	Estratégia (título do documento)	Calendário	Setor agroalimentar	Metais e processamento de minerais	Produtos petroquímicos/ fertilizantes/plásticos	Têxteis	Materiais de construção	Produtos farmacêuticos	Couro	Madeira	Indústria automóvel/ montagem	Equipamentos eletrónicos
BWA	Política de Desenvolvimento Industrial	2014-28	√	√					√			
CIV	Plano Nacional de Desenvolvimento	2016-20	√	√		√	√	√				√
CMR	Plano Diretor da Industrialização dos Camarões	2016-35	√	√	√	√			√	√		
EGY	Estratégia de Desenvolvimento Industrial e Comercial	2016-20		√	√	√	√			√		
ETH	Plano Estratégico de Desenvolvimento Industrial	2013-25	√	√	√			√	√	√	√	
GAB	Estratégia Industrial Nacional	2013-25	√	√			√			√		

Tabela 1.6. **Comparação setorial de políticas industriais em curso em 20 países e 4 comunidades económicas regionais em África** (cont.)

			1	2	3	4	5	6	7	8	9	10
GHA	Uma agenda para o emprego: Criar prosperidade e igualdade de oportunidades para todos	2018-21	√	√	√	√		√			√	
KEN	Quadro de Política Nacional da Industrialização	2012-30	√	√		√		√	√			
LBR	A Indústria para o Futuro da Libéria	2011-30	√							√		
MAR	Plano de Aceleração Industrial	2014-20		√	√	√	√	√	√		√	√
MDG	Lei n.º 2017-047 sobre desenvolvimento industrial	2017-25										
MRT	Estratégia para o Desenvolvimento do Setor Industrial na Mauritânia	2015-19	√	√	√		√					
MWI	Política Industrial Nacional	2016-20	√		√			√	√	√		
NGA	Plano Nacional de Revolução Industrial	2014-20	√	√	√		√					
RWA	Política Industrial Nacional	2011-20	√		√	√	√	√				
SEM	Plano Senegal Emergent	2014-35	√			√	√					
TUN	Estratégia Industrial Nacional	2011-16	√		√	√		√			√	
TZA	Estratégia de Desenvolvimento Industrial Integrado	2011-25	√	√	√	√			√			√
UGA	Estratégia Industrial Nacional	2008-em curso	√		√		√					
RAS	Plano de Ação Política Industrial	2018-21	√	√	√	√		√	√	√	√	
	Número total		**17**	**14**	**13**	**12**	**10**	**7**	**9**	**7**	**5**	**3**
COMESA	Estratégia de Industrialização do Mercado Comum da África Oriental e Austral	2017-26	√	√	√	√		√		√		
CAO	Política de Industrialização da Comunidade da África Oriental	2012-32	√	√	√			√				
CEDEAO	Política Industrial Comum da África Ocidental (WACIP)	2010-em curso	√					√	√		√	
SADC	Estratégia e roteiro de Industrialização da SADC	2015-63	√	√				√				

Fonte: Elaboração dos autores com base em estratégias de industrialização nacionais e regionais, Weiss, Windisch e Seric (a ser publicado), "Taxonomy for Mapping Industrial Policy".

As empresas podem conquistar novas vantagens competitivas se as economias africanas desenvolverem cadeias de valor regionais

A maioria das cadeias de valor regionais identificadas beneficia de um acesso abundante a matérias-primas ou redes de fornecedores que lhes conferem uma vantagem comparativa. Os capítulos regionais neste relatório apresentam diversas cadeias de valor promissoras, cada uma com as respetivas vantagens e desafios selecionados (ver Tabela 1.7). Por exemplo, a Côte d'Ivoire e o Gana podem tornar-se intervenientes importantes na cadeia de valor do chocolate investindo mais em estratégias de melhoria da qualidade, como agricultura sustentável, reputação da marca e soluções de atribuição de marcas registadas. Representam já dois terços da produção de cacau em grão de todo o mundo e começaram a ascender na cadeia de valor criando fábricas para transformar o seu cacau em produtos intermédios e chocolate. As principais empresas multinacionais na indústria mundial de chocolate já dispõem de capacidades de processamento nos dois países.

Tabela 1.7. **Potencial de desenvolvimento da cadeia de valor regional nas cinco regiões de África**

Região	Cadeia de valor	Oportunidades	Desafios específicos a enfrentar
África Central	Processamento de madeira	• Diversidade de produtos florestais (ayous, okoumé, sapelli, etc.) • É possível um grande leque de atividades: construção, pasta de papel, mobiliário, energia, etc.	• Capacidade de transformação baixa (serragem, descasque e corte de árvores para contraplacados e folheados), dominada por empresas informais. • Valorizar mais o know-how tradicional.
África Oriental	Turismo	• Expansão do transporte aéreo (nomeadamente através das Ethiopian Airlines, Kenya Airways e RwandAir). • Redução das barreiras administrativas à entrada de turistas (visto à chegada, visto único de turista da África Oriental para o Quénia, o Ruanda e o Uganda) • Cooperação regional emergente para promover conjuntamente a África Oriental como destino turístico (pacotes regionais)	• Custos administrativos, ausência de infraestruturas em áreas remotas • Promoção do turismo ecológico e preservação de sítios ecológicos, melhor valorização das tradições tradicionais, da vida selvagem e do património nacional • Questões de segurança em alguns países
Norte de África	Têxteis/vestuário	• Proximidade geográfica à União Europeia e acordo de comércio livre com os Estados Unidos • *Know-how* acumulado • Disponibilidade de matéria-prima na maior parte da região (lã, algodão, etc.)	• Necessidade de visar nichos específicos para subir no mercado desta cadeia (conceção, criação de marcas, marketing, etc.)
África Austral	Automóvel	• Indústria automóvel forte na África do Sul • Produção já existente de insumos intermédios na região (baterias do Botswana, conjuntos de assentos automóveis fabricados no Lesoto)	• Necessidade de identificar nichos e fornecimento a preços competitivos • Mercado de pequena dimensão
África Ocidental	Indústria do cacau	• Domínio mundial na produção de cacau em grão • Oportunidade de criar uma zona económica especial transfronteiriça	• Necessidade de desenvolver atividades e serviços que criem mais valor acrescentado (criação de marcas, marketing, etc.)

Várias comunidades económicas regionais africanas estão a começar a apoiar ativamente a criação de cadeias de valor regionais. Em especial, o plano de ação para a estratégia de industrialização da SADC dá prioridade a seis *clusters* principais para o desenvolvimento da cadeia de valor regional baseada nas vantagens comparativas de cada país e região no seu conjunto: setor agroalimentar, minerais e beneficiação, produtos farmacêuticos, bens de consumo, automóveis e serviços modernos. O plano de ação identificou e avaliou projetos específicos para melhor alinhar e aplicar as estratégias existentes (por ex., programa de modernização e atualização da industrialização e estratégia de beneficiação de minerais), desenvolver competências técnicas (por ex., os centros de excelência da SADC) e abordar o comércio de serviços (SADC, 2015). Na África Ocidental, o Burkina Faso, a Côte d'Ivoire e o Mali estão a lançar as primeiras zonas económicas especiais transfronteiriças para atrair investimento do setor privado em agronegócios, agroindústrias e no setor mineiro.

Contudo a maioria destas oportunidades continua por explorar O nível de abastecimento regional em África continua a apresentar níveis baixos, sendo a média inferior a 15% (Figura 1.12). Estes valores são baixos quando comparados com os países asiáticos. O fornecimento intrarregional no Sudeste Asiático representa mais de 80% das exportações em indústrias como de veículos a motor, têxteis e vestuário e produtos informáticos, eletrónicos e óticos (OCDE, 2018a).

As regiões africanas apresentam uma grande heterogeneidade. A percentagem do valor acrescentado intra-africano das exportações é mais elevada na África Oriental, em tor no dos 25%, impulsionada pelo desenvolvimento da Comunidade Económica da África Oriental. Em contrapartida, o mercado continental representa apenas 4% do valor acrescentado das exportações do Norte de África. Algumas cadeias de valor regionais têm vindo a deteriorar-se ao longo dos últimos anos. Por exemplo, a cadeia de exploração mineira na África Austral baseia-se tradicionalmente na África do Sul como plataforma de fornecimento de bens de capital. No entanto, esta situação foi desafiada nos últimos anos por importações mais competitivas de bens de capital da China (Fessehaie e Rustomjee, 2018). Outras cadeias de valor baseadas na agroindústria continuam limitadas ao processamento primário. Atividades como *marketing*, criação de marcas e *design* podem ser fundamentais para conseguir um maior valor acrescentado.

Figura 1.12. **Fontes de valor acrescentado nas exportações africanas**

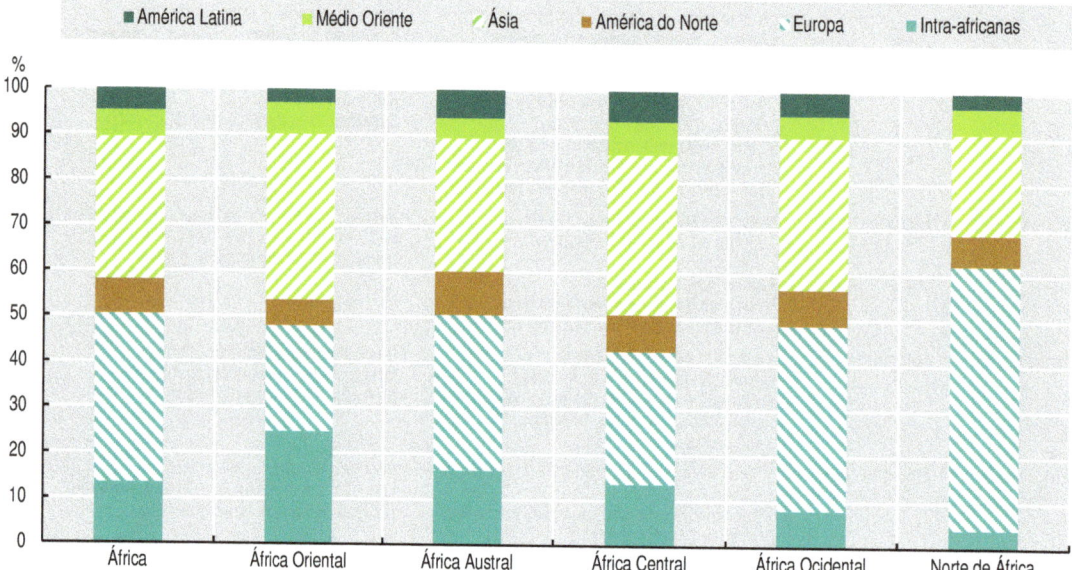

Fonte: BAfD/OCDE/PNUD (2014), *African Economic Outlook 2014: Global Value Chains and Africa's Industrialisation.*
StatLink https://doi.org/10.1787/888933966941

Uma avaliação comparativa e um acompanhamento sólidos podem apoiar o compromisso político de implementar estratégias regionais. Existem vários bons exemplos no continente:

- A tabela de desempenho do mercado comum da CAO acompanha os progressos dos países membros na eliminação das restrições legislativas e regulamentares à circulação de capitais, serviços e bens.

- A SADC está a acompanhar a implementação da sua política de investimento através de uma série de indicadores que incluem o quadro legislativo e condições de investimento, assim como os resultados do investimento e os benefícios no desenvolvimento.

Reforçar a cooperação regional pode facilitar o desenvolvimento da cadeia de valor no longo prazo. Uma avaliação global de 279 acordos comerciais preferenciais mostra que acordos mais abrangentes estimulam o desenvolvimento das cadeias de valor ao facilitar o comércio de bens intermédios e os fluxos de IDE (Osnago, Rocha e Ruta, 2017). As disposições que melhoram a contractibilidade dos bens intermédios, assim como as que facilitam o trânsito aduaneiro ou a aplicação das medidas sanitárias e fitossanitárias e harmonizam as normas e regulamentação relativa a produtos são particularmente importantes para atenuar as diferenças entre os sistemas e práticas institucionais de cada país e reduzir a incerteza nas transações internacionais. Pelo contrário, a experiência do Mercado Comum do Sul (MERCOSUL) mostra que a redução das tarifas não conduz forçosamente a um maior comércio de bens intermédios (Caixa 1.6).

Os parceiros de desenvolvimento podem também ajudar a colmatar lacunas, melhorando os recursos das organizações regionais para gerir e acompanhar eficazmente as iniciativas regionais. Por exemplo, os parceiros tradicionais de África há muito que apoiam os esforços de integração regional do continente através de ajuda ao desenvolvimento relacionada com o comércio, com estruturas de apoio técnico bem estabelecidas e iniciativas de fortalecimento das capacidades (ICTSD, 2016). O envolvimento futuro de doadores e parceiros de desenvolvimento deverá ser reforçado. Em particular, os doadores podem ajudar a região a integrar diversos planos que foram adotados e estão em curso (ICTSD, 2016). No processo de implementação, os recursos políticos, financeiros, de gestão e técnicos são essenciais para apoiar essa reforma. Os parceiros de desenvolvimento podem também ajudar a combinar as diversas abordagens setoriais e bilaterais para evitar o isolamento.

Caixa 1.6. A experiência da MERCOSUL

A criação do Mercado Comum do Sul, MERCOSUL, não conduziu a um aumento sustentável do comércio intrarregional. O MERCOSUL foi criada em 1991 com a assinatura do Tratado de Asunción. Na sequência da sua implementação, a percentagem de comércio intrarregional no comércio total mais do que duplicou em menos de uma década. Embora em 1991 o comércio intrarregional representasse pouco mais de 10% do comércio total da região, este era superior a 20% era intrarregional no final da década de 1990. Este aumento foi impulsionado sobretudo pela indústria transformadora e, provavelmente, não decorreu de uma diversificação do comércio. De facto, os comércios intrarregional e mundial expandiram-se em paralelo. No início dos anos de 2000, o comércio intrarregional registou um declínio e, desde então, a percentagem de comércio intrarregional no comércio total tem se mantido àvolta de 15%.

São duas as principais razões subjacentes a esta estagnação do comércio intrarregional (BID, 2018). A primeira é a emergência da China. A segunda, é o aumento das fricções comerciais no seio da MERCOSUL. Este estudo de caso sugere que a facilitação do comércio é necessária, mas não é, por si só, suficiente. Medidas complementares – como o reforço das competências das empresas, o fomento das redes de produção regional e normas regionais comuns – são fundamentais (BID, 2018).

Fonte: BID (2018), *Connecting the Dots: A Road Map for Better Integration in Latin America and the Caribbean.*

Os pequenos empresários poderãointegrar as cadeias de valor regionais se os governos desenvolverem normas e certificações regionais

A diferenciação de produtos, a melhoria da qualidade e a certificação são essenciais para criar valor acrescentado na maioria das cadeias de valor agrícolas. Os sistemas de melhoria de qualidade, a rotulagem e a certificação podem ajudar os países produtores a ir além do comércio tradicional nos mercados mundiais de culturas de elevado valor (por ex., café, chá, cacau), a aumentar as receitas das exportações e a melhorar a resiliência às variações dos preços. Existe potencial para melhorar em várias cadeias de valor regionais (CVR), como nas cadeias de valor de alimentos processados, frutas frescas ou legumes. A procura de produtos agrícolas processados está a crescer rapidamente em África (CUA/OCDE, 2018). A urbanização na região está a reduzir as distâncias entre os produtores nas áreas rurais e os consumidores nas áreas urbanas e periurbanas. Esta tendência está a apoiar a produção agrícola e o crescimento da indústria agroalimentar, que criou 66% de empregos somente na África Ocidental entre 2012 e 2015 (Allen, Heinrigs e Heo, 2018).

As cadeias de valor agrícolas são uma meta óbvia de intervenção, tendo em conta o papel central da agricultura nas economias em desenvolvimento, em particular em África. A agricultura emprega mais de 50% da população do continente (CUA/OCDE, 2018). De acordo com um recenseamento dos terrenos agrícolas em 20 países africanos, mais de 75% das propriedades têm menos de dois hectares (Lowder, Skoet e Raney, 2016). Ligar pequenos agricultores a cadeias de valor está alinhado com os objetivos do Programa Integrado para o Desenvolvimento da Agricultura na África Central (CAADP) e os compromissos da Declaração de Malabo 2014[4] de: criar oportunidades de emprego nas cadeias de valor agrícolas para 30% dos jovens no setor, reduzir as perdas pós-colheita em 50% e sustentar taxas de crescimento setorial de 6% ao ano. Até agora, os 47 países signatários estão apenas parcialmente no bom caminho para cumprir esses objetivos (CUA, 2018).

Capacitar as associações e as cooperativas agrícolas para prestarem serviços que possam ajudar os pequenos produtores e assegurar a sua ligação às CVR. Em geral, os agricultores de África enfrentam inúmeros desafios, como pequenas redes e economias de escala, acesso limitado a crédito e capacidades empresariais e de gestão limitadas (Bamber et al., 2014). Permitir que os pequenos agricultores integrem cadeias de valor tem o potencial de aumentar as receitas, combater a pobreza, reduzir as desigualdades e fomentar a atividade do setor privado no continente de modo a alcançar ganhos de bem-estar sustentáveis e de longo prazo (Bamber et al., 2014).

- As intervenções que promovem a integração dos pequenos agricultores nas cadeias de valor têm de ter em conta a necessidade de equilíbrio entre culturas comerciais e de subsistência. Os benefícios que a criação de soluções pós-colheita, como sistemas de receção em armazém pode trazer aos agricultores desde o início da participação em CVR, pôsas bolsas de mercadorias na agenda dos parceiros de desenvolvimento, os quais poderão agora passar para financiar projetos de maior dimensão (BAfD, 2013). Contudo, muitos mercados internos na África Subsariana são demasiado pequenos para apoiar o desenvolvimento de bolsas independentes, pelo que uma plataforma regional poderia ajudar a criarum mercado muito maior (ver Caixa 1.7).

- A assistência técnica direta a agricultores pode ajudar a ultrapassar as assimetrias de mercado – incluindo o reforço da capacidade de negociação dos agricultores face às grandes empresas – e aumentar a qualidade da produção. Por exemplo, os pequenos agricultores desempenham um papel fundamental no setor agrícola da Etiópia, representando aproximadamente 96% das áreas cultivadas e da produção de (Taffesse, 2019). Embora a produtividade e a integração no mercado estejam ainda longe do que seria desejável, os pequenos proprietários aumentaram a sua produção e passaram para uma produção de cereais de maior valor graças a serviços de extensão agrícola e à formação sobre utilização de sementes de melhor qualidade e gestão de negócios agrícolas. Os programas de fortalecimento das capacidades como o *Support to Farmers' Organizations in Africa Programme* também são fundamentais para unir agricultores e prestar-lhes apoio na gestão das suas empresas (SFOPA, n.d.).

Com base nas especificidades locais, os empresários africanos podem desenvolver novos produtos e mercados de nicho. Por exemplo, o *Ghana Centre for Scientific Research into Plant Medicine* realizou investigação científica sobre remédios naturais e assegurou o controlo de qualidade através de um planeamento cuidadoso e de tecnologia moderna. A sua parceria com a Kasapreko, uma empresa local, permitiu introduzir a Alomo Band (uma bebida alcoólica à base de ervas) que se tornou um grande êxito comercial no Gana e noutros mercados da África Ocidental. Em 2010, cerca de 951 toneladas de remédios naturais em bruto foram vendidos nos mercados de plantas no Gana com um valor total de cerca de USD 7.8 milhões (Van Andel, Myren e Van Onselen, 2012). Este mercado dispõe agora de muitos microempresários que estabelecem clínicas de plantas e farmácias em centros urbanos, bem como várias grandes empresas fabricantes de medicamentos naturais de produção em massa para os mercados da África Ocidental e da OCDE.

Caixa 1.7. **Ligar as pequenas e médias empresas aos mercados mundiais através do comércio eletrónico: Côte d'Ivoire, Marrocos e Ruanda**

Em 2014, o *International Trade Center* (ITC) lançou o programa *E-Solution* que oferece um pacote de serviços técnicos e de aconselhamento para ajudar as empresas a ultrapassarem os desafios relacionados com o comércio online. A intenção é criar cooperativas nacionais e plataformas *online* nos países africanos e agrupá-los num grupo pan-africano – a Cooperativa de Comércio Eletrónico em África – para conseguir uma maior escala e impacto.

- A **Côte d'Ivoire** liderou algumas destas soluções em 2014, em que os vendedores podiam receber pagamentos dos Estados Unidos de forma legal e conforme através de PayPal, Visa e MasterCard.

- **Marrocos** dispõe de um comércio eletrónico nacional bastante desenvolvido, mas as PME locais não conseguiram entrar efetivamente no mercado global do comércio eletrónico (IPEMED, 2015). Em 2015, um grupo de PME marroquinas que utilizava o comércio eletrónico para vender produtos a nível nacional constituiu uma cooperativa de exportação designada *Made in Marrocos*. A cooperativa solicitou ajuda ao ITC para desenvolver soluções para serviços de pagamentos e instalações logísticas para mercados externos (OCDE, 2017b). No domínio da logística, o ITC mediou transações entre empresas e parceiros internacionais nas áreas do transporte, armazenamento e distribuição. O ITC também ajudou a cooperativa a estabelecer uma presença comercial formal na Europa, nos Emirados Árabes Unidos e nos Estados Unidos. Assegurou aos clientes que beneficiariam plenamente da legislação local em matéria de leis de proteção dos consumidores. As vendas de exportação da cooperativa aumentaram acentuadamente, tendo o número de membros da cooperativa atingido as 400 PME – de azeite e cosméticos a livros e música –, e várias delas a negociar com o estrangeiro pela primeira vez (Vaena, 2017).

- Em 2017, o ITC lançou o Futuro do Comércio Eletrónico no **Ruanda** para disponibilizar formação em comércio eletrónico às micro, pequenas e médias empresas locais (ITC, 2018). O ITC efetuou mais de 800 entrevistas para avaliar o comportamento e as expectativas dos consumidores relativamente às vendas online. Para enfrentar os desafios associados ao facto de o Ruanda ser um país sem litoral e devido à ausência de um sistema de entrega adequado, o ITC associou-se à DHL para conceber o Centro de Serviços de Comércio Eletrónico (ECSC). Este disponibilizará serviços de armazenamento e transporte, começando as operações em meados de 2019. O agrupamento das encomendas de várias empresas através do centro reduzirá os custos de transporte e o preço para o cliente final.

- Em 2018, após uma fase-piloto na **Côte d'Ivoire** foi adotada uma abordagem regional com a criação de duas plataformas *online* destinadas a facilitar as oportunidades comerciais e de negócio dentro e fora da União Económica e Monetária da África Ocidental (UEMAO):

  - A plataforma *Connect* UEMAO oferece soluções a PME locais, permitindo-lhes promover as suas atividades e produtos através de um mercado virtual. Atualmente, a plataforma reúne um total de 2 270 empresas registadas.

  - A plataforma *Trade Obstacles Alert Mechanism* dá às empresas locais a oportunidade de comunicarem os obstáculos com que se deparam durante a comercialização, com especial destaque para as barreiras não tarifárias. Permite também ao Comité Regional de Facilitação do Comércio monitorizar o impacto das alterações implementadas. Este último foi aplicado e testado pela primeira vez na Côte d'Ivoire em 2014, tendo recebido reações positivas.

Fontes: Compilação dos autores com base no IPEMED (2015), *E-commerce in Africa: Morocco, Tunisia, Senegal and Ivory Coast*; ITC (2018), "Rwandan businesses eye e-commerce success"; OCDE (2017b), "Made in Morocco: Case study on linking SMEs to the world of e-commerce", *2017 Aid for Trade – Case Study Template*.

Os parceiros de desenvolvimento têm um papel importante a desempenhar e podem proporcionar benefícios imediatos aos pequenos agricultoress. Os parceiros de desenvolvimento – em conjunto com os governos nacionais e locais – podem apoiar o fortalecimento das capacidades das organizações de agricultores (Swinnen, Colen e Maertens, 2013). Os parceiros de desenvolvimento podem contribuir para a formação de agricultores e trabalhadores agrícolas em matéria de normas e gestão da cadeia de fornecimento, bem como para a atualização de competências, a fim de abranger atividades a jusante, como o processamento e a embalagem (Bamber et al., 2014). Adicionalmente, os parceiros de desenvolvimento podem partilhar e ajudar a implementar as melhores práticas para promover a igualdade entre homens e mulheres na participação na cadeia de valor, ajudando as empresas detidas por mulheres a ultrapassarem as numerosas limitações que enfrentam (Banco Mundial, 2019d; GIZ, 2013). Com frequência, as empresas líderes nos segmentos a jusante das cadeias de valor estabelecem as suas próprias normas, que são *de facto* de cumprimento obrigatório pelos fornecedores se desejarem permanecer na cadeia de valor. A maioria das PME – independentemente da produtividade e da competitividade – não dispõe de certificações internacionais, muitas vezes devido ao elevado custo da sua obtenção. Os governos e os parceiros de desenvolvimento podem ajudar nesta fase, permitindo às empresas prepararem-se para participarem no mercado internacional e aumentarem as suas possibilidades de entrarem nas cadeias de valor.

No médio prazo, as bolsas regionais de mercadorias podem ultrapassar os problemas aumentando a diversidade (número de mercadorias) e a profundidade (volume de mercadorias transacionadas) e promovendo liquidez suficiente no mercado. Podem reduzir os custos associados à identificação de oportunidades de escoamento dos produtos no mercado, de armazenamento, de inspeção da qualidade do produto e da procura de compradores ou vendedores (IFPRI, 2010). Criada em 2013, a *East African Exchange* (EAX) abrange os mercados do Quénia, Ruanda e Uganda. O seu objetivo é aumentar o poder de negociação dos pequenos agricultores fornecendo informação rigorosa e fiável, armazenamento seguro, uma maior penetração do crédito e financiamento agrícola (EAX, n.d.). Por exemplo, graças a uma parceria com várias instituições financeiras, os agricultores podem depositar os seus cereais num armazém da EAX e utilizar o recibo dado pela bolsa como garantia para empréstimos até 75% do valor da produção. Desde a sua criação, os agricultores tiveram acesso a USD 4.7 milhões para melhorar as suas empresas agrícolas (Bizimungu, 2018). No entanto, os volumes de transações da EAX continuam a ser limitados e concentrados sobretudo no Ruanda, o que sugere a necessidade de uma maior cooperação e coordenação entre os países-membros (Esiara, 2016).

Caixa 1.8. Resultados díspares das bolsas de mercadorias agrícolas

As iniciativas das bolsas de mercadorias agrícolas ao nível dos países em África tiveram resultados díspares e não conseguem dar resposta a todos os desafios que enfrentam (Songwe, 2016). À exceção das iniciativas na África do Sul, muitas iniciativas nacionais não foram bem-sucedidas devido às pequenas dimensões dos mercados, à integração limitada no mercado ou a intervenções do governo:

* A Zâmbia e o Zimbabwe suspenderam as suas operações na sequência de subidas pouco comuns dos preços e da subsequente intervenção do governo, não obstante os sucessos iniciais.

* A *Kenyan Agricultural Commodity Exchange* e a *Uganda Commodity Exchange*, criadas no final dos anos de 1990, não conseguiram atrair volumes transacionáveis expressivos. Atualmente, os seus papéis limitados incluem a prestação de informação sobre preços no Quénia e a regulamentação de alguns armazéns em nome do governo do Uganda.

Caixa 1.8. **Resultados díspares das bolsas de mercadorias agrícolas** (cont.)

- Desde 2004, cada vez mais países criaram bolsas, como a *Agricultural Commodity Exchange* no Malawi em 2004, a bolsa da Nigéria em 2006, a bolsa da Zâmbia (ZAMACE) em 2007 e a *Ethiopian Commodity Exchange* (ECX) em 2008.

- Em dezembro de 2008, o governo etíope criou a ECX para promover melhor as ligações entre pequenos agricultores e os mercados, uma iniciativa elogiada pelos meios de comunicação social (The Guardian, 2012; BBC, 2010). Os seus volumes de comércio de café aumentaram de 138.000 toneladas no primeiro ano para 257000 toneladas em 2016. A ECX ligou efetivamente 2.4 milhões de pequenos agricultores através de cooperativas e facilitou a divulgação de informação em tempo real sobre o mercado a agricultores, comerciantes e processadores agrícolas (Haile, Volk e Rehermann, 2017). No entanto, o valor que os agricultores de café recebiam pelas suas colheitas continuava dissociado dos preços internacionais, o que sugere a integração limitada dos pequenos agricultores no mercado mundial (Hernandez et al., 2017). Investigação recente mostrou que a ECX não conseguiu reforçar a sua relação entre os preços internacionais e locais do café (o café representava até 35% das exportações etíopes entre 2000 e 2014). A interdependência entre os preços no produtor e os preços de leilão e mundiais permanece baixa.

Os resultados limitados da ECX na dinâmica dos preços internacionais-nacionais têm três explicações possíveis:

1. A existência prévia de um Mercado de Leilões de Café centralizado em Addis Abeba antes da ECX e que já integrava suficientemente bem os mercados.

2. Os custos de transação associados a regulamentações mais rigorosas podem também atenuar a eficácia de algumas inovações da ECX, como os pagamentos eletrónicos.

3. Uma infraestrutura deficiente e produtividade baixa podem afetar a relação de preços entre os mercados.

As empresas africanas podem ganhar novas capacidades se os governos redefinirem as suas estratégias de IDE

Os países africanos podem unir forças para melhor atrair IDE. Os mercados internos do continente estão a crescer e a atrair investimentos estrangeiros. Uma população em rápido crescimento e a expansão da procura interna estão também a atrair IDE: o potencial dos mercados internos e regionais atraiu 53.4% de novos projetos de IDE para África em 2013-17 (fDi Markets, 2018). Contudo, a maioria das economias africanas permanece muito pequena. Se cooperarem os governos africanos poderão dispor de maior poder de negociação para selecionar e monitorizar melhor os negócios das suas economias locais.

Até agora, muitos governos africanos nacionais e locais têm competido a nível global pelo IDE, mais do que com outros países ou cidades africanas. Num mundo globalizado em que a distância representa cada vez menos um obstáculo, o cenário de concorrência entre cidades por IDE não é apenas local, nacional ou regional, mas mundial (Hanson, 2001; Alderson e Beckfield 2004). Por exemplo, nenhuma cidade africana está incluída nos cinco principais concorrentes de Joanesburgo (Bogotá, Chicago, Istambul, Deli e Buenos Aires). Os principais concorrentes de IDE no Cairo encontram-se também fora do continente (Al Manamah, Vilnius, Lima, Kiev e Riade). Apenas Abidjan conta com três cidades africanas entre os seus cinco principais concorrentes (Kampala, Kigali e Dar es Salaam), seguindo-se duas cidades não africanas (Vienciana e Lahore). Para atrair o investimento mundial, os governos nacionais e locais têm de se coordenar e envolver com os níveis superiores de decisão política, tanto a nível supranacional como continental. Uma vez que a atração de IDE a nível mundial é altamente competitiva, a cooperação regional é fundamental para aumentar o poder negocial de cidades e países individuais (UN-HABITAT/IHS-EUR, 2018).

Impostos e custos de trabalho baixos não são suficientes para atrair os investidores internacionais. A nível global, níveis de tributação baixos e baixos custos de trabalho são considerados a sétima e a oitava motivação de investimento em dez, respetivamente. Menos de 20% das empresas consideram as baixas taxas de tributação como um fator critico para as suas decisões de investimento (Banco Mundial, 2017a). Pelo contrário, a incerteza fiscal surge como um fator importante para as decisões de investimento em África. De acordo com o Inquérito a Empresas sobre Tributação de 2016 da OCDE, que abrange 724 empresas multinacionais, a incerteza fiscal inclui a ambiguidade na legislação fiscal, a incerteza sobre o alívio das retenções na fonte e o tratamento inconsistente por parte das autoridades tributárias (Figura 1.13). Por outro lado, mais de metade das empresas no mundo não considera o baixo custo do trabalho e de outros fatores de produção como importantes ou criticamente importantes. Mesmo no caso de IDE que procura eficiência, a disponibilidade de mão-de-obra qualificada é mais importante.

Figura 1.13. Dez principais fontes de incerteza tributária para as multinacionais que operam em África, na América Latina e Caraíbas e na Ásia

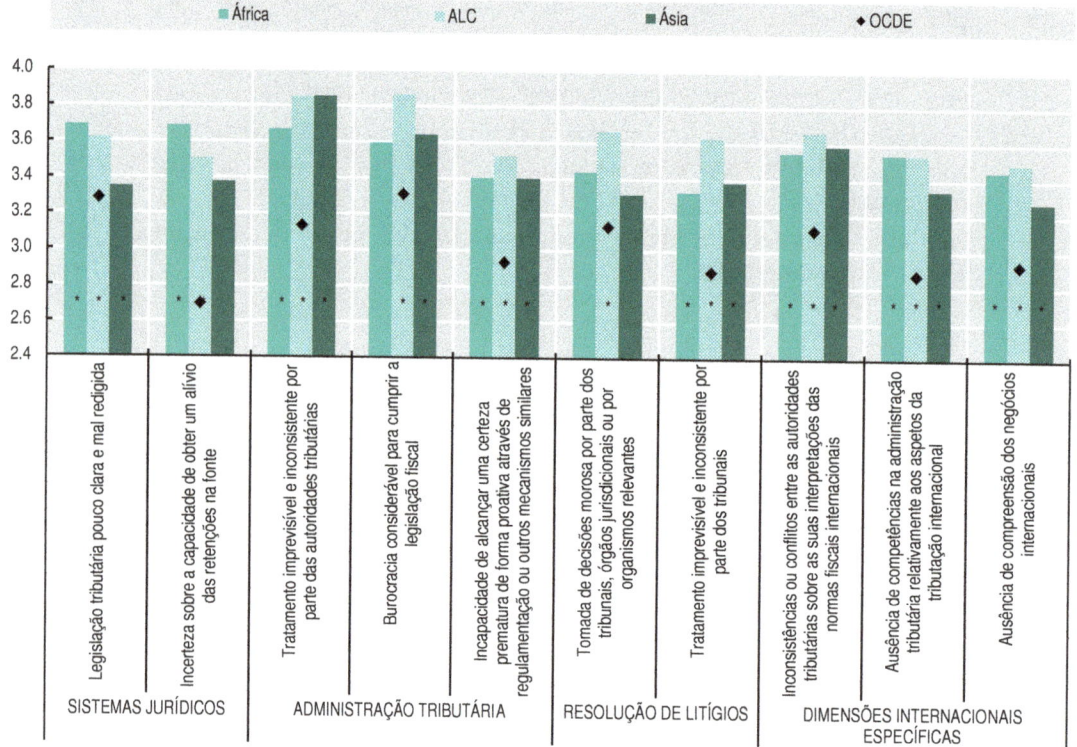

Nota: Os resultados à pergunta "Por favor, de acordo com a sua experiência, identifique a importância que cada um dos fatores abaixo tem tido para aumentar a incerteza global relativa a aspetos tributários nos países que selecionou?". Os inquiridos podiam escolher numa escala de 5 a 1, em que 5 era extremamente importante e 1 o menos importante. As perguntas apresentadas nesta figura foram colocadas separadamente para cada país selecionado pelos inquiridos e cada inquirido podia selecionar um máximo de 4 países.
* indica uma significância de 5% na diferença entre a região e a OCDE.
Fonte: OCDE/FMI, 2018.
StatLink ⟨⟩ https://doi.org/10.1787/888933966960

- **Os decisores políticos africanos podem alinhar melhor as suas estratégias de IDE identificando as suas principais vantagens competitivas para cada tipo de IDE.** O IDE insere-se em quatro categorias com base nas motivações dos investidores relativamente às decisões de investimento: procura de mercado, procura de eficiência, procura de recursos naturais e procura de ativos estratégicos (Dunning e Lundan, 2008; Banco Mundial, 2017a). Diferentes tipos de IDE respondem de forma diferente às medidas de política. Por exemplo, o IDE que procura eficiência tem com principal objetivo reduzir custos e é sensível a alterações dos custos operacionais das empresas. Uma forte volatilidade cambial ou dificuldades acrescidas na livre troca de bens e serviços pode dissuadir esse IDE que procura eficiência. Pelo contrário, os três outros tipos de investidores – procura de mercado, procura de recursos naturais e procura de ativos estratégicos – tendem a ser mais atraídos pela dimensão dos mercados locais, direitos de propriedade claros e um quadro jurídico para a realização de negócios. Podem também investir em moedas locais.

- **Muitos países africanos têm uma estrutura de produção agrícola semelhante.** Isto deixa mais margem para a complementaridade entre países em mais regiões africanas do que em outras regiões do mundo, como na América Latina e Caraíbas ou na Ásia. As cadeias de valor regionais podem ajudar a alavancar a procura de produtos alimentares processados em África, em rápido crescimento, para promover redes de fornecedores mais fortes à volta das empresas líderes regionais. Espera-se que a procura de produtos alimentares triplique até 2030.

- **Os fundamentos certos constituem o fator mais importante para atrair IDE no curto prazo.** A estabilidade política e macroeconómica interna e a fiabilidade do ambiente regulamentar figuram entre as quatro principais determinantes dos fluxos de entrada de IDE. Estabelecer um quadro regulamentar claro e estável, protegido de decisões arbitrárias, é essencial para atrair IDE. Além disso, 66% dos investidores consideram a capacidade e as competências dos fornecedores locais como de importância crítica para as decisões de IDE. Os investidores estão mais interessados na informação sobre a disponibilidade de fornecedores locais do que nos níveis de tributação (Banco Mundial, 2017a).

- **Os países podem evitar uma concorrência fiscal prejudicial através do desenvolvimento de mecanismos de coordenação regional que visem diferentes tipos de IDE.** Quando o acesso a mercados internos motiva os investidores, o principal fator que orienta as decisões de escolher uma localização de investimento não são os "incentivos fiscais". Por isso, é fundamental que haja cooperação regional para evitar uma "corrida à competitividade" que resultaria em menor bem-estar nos países de acolhimento. Por exemplo, a SADC instou a uma colaboração abrangente em matéria de incentivos fiscais para reforçar ações coordenadas regionais e responder à questão da concorrência fiscal prejudicial. A criação de um programa de convergência regulamentar fiscal poderia harmonizar progressivamente as legislações, alinhar as regulamentações nacionais ou criar normas regionais.

No médio prazo, aumentar a fiabilidade e reduzir o custo da eletricidade através de grupos energéticos atrairá mais IDE. Cinco comunidades económicas regionais (CEDEAO, a Comunidade de Desenvolvimento da África Austral, a COMESA, a SADC e a UMA) já dispõem de projetos de interligação regional e de centrais elétricas. A modernização dos grupos energéticos regionais poderá diminuir os investimentos de capital a nível nacional, reduzir os custos operacionais do sistema e facilitar a criação de quadros institucionais apropriados para o comércio de eletricidade. Num cenário de fornecimento de energia plenamente integrado, os grupos energéticos podem gerar poupanças de USD 41 mil milhões por ano até 2040 (PNUA, 2017). Além disso, o custo estabilizado da energia conduziria a poupanças entre 6% (na África Austral) e 10% (na África Oriental) para os utilizadores finais, o que equivale a quase USD 10 mil milhões por ano (Castellano et al., 2015). A estabilidade do clima de investimento da África Oriental e as boas interligações regionais facilitaram o aumento das taxas de eletrificação na região. A África Oriental foi responsável pela diminuição em mais de 80% do número de pessoas sem acesso a eletricidade na África Subsariana desde 2012.

Orientação para a capacidade das empresas prosperarem com base no crescimento da procura: visar mercados específicos, melhorar a facilitação do comércio e eliminar as barreiras não tarifárias ao comércio

As estratégias de exportação têm de distinguir entre os desafios enfrentados pelas empresas que exploram os mercados intra-africanos e mundiais.

- O comércio intra-africano é essencial para diversificar e para acumular novas capacidades, em particular para as PME. As intervenções políticas precisam ter por objetivo tornar o comércio mais fácil, reduzindo as incertezas associadas ao acesso ao mercado.
- O comércio mundial continua a ser o principal impulsionador do crescimento das exportações e das transferências de tecnologia. Os decisores políticos devem ajudar a aumentar as capacidades de as empresas anteciparem e responderem às mudanças dos padrões e da procura do consumidor.

As políticas regionais podem seguir três passos principais para melhorar a capacidade das empresas exportarem para mercados regionais, continentais e globais:

1. A estratégia de exportação tem de distinguir entre a exploração dos mercados intra-africanos e a exploração dos mercados mundiais.
2. No curto prazo, a redução dos procedimentos administrativos e a promoção do desenvolvimento de serviços logísticos podem facilitar o acesso ao mercado e ajudar as empresas a dar uma melhor resposta às alterações de mercado.
3. No médio prazo, a melhoria das infraestruturas regionais, em particular da transmissão e geração de energia, estradas, portos e sistemas de pagamento, pode reduzir os custos para as empresas e impulsionar o comércio e o crescimento económico em todo o continente.

Três megatendências estão a mudar a procura africana e mundial neste momento e continuarão nas próximas décadas: deslocação da riqueza (a mudança na geografia económica de economias avançadas para emergentes), a revolução demográfica de África e a transformação territorial através da urbanização rápida (CUA/OCDE, 2018).

- Fora de África, o processo de deslocação da riqueza gerou novas fontes de procura em mercados mundiais. Os mercados emergentes na Ásia e na América Latina aumentaram as suas exportações de bens de consumo de USD 870 mil milhões para USD 1 279 mil milhões entre 2009 e 2016. A China representou um terço deste aumento. As importações de bens de consumo da China mais do que duplicaram de USD 92 mil milhões para 211 mil milhões entre 2009 e 2016.
- Os mercados internos de África estão a expandir-se rapidamente. O crescimento da população, o aumento dos níveis de rendimento e uma procura mais concentrada nos centros urbanos estão a tornar os mercados internos de África mais conducentes com a transformação económica.

No entanto, atualmente, a maioria das empresas africanas está a perder para novos concorrentes, tanto no mercado interno como em mercados emergentes. Entre 2009 e 2016, as exportações africanas de bens de consumo para mercados africanos diminuíram de USD 12.9 mil milhões para USD 11.8 mil milhões. Ao mesmo tempo, as importações de bens de consumo provenientes do resto do mundo aumentaram de USD 11.2 mil milhões para USD 19.0 mil milhões. Nos mercados emergentes, como a China, os exportadores africanos também estão atrasados no aproveitamento desta nova procura em relação aos novos concorrentes da Ásia e da América Latina. Os exportadores africanos representaram apenas 0.3% do aumento das importações de bens de consumo da China face a 12.0% dos países da ASEAN e a 5.1% dos países da América Latina e Caraíbas. Um exemplo é a indústria de vestuário e têxteis do Quénia: Embora a qualidade do tecido importado seja em geral boa, "os longos tempos desde a encomenda até à entrega restringem esta indústria de competir no segmento de margem superior, de pronto a vestir do mercado" (Konishi et al., 2015).

O tempo e os custos do comércio transfronteiriços continuam mais elevados em África do que noutras regiões do mundo. De acordo com os dados *Doing Business* do Banco Mundial, o cumprimento dos requisitos aduaneiros e documentais em África é, em média, 21.9% e 32.7% mais oneroso do que na América Latina e Caraíbas e no Sul da Ásia, respetivamente (Banco Mundial, 2018b). No entanto, existem diferenças significativas entre as regiões africanas no que diz respeito aos procedimentos de exportação e importação. Por exemplo, os procedimentos de importação são mais baratos e requerem menos tempo na África Austral comparativamente ao resto do continente, assim como a outras regiões em desenvolvimento. Por outro lado, o tempo e os custos dos procedimentos de exportação no Norte de África, na África Austral e Ocidental são comparáveis aos do Sul da Ásia e da América Latina e Caraíbas.

Melhorar as taxas de sobrevivência na exportação das empresas africanas poderá ajudá-las-á a diversificarem-se e adaptarem-se à nova procura

Exportar beneficia toda a economia, mesmo quando apenas uma pequena percentagem de empresas está diretamente envolvida nos mercados externos. Exportar leva as empresas a melhorarem a sua produção e a diferenciar os seus produtos. As empresas competitivas tendem a absorver e a implementar conhecimentos que lhes permite satisfazer compradores exigentes (De Loecker, 2003; De Loecker, 2013). A rentabilidade de pequenos fabricantes de tapetes no Egito aumenta em 16-26% quando exportam para empresas estrangeiras mais sofisticadas (Atkin, Khandelwal e Osman, 2017).

As empresas que exportam também passam a produzir produtos de maior qualidade, ou seja, os que requerem mais horas de trabalho e são vendidos a preços mais elevados. O processo de exportação fomenta as eficiências técnicas das empresas que optam por exportar através de "aprender exportando". À medida que estas empresas se tornam mais produtivas, criam pressão competitiva sobre outras empresas nacionais no sentido de melhorarem e manterem a sua importância na cadeia de produção.

Os países africanos têm de potenciar este impulso através das exportações. Até agora, apenas 18% dos novos exportadores de África sobrevivem ao seu terceiro ano, 4 pontos percentuais menos do que noutros países em desenvolvimento, nos quais este valor se situa em 22%. Para além do terceiro ano, contudo, a taxa de sobrevivência das empresas aumenta consideravelmente (Figura 1.14). Usando um subconjunto menor de 11 países com micro dados ao nível do exportador (incluindo três países africanos), a taxa de sobrevivência condicional melhora após o terceiro ano em todos os países da amostra. Isto leva a duas observações:

- Esta taxa de sobrevivência baixa é uma característica comum do mercado de exportação mundial. Reflete a concorrência intensa nos mercados de exportação onde empresas relativamente menos produtivas têm de abandonar o mercado. Num contexto de elevados custos de entrada no mercado, a taxa de sobrevivência aumenta com a experiência de exportações das empresas (Baldwin, 1990).

- A taxa de sobrevivência ligeiramente inferior dos exportadores africanos face aos seus pares de outros países em desenvolvimento pode desencorajar empresas capazes de exportarem, diminuindo o valor de exportar quando empresas capazes enfrentam a decisão de começar a exportar (Ruhl e Willis, 2017).

Figura 1.14. Taxa de sobrevivência dos exportadores africanos após o terceiro ano comparativamente a outras regiões em desenvolvimento

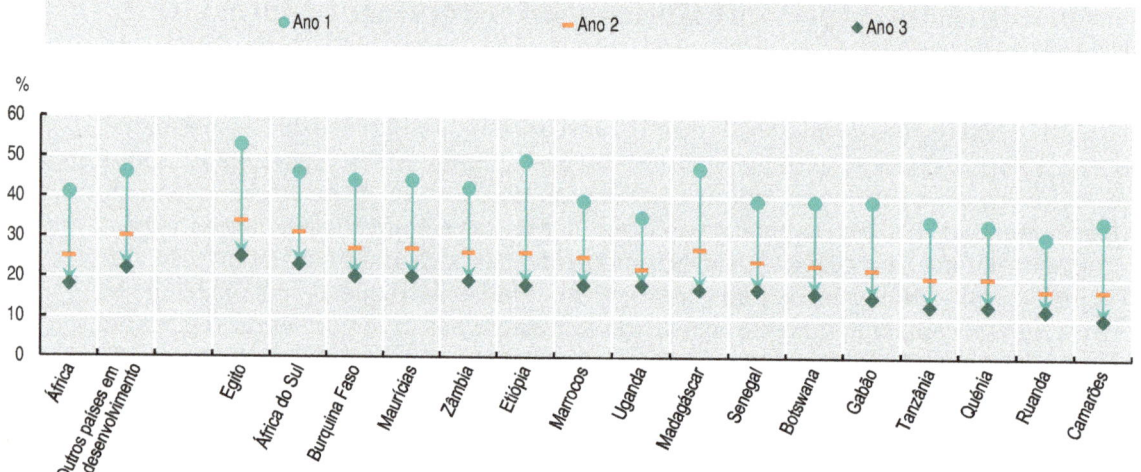

Fonte: Cálculos dos autores com base no Banco Mundial (2019c), *Exporter Dynamics Database*.
StatLink ᴍᴤᴘ https://doi.org/10.1787/888933966979

A relativamente baixa taxa de sobrevivência dos jovens exportadores africanos também impede as empresas de explorarem novos produtos e novos mercados. O exportador africano médio envia 5.4 produtos para 2.5 destinos, ao passo que outros países em desenvolvimento exportam, em média, 5.9 produtos para 3.0 mercados. A experiência no mercado de exportação permite às empresas impulsionar as suas capacidades: acumulando conhecimentos sobre a procura existente e as suas tendências futuras, adaptando os seus processos de produção, reinvestindo as receitas da exportação no crescimento da empresa e em aumentos de capital e da produtividade. Os exportadores prósperos enfrentam menores restrições na obtenção de empréstimos e podem criar parcerias mais duradouras com os compradores. Com frequência, os importadores começam com pequenas aquisições no início da relação comercial com um novo fornecedor que não conhecem bem. As encomendas aumentam com uma maior confiança e certeza sobre a capacidade do fornecedor cumprir as expectativas do comprador (Rauch e Watson, 2003; Besedeš, 2008).

Facilitar a exportação das empresas africanas para os mercados regionais e mundiais pode aumentar o seu potencial de crescimento e promover um maior dinamismo do setor privado do continente. Embora seja importante que as empresas não competitivas saiam dos mercados de exportação, é fundamental fomentar a taxa de sobrevivência das empresas capazes. Melhorar as capacidades das empresas em matéria de exportação passa pela eliminação das muitas restrições que estas empresas enfrentam, para que possam sobreviver nos mercados de destino. O acesso limitado a infraestruturas fiáveis, financiamento, trabalhadores qualificados, informação de mercado, tecnologia e segurança leva as empresas capazes a abandonar os mercados de exportação. Os decisores políticos devem também ajudar as empresas que exportam a nível global a anteciparem e a responderem às mudanças, em particular das normas de mercado e da procura do consumidor.

As empresas precisam de diferentes intervenções de política dependendo dos seus mercados de destino

A exploração de mercados intra-africanos ou d mercados mundiais tem diferentes resultados no desenvolvimento do setor privado.

- O comércio intra-africano é essencial para diversificar os produtos e os destinos de exportação e para acumular novas capacidades, em particular para as PME. A produção para mercados regionais permite às PME aumentarem a sua capacidade de fornecimento e melhorarem o seu processo de comercialização num ambiente que conhecem melhor (Altenburg e Melia, 2014). Os mercados intra-africanos representam um importante terreno fértil para as PME explorarem novos mercados de exportação e aprenderem durante o processo. O comércio entre países com estruturas produtivas similares pode ser também benéfico para os *clusters* de empresas. Em particular, as empresas de maiores dimensões podem beneficiar de economias de escala maiores, ao passo que as PME podem explorar novos mercados para os seus produtos ou ideias (Parenti, 2018).

- O comércio mundial continua a ser importante para o crescimento das exportações, bem como para a transferência de tecnologia. Requer um maior investimento fixo e operações de maior escala e tende a permanecer mais acessível a empresas africanas maiores ou já estabelecidas. Apoiar as jovens empresas exportadoras através de regimes orientados por agências de promoção das exportações (APE) pode fomentar as taxas de sobrevivência. Em particular, as APE podem fornecer informações sobre os mercados de destino, viabilizar soluções de financiamento do comércio e promover a criação de marcas das PME (CUA/OCDE, 2018).

As estratégias de promoção das exportações podem distinguir entre mercados intra-africanos e mundiais. Prosperar nos mercados intra-africanos não garante automaticamente o sucesso em mercados de rendimento mais elevado. A nossa análise das empresas exportadoras senegaleses entre 2000 e 2010 mostra um elevado nível de especialização ou em mercados intra-africanos ou em mercados extra-africanos (Caixa 1.9). Somente 4% das empresas exportadoras senegaleses apresentam vendas de exportação comparáveis em mercados intra-africanos e mundiais. Pelo contrário, 96% das empresas exportadoras concentram, pelo menos, dois terços das suas exportações numa das duas categorias de mercado, africanos ou mundiais. Poucas empresas conseguem operar nas duas categorias. Uma análise similar das empresas exportadoras do Ruanda e da África do Sul mostra que a experiência da exportação regional não se traduz automaticamente numa deslocação para mercados internacionais (Rankin, 2013; Rwanda Ministry of Trade and Industry, 2014).

Os micro dados sobre as empresas de exportação de África confirmam as diferenças significativas dos seus perfis, dimensões e modelos de negócio, de acordo com os mercados de destino. A nossa análise continental revela que os exportadores africanos são segmentados pelos mercados de destino. Estes tendem a exportar para apenas um tipo de destino, como mercados intra-africanos, outros mercados emergentes fora de África ou mercados da OCDE. Em média, as empresas africanas exportam mais produtos para mercados intra-africanos do que para mercados internacionais (Figura 1.15). Em média, um exportador africano envia 7.4 produtos para mercados africanos, 2.9 produtos para mercados dos Estados Unidos e 1.6 produtos para a China. Pelo contrário, as exportações intra-africanas apresentam um valor inferior a outros mercados de exportação, em particular a China, onde o valor médio de exportação é mais de 8 superior ao das exportações africanas. Estas diferenças mostram que os mercados intra-africanos e extra-africanos apresentam desafios e oportunidades distintas. Estes refletem diferentes processos de seleção que atraem e retêm diferentes tipos de empresas em diversos mercados. Instam à adoção de abordagens específicas para explorar os mercados de exportação, em vez de uma abordagem única à promoção das exportações. O conjunto das medidas de política pode divergir, tanto em termos de âmbito de aplicação como de instrumentos.

Figura 1.15. **Valores de exportação para África e outros mercados por exportador em África**

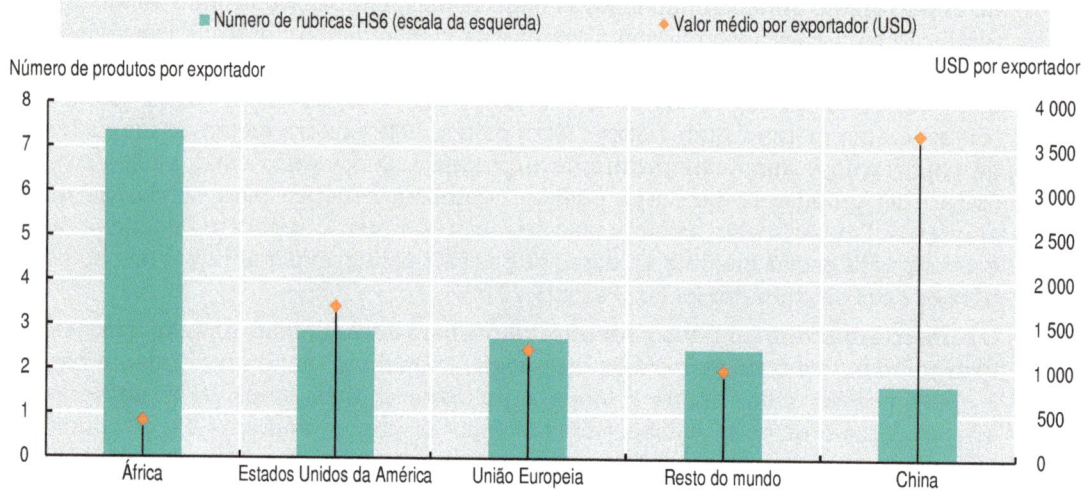

Nota: Ponderados pelo número de exportadores por país de origem.
Fonte: Cálculos dos autores com base no Banco Mundial (2019c), *Exporter Dynamic Database*.
StatLink 🔗 https://doi.org/10.1787/888933966675

Caixa 1.9. **O sucesso dos exportadores senegaleses em mercados regionais e na melhoria dos seus cabazes de produtos**

Desde 2000 que o Senegal tem um cabaz de exportações diversificado. De facto, o seu Índice de Diversificação das Exportações[5] diminuiu de 3.2 em 2000 para 3 em 2010 alcançando o seu mínimo de apenas 2.7 em 2007, o que revela uma significativa diversificação das exportações do Senegal. Pelo contrário, o índice de África não apresenta qualquer melhoria ao longo do período, permanecendo em cerca de 4.2 entre 2000 e 2010. Mesmo quando comparado com Marrocos, frequentemente encarado como um exemplo em África relativamente à diversificação, o Senegal apresentou uma estrutura de exportações mais diversificada em metade dos anos entre 2000 e 2010.

As empresas senegalesas concentraram-se em explorar os mercados regionais, especialmente nos países vizinhos, antes de se expandirem para mercados internacionais. Os vizinhos mais próximos representam 7 dos seus 10 principais destinos de exportação. Os mercados africanos constituem 44% das exportações do Senegal, a terceira taxa mais elevada do continente, atrás do Togo e do Zimbabué, de acordo com dados da BACI (Gaulier e Zignago, 2010); 55% dos exportadores senegaleses e 67% dos produtos que o Senegal exporta vão para mercados africanos.

Caixa 1.9. O sucesso dos exportadores senegaleses em mercados regionais e na melhoria dos seus cabazes de produtos (cont.)

Os mercados regionais constituem um terreno fértil para os exportadores senegaleses onde é mais provável que sobrevivam. A análise econométrica dos exportadores do Senegal entre 2000 e 2010 mostra que é provável que os contratos (definidos como um trio de empresa-produto-destino) sobrevivam em mercados regionais, mesmo depois de ponderada a experiência de exportação das empresas, a rede de exportadores concorrentes, características específicas do destino e outras variáveis do comércio. Comparando as exportações do enegal para os 5 países vizinhos com as exportações para todos os 15 Estados-Membros da CEDEAO, estas têm menos 6% de probabilidade de sobreviverem – o que sugere que mais pode ser feito ao nível da CEDEAO para ajudar as empresas a explorarem os mercados regionais (Figura 1.16). Além disso, é menos provável que as exportações para outras regiões sobrevivam por comparação com destinos vizinhos: menos 10% para os restantes mercados de África, menos 13% para os mercados da OCDE e menos 12% para o resto do mundo.

Acresce que é mais provável que as empresas senegalesas se modernizem e passem para produtos mais sofisticados quando exploram mercados regionais. A melhoria do cabaz de exportações das empresas para um destino específico é definida como a introdução de um novo produto no mesmo mercado com um índice PRODY superior ao dos índices PRODY de qualquer produto exportado no ano anterior.

Figura 1.16. Dinâmica das exportações senegalesas por destino, em comparação com as exportações para os países vizinhos do Senegal

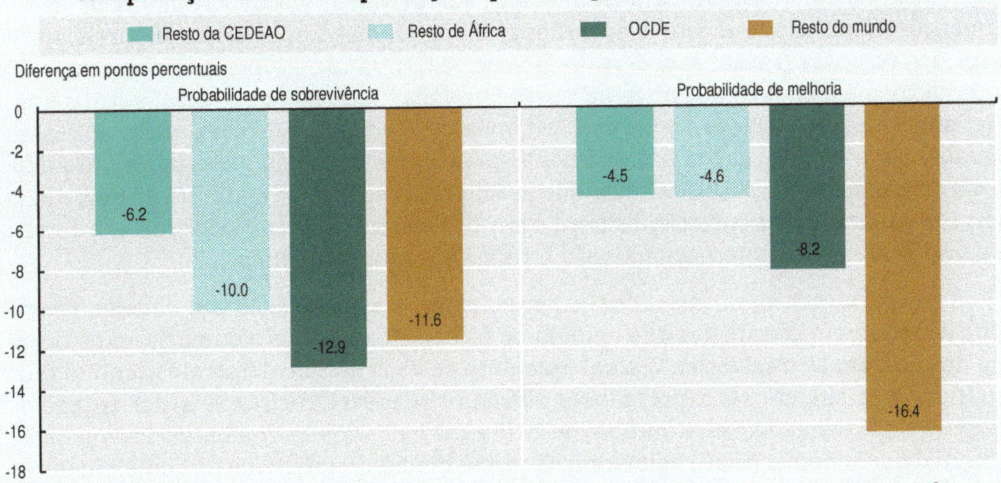

Nota: As exportações para os vizinhos do Senegal são usadas como grupo de comparação tendo em conta a sua importância nos perfis de exportação do país. Observando Stirbat, Record e Nghardsaysone (2015), utilizamos um modelo de mínimos quadrados ordinários simples com um efeito aleatório ao nível da empresa e agregamos erros padrão ao nível do produto. Este método permitiu um reporte fácil dos resultados ao mesmo tempo que evita os problemas da aplicação da regressão de Cox aos dados de comércio internacional, conforme identificados por Hess e Persson (2012). Para uma verificação de robustez, usamos uma especificação probit (similar a Cadot et al., 2013) e obtivemos resultados similares.
Fonte: Cálculos dos autores com base no Banco Mundial (2019c), *Exporter Dynamic Database*.
StatLink ᐧᐧᐧ https://doi.org/10.1787/888933966998

As empresas que visam mercados locais e regionais necessitam de medidas de política que promovam a facilitação do comércio regional, reduzindo as incertezas associadas ao acesso ao mercado. As maiores restrições nos mercados intra-africanos estão, com frequência, relacionadas com o custo de movimentar mercadorias, o financiamento do comércio eas barreiras não tarifárias, tais como barreiras administrativas e a incerteza das políticas cambiais nos países de destino. As políticas com vista a apoiar o comércio intra-africano devem centrar-se em reduzir a sobrecarga administrativa e desenvolver infraestruturas de ligação.

Para além de melhorar as infraestruturas, como estradas de acesso, a facilitação do comércio pode contribuir para reduzir os custos de ligação das áreas de produção aos grandes mercados de consumo locais. O estabelecimento de sistemas de informação sobre preços de mercado beneficia frequentemente o comércio informal transfronteiriço, os pequenos produtores rurais e grupos vulneráveis que trabalham com margens pequenas O comércio informal transfronteiriço representa 30-40% do comércio total na SADC. A introdução de regimes comerciais simplificados e a sensibilização dos comerciantes para os seus direitos e oportunidades de acesso ao livre comércio regional, como aconteceu nos países do COMESA, pode reduzir o tempo e os custos nas fronteiras. Este apoio de longo prazo pode também deslocar mais empresas para a economia formal (Lesser e Moisé-Leeman, 2009). Cerca de 70% dos comerciantes informais em África são mulheres (Afrika e Ajumbo, 2012; Nimarkoh et al., 2017). Na economia alimentar da África Ocidental, as mulheres representam 80% do emprego no processamento de produtos agrícolas, 70% na distribuição alimentar e quase 90% nas vendas de alimentos prontos a consumir (Allen, Heinrigs e Heo, 2018; OCDE/CSAO, 2019).

As empresas que visam os mercados internacionais necessitam de políticas que as ajudem a antecipar e dar resposta às mudanças, em particular, das normas de mercado. As alterações nas normas internacionais tais como as normas sanitárias e fitossanitárias, podem dissuadir os exportadores a entrarem em novos mercados e levá-los a sair de mercados existentes. Estas incertezas afetam a sobrevivência dos exportadores de menores dimensões, mais do que a sobrevivência dos grandes que dispõem de uma melhor capacidade para dar resposta (Fernandes, Ferro e Wilson, 2017). O acesso preferencial a mercados internacionais (por ex. a iniciativa da União Europeia "Tudo Menos Armas" e o Sistema de Preferências Generalizadas e a Lei do Crescimento e Oportunidade para África dos Estados Unidos) pode ajudar mas não é suficiente para impulsionar as exportações (Coulibaly, 2017; Fernandes et al., 2018). Permitir que as empresas adquiram matérias-primas e bens e serviços intermédios a custos inferiores, conceder-lhes acesso a infraestruturas e apoiá-las a cumprir as normas internacionais são intervenções fundamentais.

As exportações para mercados internacionais e a integração em cadeias de valor globais requerem estratégias que ajudem os fornecedores locais a cumprirem as normas e a dominarem as mudanças. O atual ambiente de incerteza no comércio mundial requer políticas que ajudem os exportadores africanos a prever melhor e a dar resposta às mudanças do mercado. Entre outubro de 2017 e maio de 2018, os membros da Organização Mundial do Comércio (OMC) aplicaram 75 novas medidas restritivas do comércio durante o período em análise, incluindo aumentos de tarifas aduaneiras, restrições quantitativas, impostos à importação e regulamentos aduaneiros mais rigorosos (OMC, 2018).

Todos os exportadores africanos podem beneficiar de quatro medidas fundamentais de facilitação do comércio: simplificar os procedimentos administrativos, melhorar os serviços de ligação, cumprir as normas de qualidade internacionais e melhorar a infraestrutura regional

Muitas limitações ao crescimento das exportações são comuns a todas as empresas, independentemente da dimensão ou dos mercados de destino. As empresas africanas podem beneficiar de medidas de facilitação do comércio para: i) simplificar os procedimentos administrativos; ii) melhorar os serviços de ligação; iii) ajudar a cumprir as normas internacionais; e iv) desenvolver infraestruturas físicas para reduzir os custos do comércio e o tempo de circulação de bens e serviços. Por esta razão, abordar as limitações "leves" e "pesadas" pode melhorar o ambiente comercial e o potencial de exportação das empresas africanas. A realização de investimento em infraestruturas e reformas administrativas também ofereceria ganhos rápidos e benefícios no longo prazo.

A diminuição dos custos do comércio em África permite às empresas e aos países tornarem-se mais competitivos em termos regionais e internacionais. Em África, as empresas suportam muitos custos comerciais na exportação dos seus produtos: para chegar à fronteira (como custos de transporte ou logística); atravessar a fronteira (como requisitos de documentação e de cumprimento aduaneiro, procedimentos administrativos morosos e outros atrasos) e mesmo para além da fronteira (como medidas regulamentares não tarifárias e impedimentos gerais à realização de negócios) (OCDE, 2018b). Melhorar a qualidade das infraestruturas de ligação, os quadros regulamentares e os serviços de logística pode ajudar as empresas africanas a aumentarem as suas exportações. A investigação mostra uma forte correlação entre a melhoria das infraestruturas e de facilitação do comércio nos países vizinhos e a melhoria da ligação das cadeias de valor internas (Shepherd, 2017). Por exemplo, a implementação do Acordo de Facilitação do Comércio da OMC reduziria os custos do comércio em mais de 16% de muitas economias africanas e em mais de 18% da África Subsariana, em média, o que resultaria nos maiores ganhos de qualquer região mundial (Figura 1.17) (OMC, 2015; OCDE, 2018b).

Figura 1.17. Ganhos com diferentes medidas de facilitação do comércio (% de redução dos custos do comércio), por região

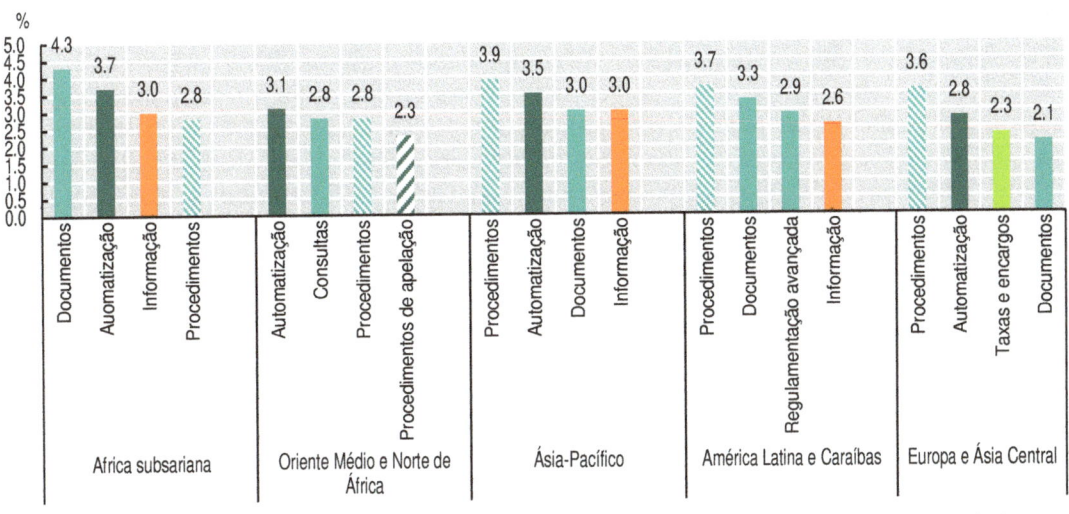

Nota: As estimativas baseiam-se num cenário de implementação plena do Acordo de Facilitação do Comércio da OMC.
Fonte: Cálculos dos autores, com base em dados da OCDE (2018c).
StatLink https://doi.org/10.1787/888933967017

As empresas africanas necessitam de procedimentos administrativos mais simples e de melhores serviços de ligação para aproveitar uma procura dinâmica

As políticas regionais podem alcançar alguns "ganhos rápidos" através da simplificação dos procedimentos administrativos e da promoção e racionalização dos serviços de logística. Para além das tarifas, são essenciais procedimentos aduaneiros e portuários rápidos e eficientes para o bom funcionamento das cadeias de abastecimento. Para competir a nível global, as empresas têm que manter inventários simples para dar uma resposta rápida à procura. Isto não é possível quando os bens e serviços intermédios sofrem atrasos imprevisíveis na fronteira. A harmonização dos procedimentos e regulamentos relativos ao transporte, a simplificação dos procedimentos aduaneiros e a melhoria dos serviços de frete e armazenamento podem reduzir os custos de transporte e favorecer mais as ligações entre países e o comércio (OCDE, 2018b). As ações incluem:

Tornar a administração aduaneira simples, imparcial e previsível

Em 2010, na sequência da fusão de três entidades para criar a Autoridade Aduaneira e Tributária da Etiópia, os volumes de comércio do país aumentaram em quase 200%, enquanto as receitas fiscais aumentaram mais de 51% face aos níveis de 2006 (OCDE/ OMC, 2011).

Um inquérito a empresas sul-africanas mostrou que casos de corrupção no porto de Maputo (Moçambique) levaram as empresas sul-africanas a optar por vias de transporte de importação mais longas através do porto de Durban para reduzir o risco de ter que pagar subornos (Sequeira e Djankov, 2014). Estas vias menos arriscadas provocaram custos operacionais superiores para as empresas e estrangulamentos ao longo das vias de transporte.

Com o advento do Programa de Desenvolvimento das Infraestruturas em África (PIDA), as comunidades económicas regionais identificaram 76 postos fronteiriços onde poderiam ser instalados sistemas de janelas únicas e implementaram o sistema em 10 postos até 2016. Os parceiros de desenvolvimento apoiaram a criação de postos fronteiriços com janelas únicas, que continuam a ser uma componente integrante do PIDA (Agência NEPAD/CUA/BAfD, 2018). Antes de 2009 não existiam postos fronteiriços com janelas únicas no continente (PIDA, n.d.). Os países-membros da CAO implementaram este sistema em 13 postos fronteiriços para simplificar os procedimentos de desembaraço aduaneiro do comércio regional. Oito países doadores asseguraram o financiamento e a assistência técnica bilateral ao Secretariado da CAO (OCDE/OMC, 2017). Desde novembro de 2018, a CAO operacionalizou plenamente e formou pessoal em todos os 13 postos fronteiriços, o que reduziu os tempos de trânsito e os custos (Secretariado da CAO, 2018).

Negociar e implementar acordos de trânsito regionais eficazes

Ao regulamentar o acesso a e a utilização de infraestruturas relacionadas com o comércio, estes acordos têm um impacto direto na facilitação do comércio intrarregional (ODI, 2016). A implementação do Território Aduaneiro Único da CAO reduziu significativamente os tempos de trânsito e os custos das mercadorias que entram na CAO a partir de Mombaça em cerca de 50% e 30%, respetivamente (NCTTCA, 2017). A CEDEAO dispõe de um regime de trânsito (trânsito rodoviário regional), que envolve o setor privado na sua governação.

Promover a concorrência nos serviços logísticos regionais

É importante integrar e desenvolver o setor logístico, em particular, usando soluções multimodais que incluam transporte aéreo e marítimo (ODI, 2016; Shepherd, 2017). A presença de empresas estrangeiras de logística pode ajudar a fomentar a disponibilidade, a qualidade e a eficiência dos serviços de transporte e de frete. As políticas para eliminar regulamentação discriminatória devem visar em especial a eliminação de barreiras de localização, como cabotagem e regras de países terceiros. No entanto, a liberalização do setor pode levar à perda de empregos e à manutenção de menos empresas no setor, representando novos desafios para os decisores políticos (Teravaninthorn e Raballand, 2009).

Os governos devem harmonizar e implementar os regulamentos regionais relativos aos serviços logísticos. A título de exemplo, é necessário acelerar os esforços no sentido de normalizar os limites de carga por eixo nos países da SADC e na África Ocidental com vista a assegurar um transporte de mercadorias transfronteiras mais eficiente, tempos de trânsito reduzidos e a menos danos nas infraestruturas das estradas e autoestradas (De Rochambeau, 2017; ODI, 2016). Promover a transparência e o reconhecimento mútuo das normas pode reduzir os custos para as empresas e o risco de aplicação arbitrária de barreiras não tarifárias.

África também necessita de fomentar os seus transportes aéreos reduzindo as taxas e os encargos e melhorando os regulamentos em matéria de segurança e de monitorização do cumprimento. Assegurar direitos aéreos a transportadores regionais (ou seja, promover a implementação dos objetivos do Mercado Único de Transportes Aéreos) mais do que distorcer os mercados apoiando os transportadores nacionais, deverá promover o crescimento do transporte aéreo. O transporte aéreo em África debate-se com elevadas barreiras à entrada, elevados custos operacionais, fortes concorrentes internacionais e mercados fragmentados, o que resulta em economias de escala limitadas:

- As companhias aéreas africanas transportam menos de 3% dos passageiros que viajam no continente e 80% do tráfego total é transportado por companhias aéreas não africanas (Proparco, 2016). A liberalização das rotas a apenas 12 países africanos permitiria aumentar o tráfego de passageiros em 81%, criando mais de 155 000 empregos e adicionando USD 1.3 mil milhões (0.1%) extra ao PIB anual do continente (InterVISTAS, 2014).

- Os prestadores de serviços aeroportuários e de navegação africanos são normalmente monopólios detidos pelo Estado e contribuem para custos operacionais superiores para as transportadoras aéreas de carga. Por exemplo, o custo de aterrar uma aeronave de 200 toneladas em Joanesburgo e Nairobi varia entre USD 2 500 e USD 1 500, respetivamente, enquanto que o custo no aeroporto de Heathrow em Londres é de USD 500 (Heinz e O'Connell, 2013).

- A observância das normas de segurança também representa desafios para a indústria. As companhias aéreas de 13 países africanos estão na lista negra da União Europeia devido à incapacidade de os países garantirem verificações de segurança (Proparco, 2016).

Cumprir as normas internacionais em matéria de qualidade ajudará no acesso aos mercados e adicionará valor às exportações existentes

O número de certificações como a ISO 9001 relativa a sistemas de gestão da qualidade e a ISO 14001 relativa à sustentabilidade ambiental mais do que duplicou em África desde 2000 (Figura 1.18). Todavia, existe ainda muita margem para melhorias uma vez que África representou apenas 1.2% de todas as certificações ISO em 2016 face a 35% nos países asiáticos em desenvolvimento. A Figura 1.18 mostra que, em 2015, a Malásia apresentou tantos pedidos de certificação ISO 9001 quanto todos os países africanos em conjunto. A percentagem de pedidos em África resulta do baixo número de empresas formais, assim como do reduzido nível de procura destas certificações por parte das empresas existentes. Cinco países – Egito, Quénia, Marrocos, África do Sul e Tunísia – representaram 80% das certificações ISO 9001 em África em 2016.

Figura 1.18. **Número de certificações ISO 9001 em África e na Malásia, 2000-16**

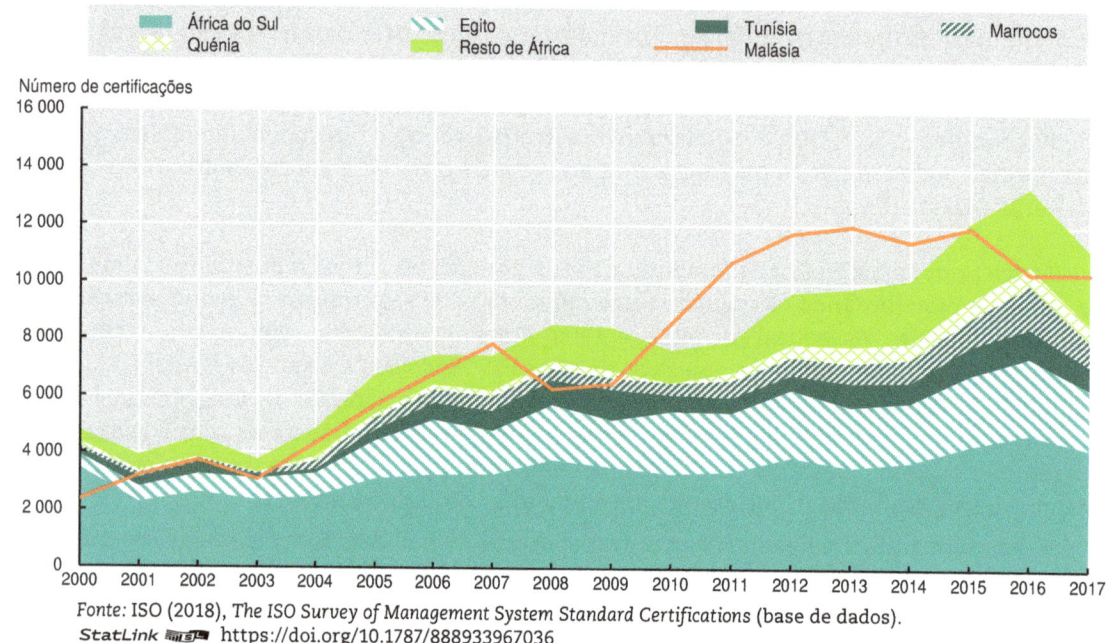

Fonte: ISO (2018), *The ISO Survey of Management System Standard Certifications* (base de dados).
StatLink ᵐˢᵖ https://doi.org/10.1787/888933967036

Os governos podem harmonizar as normas regionais e acelerar a implementação dos acordos de reconhecimento mútuo (MRA). Os MRA ajudam a reduzir ou a eliminar o custo de novos testes e nova certificação dos bens, serviços e trabalho, permitindo a entrada imediata nos mercados. Uma avaliação ao impacto dos MRA celebrados entre a Austrália e a Nova Zelândia constatou que os mesmos contribuíram para uma maior mobilidade de mão-de-obra transfronteiras e de comércio de bens (Comissão da Produtividade, 2009). Em África, o COMESA, a CAO, a CEDEAO e a SADC têm MRA implementados. Estes abrangem, sobretudo, disposições legais relativas à normalização, garantia de qualidade, metrologia e testes, mas em alguns casos também abrangem serviços, como qualificações profissionais. A implementação no continente está a avançar a um ritmo muito lento e num contexto de diversos desafios, entre os quais preocupações com a salvaguarda da soberania nacional, preocupações com a imigração, decorrentes da perceção de influxos elevados de cidadãos de países parceiros e, com frequência, com as taxas exorbitantes cobradas para a atribuição de autorizações de trabalho e de residência (Njeru, 2016).

Os decisores políticos africanos podem ainda promover o respeito pelas normas industriais e comerciais por parte das empresas locais através de uma implementação mais firme e de reformas dos sistemas de qualidade nacionais e regionais. Os governos podem ter de apoiar o desenvolvimento de instituições para a acreditação, ensaio e calibração em função da disponibilidade das capacidades existentes nestes domínios e das necessidades projetadas do sistema produtivo. Dividir as funções de regulamentação e verificação entre várias instituições pode reduzir os conflitos de interesse, uma vez que em muitos países os organismos de normalização emitem regulamentos desnecessários para beneficiar de lucrativas taxas de inspeção (Cadot et al., 2018).

Os governos podem também aumentar a consciencialização das empresas, em especial das PME, para as normas industriais e comerciais, assim como proporcionar serviços de formação e empresariais para orientar as empresas através do processo de certificação. Dependendo do setor, outras normas podem ser igualmente importantes como normas desenvolvidas por associações comerciais, consórcios de sindicatos, organizações não governamentais e associações empresariais.

A atribuição de donativos ou de empréstimos de baixo custo que permitam às empresas selecionar livremente os fornecedores foi considerado como sendo mais eficaz do que subsidiar fornecedores em geral (Guasch et al., 2007). O apoio financeiro não deve ser exclusivamente limitado aos custos de registo, uma vez que estes representam apenas uma pequena percentagem dos custos totais de certificação: a adoção e a manutenção da ISO 14001 pode custar entre USD 7 000 e USD 16 000 durante os três primeiros anos (Fikru, 2014). As PME requererão medidas adaptadas para promover a sua integração na cadeia de valor dependendo do setor, embora existam características comuns, como permitir a consolidação de infraestruturas, a formação de trabalhadores e a adoção de tecnologia.

Conseguir alcançar normas mundiais em matéria de qualidade, bem como definir e harmonizar as normas a nível regional pode ocorrer através de uma variedade de abordagens adaptadas ao contexto local (Caixa 1.10).

Caixa 1.10. Certificações internacionais e rótulos de qualidade para exportações tradicionais

Os decisores políticos necessitam das soluções mais apropriadas para a rotulagem e a certificação dos produtos. A abordagem à rotulagem pode basear-se na origem geográfica (a indicação geográfica) ou na origem comercial (a solução baseada na marca registada). Uma indicação geográfica (IG) pode ser uma opção viável para muitos produtos agrícolas. No entanto, a IG nem sempre é uma solução prática. A rotulagem da IG requer que o governo supervisione os produtores e distribuidores com vista a garantir que os produtos cumprem as normas ou um estilo específico ou são provenientes de uma região em particular.

O agrupamento de pequenos produtores em cooperativas com certificações internacionais pode reforçar a sua posição nas cadeias de fornecimento e de valor mundiais. Em 1995, a Kuapa Kokoo, uma cooperativa ganesa de agricultores de cacau tornou-se na primeira organização de pequenos agricultores de cacau certificada pela Fairtrade na África Ocidental. Os produtores receberam um preço garantido, protegendo-os da volatilidade dos preços do mercado. Graças a isso, as receitas da Kuapa Kokoo aumentaram USD 1.6 milhões entre 1993 e 2001. Das receitas adicionais, 25% foram recebidas diretamente pelos agricultores. O restante foi investido em comercialização e empresas de produção no Gana e em projetos comunitários, incluindo educação, saúde, água e moinhos para diversificar as fontes de rendimento (Page e Slater, 2003). Além disso, a Kuapa Kokoo obteve licenças do governo para participar no comércio interno de cacau, permitindo aos seus membros participarem na aquisição e no comercialização dos seus produtos. A cooperativa também assimilou fases adicionais da cadeia de valor através da aquisição de uma participação maioritária na Divine Chocolate Company no Reino Unido, que comercializa produtos de chocolate fabricados a partir de cacau produzido pelos agricultores da cooperativa. Desde a sua criação, a cooperativa passou de 2 000 agricultores em 1993 para mais de 100 000 em 2015. A produção anual de cacau também aumentou de 19 139 toneladas em 2000 para 48 283 toneladas em 2013.

Por si só, as marcas registadas podem não representar uma mais-valia para as produções locais sendo necessário que toda a cadeia de valor adote as normas requeridas. Em 2004, o governo etíope lançou a Iniciativa de Licenciamento e de Marca do Café Etíope para diferenciar o café etíope no mercado usando uma série de direitos de propriedade intelectual, como marcas registadas. A iniciativa aumentou com sucesso os preços das exportações do café com marca registada. No entanto, o desfasamento de rendimento entre agricultores e retalhistas continua a ser grande, na medida em que apenas 5-10%

Caixa 1.10. **Certificações internacionais e rótulos de qualidade para exportações tradicionais** *(cont.)*

do preço no retalho no mercado internacional regressa à Etiópia (Gelaw, 2018; OMPI, 2010). A entrada do café na Ethiopian Commodity Exchange (ECX) em 2010 desgastou a reputação da marca registada. A ECX interrompeu a rastreabilidade ao longo da cadeia de valor ao armazenar café com o mesmo rótulo geográfico, independentemente de diferenças na categoria e na origem específica da produção. Em consequência deste modelo de comercialização do café, os agricultores de café perderam 26% dos seus potenciais rendimentos (Leung, 2014).

A criação de marcas pode ajudar a inovar e a diversificar a base de consumidores em setores de exportação estratégicos. O setor do turismo do Ruanda é um dos mais dinâmicos do continente. Apoiando-se na reputação do país relativamente ao turismo, como um destino seguro (Nielsen e Spenceley, 2011), o Ruanda tentou diversificar os fluxos e destinos turísticos. O Projeto de Governação para a Concorrência do Banco Mundial-Sociedade Financeira Internacional (G4C) apoiou o governo do Ruanda nos seus esforços para promover o país como uma localização para eventos empresariais regionais e internacionais. Por conseguinte, o Ruanda registou um crescimento significativo do turismo empresarial ou de negócios (reuniões, incentivos, congressos e exposições) (MICE, meetings, incentives, conferences and events). Os visitantes de congressos aumentaram de 19 085 em 2014 para 35 100 no primeiro semestre de 2016. O modelo de promoção do turismo MICE do Ruanda baseia-se no envolvimento e na propriedade do setor privado e no acompanhamento e avaliação pormenorizados dos fluxos turísticos (Banco Mundial, 2016).

Melhorar as infraestruturas de interligação regional, em particular, rodoviária e portuária, para fomentar o desempenho do comércio e o crescimento económico.

A melhoria dos serviços de ligação só pode avançar até ao ponto em que os estrangulamentos associados às infraestruturas sejam eliminados. Por exemplo, a má qualidade das infraestruturas de transporte em África representa 40% dos custos logísticos nos países costeiros e 60% nos países sem litoral (Programa das Nações Unidas para os Estabelecimentos Humanos, 2014). A adoção de uma abordagem regional à reforma das infraestruturas ajudaria a ultrapassar as ineficiências que surgem quando as barreiras formais ao comércio são eliminadas (por ex., tarifas e procedimentos administrativos) (BAfD, 2019).

Melhorar as condições rodoviárias em África reduziria o tempo de trânsito e os custos, permitindo às empresas comercializar de forma mais eficiente no continente, beneficiando, em particular, as regiões e os países sem litoral. Atualmente, África apresenta a menor densidade de rede rodoviária e ferroviária, bem como os maiores custos de manutenção de todas as regiões do mundo (BAfD, 2018). O custo do transporte ferroviário de mercadorias na África Subsariana é, em média, 200% superior ao do Sudeste Asiático e 150% superior ao da América Latina e Caraíbas (Mwase, 2003). Por exemplo, as mercadorias entre Lagos (Nigéria) e Acra (Gana) são frequentemente transportadas por mar, apesar de as duas cidades se situarem a menos de 500 quilómetros de distância (OCDE, 2018c). A melhoria e a manutenção da rede rodoviária que liga 83 das principais cidades subsarianas poderia potencialmente aumentar os volumes de comércio terrestre em USD 250 mil milhões em 15 anos, quase 8 vezes mais do que o custo total da intervenção (Buys, Deichmann e Wheeler, 2006). A simples melhoria das estradas existentes na África Central e Ocidental reduziria os custos de transporte em 5% (Teravaninthorn e Raballand, 2009). Na CAO, o aumento em 10% dos investimentos na infraestrutura rodoviária pode aumentar as exportações de produtos transformados em quase 37% (Shinyekwa e Ntale, 2017). Na África Central, o projeto rodoviário e ferroviário Kinshasa-Brazzaville planeado poderia atenuar os estrangulamentos logísticos no rio Congo e transportar, potencialmente, 3 milhões de passageiros e 2 milhões de toneladas de mercadorias por ano até 2025 (Agência NEPAD/CUA/BAfD, 2018).

Adaptar a infraestrutura portuária para dar resposta às necessidades dos transportes marítimos internacionais pode fomentar as exportações das empresas e a competitividade dos países. Os portos desempenham um papel central no comércio de África – mais de 80% do comércio internacional de África passa por um porto (Seka Aba, 2017). Contudo, os portos de África representam 4% do volume de comércio mundial de contentores e enfrentam os condicionalismos provocados por zonas interiores subdesenvolvidas (Ashiagbor et al., 2018). O transporte marítimo em África caracteriza-se por uma capacidade subutilizada de navios, portos pequenos e congestionados e uma governação inadequada. Por exemplo, em 2016, o porto de Lomé (Togo) tornou-se no porto com o melhor desempenho na África Ocidental (a região com o maior crescimento em termos de volume de comércio de contentores), enquanto o porto de Lagos (Nigéria) perdeu 30% do seu tráfego de contentores em 5 anos devido aos custos elevados e ao congestionamento (CNUCED, 2018; Dynamar, 2018). A infraestrutura portuária tem também de ser tornar mais ecológica.

As intervenções dos governos para promover os transportes marítimos devem seguir uma abordagem dupla. Por um lado, África necessita de desenvolver a sua infraestrutura portuária. Por outro, a reforma dos modelos de governação é fundamental para encorajar a concorrência entre operadores portuários e encorajar a participação do setor privado.

Os governos devem promover a avaliação de projetos de desenvolvimento portuário face a uma série de indicadores ou normas internacionais (como as elaboradas por Schipper, Vreugdenhil e de Jong, 2017) no sentido de otimizar a integração dos benefícios económicos, ambientais e sociais dos portos. Melhorar a ligação entre os portos e as regiões interiores, assim como implementar soluções tecnológicas para reduzir as ineficiências fomentará o desempenho dos portos africanos (CNUCED, 2018). Todavia, a expansão dos portos que acompanham um mercado em crescimento pode afetar significativamente os ecossistemas naturais e resultar na degradação ambiental (Gimenez, Sierra e Rodon, 2012). Adotar uma abordagem "verde" poderia contribuir para simplificar os desenvolvimentos dos portos e aumentar a probabilidade de envolvimento da sociedade civil.

A infraestrutura portuária tem de se adaptar à maior dimensão dos navios, o que significa receber e processar um maior número de contentores, assim como construir portos de águas profundas. Por exemplo, mais de uma dúzia de pontos de saída da África Ocidental podem ou poderão aceitar navios de dimensões superiores a 10 000 TEU (twenty-foot equivalent unit, equivalente vinte pés). A Nigéria está atrasada, aceitando navios com um máximo de 4 600 TEU (Dynamar, 2018).

As companhias de navegação estrangeiras estão cada vez mais integradas verticalmente e são dominantes na indústria. No entanto, existe margem para políticas nacionais e regionais para incentivar e apoiar os investidores privados locais, como no caso do projeto apoiado pelo BAfD/CEDEAO de estabelecer uma companhia de navegação pan-africana (Tourret e Valero, 2017). Adicionalmente, a modernização dos quadros regulamentares que regem as operações portuárias (incluindo o arrendamento de terras) poderá incentivar muito o investimento privado e a gestão dos portos que são, por vezes, geridos como monopólios (Seka Aba, 2017; Meyer, 2017).

O fomento do comércio intra-africano exige a remoção das barreiras não tarifárias sobre os movimentos transfronteiriços de bens, serviços, capital e pessoas

A eliminação das barreiras não tarifárias ao comércio intra-africano pode reduzir as incertezas dos exportadores, fomentando o comércio e multiplicando os ganhos. Uma percentagem significativa dos custos de comércio enfrentados pelas empresas em África depende das barreiras não tarifárias. As projeções para todo o continente mostram que a diminuição parcial das barreiras não tarifárias em conjunto com a liberalização das tarifas decorrentes da Zona de Comércio Livre Continental Africana (ZCLCA) pode triplicar os efeitos positivos no PIB, aumentando os fluxos comerciais e melhorando os termos de troca (Tabela 1.8) (Afreximbank, 2018). Melhorar a logística do comércio, como os serviços aduaneiros, e colmatar as deficiências em infraestruturas podem ser até quatro vezes mais eficazes no fomento do comércio do que a redução das tarifas aduaneiras (FMI, 2019b). A experiência dos países da União Económica e Monetária da África Ocidental sugere que perante barreiras não tarifárias significativas e infraestruturas de transporte deficientes em eixos principais (Maur e Shepherd, 2015), mesmo uma moeda comum pode fazer relativamente pouco para reduzir os custos do comércio (Banco Mundial, 2012).

Tabela 1.8. Ganhos da ZCLCA com ou sem eliminação das barreiras não tarifárias

Cenários de política	Bem-estar (USD milhões)	PIB (%)	Serviços residenciais per capita (%)	Volume de exportações (%)	Volume de importações (%)	Termos de troca (%)
1. Eliminação apenas das tarifas agrícolas	751.29	0.12	0.16	0.79	0.86	0.14
2. Eliminação de todas as tarifas	3 589.06	0.65	0.41	2.94	3.13	0.39
3. Eliminação de todas as tarifas e redução das barreiras não tarifárias	10 445.70	1.90	1.20	3.79	4.90	0.89
4. Eliminação de todas as tarifas e eliminação das barreiras não tarifárias	17 956.90	3.15	1.94	5.23	6.59	1.35

Nota: A redução das barreiras não tarifárias tem como modelo uma melhoria de 5% das condições comerciais no cenário de política 3 e uma melhoria de 10% das condições comerciais no cenário de política 4.
Fonte: Afreximbank (2018).

A melhoria da qualidade das infraestruturas de ligação no interior e dos serviços de logística ajudará as PME africanas a ganharem competitividade nos mercados regionais. Na Nigéria, o transporte é o obstáculo mais importante à produtividade total dos fatores e ao crescimento da produtividade nas empresas em meios rurais no setor da indústria transformadora. Os elevados custos do transporte interior dificultam uma operação eficiente das empresas a partir de cidades do interior. Para além dos estados de Kano e Kaduna, as cidades a norte possuem uma produtividade total dos fatores de aproximadamente um quarto da de Lagos e um terço da dos estados do sul. Embora a produtividade das empresas em Lagos seja semelhante à de Addis Abeba, Abidjan ou Acra, as cidades no norte da Nigéria estão atrasadas (Buba et al., 2016).

A liberalização dos movimentos transfronteiriços dos africanos pode impulsionar a atividade económica. A promoção do turismo pode fomentar a transformação produtiva, em particular nos Pequenos Estados Insulares em Desenvolvimento (PEID). Nas Seicheles, as viagens sem visto impulsionaram as visitas de turistas em 7% ao ano em 2009-14, ajudando o país a alcançar o estado de país de elevado rendimento. Na CAO, a livre circulação de pessoas aumentou as deslocações africanas para o Ruanda em 22% e provocou o crescimento do seu comércio bilateral com o Uganda e o Quénia em 50% (BAfD/UA, 2016).

A integração dos sistemas de pagamentos transfronteiriços pode promover a inovação e a concorrência no setor financeiro, reduzindo os custos para as empresas comerciais. Integrar os sistemas de pagamentos e os mercados financeiros pode envolver uma série de benefícios. Para as empresas, pode minimizar os custos de transação e aumentar a previsibilidade dos negócios. Para os governos, pode reduzir os fluxos financeiros ilícitos e ajudar a alcançar os objetivos do Tratado de Abuja de integração financeira plena. Já estão em curso diversos progressos nestas áreas. O volume de pagamentos transfronteiras processados pelo sistema financeiro em África aumentaram de 10.2% em 2013 para 12.3% em 2017 (SWIFT, 2018).

- A utilização de moedas locais aumentou nas regiões com uma integração regional forte. O franco da África Ocidental (XOF) aumentou para os pagamentos comerciais intra-africanos (isto é, entre os bancos do continete) de 4.4% em 2013 para 7.3% em 2017. A utilização do rand da África do Sul (ZAR), a moeda de liquidação do Sistema de Liquidação Eletrónica Regional Integrado da SADC, também aumentou de 6.3% para 7.2% ao longo do mesmo período (SWIFT, 2018). O Sistema de Pagamentos da África Oriental, lançado em 2013, introduziu o câmbio direto de moeda, eliminando a necessidade de conversão para moedas de países terceiros (por ex. USD).

- As iniciativas de harmonização regional como o Sistema de Pagamentos e de Liquidação Regional (REPSS, Regional Payment and Settlement System) do COMESA podem fomentar o comércio intrarregional e bancário em África reduzindo os custos de transação. O REPSS liquida transações em moedas internacionais (por ex. USD e EUR) e reduz os custos das empresas comerciais eliminando a necessidade de cartas de crédito graças a um sistema de garantias do banco central. A implementação do Sistema de Liquidação e Pagamentos Pan-Africanos da Comissão da UA-Afreximbank pode harmonizar ainda mais as operações e reduzir os custos para as empresas e as instituições financeiras (CUA, 2019).

O investimento em infraestruturas transfronteiriças, multimodais e holísticas pode impulsionar o comércio e a integração regionais. O comércio em países parceiros realiza-se com frequência através de corredores centrais que atravessam fronteiras e envolvem inúmeros modos de transporte (OCDE/OMC, 2015). Os decisores de política podem centrar-se em corredores regionais dinâmicos para reduzir os custos comerciais e atrair o investimento (BAfD/OCDE/PNUD, 2015). O desenvolvimento de corredores pode incluir investimentos na melhoriadas infraestruturas portuárias, como no caso do Corredor LAPSSET, que liga o projeto do porto de águas profundas de Lamu no Quénia à Etiópia. Podem também ligar regiões interiores aos principais portos regionais, como o Corredor de Desenvolvimento de Maputo, que liga a província de Gauteng na África do Sul ao porto de águas profundas em Maputo. As ferramentas de planeamento estratégico e uma cooperação estreita entre países são essenciais para este processo, como é o caso do Corredor Walvis Bay, que liga cinco países da SADC ao porto de Walvis Bay na Namíbia. Os governos da Namíbia e da África do Sul criaram, em conjunto, o corredor rodoviário, ferroviário e marítimo com um grupo de governação dedicado, decidiram expandir o projeto na sequência dos contributos do projeto para a facilitação do comércio ao longo da via (Mulenga, 2013). Os corredores multimodais podem desempenhar um papel importante no desenvolvimento territorial ao melhorar a interligação das áreas rurais. Somente um terço da população do continente vive a dois quilómetros de uma estrada apta para todas as estações (Ashiagbor et al., 2018).

Anexo 1.A1. Duas empresas campeãs na transformação produtiva de África

Caso de empresa 1: OCP em Marrocos – impactos de uma transformação bem-sucedida

A indústria de fosfatos tem vindo a desempenhar um papel crescente no processo de mudança estrutural de Marrocos, tanto pelos impactos financeiros como pelos crescentes efeitos positivos no tecido económico e social do país. Marrocos é um produtor líder de fosfatos com uma produção de 32 milhões de toneladas em 2016 e o exportador líder com 37% do mercado mundial de fosfatos em bruto, 47% de ácido fosfórico e 22% de fertilizantes. O país dispõe de 70% das reservas mundiais conhecidas (BAfD/OCDE, 2013). A empresa de fosfatos (*Office chérifien du phosphate*, OCP) emprega diretamente mais de 20 000 pessoas e representa cerca de 10% das receitas fiscais públicas, gerando igualmente atividades a montante e a jusante do setor graças a uma estratégia estruturada. Até 2020, o processo será alimentado por uma série de parques fotovoltaicos e eólicos capazes de produzir 4 000 MW, como parte de um plano para desenvolver energias alternativas. Está planeada uma instituição especializada para formar os 5 300 engenheiros, 17 900 técnicos e 23 900 trabalhadores necessários para este desenvolvimento.

A contribuição financeira dos fosfatos aumentou significativamente nos últimos anos, tendo representado 19.35% das exportações do país em 2017 face a 16.2% em 2000, e mais de 48 mil milhões de dirhams marroquinos (MAD) em receitas em moeda estrangeira.

Uma estratégia clara de diversificação de mercado, expansão continental e melhoria do posicionamento da cadeia de valor

A estratégia comercial e industrial seguida pela OCP desde 2006 foi reforçada pela presença do país no mercado de grandes países emergentes (a percentagem das exportações de fertilizantes de Marrocos para o Brasil e a Índia passou de 22% em 2000 para quase 52% em 2011). Na sequência da criação do *Africa Fertilizer Complex* em 2016, a OCP lançou o OCP AFRICA dedicado especificamente ao desenvolvimento de atividades do grupo em todo o continente. O grupo já dispõe de 14 subsidiárias em África (localizadas em Angola, Benim, Camarões, República Democrática do Congo, Côte d'Ivoire, Etiópia, Gana, Quénia, Moçambique, Nigéria, Senegal, Tanzânia, Zâmbia e Zimbabué). Por conseguinte, o grupo alcançou um volume de negócios de MAD 48.5 mil milhões em 2017, dos quais 27% na África Oriental, seguidos pela Europa (22%), América do Norte (16%), América Latina (16%), Índia (9%) e o Médio Oriente (6%). A empresa planeia expandir os seus mercados em África através de *joint ventures*, investimentos em participações e diretos (DEPF, 2019).

Desde 2010 que a OCP tem vindo também a reforçar a sua posição em toda a cadeia de valor dos fosfatos, desde a extração às atividades de transformação industrial. Consequentemente, o valor acrescentado do setor aumentou 41.3% em 2011, por comparação com 2010. O grupo está a procurar melhorar a produtividade, diminuir a sua dependência de poços artesanos e reduzir os custos de exploração. Para o efeito, está a desenvolver novas técnicas de extração, novos métodos de fabrico de fertilizantes, um procedimento de dessalinização da água do mar e o transporte por conduta. A estratégia é duplicar a produção mineira e triplicar a produção de fertilizantes até 2020. Para isso, a OCP planeia um grande programa de investimento de cerca de MAD 115 mil milhões para abrir três novas minas e quatro novas estações de lavagem. O conselho de administração do grupo lançou recentemente a segunda fase deste programa de investimento para o período 2018-28, que requer a mobilização de MAD 100 mil milhões (MAD 10 mil milhões por ano).

Embora o potencial de criação de emprego nas minas permaneça limitado, a OCP desempenha um papel cada vez maior no reforço da produtividade agrícola e na indústria química, assim como na integração das empresas marroquinas nas suas atividades a montante e no desenvolvimento de competências locais. A OCP coloca os seus principais projetos de investimento a concurso internacional, oferecendo possibilidades aos empresários locais em contratos de construção, subcontratação e engenharia industrial. Entre 2009 e 2015, MAD 10 mil milhões foram reservados para pequenas e médias empresas, incluindo empresas industriais, como parte do plano de investimento do grupo. As empresas estrangeiras que integram negócios marroquinos receberam um tratamento preferencial no processo de licitação.

- Com o *Plan Maroc Vert*, a OCP está a divulgar os testes de fertilidade do solo entre agricultores, de modo a que os fertilizantes possam ser utilizados de forma rigorosa e eficaz. Em 2010, o grupo também lançou o Fundo de Inovação OCP para a Agricultura, com um orçamento de MAD 200 milhões com vista a fomentar a inovação e a atividade de empreendedorismo local na agricultura e na agroindústria. Em 2017, seis empresas tinham já usufruído do fundo de investimento, o que resultou na criação de 400 novos empregos diretos. Estes investimentos também geraram 2 100 empregos indiretos, incluindo mais de 1 800 empregos para agricultores. Estes projetos centraram-se na valorização e no marketing de produtos orientados para uma agricultura inovadora, inclusiva e sustentável. Por exemplo, o fundo permitiu à Safilait processar e comercializar laticínios fornecidos por uma cooperativa de 1500 pequenos agricultores da região de Fkih Ben Salah.

- A OCP está também a participar no plano estratégico nacional para as indústrias química e paraquímica, cujo objetivo é triplicar o volume de negócios e duplicar o número de empregos no setor até 2020.

- Quando a empresa criou o programa *OCP Skills*, começou a atribuir bolsas mensais de MAD 1 200 e MAD 2 000 e pagou todos os custos de universidade dos beneficiários para assegurar o sucesso do programa. O grupo também apoiou projetos de criação de emprego através de assistência financeira e técnica com a ajuda de instituições financeiras e organizações de apoio à criação de empresas. Os projetos selecionados ao abrigo desta componente receberam um subsídio de MAD 20 000 cada um. Em menos de um ano, a OCP conseguiu oferecer bolsas mensais a 10 700 jovens em 285 setores em 65 cidades. O projeto resultou no recrutamento pela OCP de 5 800 jovens e no apoio a 52 projetos associativos e de empreendedorismo.

Caso de empresa 2: O MeTL Group – um conglomerado industrial a operar na África Oriental

O MeTL Group (Mohammed Enterprises Tanzania Limited) é uma empresa que emprega 24 000 pessoas e é o maior empregador privado da Tanzânia. As suas receitas ascendem a USD 1.3 mil milhões, contribuindo para 3.5% do PIB da Tanzânia. A empresa dispõe de um plano quinquenal para chegar aos USD 5 mil milhões. A METL é diversificada e as suas atividades incluem a moagem de grãos, arroz, a refinação de óleos alimentares, explorações de sisal, plantações de chá, campos de castanha de caju, logística e armazenamento, serviços financeiros, distribuição, imobiliário, transportes e logística, energia e petróleo. A partir de uma capacidade inicial de 60 toneladas, que cresceu depois para 600 toneladas (Nsehe, 2018), a MeTL refina atualmente 2250 toneladas de óleos alimentares por ano, na sequência de uma aquisição que expandiu a sua capacidade em 2013. Na área dos têxteis, a MeTL é a maior entidade da África Subsariana a operar em toda a cadeia de valor do descaroçamento à fiação, tecelagem, malhas, processamento e estampagem. Dos 24 000 empregos criados pelo grupo, 8 000 são no setor têxtil. O grupo também exporta 50 das suas marcas, tirando partido do facto da Tanzânia fazer fronteira com oito países, alavancando assim a sua posição de "país ligado por terra". A MeTL está agora presente em 11 países africanos e é, seguramente, a maior empresa privada na África Oriental e Central.

A passagem da empresa do comércio para a transformação industrial ocorreu em 1998, tendo depois criado várias empresas nos agronegócios e indústrias transformadoras. Algumas destas são novas iniciativas de raiz: refinação de óleo de palma, sabonetes e velas, e processamento de castanha de caju (Sutton e Olomi, 2010). Outras envolveram a aquisição de uma empresa já existente em dificuldades financeiras: um processador de sisal, uma refinaria de açúcar, uma fábrica de farinha de trigo e um fabricante de bicicletas foram todos adquiridos durante este período.

A empresa foi fundada nos anos de 1970 por Gulam Dewji numa época em que o ambiente de negócios era difícil, mesmo em áreas como o comércio que não eram diretamente afetadas pelas nacionalizações que se verificaram nesse período. A emigração de muitos empresários criou um "vazio" (nas palavras do próprio Gulam Dewji) onde uma nova geração de jovens, como ele próprio, conseguiu encontrar um nicho de oportunidade. Criou uma operação de transporte rodoviário com um camião, transportando produtos de uma cidade para outra e, posteriormente, passou para a venda de roupa em segunda mão.

Atualmente, embora o grupo seja um conglomerado diversificado e esteja envolvido em atividades aparentemente díspares, existe uma forte ligação entre as diversas áreas. Conversando com Mohammed Dewji, o diretor-executivo do MeTL Group, torna-se claro que o elo de ligação entre as empresas está na facilitação dos quadros de política da Comunidade da África Oriental (CAO), mais especificamente:

- Na harmonização das tarifas externas em todos os países da CAO.
- Na harmonização dos sistemas de tarifas internas dentro dos próprios países da CAO.
- Na harmonização das regras de origem.

Notas

1. https://www.acbf-pact.org/media/news/africa-capacity-report-2019.
2. Uma inovação de produto é um bem ou serviço novo ou melhorado que difere significativamente dos bens e serviços anteriores da empresa e que foi introduzido no mercado.
3. Uma inovação de processo de negócios é um processo de negócios novo ou melhorado para uma ou mais funções empresariais que diverge significativamente dos processos empresariais anteriores da empresa e que foi implementado pela empresa.
4. A Declaração de Malabo sobre o Crescimento Acelerado da Produção e da Transformação Agrícolas para uma Prosperidade Partilhada e o Reforço dos Meios de Subsistência continua a encarar o CAADP como o principal veículo para a implementação dos seus compromissos. Reafirma o compromisso de alocar 10% dos orçamentos públicos à agricultura e especifica também claramente uma série de compromissos relativos à agricultura, como uma maior irrigação e mecanização ou a redução das perdas pós-colheita. Para uma perspetiva geral sobre os compromissos, consultar https://www.nepad.org/file-download/download/public/15918.
5. Este indicador é calculado usando um índice de Theil: quanto menor o valor, menos concentradas são as exportações. Em 2010, a Itália e os Países Baixos eram os exportadores mais diversificados, ambos com um índice de 1.4, ao passo que o Irão era o menos com um valor de 6.4. Para pormenores metodológicos, consultar https://www.imf.org/external/datamapper/Technical%20Appendix%20for%20Export%20Diversification%20database.pdf.

Bibliografia

ACBF (2019), *The Africa Capacity Report 2019*, African Capacity Building Foundation, https://elibrary. acbfpact.org/acbf/collect/acbf/index/assoc/HASH01e2/dd4b8476/1ef025af/0542.dir/ACR19%20 English.pdf.

Afreximbank (2018), *African Trade Report 2018*, African Export-Import Bank, Cairo, https://s3-euwest-1.amazonaws.com/demo2.opus.ee/afrexim/African-Trade-Report-2018.pdf.

Afrika, J. e G. Ajumbo (2012), "Informal cross border trade in Africa: Implications and policy recommendations", *Africa Economic Brief Volume 3*, No. 10, African Development Bank, https://www. sdgfund.org/informal-cross-border-trade-africa-implications-and-policyrecommendations.

Aghion, P. e P. Howitt (2006), "Appropriate growth policy: A unifying framework", *Journal of the European Economic Association*, Vol. 4/2-3, pp. 269-314, https://doi.org/10.1162/jeea.2006.4.2-3.269.

Aker, J., C. Ksoll e T. Lybbert (2011), "Can mobile phones improve learning? Evidence from a field experiment in Niger", https://pdfs.semanticscholar.org/b0fe/1cad02013842b9e07b43211482842 20dd549.pdf.

Alderson, A. S. e J. Beckfield (2004), "Power and position in the world city system", *American Journal of Sociology*, Vol. 109, No. 4, pp. 811-851, http://dx.doi.org/10.1086/378930.

Allen, T., P. Heinrigs e I. Heo (2018), "Agriculture, food and jobs in West Africa", *West African Papers*, No. 14, Publicações OCDE, Paris, https://dx.doi.org/10.1787/dc152bc0-en.

Alova, G. (2018), "Integrating renewables in mining: Review of business models and policy implications", *OECD Development Policy Papers*, No. 14, Publicações OCDE, Paris, https://doi. org/10.1787/5bbcdeac-en.

Altenburg, T. e W. Lütkenhorst (2015), *Industrial Policy in Developing Countries Failing Markets, Weak States*, Edward Elgar Publishing, Cheltenham, http://dx.doi.org/10.4337/9781781000267.

Altenburg, T. e E. Melia (2014), "Kick-starting industrial transformation in sub-Saharan Africa", in *Transforming Economies: Making Industrial Policy Work for Growth, Jobs and Development*, https:// www.researchgate.net/publication/297732020.

Andrews, D., C. Criscuolo e P. Gal (2016), "The best versus the rest: The global productivity slowdown – Divergence across firms and the role of public policy", *OECD Productivity Working Papers*, No. 5, Publicações OCDE, Paris, https://doi.org/10.1787/63629cc9-en.

Ashiagbor, D. (2018), "Theorizing the relationship between social law and markets in regional integration projects", https://doi.org/10.1177%2F0964663918754373.

Ashiagbor, D. et al. (2018), "Financing infrastructure in Africa", in *Banking in Africa: Delivering on Financial Inclusion, Supporting Financial Stability*, European Investment Bank, www.eib.org/ attachments/efs/economic_report_banking_africa_2018_en.pdf.

ATAF (2018), *African Tax Outlook 2018*, The African Tax Administration Forum, Pretoria, South Africa, https://ataftaxevents.org/index.php?page=documents&func=view&document_id=17#.

Atkin, D., A. Khandelwal e A. Osman (2017), "Exporting and firm performance: Evidence from a randomized experiment", *Quarterly Journal of Economics*, Vol. 132/2, pp. 551-615, http://dx.doi. org/10.1093/qje/qjx002.

Ayyagari, M., A. Demirguc-Kunt e V. Maksimovic (2014), "Who creates jobs in developing countries?", *Small Business Economics*, Vol. 43/1, pp. 75-99, http://dx.doi.org/10.1007/s11187-014-9549-5.

BAfD (2019), *African Economic Outlook 2019*, African Development Bank, Abidjan, www.afdb.org/ fileadmin/uploads/afdb/Documents/Publications/2019AEO/AEO_2019-EN.pdf.

BAfD (2018), *Africa Economic Outlook 2018*, African Development Bank, https://www.afdb.org/ fileadmin/uploads/afdb/Documents/Publications/African_Economic_Outlook_2018_-_EN.pdf.

BAfD (2013), *Guidebook on African Commodity and Derivatives Exchanges*, African Development Bank, www.afdb.org/fileadmin/uploads/afdb/Documents/Publications/Guidebook_on_African_ Commodity_and_Derivatives_Exchanges.pdf.

BAfD/AU (2016), *Africa Visa Openness Report 2016*, African Development Bank Group/African Union, www.visaopenness.org/fileadmin/uploads/afdb/Documents/Africa_Visa_Openness_ Report_2016.pdf.

BAfD/OCDE/PNUD (2017), *African Economic Outlook 2017: Entrepreneurship and Industrialisation*, Publicações OCDE, Paris, https://dx.doi.org/10.1787/aeo-2017-en.

BAfD/OCDE/PNUD (2016), "Sustainable cities and structural transformation", in *African Economic Outlook 2016: Sustainable Cities and Structural Transformation*, Publicações OCDE, Paris, https:// dx.doi.org/10.1787/aeo-2016-en.

BAfD/OCDE/PNUD (2015), *African Economic Outlook 2015: Regional Development and Spatial Inclusion*, Publicações OCDE, Paris, https://dx.doi.org/10.1787/aeo-2015-en.

BAfD/OCDE/PNUD (2014), *African Economic Outlook 2014: Global Value Chains and Africa's Industrialisation*, Publicações OCDE, Paris, https://dx.doi.org/10.1787/aeo-2014-en.

BAfD/OCDE (2013), "Morocco", in *African Economic Outlook 2013: Structural Transformation and Natural Resources*, Publicações OCDE, Paris, https://doi.org/10.1787/aeo-2013-42-en.

Balassa, B. (1965), "Trade Liberalisation and 'Revealed' Comparative Advantage", *The Manchester School*, Vol. 33/2, pp. 99-123, http://dx.doi.org/99-123.

Baldwin, R. (2011), "Trade And Industrialisation After Globalisation's 2nd Unbundling: How Building And Joining A Supply Chain Are Different And Why It Matters", NBER Working Paper No. 17716, National Bureau of Economic Research, Cambridge, http://dx.doi.org/10.3386/w17716.

Baldwin, R. (1990), "Hysteresis in trade", *Empirical Economics*, Vol. 15/2, https://doi.org/10.1007/BF01973449.

Bamber, P. et al. (2014), "Connecting local producers in developing countries to regional and global value chains: Update", *OECD Trade Policy Papers*, No. 160, Publicações OCDE, Paris, https://dx.doi.org/10.1787/5jzb95f1885l-en.

Banco Mundial/LinkedIn Corporation (2019), *World Bank Group – LinkedIn Digital Data for Development, Jobs, Skills and Migration Trends* (base de dados), https://datacatalog.worldbank.org/dataset/world-bankgroup-linkedin-dashboard-dataset (acesso em Fevereiro de 2019).

Banco Mundial (2019a), *World Development Indicators* (base de dados), http://datatopics.worldbank.org/worlddevelopmentindicators/ (acesso em Maio de 2019).

Banco Mundial (2019b), *World Bank Enterprise Surveys* (base de dados), www.enterprisesurveys.org (acesso em Fevereiro 2019).

Banco Mundial (2019c), *Exporter Dynamics Database*, http://microdata.worldbank.org/index.php/catalog/2545/study-description (acesso em 25 fevereiro de 2019).

Banco Mundial (2019d), *Profiting from Parity: Unlocking the Potential of Women's Businesses in Africa*, World Bank, Washington, DC, https://openknowledge.worldbank.org/handle/10986/31421.

Banco Mundial (2018a), *Bangladesh Policy Notes: The Rise of Special Economic Zones in Bangladesh*, World Bank, Washington DC, https://openknowledge.worldbank.org/handle/10986/30555.

Banco Mundial (2018b), *Doing Business 2019: Trading Across Borders*, World Bank, Washington DC, http://www.doingbusiness.org/en/data/exploretopics/trading-across-borders.

Banco Mundial (2017a), *Global Investment Competitiveness Report 2017/2018: Foreign Investor Perspectives and Policy Implications*, World Bank Group, Washington, DC, https://openknowledge.worldbank.org/bitstream/handle/10986/28493/9781464811753.pdf.

Banco Mundial (2017b), *Tech Start-up Ecosystem in Dar es Salaam: Findings and Recommendations*, World Bank, Washington, DC, https://openknowledge.worldbank.org/handle/10986/28113.

Banco Mundial (2016), *Implementation Completion and Results Report on a Credit in the Amount of SDR 3.3 Million to the Republic of Rwanda for a Governance for Competitiveness Technical Assistance Project*, Report No. ICR00003782, World Bank, Washington, DC, http://documents.worldbank.org/curated/en/106491478270163243/pdf/Rwanda-ICR-Final-P127105-11012016.pdf.

Banco Mundial (2012), *Reshaping Economic Geography of East Africa: From Regional to Global Integration*, World Bank, https://openknowledge.worldbank.org/handle/10986/11930.

BBC (2010), "Ethiopia Commodity Exchange hopes to improve food security", www.bbc.com/news/av/business-11346643/ethiopia-commodity-exchange-hopes-to-improve-food-security (acesso em 23 de Maio de 2019).

Benner, M. (2012), "Cluster Policy as a Development Strategy: Case Studies from the Middle East and North Africa", *Working Paper Series in Economics*, No. 255, www.leuphana.de/institute/ivwl/publikationen/working-papers.html.

Besedeš, T. (2008), "A Search Cost Perspective on Formation and Duration of Trade", *Review of International Economics*, Vol. 16/5, pp. 835-849, http://dx.doi.org/10.1111/j.1467-9396.2008.00752.

BID (2018), *Connecting the Dots: A Road Map for Better Integration in Latin America and the Caribbean*, Inter-American Development Bank, http://dx.doi.org/10.18235/0001132.

Bizimungu, J. (2018), "Commodities exchange sees Rwandan farmers earn more", *The New Times*, https://www.newtimes.co.rw/business/commodities-exchange-sees-rwandan-farmers-earnmore.

Bloom, N. et al. (2016), "International data on measuring management practices", *American Economic Review*, Vol. 106/5, pp. 152-156, http://dx.doi.org/10.1257/aer.p20161058.

Bloom, N. e J. Van Reenen (2010), "Why do management practices differ across firms and countries?", *Journal of Economic Perspectives*, Vol. 24, http://dx.doi.org/10.2139/ssrn.1533440.

Borrus, M., D. Ernst e S. Haggard (2000), "International Production Networks in Asia: Rivalry or Riches?", Routledge, London, https://pdfs.semanticscholar.org/7b54/b337b1d4040b8d69d1f6948 23059ee3d2124.pdf.

Buba, J. et al. (2016), *An Assessment of the Investment Climate in Nigeria: The Challenges of Nigeria's Private Sector*, World Bank Group, Washington, DC, https://openknowledge.worldbank.org/ bitstream/handle/10986/25767/ACS15736-WP-v1-P147940-PUBLIC-NigeriaICAAugustCLEAN. pdf?sequence=1&isAllowed=y.

Buys, P., U. Deichmann e D. Wheeler (2006), *Road Network Upgrading and Overland Trade Expansion in Sub-Saharan Africa*, World Bank, https://openknowledge.worldbank.org/bitstream/ handle/10986/9256/wps4097.pdf?sequence=1&isAllowed=y.

Cadot, O. et al. (2018), *Reforming Non-Tariff Measures: From Evidence to Policy Advice*, World Bank, https://doi.org/10.1596/978-1-4648-1138-8.

Cadot, O. et al. (2013), "Success and failure of African exporters", *Journal of Development Economics*, Vol. 101, pp.284-296, https://doi.org/10.1016/j.jdeveco.2012.12.004.

Capital Economics (2018), "Africa: Lack of manufacturing will hold back growth", *Capital Economics*, London, www.capitaleconomics.com.

Castellano, A. et al. (2015), *Brighter Africa: The Growth Potential of the Sub-Saharan Electricity Sector*, McKinsey, www.icafrica.org/fileadmin/documents/Knowledge/Energy/McKenseyBrighter Africa The growth potential of the sub-Saharan electricity sector.pdf.

Cattaneo, O., G. Gereffi e C. Staritz (2010), *Global Value Chains in a Post-crisis World: A Development Perspective*, World Bank, Washington, DC, https://openknowledge.worldbank.org/ handle/10986/2509.

CFF (2018), *The Missing Middles: Segmenting Enterprises to Better Understand Their Financial Needs*, Collaborative for Frontier Finance, www.dalberg.com/system/files/2018-11/Missing Middles CFF Report.pdf.

Chang, H. (2010), "Hamlet without the Prince of Denmark: How development has disappeared from today's 'development' discourse", in S. Khan e J. Christiansen (eds.), *Towards New Developmentalism: Market as Means rather than Master*, Routledge, London, http://hajoonchang.net/ wp-content/uploads/2012/01/HamletwithoutthePrinceofDenmark-revised.pdf.

CIIP/Banco Mundial (2013), *Competitiveness and Job Creation Pilot in Ethiopia: Creating Supply Chain Linkages Between Buyers and Suppliers*, Competitive Industries and Innovation Program and World Bank, www.theciip.org/sites/ciip/files/Competitiveness%20and%20Job%20Creation%20in%20 Ethiopia.pdf.

Cirera, X. e W. Maloney (2017), *The Innovation Paradox: Developing-Country Capabilities and the Unrealized Promise of Technological Catch-Up*, World Bank, Washington DC, http://dx.doi.org/10.1596/978-1-4648-1160-9 ch1.

Cirera, X. e S. Muzi (2016), *Measuring firm-level innovation using short questionnaires : evidence from an experiment (English)*, World Bank Group, Washington, DC, http://dx.doi.org/10.1596/1813-9450-7696.

Collon, L. e T. Dème (2018), "2018 was a monumental year for African tech start-ups, with US$ 1.163 Billion raised in equity funding, a 108% YoY Growth", Partech, https://partechpartners.com/ documents/6/2019.03.22 - Africa Tech Startups raises 1.163B in 2018 Partech-Report nQIOkE7.pdf.

Conference Board (2019), *Total Economy* (base de dados), https://www.conference-board.org/data/ economydatabase/ (acesso em Maio de 2019).

Coulibaly, B., D. Gandhi, e L. Senbet (2019), "Is sub-Saharan Africa facing another systemic sovereign debt crisis?", Policy brief *Africa Growth Initiative*, Abril 2019, Brookings Institution, Washington D.C. https://www.brookings.edu/wp-content/uploads/2019/04/africa sovereign debt sustainability.pdf.

Coulibaly, S. (2017), *Differentiated Impact of AGOA and EBA on West African Countries*, https://agoa.info/ images/documents/15376/differentiated-impact-of-agoa-csae2018-795.pdf.

Crunchbase (2019), *Crunchbase Pro* (base de dados), www.crunchbase.com/search-home (acesso em 13 de Março de 2019).

CUA (forthcoming), *Mobilisation of Domestic Resources: Fighting against Corruption and Illicit Financial Flows*, https://au.int/documents/74.

CUA (2019), *Annual report of the African Union and its organs*, https://au.int/en/auc-chairpersonreports.

CUA (2018), *The 2017 Progress Report to the Assembly: Highlights on Intra-African Trade for Agriculture Commodities and Services: Risks and Opportunities*, African Union Commission, https://au.int/sites/default/files/documents/33005-doc-br report to au summit draft stc eng.pdf.

CUA/OCDE (2018), *Africa's Development Dynamics 2018: Growth, Jobs and Inequalities*, Publicações OCDE, Paris/AUC, Addis Ababa, https://doi.org/10.1787/9789264302501-en.

Davies, E. e A. Kerr (2018), "Firm survival and change in Ghana, 2003-2013", *Journal of African Economies*, Vol. 27/2, pp. 149-171, http://dx.doi.org/10.1093/JAE/EJX023.

Dean J, Fung KC e Wang Zhi (2007), "Measuring the Vertical Specialization in Chinese Trade", Working Paper No. 2007-01-A, United States International Trade Commission. Office of Economics Working Paper, https://www.usitc.gov/publications/332/ec200701a.pdf.

De Loecker, J. (2013), "Detecting learning by exporting", *American Economic Journal: Microeconomics*, Vol. 5/3, pp. 1-21, http://dx.doi.org/10.1257/mic.5.3.1.

De Loecker, J. (2003), "Do Exports Generate Higher Productivity? Evidence from Slovenia", *LICOS Discussion Paper*, No. 151, LICOS Centre for Transition Economics, http://hdl.handle.net/10419/74870.

DEPF (2019), Tableau de Bord Sectoriel de l'Économie Marocaine, Ministry of Economy and Finance, Rabat, www.finances.gov.ma/Docs/depf/2019/Tableau de bord sectoriel janvier%202019.pdf.

De Rochambeau, G. (2017), *Monitoring and Intrinsic Motivation: Evidence from Liberia's Trucking Firms*, www.theigc.org/wp-content/uploads/2018/07/Rochambeau-2017-Working-Paper.pdf.

De Vries, G. e M. Timmer (2015), "Structural Transformation in Africa: Static Gains, Dynamic Losses", *Journal of Development Studies*, Vol. 51/6, pp. 674-688, http://Structural Transformation in Africa: Static Gains, Dynamic Losses.

Donahue, R., J. Parilla e B. McDearman (2018), *Rethinking cluster initiatives*, The Metropolitan Policy Program at Brookings, Washington, DC, www.brookings.edu/wp-content/uploads/2018/07/201807 Brookings-Metro Rethinking-Clusters-Initiatives Full-report-final.pdf.

Dosi, G., R. Nelson e S. Winter (2000), "The Nature and Dynamics of Organizational Capabilities", *Oxford University Press*, Oxford, http://dx.doi.org/10.1093/0199248540.001.0001.

Dunning, J. H. e S. M. Lundan (2008), *Multinational Enterprises and the Global Economy*, Second edition, Edward Edgar Publishing, Cheltenham.

Dynamar (2018), *West Africa Container Trades*, www.dynamar.com/publications/207.

EAX (n.d.), "About us", East African Exchange, Kigali, www.ea-africaexchange.com/pages/about-us (acesso em 5 de Abril de 2019).

ECA (n.d.), "Abuja Treaty Establishing the African Economic Community", table from ECA's adaption of the Treaty Establishing the African Economic Community (June, 1991), webpage, United Nations Economic Commission for Africa, www.uneca.org/oria/pages/key-pillarsafrica%E2%80%99s-regional-integration (acesso em 18 de Novembro de 2018).

Escaith, H., N. Lindeberg e S. Miroudot (2010), "International Supply Chains and Trade Elasticity in Times of Global Crisis", No. ERSD-2010-08, World Trade Organization, www.wto.org/english/res e/reser e/ersd201008 e.pdf.

Esiara, K. (2016), "East Africa Exchange seeks deal with Kigali to boost liquidity", *The East African*, www.theeastafrican.co.ke/business/East-Africa-Exchange-seeks-deal-with-Kigali-to-boostliquidity/2560-3493760-ea6dcnz/index.html.

Farole, T. (2011), *Special Economic Zones in Africa : Comparing Performance and Learning from Global Experience Trade*, World Bank, Washington DC, https://openknowledge.worldbank.org/bitstream/handle/10986/2268/600590PUB0ID181onomic09780821386385.pdf?sequence=1&isAllowed=y.

fDi Markets (2018), *fDi Markets* (base de dados) www.fdimarkets.com (acesso em 3 Março 2019).

Fernandes, A. et al. (2018), *Are Trade Preferences a Panacea? AGOA and African Exports*, World Bank, https://doi.org/10.1596/1813-9450-8753.

FEM (2018), *Global Competitiveness Report*, World Economic Forum, http://reports.weforum.org/globalcompetitiveness-report-2018/.

FEM (2017), *The Future of Jobs and Skills in Africa: Preparing the Region for the Fourth Industrial Revolution Executive Briefing*, World Economic Forum, https://fr.weforum.org/reports/the-future-of-jobs-andskills-in-africa-preparing-the-region-for-the-fourth-industrial-revolution.

Fernandes, A., E. Ferro e J. Wilson (2017), "Product standards and firms' export decisions", *The World Bank Economic Review*, http://dx.doi.org/10.1093/wber/lhw071.

Fessehaie, J. e Z. Rustomjee (2018), "Resource-based industrialisation in Southern Africa: Domestic policies, corporate strategies and regional dynamics", *Development Southern Africa*, Vol. 35/3, pp. 404-418, http://dx.doi.org/10.1080/0376835X.2018.1464901.

Fikru, M. (2014), "Firm level determinants of international certification:evidence from Ethiopia", *World Development*, Vol. 64, pp. 286–297, https://doi.org/10.1016/j.worlddev.2014.06.016.

FMI (2019a), *World Economic Outlook, April 2019* (base de dados), International Monetary Fund, Washington, DC, www.imf.org/external/pubs/ft/weo/2019/01/weodata/index.aspx (acesso em 23 de Maio de 2019).

FMI (2019b), *Regional Economic Outlook: Sub-Saharan Africa, Recovery Amid Elevated Uncertainty*, International Monetary Fund, Washington, DC., April, 2019 www.imf.org/en/Publications/REO/SSA/Issues/2019/04/01/sreo0419.

FMI (2018), *Regional Economic Outlook: Sub-Saharan Africa, Capital Flows and The Future of Work*, International Monetary Fund, Washington, DC., October 2018 www.imf.org/en/Publications/REO/SSA/Issues/2018/09/20/sreo1018.

Fondation OCP (2018), *Semer le savoir, cultiver l'avenir – Rapport d'activité 2017*, Casablanca, www.ocpfoundation.org/sites/default/files/documents/RA_VA_2017.pdf.

Gaulier, G. e S. Zignago (2010), "BACI: International database at the product level. The 1994-2007 version", *CEPII Working Paper*, No. 2010-23, Centre d'études prospectives et d'informations internationales, Paris, www.cepii.fr/PDF_PUB/wp/2010/wp2010-23.pdf.

Gelaw F. (2018), "Impacts of trademarking on export and producer prices in Ethiopian coffee", *International Association of Agricultural Economists 2018 Conference*, Vancouver, https://ageconsearch.umn.edu/record/277290/.

Gereffi, G. (2018), "The Organization of Buyer-Driven Global Commodity Chains: How U.S. Retailers Shape Overseas Production Networks", in *Commodity Chains and Global Capitalism*, http://dx.doi.org/10.1017/9781108559423.003.

Gereffi, G (1999), "International trade and industrial upgrading in the apparel commodity chain", *Journal of International Economics*, Vol 48, No 1, pp. 37-70, https://doi.org/10.1016/S0022-1996(98)00075-0.

Gimenez, C., V. Sierra e J. Rodon (2012), "Sustainable operations: Their impact on the triple bottom line", *International Journal of Production Economics*, Vol. 140/1, pp. 149-159, http://dx.doi.org/10.1016/j.ijpe.2012.01.035.

GIZ (2013), *Gender and Value Chains*, Deutsche Gesellschaft für Internationale Zusammenarbeit, Bonn, www.bmz.de.

Goswami, A., D. Medvedev e E. Olafsen (2018), *High-Growth Firms: Facts, Fiction, and Policy Options for Emerging Economies*, World Bank Group, http://dx.doi.org/10.1596/978-1-4648-1368-9.

Guasch, J. et al. (2007), *Quality Systems and Standards for a Competitive Edge*, World Bank, https://doi.org/10.1596/978-0-8213-6894-7.

Haile, A., A. Volk e T. Rehermann (2017), "Creating Agricultural Markets: How the Ethiopia Commodity Exchange Connects Farmers and Buyers through Partnership and Technology", International Finance Corporation, World Bank Group, www.ifc.org/wps/wcm/connect/8e925b5a-94ff-476c-ba03-e5fdfb4b9c85/EMCompass+Note+37+Ethiopia+Exchange+FINAL+April+27.pdf?MOD=AJPERES.

Hallward-Driemeier, M. e G. Nayyar (2018), *Trouble in the Making? The Future of Manufacturing-Led Development*, World Bank, Washington, DC, http://dx.doi.org/10.1596/978-1-4648-1174-6.

Hanson, G. H. (2001), "Should countries promote foreign direct investment?", *G-24 Discussion Paper Series*, No. 9, United Nations Conference on Trade and Development, New York and Geneva, https://unctad.org/en/Docs/pogdsmdpbg24d9.en.pdf.

Harrison, A. e A. Rodríguez-Clare (2010), "Trade, foreign investment, and industrial policy for developing countries", in D. Rodrik e M. Rosenzweig (eds.), *Handbook of Development Economics*, Vol. 5, Elsevier, pp. 4039-4214, https://doi.org/10.1016/B978-0-444-52944-2.00001-X.

Hausmann, R. e C. Hidalgo (2011), "The network structure of economic output", *Journal of Economic Growth* 16, pp. 309–342, http://dx.doi.org/10.1007/s10887-011-9071-4.

Hausmann, R., J. Hwang e D. Rodrik (2007), "What you export matters", *Journal of Economic Growth*, Vol. 12(1), pp. 1-25, http://dx.doi.org/10.1007/s10887-006-9009-4.

Hausmann, R. e B. Klinger (2006), "Structural Transformation and Patterns of Comparative Advantage in the Product Space", *KSG Working Paper* No. RWP06-041; *CID Working Paper* No. 128, http://dx.doi.org/10.2139/ssrn.939646.

Hausmann, R. e D. Rodrik (2003), "Economic development as self-discovery", *Journal of Development Economics*, Vol. 72/2, pp. 603-633, http://dx.doi.org/10.1016/S0304-3878(03)00124-X.

Heinz, S. e J. O'Connell (2013), "Air transport in Africa: Toward sustainable business models for African airlines", *Journal of Transport Geography*, Vol. 31, pp. 72-83, http://dx.doi.org/10.1016/j.jtrangeo.2013.05.004.

Hernandez, M. et al. (2017), "Market institutions and price relationships: The case of coffee in the ethiopian commodity exchange", *American Journal of Agricultural Economics*, Vol. 99/3, pp. 683-704, http://dx.doi.org/10.1093/ajae/aaw101.

Hess, W. e M. Persson (2012), "The duration of trade revisited", *Empirical Economics*, Vol 43, No. 3, pp. 1083-1107, https://doi.org/10.1007/s00181-011-0518-4.

Hirschman, A. (1958), *The Strategy of Economic Development*, New Haven, Yale University press.

Humphrey J. e Schmitz H. (2010), "How does insertion in global value chains affect upgrading in industrial clusters?", *Regional Studies*, Vol. 36/9, pp. 1017-1027, https://doi.org/10.1080/0034340022000022198.

i4Policy (2018), *Africa Innovation Policy Manifesto v1.2*, Kigali, https://i4policy.org/wp-content/uploads/2018/05/Africa-Innovation-Policy-Manifesto-v1.2-_English-version-25.5.18.pdf.

Iacovone, L., V. Ramachandran e M. Schmidt (2013), *Stunted Growth: Why Don't African Firms Create More Jobs?*, World Bank, https://openknowledge.worldbank.org/bitstream/handle/10986/16943/WPS6727.pdf?sequence=1&isAllowed=y.

ICTSD (2016), *African Integration: Facing up to Emerging Challenges*, International Centre for Trade and Sustainable Development, Geneva, www.ictsd.org/sites/default/files/research/deepening_african_integration-final.pdf.

IFPRI (2010), *Purpose and Potential for Commodity Exchanges in African Economies*, International Food Policy Research Institute, www.ifpri.org/publication/purpose-and-potential-commodityexchanges-african-economies.

INSEAD (2019), *The Global Talent Competitiveness Index 2019*, Fontainebleau, https://www.insead.edu/sites/default/files/assets/dept/globalindices/docs/GTCI-2019-Report.pdf.

InterVISTAS (2014), *Transforming Intra-African Air Connectivity: The Economic Benefits of Implementing the Yamoussoukro Decision*, www.iata.org/whatwedo/Documents/economics/InterVISTAS_AfricaLiberalisation_FinalReport_July2014.pdf.

IPEMED (2015), *E-commerce in Africa: Morocco, Tunisia, Senegal and Ivory Coast*, The Mediterranean World Economic Foresight Institute, p. 25, www.ipemed.coop/adminIpemed/media/fich_article/1461745665_ipemed-rapportecommerce-en-afrique-enbd.pdf.

ISO (2018), *The ISO Survey of Management System Standard Certifications* (base de dados), International Organization for Standardization, Geneva, www.iso.org/the-iso-survey.html.

ITC (2018), "Rwandan businesses eye e-commerce success", webpage, International Trade Center, www.intracen.org/news/Rwandan-businesses-eye-e-commerce-success/ (acesso em 14 de Fevereiro de 2019).

Jensen, R. e N. Miller (2018), "Market Integration, Demand, and the Growth of Firms: Evidence from a Natural Experiment in India", *American Economic Review*, Vol. 108, pp. 3583-3625, www.nber.org/papers/w24693.

KIPPRA (2017), *Kenya Economic Report 2017 : Sustaining Kenya's Economic Development by Deepening and Expanding Economic Integration in the Region*, Kenya Institute for Public Policy Research and Analysis, Nairobi, http://kippra.or.ke/wp-content/uploads/2017/05/KER-2017-Popular-Version-1.pdf.

Konishi, Y. et al. (2015), *Kenya Apparel and Textile Industry: Diagnosis, Strategy and Action Plan*, World Bank Group, http://documents.worldbank.org/curated/en/441761468000939834/Kenya-appareland-textile-industry-diagnosis-strategy-and-action-plan.

Lall, S. (2000), "The Technological Structure and Performance of Developing Country Manufactured Exports, 1985-1998", *QEH Working Paper Series*, No. 44, Queen Elizabeth House, University of Oxford, https://doi.org/10.1080/713688318.

Lall, S. (1992), "Technological Capabilities and Industrialization", Vol. 20, No. 2, pp. 165-186, http://dx.doi.org/10.1016/0305-750X(92)90097-F.

Lesser, C. e E. Moisé-Leeman (2009), "Informal Cross-Border Trade and Trade Facilitation Reform in Sub-Saharan Africa", *OECD Trade Policy Papers*, No. 86, Publicações OCDE, Paris, https://dx.doi.org/10.1787/225770164564.

Leung, L. (2014), "Eroded coffee traceability and its impact on export coffee prices for Ethiopia", *Development Discussion Papers*, No. 2014-04, JDI Executive Programs, https://cri-world.com/publications/qed_dp_249.pdf.

Lin, J. e C. Monga (2010), "Growth Identification and Facilitation The Role of the State in the Dynamics of Structural Change", *Policy Research Working Papers*, https://doi.org/10.1596/1813-9450-5313.

Lowder, S., J. Skoet e T. Raney (2016), "The Number, Size, and Distribution of Farms, Smallholder Farms, and Family Farms Worldwide", *World Development*, Vol. 87, pp. 16-29, http://dx.doi.org/10.1016/j.worlddev.2015.10.041.

Martin, K. e D. Rafiq (2003), "Went for Cost, Stayed for Quality?: Moving the Back Office toIndia", *Berkeley Roundtable on the International Economy*, UC Berkeley, http://escholarship.org/uc/item/0b7764tt.

Maur, J. e B. Shepherd (2015), *Connecting Food Staples and Input Markets in West Africa: A Regional Trade Agenda for ECOWAS Countries*, World Bank, Washington DC, https://openknowledge.worldbank.org/handle/10986/2199.

McKinsey (2018), *Outperformers: High-Growth Emerging Economies and the Companies that Propel Them*, www.mckinsey.com/mgi.

McMillan, M., R. Dani e Í. Verduzco-Gallo (2014), "Globalization, Structural Change, and Productivity Growth, with an Update on Africa", *World Development*, Vol. 63, pp. 11-32, https://doi.org/10.1016/j.worlddev.2013.10.012.

Meyer, G. (2017), Integrating African Ports into International Commercial Flows: Strengths and Weaknesses, *Private Sector and Development*, No 26, www.proparco.fr/sites/proparco/files/2018-06-10-13-43/PRO-Revue%20N%C2%B026-UK.pdf.

Miroudot, S. e C. Cadestin (2017), "Services in Global Value Chains: From Inputs to Value-Creating Activities", *OECD Trade Policy Papers*, Publicações OCDE, Paris, https://doi.org/10.1787/18166873.

Moore, M., W. Pritchard e O.H. Fjeldstad (2018), *Taxing Africa: Coercion, Reform and Development*, Zed Books Ltd., London, p. 190.

Morris, M. e J. Barnes (2006), *Regional Development and Cluster Management: Lessons from South Africa*, https://open.uct.ac.za/bitstream/item/22614/Morris_Regional_2006.pdf.

Mulenga, G. (2013), "Developing Economic Corridors in Africa: Rationale for the Participation of the African Development Bank", *Regional Integration Brief*, No 1, African Development Bank, www.afdb.org/fileadmin/uploads/afdb/Documents/Publications/Regional_Integration_Brief_-_Developing_Economic_Corridors_in_Africa_-_Rationale_for_the_Participation_of_the_AfDB.pdf.

Muraya, J. (2018), "Generation Kenya delivers another 4,000 youths for Kenya job market", Capital News, https://www.capitalfm.co.ke/news/2018/02/generation-kenya-delivers-another-4000-youths-kenya-job-market/.

Mwase, N. (2003), "The liberalisation, de-regulation and privatisation of the transport sector in sub-Saharan Africa: Experiences, challenges and opportunities", *Journal of African Economics*, Vol. 12/90002, pp. 153ii-192, http://dx.doi.org/10.1093/jae/12.suppl_2.ii153.

NCTTCA (2017), *Northern Corridor Transport Observatory Report: Trade and Transport Facilitation*, Northern Corridor Transit and Transport Coordination Authority, http://top.ttcanc.org/download_doc.php?docid=150410290402214866.

Nelson, R. (2008), "What enables rapid economic progress: What are the needed institutions", *Research Policy*, Vol. 37/1, pp. 1-11, https://doi.org/10.1016/j.respol.2007.10.008.

Nelson, R. e S. Winter (1982), *An evolutionary theory of economic change*, The Belknap press of Harvard University press, Cambridge, Massachusetts and London, England, http://inctpped.ie.ufrj.br/spiderweb/pdf_2/Dosi_1_An_evolutionary-theory-of_economic_change.pdf.

NEPAD Agency/CUA/BAfD (2018), *PIDA Progress Report 2018*, NEPAD Planning and Coordinating Agency, African Union Commission, African Development Bank, www.au-pida.org/download/pida-implementation-report-2018/.

Newman, C. et al. (2019), "Linked-in by FDI: The Role of Firm-Level Relationships for Knowledge Transfers in Africa and Asia", *Journal of Development Studies*, https://doi.org/10.1080/00220388.2019.1585813.

Newman, C. et al. (2016), "Manufacturing transformation: Comparative studies of industrial development in Africa and emerging Asia", Oxford Scholarship Online, http://dx.doi.org/10.1093/acprof:oso/9780198776987.001.0001.

Ngarachu, A., P. Draper e K. Owino (2017), *Are Private Sustainability Standards Obstacles to, or Enablers of, SME Participation in Value Chains? Insights from South Africa and Kenya*, Global Economic Governance Africa, www.africaportal.org/publications/are-private-sustainability-standards-obstaclesor-enablers-sme-participation-value-chains-insights-south-africa-and-kenya/.

Nielsen, H. e A. Spenceley (2011), "The Success of tourism in Rwanda: Gorillas and more", in P. Chuhan-Pole e A. Manka (eds.), *Yes Africa Can: Success Stories from a Dynamic Continent*, World Bank, Washington, DC, https://openknowledge.worldbank.org/handle/10986/2335.

Nimarkoh, J. et al. (2017), *Formalization of Informal Trade in Africa Trends, Experiences and Socio-economic Impacts*, Food and Agriculture Organization of the United Nations, http://www.fao.org/3/a-i7101e.pdf.

Njeru, E. (2016), *Mutual Recognition Agreement: The Process*, www.conference.isk.or.ke/userfiles/EAC%20Professional%20%20Mutual%20Recognition%20Agreement%20.pdf.

Nsehe, M. (2018), "Tanzania's Titan: Mohammed 'Mo' Dewji", Campden FB, www.campdenfb.com/article/tanzania-s-titan-mohammed-mo-dewji (acesso em 24 de Maio de 2019).

Nübler, I. (2014), "A theory of capabilities for productive transformation: Learning to catch up", in J.M.Salazar-Xirinachs, I. Nübler e R. Kozul-Wright (eds.), *Transforming Economies: Making Industrial Policy Work for Growth, Jobs and Development*, International Labour Office, Geneva, http://ilo.org/wcmsp5/groups/public/---dgreports/---dcomm/---publ/documents/publication/wcms_242878.pdf.

OCDE (2018a), *The Changing Nature of International Production: Insights from Trade in Value Added and Related Indicators*, www.oecd.org/industry/ind/tiva-2018-flyer.pdf.

OCDE (2018b), *Trade Facilitation and the Global Economy*, Publicações OCDE, Paris, https://dx.doi.org/10.1787/9789264277571-en.

OCDE (2018c), *Enhancing Connectivity through Transport Infrastructure: The Role of Official Development Finance and Private Investment*, The Development Dimension, Publicações OCDE, Paris, https://dx.doi.org/10.1787/9789264304505-en.

OCDE (2017a), *Unlocking the Potential of Youth Entrepreneurship in Developing Countries: From Subsistence to Performance*, Development Centre Studies, Publicações OCDE, Paris, https://dx.doi.org/10.1787/9789264277830-en.

OCDE (2017b), "Made in Morocco: case study on linking SMEs to the world of e-commerce", *2017 Aid for Trade – Case Study Template*, https://www.oecd.org/aidfortrade/casestories/casestories-2017/CS-32-Made-in-Morocco-case-study-on-linking-SMEs-to-the-world-of-e-commerce.pdf.

OCDE (2015), *The Future of Productivity*, Publicações OCDE, Paris, https://doi.org/10.1787/9789264248533-en.

OCDE (2013), *Perspectives on Global Development 2013: Industrial Policies in a Changing World*, Publicações OCDE, Paris, https://dx.doi.org/10.1787/persp_glob_dev-2013-en.

OCDE/ATAF/CUA (2018), *Revenue Statistics in Africa 2018*, Publicações OCDE, Paris, https://doi.org/10.1787/9789264305885-en-fr.

OCDE/CSAO (2019), *Women and Trade Networks in West Africa*, West African Studies, Publicações OCDE, Paris, https://dx.doi.org/10.1787/7d67b61d-en.

OCDE-DAC (2018a), *International Development Statistics* (base de dados), www.oecd.org/dac/stats/idsonline.htm (acesso em Maio de 2019).

OCDE-DAC (2018b), *Country Programmable Aid* (base de dados), http://www.oecd.org/dac/financing-sustainable-development/development-finance-standards/cpa.htm (acesso em Maio de 2019).

OCDE/Eurostat (2018), *Oslo Manual 2018: Guidelines for Collecting, Reporting and Using Data on Innovation*, 4th Edition, The Measurement of Scientific, Technological and Innovation Activities, Publicações OCDE, Paris/Eurostat, Luxembourg, https://doi.org/10.1787/9789264304604-en.

OCDE/FMI (2018), *Update on Tax Certainty: IMF/OECD Report for the G20 Finance Ministers and Central Bank Governors*, www.oecd.org/ctp/tax-policy/tax-certainty-update-oecd-imf-report-g20-financeministers-july-2018.pdf.

OCDE/OIT (2019), *Tackling Vulnerability in the Informal Economy*, Development Centre Studies, Publicações OCDE, Paris, https://dx.doi.org/10.1787/939b7bcd-en.

OCDE/OMC (2017), *Aid for Trade at a Glance 2017: Promoting Trade, Inclusiveness and Connectivity for Sustainable Development*, World Trade Organization, Geneva/Publicações OCDE, Paris, https://dx.doi.org/10.1787/aid_glance-2017-en.

OCDE/OMC (2015), *Aid for Trade at a Glance 2015: Reducing Trade Costs for Inclusive, Sustainable Growth*, World Trade Organization, Geneva/Publicações OCDE, Paris, https://dx.doi.org/10.1787/aid_glance-2015-en.

OCDE/OMC (2011), *Aid for Trade at a Glance 2011: Showing Results*, World Trade Organization, Geneva/Publicações OCDE, Paris, https://dx.doi.org/10.1787/9789264117471-en.

OCDE/ONU (2018), *Production Transformation Policy Review of Chile: Reaping the Benefits of New Frontiers*, Publicações OCDE, Paris, https://doi.org/10.1787/9789264288379-en.

OCDE/UCLG (2016), *Subnational Governments Around the World: Structure and Finance*, OECD/United Cities and Local Government, www.oecd.org/regional/regional-policy/Subnational-Governments-Around-the-World-%20Part-I.pdf.

ODI (2016), Regional Infrastructure for Trade Facilitation: Impact on Growth and Poverty Reduction, Overseas Development Institute, www.odi.org/sites/odi.org.uk/files/odi-assets/publicationsopinion-files/10295.pdf.

OIT (2019), *Key Indicators of the Labour Market* (base de dados), International Labour Organization, www.ilo.org/global/statistics-and-databases/statistics/lang--en/index.htm (acesso em Maio de 2019).

OMC (2018), *Report to the TPRB from the Director-General on Trade Related Developments*, World Trade Organization, https://doi.org/10.30875/93f100c2-en.

OMC (2015), *World Trade Report 2015: Speeding Up Trade: Benefits and Challenges of Implementing the WTO TradeFacilitation Agreement*, World Trade Organization, Geneva, https://dx.doi.org/10.30875/1cee73f9-en.

Osnago, A., N. Rocha e M. Ruta (2017), "Do deep trade agreements boost vertical FDI?", *World Bank Economic Review*, Vol. 30, pp. S119-S125, http://dx.doi.org/10.1093/wber/lhw020.

Otsuka, K. e T. Sonobe (2011), *A Cluster-Based Industrial Development Policy for Low-Income Countries*, National Graduate Institute for Policy Studies, Tokyo, www.grips.ac.jp/r-center/wp-content/uploads/11-09.pdf.

Page, S. e R. Slater (2003), "Small producer participation in global food systems: Policy opportunities and constraints", *Development Policy Review*, Vol. 21/5-6, pp. 641-654, https://doi.org/10.1111/j.1467-8659.2003.00229.x.

Parenti, M. (2018), "Large and small firms in a global market: David vs. Goliath", *Journal of International Economics*, Vol. 110, pp. 103-118, http://dx.doi.org/10.1016/j.jinteco.2017.09.001.

PIDA (n.d.), One-Stop-Boarder-Posts (OSBP), www.au-pida.org/one-stop-boarder-posts-osbp/.

Primi, A. (2016), "*Production Transformation Policy Reviews (PTPRs): A Policy Assessment and Guidance Tool to Improve the Effectiveness of Production Transformation Strategies*", DEV/GB(2016)2 OCDE Development Centre, Paris, www.oecd.org/dev/Session2_PTPR.pdf.

Productivity Commission (2009), *Review of Mutual Recognition Schemes*, Australian Governement Productivity Commission, Canberra, www.pc.gov.au/inquiries/completed/mutual-recognitionschemes-2009/report/mutual-recognition-schemes.pdf.

Proparco (2016), "Air transport, a vital challenge for Africa", *Private Sector & Development*, No 24, Proparco, Paris, https://issuu.com/objectif-developpement/docs/revue_psd_24_uk/2.

PNUD (2018), *Emergence Africaine & Champions Nationaux : Rapport de Synthèse des 7 Etudes de Cas Pays*, Programme des Nations Unies pour le développement, www.africa-emergence2019.com/accueil/index/en.

Qian, K., V. Mulas e M. Lerner (2018), "Supporting entrepreneurs at the local level: The effect of accelerators and mentors on early-stage firms", *Finance, Competitiveness and Innovation in Focus*, World Bank, Washington, DC, https://openknowledge.worldbank.org/handle/10986/30384.

Ralandison, G., E. Milliot e V. Harison (2018a), "De la coopétition intégrée à la coévolutionintentionnelle : cas des réseaux de producteurs et d'exportateurs de la filière des huiles essentielles à Madagascar", *Finance Contrôle Stratégie* NS-2, PME et multinationales émergentes : Quels modèles d'internationalisation ?, http://journals.openedition.org/fcs/2401.

Ralandison, G., E. Milliot e V. Harison (2018b), "Les paradoxes de l'intégration coopétitive : Une approche fondée sur la sociologie de la traduction", *Revue française de gestion*, Vol. 2018/1, No 270, pp 127-142, https://doi.org/10.3166/rfg.2017.00168.

Rankin, N. (2013), *Exporting and Export Dynamics among South African Firms*, South African Institute of International Affairs, https://saiia.org.za/research/exporting-and-export-dynamics-amongsouth-african-firms/.

Rashid, S. et al. (2010), *Purpose and Potential for Commodity Exchanges in African Economies*, International Food Policy Research Institute, www.ifpri.org/publications/results/taxonomy%3A468.

Rauch, J. e J. Watson (2003), "Starting small in an unfamiliar environment", *International Journal of Industrial Organization*, http://dx.doi.org/10.3386/w7053.

Rodriguez-Clare, A. (1996), "Multinationals, linkages, and economic development", *The American Economic Review*, Vol. 86, pp. 852-873, www.jstor.org/stable/2118308.

Rodrik, D. (2016), "An African growth miracle?", *Journal of African Economies*, Vol. 27/1, pp. 10-27, http://dx.doi.org/10.1093/jae/ejw027.

Ruhl, K. e J. Willis (2017), "New exporter dynamics", *International Economic Review*, Vol. 58/7, pp. 703-726, http://dx.doi.org/10.1111/iere.12232.

Rwanda Ministry of Trade and Industry (2014), *National Export Strategy II*, www.minicom.gov.rw/fileadmin/minicom_publications/Planning_documents/National_Export_Strategy_II.pdf.

SADC (2015), *SADC Industrialization Strategy and Roadmap (2015-2063)*, Southern African Development Community, Gaborone, www.ilo.org/wcmsp5/groups/public/---africa/---ro-addis_ababa/---ilopretoria/documents/meetingdocument/wcms_391013.pdf.

Schipper, C., H. Vreugdenhil e M. de Jong (2017), "A sustainability assessment of ports and portcityplans: Comparing ambitions with achievements", *Transportation Research Part D: Transport and Environment*, Vol. 57, pp. 84-111, http://dx.doi.org/10.1016/j.trd.2017.08.017.

Schumpeter, J.A. (1942), *Capitalism, Socialism, and Democracy*, Harper Collins, Third Edition (2008), New York.

Secretaria da CAO (2018), *EAC Operationalizes 13 One Stop Border Posts*, East African Community, www.eac.int/press-releases/142-customs/1276-eac-operationalizes-13-one-stop-border-posts (acesso em 14 de Fevereiro de 2019).

Seka Aba, C. (2017), Legal Instruments to Support the Development of African Ports, *Private Sector & Development*, No 26, www.proparco.fr/en/african-ports-gateway-development.

Sequeira, S. e S. Djankov (2014), Corruption and Firm Behavior: Evidence from African Ports, *Journal of International Economics*, Vol. 94, No 2, pp.277-294, https://doi.org/10.1016/j.jinteco.2014.08.010.

SFOPA (n.d.), *Support to Farmers Organizations in Africa Programme (IFAD) - Main Phase 2013-2017*, International Fund for Agricultural Development, www.ifad.org/en/web/knowledge/publication/asset/39397686.

Shepherd, B. (2017), "Infrastructure, trade facilitation, and network connectivity in sub-Saharan Africa", *Journal of African Trade*, Vol. 3/1-2, pp. 1-22, http://dx.doi.org/10.1016/j.joat.2017.05.001.

Shinyekwa, I. e A. Ntale (2017), *The Role of Economic Infrastructure in Promoting Exports of Manufactured Products: Trade Facilitation and Industrialisation in the EAC*, Economic Policy Research Center.

Signé, L. (2018), *African Development, African Transformation: How Institutions Shape Development Strategy*, Cambridge University Press, http://dx.doi.org/10.1017/9781108575041.

Songwe, V. (2016), *Developing Regional Commodity Exchanges in Africa*, Brookings Institution's Ending Rural Hunger Project, https://assets.ctfassets.net/5faekfvmlu40/2pbgnY7Q2g8Y4gCkWUW0U8/4590047e395bee246c8985ba7fc2ad95/Songwe_Commodity_exchanges.pdf.

Steenbergen, V. e B. Javorcik (2017), *Analysing the impact of the Kigali Special Economic Zone on firm behaviour*, International Growth Center, www.theigc.org/wp-content/uploads/2017/10/Steenbergenand-Javorcik-working-paper-2017_1.pdf.

Stirbat, L., R. Record e K. Nghardsaysone (2015), "The experience of survival: Determinants of export survival in Lao PDR", *World Development*, Vol. 76, pp. 82-94, https://doi.org/10.1016/j.worlddev.2015.06.007.

Sutton, J. (2012), *Competing in capabilities: the globalization process*, Oxford University Press, Oxford, http://eprints.lse.ac.uk/id/eprint/47811.

Sutton, J. e D. Olomi (2010), *An Enterprise Map of Tanzania*, International Growth Centre, London, www.theigc.org/wp-content/uploads/2012/12/An-Enterprise-Map-of-Tanzania-English.pdf.

SWIFT (2018), *Africa Payments: Insights into African Transaction Flows*, www.swift.com/africa-payments.

Swinnen, J., L. Colen e M. Maertens (2013), "Constraints to smallholder participation in high-value agriculture in West Africa", in A. Elbehri (ed.), *Rebuilding West Africa's Food Potential*, Food and Agriculture Organization/International Fund for Agricultural Development, www.fao.org/3/i3222e/i3222e09.pdf.

Taffesse, A. (2019), "The transformation of smallholder crop production in Ethiopia, 1994-2016", in Cheru, F., C. Cramer e A. Oqubay (eds.), *The Oxford Handbook of the Ethiopian Economy*, OxfordUniversity Press, Oxford.

Tang, K. (2019), "Lessons from East Asia: Comparing Ethiopia and Vietnam's early-stage special economic zone development", *SAIS-CARI Working Paper*, No. 26, Johns Hopkins School of Advanced International Studies, Washington, DC, www.sais-cari.org/s/WP-2019-05-Tang-Ethiopia-and-Vietnam-SEZ.pdf.

Teal, F. (2016), "Firm Size, Employment and Value-added in African Manufacturing Firms: Why Ghana Needs Its 1 Per Cent", *CSAE Working Paper Series*, Centre for the Study of African Economies, University of Oxford, www.csae.ox.ac.uk/materials/papers/csae-wps-2016-07.pdf.

Teece, D., G. Pisano e A. Shue (1997), "Dynamic Capabilities and Strategic Management", *Strategic Management Journal*, Vol. 18, No 7, pp. 509-533, http://links.jstor.org/sici?sici=0143-2095%28199708%2918%3A7%3C509%3ADCASM%3E2.0.CO%3B2-%23.

Teravaninthorn, S. e G. Raballand (2009), *Transport Prices and Costs in Africa: A Review of the International Corridors*, World Bank, http://hdl.handle.net/10986/6610.

The Guardian (2012), "How Africa's first commodity exchange revolutionised Ethiopia's economy", www.theguardian.com/global-development/2012/dec/13/africa-commodity-exchange-ethiopiaeconomy (acesso em 23 de Maio de 2019).

Tourret, P. e C. Valero (2017), "Growth in Containerisation Signals: A Modernisation of African Ports", *Private Sector & Development*, No 26, www.proparco.fr/en/african-ports-gateway-development.

UA-EU DETF (2019), *New Africa-Europe Digital Economy Partnership: Accelerating the Achievement of the Sustainable Development Goals, draft report*, AU-EU Digital Economy Task Force, https://ec.europa. eu/futurium/sites/futurium/files/draft_detf_report_for_consultation_20_maio_v2.pdf.

Udo, Z. e K. Bruce (1995), "Knowledge and the Speed of the Transfer and Imitation of Organizational Capabilities: An Empirical Test", *Organization Science*, Vol 6, No 1, pp. 76-92, http://dx.doi. org/10.1287/orsc.6.1.76.

UNCTAD (2018), *Review of Maritime Transport 2018*, United Nations Conference on Trade and Development, https://unctad.org/en/PublicationsLibrary/rmt2018_en.pdf.

UNCTAD (2017), *Integrating SMEs into Value Chains Can Boost Development*, United Nations Conference on Trade and Development, https://unctad.org/en/pages/newsdetails. aspx?OriginalVersionID=1550.

UNEP (2017), *Atlas of Africa Energy Resources*, United Nations Environment Programme, Kenya, www.icafrica.org/fileadmin/documents/Publications/Africa_Energy_Atlas.pdf.

UNESCO (2019), *Gross Domestic Expenditure on Research and Development* (base de dados), http://data. uis.unesco.org/index.aspx?queryid=74 (acesso em 16 de Março de 2019).

UN-Habitat e IHS-EUR (2018), *The State of African Cities 2018: The Geography of African Investment*, United Nations Human Settlements Programme/IHS-Erasmus University Rotterdam, https://unhabitat.org/books/the-state-of-african-cities-2018-the-geography-of-african-investment/.

UN-Habitat (2014), *The State of African Cities: Re-imagining sustainable urban transitions*, United Nations Human Settlements Programme, https://unhabitat.org/books/state-of-african-cities-2014-reimagining-sustainable-urban-transitions/.

UNSD (2018), *UN Comtrade* (base de dados), United Nations Statistics Division, https://comtrade. un.org/ (acesso em Maio de 2019).

USAID (2019), *Generation Kenya: Fact Sheet*, https://www.usaid.gov/sites/default/files/ documents/1860/Generation_Kenya_fact_sheet_2019.pdf (acesso em 5 Abril 2019).

Van Andel, T., B. Myren e S. Van Onselen (2012), "Ghana's herbal market", *Journal of Ethnopharmacology*, Vol. 140/2, pp. 368-378, http://dx.doi.org/10.1016/j.jep.2012.01.028.

Weiss, J., M. Windisch e A. Seric (forthcoming), "Taxonomy for Mapping Industrial Policy", *UNIDO Working Paper*, United Nations Industrial Development Organization, Vienna.

WIPO (2010), "The coffee war: Ethiopia and the Starbucks story", webpage, World Intellectual Property Organization, Geneva, www.wipo.int/ipadvantage/en/details.jsp?id=2621 (acesso em 23 de Maio de 2019).

Woodruff, C. (2018), "Addressing constraints to small and growing businesses", International Growth Centre, London, www.theigc.org/wp-content/uploads/2018/11/IGC_ANDE-review-paper_finalrevised.pdf.

Capítulo 2

Políticas públicas para uma transformação produtiva na África Austral

Este capítulo aborda a transformação produtiva na África Austral (África do Sul, Angola, Botswana, Essuatíni, Lesoto, Malawi, Moçambique, Namíbia, Zâmbia e Zimbabwe). A primeira secção situa a transformação produtiva da região no contexto das tendências de desempenho industrial da região e dos países que a integram. A segunda secção apresenta os motores e os constrangimentos à transformação produtiva na região.

Cada uma das três últimas secções aborda as políticas públicas que são fundamentais para a promoção da transformação produtiva na região. A primeira analisa o papel que a produtividade e a competitividade desempenham na transformação produtiva. A secção seguinte discute as políticas públicas que podem promover as complementaridades regionais e a secção final apresenta as políticas que podem melhorar a participação nas cadeias de valor regionais e globais. Em cada uma destas secções são apresentadas recomendações de estratégias e políticas públicas.

SÍNTESE EM

Ao longo das últimas três décadas as economias da África Austral passaram por uma **transformação produtiva** limitada, acompanhada de uma diminuição do peso do valor acrescentado industrial no produto interno bruto. A estrutura produtiva da região caracteriza-se pela dependência de recursos, pela baixa criação de valor e pelas poucas exportações de produtos de conhecimento intensivo. O desafio que a região enfrenta é a forma de realizar a transição de uma trajetória de crescimento dependente das matérias-primas para uma de elevado valor acrescentado, de economias industrializadas e conhecimento intensivo.

Entre 2000 e 2016, os países da África Austral estagnaram no Índice de Desempenho Industrial Competitivo, situando-se, em média, no 103.º lugar entre 138 países. Os défices em infraestruturas e a escassez de competências para manter a competitividade dos setores tradicionais e desenvolver novas indústrias constituem os principais constrangimentos. A transformação da estrutura produtiva da economia requer políticas que aumentem a **produtividade** e a **competitividade**, colmatando os défices em infraestruturas, em especial no fornecimento de energia, criando uma base de competências e facilitando o acesso ao financiamento.

À exceção da África do Sul, os países na região não produzem os bens que os outros países da África Austral procuram. Isto resulta num baixo comércio intrarregional, na ausência de ligações inter-regionais e de **complementaridade regional**. A África Austral pode promover a transformação produtiva através de políticas públicas que reforcem as complementaridades regionais. Tal pode ser conseguido através da criação de um mecanismo de financiamento de **bens públicos regionais** e promovendo **indústrias de ligação** que apoiem a modernização tecnológica e industrial do setor de extração mineira.

Em termos gerais, os países que aumentaram mais rapidamente a sua produtividade e competitividade industriais são os que estão integrados em **cadeias de valor globais (CVGs)**. Contudo, a participação da África Austral nas CVGs permanece marginal. A participação nas CVGs requer políticas que aprofundem a **integração regional**, criem cadeias de valor regionais que apoiem a participação da África do Sul nas CVGs e potenciem a presença de empresas multinacionais, de modo a integrar as pequenas e médias empresas nas CVGs.

Políticas públicas para uma transformação produtiva na **África Austral**

Crescimento

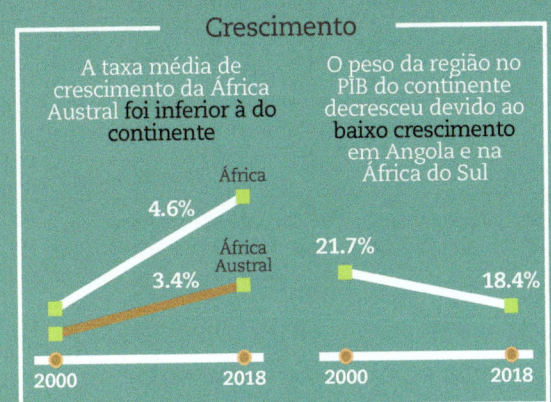

A taxa média de crescimento da África Austral **foi inferior à do continente**

África
4.6%

África Austral
3.4%

2000   2018

O peso da região no PIB do continente decresceu devido ao **baixo crescimento em Angola e na África do Sul**

21.7%   18.4%

2000   2018

Indústria Transformadora

A capacidade de produzir e exportar da região **tem aumentado**

A indústria transformadora domina as exportações da região

45%
Cabaz de exportações da região

Outros

As exportações produzidas com recurso a média ou alta tecnologia aumentaram

15%   25.9%

2000   2016

Comércio

15.4%
das exportações da África Austral **ficam no continente, bem acima da** média do conjunto do continente de 9.6%

Fluxos Financeiros

Os investimentos de carteira foram **o principal fluxo financeiro na África Austral**

Remessas
USD 3.7 mil milhões

IDE
USD 3.8 mil milhões

Fluxos financeiros totais na região em 2017

APD
USD 6.9 mil milhões

Investimento de carteira
USD 21 mil milhões

Estratégias regionais para uma transformação produtiva

A Estratégia e o Roteiro de Industrialização da SADC (2015-63) **prioriza três caminhos de crescimento**

Transformação agro-alimentar

Indústrias baseadas na exploração dos recursos naturais

Cadeias de valor globais

Cadeias de valor potenciais na região

Automóvel

Agronegócio

Carne

Minerais

Têxteis e vestuário

131

Perfil regional da África Austral

Tabela 2.1. Capacidade de transformação produtiva na África Austral, 2000-18

		Fonte	2000	2014	2015	2016	2017	2018*
Tecnologia de produção	Empregadores e empregados assalariados em % do total de emprego	OIT	47.3	45.9	45.9	45.6	45.5	45.4
	Produtividade do trabalho em % da produtividade dos Estados Unidos	CB	12.1	12.8	12.3	12.1	11.9	11.5
	Formação bruta de capital fixo privada em % do produto interno bruto (PIB)	FMI	13.8	17.6	18.6	17.5	16.2	16.6
	Capacidade de inovação, 0-100 (melhor)	FEM	-	-	-	-	27.3	28.1
Redes regionais	Intrarregiões em % das importações de produtos intermediários	Comtrade	9.9	13.8	14.2	15.4	13.8	-
	Intra-africanas em % das entradas de novos investimentos diretos estrangeiros (investimentos inteiramente novos)	fDi Markets	-	3.7	2.4	5.6	7.8	8.3
	Disponibilidade de Capital de Risco, 1-7 (melhor)	FEM	-	2.9	2.9	3.1	2.3	2.2
Capacidade de satisfazer a procura	Certificado ISO9001 em % do total para África	ISO	75.0	41.1	40.2	39.1	42.0	39.9
	Produtos processados e semi-processados em % do total de bens exportados na região	Comtrade	62.7	54.7	64.3	65.5	60.9	-
	Percentagem do total de importações africanas de bens de consumo (%)	Comtrade	23.1	22.2	19.7	20.0	22.9	-

Nota: OIT – Organização Internacional do Trabalho, CB – The Conference Board, FMI – Fundo Monetário Internacional, FEM – Fórum Económico Mundial, ISO – Organização Internacional de Normalização.

Fontes: Cálculos dos autores com base nos dados da *The Conference Board* (2019), *Total Economy* (base de dados); fDi Markets (2019), *fDi Markets* (base de dados); OIT (2019), *Key Indicators of the Labour Market* (base de dados); FMI (2019), *World Economic Outlook* (base de dados); ISO (2018), *The ISO Survey of Management System Standard Certifications* (base de dados); Divisão de Estatísticas das Nações Unidas (2018), *UN COMTRADE* (base de dados); e FEM (2018), *Global Competitiviness Report*.

Figura 2.1. Dinâmica do crescimento na África Austral e África, 1990-2020

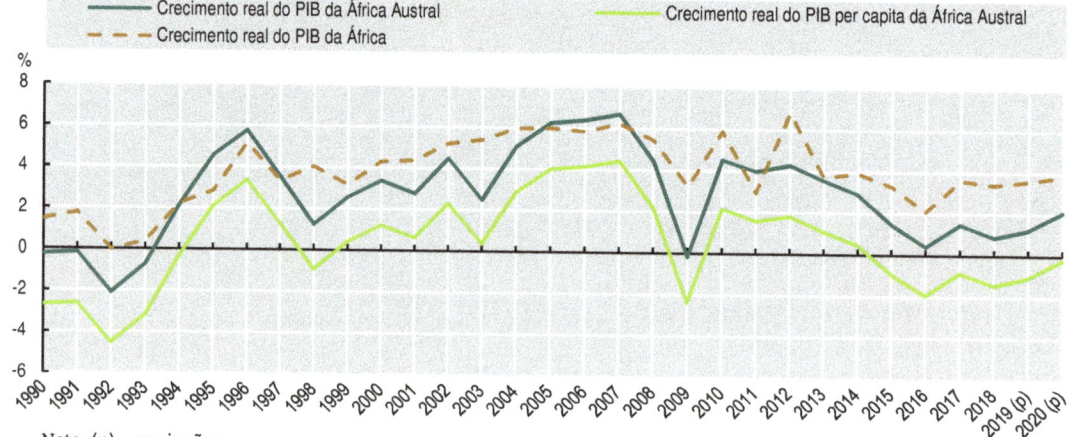

Nota: (p) = projeções.
Fonte: Cálculos dos autores com base em FMI (2019), *World Economic Outlook* (base de dados).
StatLink ⬛ https://doi.org/10.1787/888933967055

Tabela 2.2. Fluxos financeiros, receitas de impostos e poupança privada na África Austral (USD mil milhões de dólares, preços correntes), 2000-17

		Média 2000-04	Média 2005-09	2010	2011	2012	2013	2014	2015	2016	2017
Fluxos financeiros externos	Privado Investimentos diretos estrangeiros	5.5	8.9	5.6	8.8	7.3	11.7	16.4	19.0	11.4	3.8
	Privado Investimento de carteira	1.5	9.1	14.9	16.4	23.2	14.5	15.1	13.1	9.8	21.0
	Remessas de emigrantes	1.1	2.0	3.4	4.1	4.3	3.8	3.7	3.7	3.3	3.7
	Público Ajuda pública ao desenvolvimento	4.1	6.0	6.6	7.0	7.2	7.8	6.6	6.6	6.3	6.9
Total de entradas do estrangeiro		12.1	25.9	30.6	36.3	42.0	37.8	41.9	42.4	30.9	35.5
Receitas fiscais internas		44.4	104.4	135.5	164.0	164.2	155.8	148.9	122.8	106.8	125.6
Poupança privada		35.4	76.8	120.8	141.5	143.2	144.9	144.8	119.9	100.9	122.6

Fonte: Cálculos dos autores com base em FMI (2019), *World Economic Outlook* (base de dados); OCDE-CAD (2018a), *International Development Statistics* (base de dados); OCDE-CAD (2018b), *Country Programmable Aid*; e Banco Mundial (2019a), *World Development Indicators* (base de dados).

A transformação produtiva na África Austral tem sido lenta

As principais economias da África Austral têm registado um abrandamento económico e uma recuperação lenta

Logo após a crise financeira mundial, a África Austral parecia ter resistido à tempestade e ter em curso uma recuperação que estagnou em 2015. Entre 2000 e 2017, a taxa média de crescimento económico da África Austral (3%) foi significativamente inferior à de outras regiões africanas, o que resultou numa diminuição do peso do produto interno bruto (PIB) da África Austral no PIB africano, de 21.7% para 18.8%. Com o crescimento das duas maiores economias da região, Angola e África do Sul, a registar valores médios inferiores a 1%, o produto regional *per capita* em 2017 foi inferior ao de 2014. Devido à sua integração limitada no sistema financeiro internacional, os países menos desenvolvidos da região foram menos afetados pela crise financeira mundial. Por outro lado, enquanto importadores líquidos de petróleo, a maioria destes países beneficiou dos baixos preços dos combustíveis e do recrudescimento dos preços das matérias-primas.

Tabela 2.3. **Indicadores macroeconómicos selecionados na África Austral, 2000-17**

	2000-04	2005-09	2010-14	2015-17
PIB per capita (taxa de crescimento)	1.35	3.30	3.33	0.05
Despesa pública (% PIB)	30.26	29.68	33.05	33.19
Investimento (% PIB)	16.61	19.74	20.34	19.85
Do qual investimento privado	12.72	14.85	15.12	15.23
Exportações (% PIB)	37.55	40.13	40.18	32.26
Importações (% PIB)	41.02	46.61	53.75	43.36
Investimento direto estrangeiro (% PIB)	4.58	3.19	5.61	5.05
Remessas (% PIB)	5.29	4.08	3.78	2.76

Nota: Dados representam médias ponderadas por país.
Fonte: Cálculos dos autores com base no Banco Mundial (2019a), *World Development Indicators* (base de dados).

O abrandamento económico está a afetar outros setores da macroeconomia com consequências indesejadas. Os níveis de despesa pública, de investimento e de investimento direto estrangeiro estagnaram a partir de 2010 face ao PIB. No plano externo, a África Austral enfrenta um crescimento do défice comercial e um aumento da dívida externa. Entre 2000 e 2017, o défice da balança comercial passou de 3% para 11% do PIB (ver Tabela 2.3), como consequência da diminuição de 30% nas exportações da região que se ficou a dever, em grande medida, à queda nos mercados internacionais de petróleo. A queda no preço do crude reduziu as receitas das exportações angolanas em 62%, de USD 71 mil milhões para USD 27 mil milhões. Por outro lado, a necessidade da África Austral aliviar os défices infraestruturais, a má gestão de empresas estatais e as condições menos restritivas dos empréstimos soberanos Chineses duplicaram o *stock* da dívida externa da região ao longo da última década, para os USD 246 mil milhões. Este crescimento foi liderado pela África do Sul e Angola cujos *stocks* da dívida externa aumentaram USD 65 mil milhões e USD 34 mil milhões, respetivamente. No tocante à respetiva capacidade de pagamento, em 2017, Moçambique (79%), o Zimbabwe (63%) e a Namíbia (53.8%) apresentavam a maior percentagem de dívida externa face ao PIB.

A indústria transformadora perdeu a sua importância relativa no PIB da África Austral

A partir de 1990, a percentagem média do valor acrescentado industrial da África Austral em termos de PIB diminuiu, de cerca de 20% para menos de 10% em 2017 (ver Figura 2.2). Esta evolução deveu-se a um crescimento mais lento do valor acrescentado industrial regional e por país relativo ao crescimento do valor acrescentado de outros setores. Embora o nível de produção industrial tenha quintuplicado desde 1990, o peso da indústria transformadora no produto total da região diminuiu. No período após a crise mundial, uma taxa média de crescimento económico de 3% e um crescimento médio de 1.71% do PIB da indústria transformadora resultaram na redução do peso desta indústria no PIB regional, de 13% para cerca de 10%.

Em geral, os serviços foram os grandes beneficiários da retração da importância relativa do setor industrial, aumentando tanto em percentagem do produto como do emprego. A tendência regional espelha naturalmente a evolução na África do Sul, onde se registou uma diminuição da dependência dos recursos naturais, tanto no setor agrícola como no setor extrativo. Neste país, a percentagem de valor acrescentado do sector mineiro diminuiu de 28% para 6% do PIB, entre 1960 e 2016, enquanto a percentagem de serviços empresariais e financeiros quintuplicou em termos de valor acrescentado e de emprego (CNUCED, 2016). Os planos de ação da política industrial (*Industrial Policy Action Plans*) em curso visam diversificar a economia para além do setor mineiro, atribuindo prioridade a setores de mão-de-obra intensiva com um valor acrescentado médio a elevado, como são os setores agroalimentar, automóvel, têxtil e da "energia verde".

Figura 2.2. **Evolução do peso do valor acrescentado da indústria transformadora na África Austral, 1990-2017**

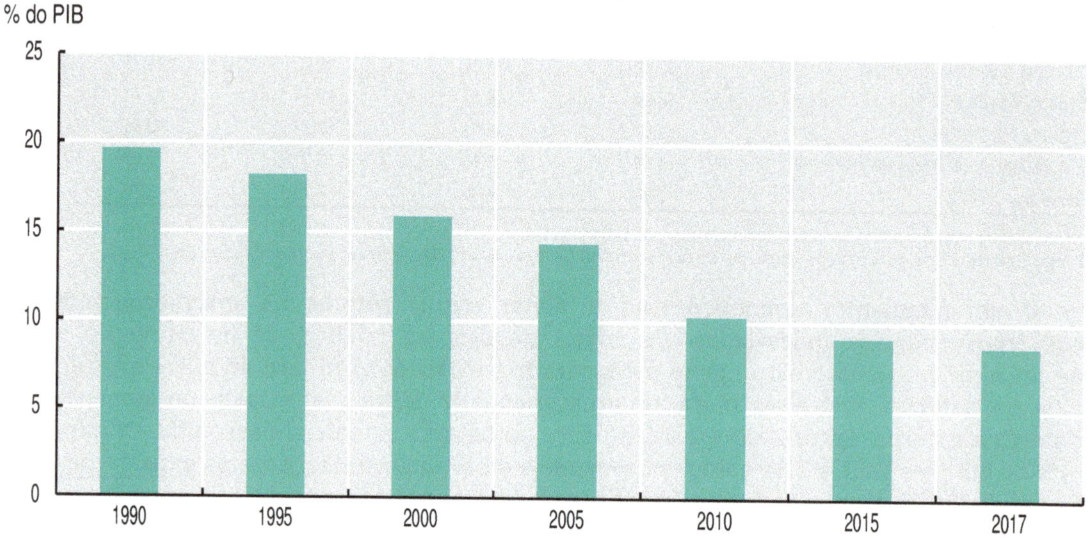

Fonte: Cálculos dos autores com base no Banco Mundial (2019a), *World Development Indicators* (base de dados).
StatLink ᴹˢᴾ https://doi.org/10.1787/888933967074

A dependência de recursos naturais não processados está a minar a capacidade de diversificação e a complexidade da indústria da África Austral. A literatura sobre os processos de transformação produtiva sugere que a diversidade industrial pode explicar as diferenças no rendimento *per capita* e no crescimento económico entre países (Hausmann et al., 2011). Foi demonstrado que países com uma classificação baixa no Índice de Complexidade Económica (ECI, Economic Complexity Index) se especializam, em geral, em produtos também com uma classificação baixa no Índice de Complexidade de Produto (PCI, Product Complexity Index). De igual modo, os países com uma classificação elevada no ECI tendem a especializar-se em produtos com um PCI elevado. Ocupando os últimos lugares da classificação do ECI, a África Austral tem algumas das economias menos complexas do mundo (ver Tabela 2.4). Contudo, a África do Sul está bem classificada em termos de complexidade económica, uma vez que exporta muitos tipos diferentes de produtos, relativamente sofisticados, que apenas são produzidos por um pequeno número de outros países com uma estrutura de diversificação das suas capacidades produtivas semelhante. Os restantes países exportam uma pequena variedade de produtos que também são produzidos por muitos outros países (ou seja, têm cabazes de exportações essencialmente compostos por um pequeno grupo de produtos omnipresentes).

Tabela 2.4. **Complexidade económica e de produtos na África Austral**

	Índice de Complexidade Económica	Produto líde de exportação	Índice de Complexidade de Produto
Lesoto		Diamantes	-0.972
Essuatíni		Misturas de substâncias odoríferas	-0.055
Malawi	-1.380	Tabaco não manufaturado	-1.920
Zâmbia	-1.270	Cobre refinado	-1.730
Moçambique	-1.210	Alumínio forjado	-1.120
Angola	-1.130	Óleos de petróleo	-2.280
Zimbabwe	-1.010	Tabaco não manufaturado	-1.920
Botswana	-0.802	Diamantes	-0.972
Namíbia	-0.435	Diamantes	-0.972
África do Sul	-0.181	Ouro	-2.080

Nota: Os dois índices apresentam valores positivos e negativos. Um Índice de Complexidade Económica negativo significa que o país produz produtos comuns que são fáceis de produzir. Um Índice de Complexidade de Produto negativo indica um baixo nível de transformação ou de valor acrescentado.
Fonte: Harvard University (2019), *Atlas of Economic Complexity* (base de dados).

A transformação produtiva não será fácil

O conjunto de capacidades produtivas da África Austral não será facilmente adaptado à produção de outros bens. A região ainda tem de dar um grande salto no sentido de produzir produtos essenciais mais sofisticados e intrinsecamente ligados. Isto é sugerido pela ilustração da rede de todos os bens exportados a nível mundial (conhecida como "espaço de produto"). Os países apresentam uma homogeneidade considerável, o que reflete a dependência de um pequeno grupo de produtos extrativos ou primários não processados que se situam na periferia do espaço do produto mundial. A sua ligação aos restantes produtos é débil em termos de requisitos comuns de capacidade.

O Lesoto e a África do Sul são as duas exceções, pois ambos desenvolveram capacidades na produção de produtos próximos do centro de determinadas redes mundiais. Para além de aumentar a gama de produtos de exportação com vantagem competitiva comprovada, o Lesoto desenvolveu capacidades em vestuário e produtos de lã e algodão que se posicionam próximo do centro da rede mundial (ver Figura 2.3). Tal deve-se em parte à atratividade do Lesoto enquanto centro de exportação de têxteis para os Estados Unidos, em particular, graças ao investimento de empresas estrangeiras, uma vez que o Lesoto beneficia da Lei do Crescimento e Oportunidade Africanos (ver Caixa 2.5). Enquanto quatro dos cinco principais produtos do cabaz de exportações da África do Sul são da indústria de extração mineira e se posicionam na periferia dos respetivos espaços de produtos, a emergente indústria automóvel sul-africana e as indústrias associadas situam-se próximo do centro da rede, o que sugere capacidades relacionadas com outros produtos sofisticados.

Figura 2.3. **Espaço de produto no Lesoto e na África do Sul**

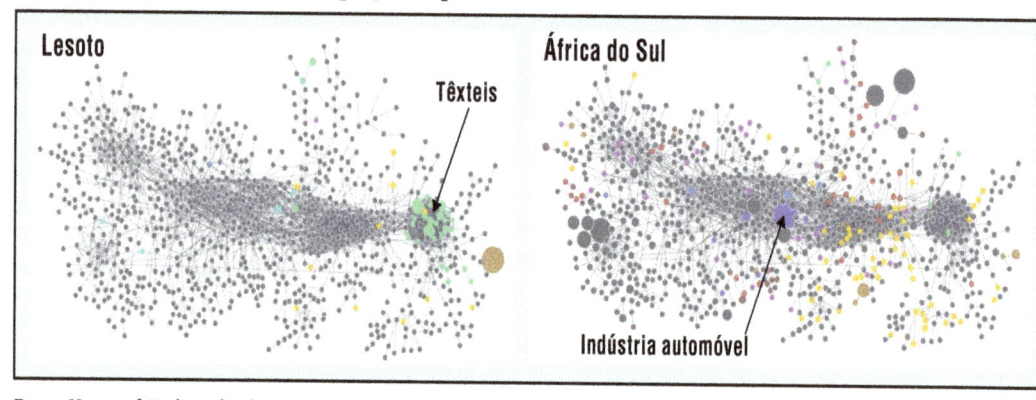

Fonte: Harvard University (2019), *Atlas of Economic Complexity* (base de dados).

É pouco provável que as capacidades produtivas da região estimulem a produção de produtos mais complexos num futuro próximo. A entrada pela primeira vez em mercados de exportação é um grande desafio para muitas empresas nos países em desenvolvimento, uma vez que exige novas competências e conhecimentos (Humphrey, 2004). Os gráficos de viabilidade da África Austral caracterizam-se por uma curva ascendente da distribuição de produto ao longo do eixo complexidade-distância. Isto sugere que quanto mais complexos se tornam os produtos, maior a distância entre os produtos existentes e as capacidades necessárias para produzir produtos mais complexos. A simplicidade dos produtos atualmente produzidos pode indicar uma fragilidade da base de conhecimento e a ausência das competências e infraestruturas necessárias para passar a produzir produtos mais sofisticados.

As políticas industriais harmonizadas são recentes

Ao longo do tempo, os países da África Austral foram alternando entre políticas industriais estruturalistas e neoclássicas. A Caixa 2.1 realça a evolução da política industrial na África Austral e mostra que uma política de industrialização regional harmonizada constitui uma abordagem relativamente recente que ainda deve ser testada.

Caixa 2.1. **Política industrial na África Austral**

No início do período pós-independência, as políticas industriais da região seguiram sobretudo as premissas da escola de pensamento estruturalista ancoradas no ideal de uma gestão pública da economia. A política industrial foi reforçada por políticas comerciais orientadas para a substituição de importações no sentido de estimular a indústria nacional com base no argumento da indústria nascente. Os governos participaram diretamente na economia como produtores através da propriedade de empresas em setores ou atividades-chave (por ex. a nacionalização da extração de cobre na Zâmbia).

Com o advento dos programas de ajustamento estrutural, a política industrial no período de 1980 – 2000 foi dominada por políticas baseadas na ortodoxia neoclássica que reconhece as virtudes da liberalização dos mercados e da livre formação dos preços. Contudo a liberalização do acesso ao mercado, do câmbio internacional e dos mercados financeiros despoletou uma vaga de desindustrialização na região, uma vez que a indústria local não foi capaz de competir com a entrada de importações baratas.

Caixa 2.1. **Política industrial na África Austral** *(cont.)*

A partir de 1990, a política industrial passa a ser encarada no contexto da integração regional. Uma série de protocolos e instrumentos assumiram a necessidade da integração regional e industrialização na África Austral, incluindo o Tratado da Comunidade de Desenvolvimento da África Austral (SADC, Southern African Development Community), o Plano Indicativo de Desenvolvimento Estratégico Regional (RISDP, Regional Indicative Strategic Development Plan) e o Protocolo sobre o Comércio da SADC. O RISDP também apela a políticas de industrialização específicas, centradas na promoção de ligações industriais e na utilização eficiente dos recursos regionais, através de uma maior criação de valor. Em 2008 e no quadro da União Africana, os Estados-Membros da SADC adotaram o Plano de Ação para o Desenvolvimento Industrial Acelerado de África.

A adoção recente da *Estratégia e Quadro de Referência da Industrialização da SADC (2015-63)* (SACD, 2015) reposicionou a industrialização no centro dos esforços de desenvolvimento da região. A estratégia "está ancorada em três pilares estratégicos [supostamente] interdependentes e complementares – a industrialização como motor da transformação económica; a promoção da competitividade e o aprofundamento da integração regional. A estratégia define três potenciais trajetórias de crescimento – transformação agrícola; beneficiação mineral, transformação a montante e indústria extrativa; e cadeias de valor impulsionadas pelos serviços" (Tralac, 2017). A implementação desta estratégia requer que sejam ultrapassados determinados desafios, nomeadamente:

- **Financiamento** – como mobilizar recursos à luz das projeções que apontam para a necessidade de aumentar consideravelmente o investimento no período entre 2015-30, de 23% (2014) para 41.3% do PIB. A manterem-se as taxas de poupança atuais haverá um défice de financiamento equivalente a 18.2% do PIB.

- **Processo de desenvolvimento da indústria** – como identificar, trabalhar com e apoiar industriais e investidores para que desenvolvam novas atividades de maior valor acrescentado.

- **Análise da cadeia de valor** – como os decisores empresariais e políticos podem identificar e priorizar pontos de entrada nas cadeias de valor e como estes podem ser partilhados com as cadeias de valor da região. Como conseguir consensos entre os países membros sobre as áreas de intervenção pública prioritárias e o alcance dessas intervenções.

- **Quadro institucional** – como coordenar os esforços do setor público e privado para eliminar os constrangimentos infraestruturais, institucionais e financeiros ao desenvolvimento de cadeias de valor.

A África Austral deverá aumentar a sua produtividade e competitividade

A **produção industrial domina as exportações da África Austral** representando em média cerca de 40% do conjunto das exportações da região (CNUCED, 2018). Contudo, entre 2000 e 2016, os países da África Austral estagnaram no Índice de Desempenho Industrial Competitivo, situando-se, em média, entre o 102.º e o 104.º lugar entre 138 países. Uma decomposição do Índice de Desempenho Industrial Competitivo revela uma interação complexa e difícil entre três principais impulsionadores: produtividade, mudança estrutural e competitividade. A capacidade da região de produzir e exportar aumentou desde 2000, como o demonstra o crescimento *per capita* do valor acrescentado industrial e das exportações da indústria transformadora. Contudo, em 2016, a percentagem de matérias-primas da África Austral produzidas com tecnologia média a alta representou apenas 11.96% do valor acrescentado industrial da região e 25.90% das exportações da indústria transformadora (ONUDI, 2018) (ver Tabela 2.5).

A indústria da África Austral tem-se tornado, em termos gerais, menos competitiva. Isto deve-se a um declínio do impacto da região na produção e comércio mundiais, o que indica um crescimento mais rápido da produção industrial de outras regiões do mundo. A economia líder da região, a África do Sul, estagnou num nível médio alto do Índice de Desempenho Industrial Competitivo devido à desindustrialização que assolou a região do Vaal. Os únicos três países que melhoraram a sua classificação (Angola, Malawi e Moçambique) mantiveram-se no quintil inferior.

Tabela 2.5. **Desempenho competitivo da indústria na África Austral, 2000-16**

Dimensão	Indicador	2000	2016
Capacidade de produzir e exportar	Valor acrescentado industrial per capita (Dólares)	323.88	431.29
	Exportações da indústria transformadora per capita	367.37	639.13
Modernização e aprofundamento tecnológico	Peso dos valores de tecnologia média a alta no valor acrescentado industrial regional (%)	9.90	11.96
	Peso do valor acrescentado industrial da tecnologia média a alta nas exportações da África Austral	15.07	25.90
	Peso do valor acrescentado industrial na produção total da região	12.68	11.89
	Peso da região no comércio mundial de produtos industriais (%)	0.49	0.55
Impacto na produção e no comércio mundiais	Peso da África Austral no valor acrescentado industrial mundial (%)	0.60	0.56
	Peso das exportações da indústria transformadora (%)	48.10	45.73

Fonte: ONUDI (2018), *Competitive Industrial Performance Index* (base de dados).

É essencial aumentar o acesso a infraestruturas

A África Austral necessita de melhorar os corredores de desenvolvimento e usá-los para abrir as áreas rurais ao desenvolvimento. Embora os países da África Austral não estejam entre os 75 primeiros países em termos de qualidade das infraestruturas, que constituem o alicerce da logística de baixo custo, a região tem melhores infraestruturas rodoviárias do que os seus pares (ver Tabela 2.6). A África Austral apresenta uma série de investimentos em infraestruturas transregionais, incluindo o Corredor Trans-Kalahari que liga Walvis Bay a Windhoek na Namíbia central, passando pelo Botswana, Joanesburgo e Pretória. Os países de menor dimensão tiraram partido da sua posição geográfica estratégica para estruturar as suas principais atividades económicas ao longo dos principais corredores, como o Corredor Mbabane-Manzini no Essuatíni. Assegurar a ligação rural-urbana e o serviço multimodal é igualmente fundamental. O Corredor de Desenvolvimento de Maputo, que liga a região de Gauteng na África do Sul ao porto de águas profundas de Maputo em Moçambique, é um exemplo de uma infraestrutura integrada que promove a ligação das áreas rurais. É também multimodal, integrando transporte rodoviário, ferroviário e marítimo.

A indústria das tecnologias de informação e comunicação (TIC) e os governos eletrónicos na África Austral estão a crescer lentamente face à capacidade e aos níveis de rendimento da região. As relativamente elevadas tarifas da região, a reduzida penetração da banda larga e a baixa velocidade da *internet* constrangem o crescimento da indústria das TIC. Estes constrangimentos contribuem ainda para um desenvolvimento lento das aplicações de governo eletrónico, dificultando e tornando mais caro o acesso dos cidadãos aos serviços públicos. A penetração da banda larga móvel varia entre um mínimo de 13.8 por 100 pessoas na Zâmbia e um máximo de 62 por 100 pessoas na Namíbia. A conectividade na região também é baixa, tendo em conta que a *internet* de banda larga na África do Sul (147kb/s/utilizador) é, pelo menos, 30 vezes superior à do Lesoto, Malawi e Zâmbia que é, em média, inferior a (5 kb/s/utilizador) (FEM, 2018).

Tabela 2.6. Classificação da qualidade das infraestruturas na África Austral, 2018

	Infraestrutura global	Infraestrutura de transportes			Infraestrutura de energia e telefone	
		Estradas	Ferrovias	Aeroportos	Eletricidade	Telefones móveis
Namíbia	45	23	50	57	46	97
África do Sul	59	29	40	10	112	15
Botswana	77	62	51	89	108	9
Essuatíni	81	39	N/apl.	N/apl.	98	122
Lesoto	97	99	N/apl.	138	105	90
Zâmbia	100	85	74	107	120	125
Zimbabwe	111	101	84	107	124	115
Moçambique	123	133	78	118	118	126
Malawi	125	112	94	136	125	138

Nota: N/apl. = não aplicável. Dados não disponíveis para Angola.
Fonte: FEM (2018), *Global Competitiveness Report 2018.*

As insuficiências do sistema energético estão entre as principais razões para o baixo crescimento da produtividade e para a reduzida competitividade da África Austral. A região carece de uma oferta de energia capaz de servir a crescente produção industrial e assegurar o acesso à energia a uma população em contínuo crescimento. Embora a produção de eletricidade tenha, globalmente, aumentado, situa-se ainda no mesmo nível *per capita* de 2007 devido ao crescimento demográfico. A África do Sul, que representa mais de 80% da capacidade de geração de eletricidade da África Austral (67 GW), ocupa o 112.º lugar em termos mundiais no que diz respeito à qualidade do fornecimento de eletricidade (FEM/BM/BAfD, 2017). Nos últimos anos o país enfrentou apagões programados ou reduções de carga. A empresa pública de eletricidade da África do Sul, Eskom, debate-se com a necessidade de dar resposta ao aumento da procura e enfrenta dificuldades em cumprir o serviço da sua dívida, face ao aumento dos preços do carvão em cerca de 50% ao longo dos últimos dez anos (BBC, 2019). A Caixa 2.2 apresenta os esforços regionais para lidar com as falhas de energia.

Caixa 2.2. Grupo de Energia da África Austral

Na sequência da adoção do Protocolo de Energia da SADC, em 1996, os países da SADC criaram o Grupo de Energia da África Austral (SAPP) para facilitar o estabelecimento e o desenvolvimento de um sistema elétrico interligado, a centralização e a comercialização de eletricidade. A partir de 2018, o SAPP conta com 17 membros: 12 empresas públicas de eletricidade, 2 empresas independentes de transporte e 3 produtores independentes de eletricidade.

Para além de facilitar a ligação entre os seus membros, foram desenvolvidos esforços para o estabelecimento de mercados de energia competitivos. Em 2001, estabeleceu-se um mercado de eletricidade de curto prazo, seguido da criação de um mercado de eletricidade concorrencial em 2004. Recentemente, o SAPP introduziu um mercado do dia anterior, um mercado intradiário e mercados a prazo, tanto semanais como mensais.

Caixa 2.2. **Grupo de Energia da África Austral** (cont.)

Embora estes desenvolvimentos tenham deslocado o mercado da eletricidade para um mercado de trocas instantâneas, a integração das novas formas de comercialização tem sido lenta e uma parte significativa da comercialização ainda ocorre fora da plataforma de mercado concorrencial, com base em acordos bilaterais preexistentes. Em 2018, numa região com uma capacidade instalada de 67 GW, os 2.15 GW comercializados no mercado concorrencial representaram apenas 9% da eletricidade oferecida (24.13 GW), 47% da eletricidade procurada pelo mercado (4.53 GW) e 23% do comércio de eletricidade global do SAPP. À semelhança do comércio de mercadorias, a África do Sul (Eskom) domina a comercialização de eletricidade, sendo responsável por 88% das exportações. A Namíbia, o Zimbabwe e o Essuatíni são os principais importadores líquidos, sendo responsáveis por 37%, 25% e 18% das importações de eletricidade do SAPP, respetivamente.

A região está a depositar grande esperança no projeto Grand Inga no rio Congo, na parte ocidental da República Democrática do Congo. Quando for concluído, será a maior barragem hidroelétrica do mundo com um enorme potencial de geração de energia. Atualmente, o SAPP tem mais de dez projetos de interligação, para o que tem procurado associar membros não operacionais e interligar-se com o Grupo de Energia da África Oriental através da Tanzânia, com o objetivo de chegar ao Quénia.

Fonte: SAPP (2018), Annual Report.

Propostas de medidas para resolver os défices em infraestruturas da África Austral

Resolver os défices em infraestruturas é fundamental para aumentar a produtividade e tornar a indústria da África Austral mais competitiva a nível mundial. Para tal, é necessário:

- Encorajar o Fundo de Infraestruturas da SADC a dar prioridade aos investimentos em infraestruturas, em especial, no sector da eletricidade, e em particular ao nível da capacidade de geração e das interligações aos restantes países não operacionais. Até o fundo estar plenamente operacional, o Banco de Desenvolvimento da África do Sul precisará apoiá-los enquanto instituição financeira seminal.

- Realizar reformas para aumentar os investimentos em infraestruturas de banda larga móvel e fixa, reforçar a concorrência entre fornecedores de serviços de *internet* e melhorar a qualidade e reduzir o preço dos serviços de TIC. As reformas devem encorajar a concorrência, liberalizando a entrada no setor e controlando acordos colusivos de preços entre fornecedores de serviços de telecomunicações através de regulação adequada.

- Através do SAPP, eliminar barreiras menos agressivas à entrada, tanto na geração como na comercialização de energia, incluindo a fixação de tarifas que reflitam os custos para sustentar os atuais níveis de geração e a realização de manutenções de rotina. O fortalecimento das capacidades para negociar acordos de aquisição de energia poderá ajudar os produtores independentes de energia a entrar no setor energético.

É necessário desenvolver competências para melhorar a produtividade e a competitividade

A África Austral carece da mão-de-obra qualificada necessária para manter a competitividade dos setores tradicionais e desenvolver novas indústrias. A disponibilidade de trabalhadores qualificados e a capacidade de gestão são fatores críticos para a produtividade e a competitividade internas e para as decisões de investimento no caso de empresas estrangeiras. Em média, os países da região não estão classificados entre os 100 primeiros em termos de qualidade da educação superior e da aptidão tecnológica, e também não estão entre os 90 primeiros em matéria de capacidade de inovação (Tabela 2.7). Estes dados refletem a falta de capacidade científica e técnica para adotar ou adaptar soluções tecnológicas com o nível e os padrões requeridos pelas empresas multinacionais. A exceção é a África do Sul, que ocupa o 77.º lugar no acesso à educação superior com universidades cotadas entre as melhores universidades africanas. Quatro das suas universidades (Universidade da Cidade do Cabo, Universidade Wits, Stellenbosch e Universidade de KwaZulu-Natal) estão entre as 500 principais universidades do mundo. Na África do Sul, as políticas do governo e o investimento na promoção de inovação criaram um ambiente mais propício ao desenvolvimento de competências tecnológicas e à inovação. A África do Sul dispõe de um elevado número de incubadoras para start-ups locais, entre as quais se incluem *Jozihub, Cape Town Garage, Black Girls Code, Shanduka Black Umbrellas, Raizcorp e The Innovation Hub* (BAfD/OCDE/PNUD, 2017).

Tabela 2.7. Educação superior, aptidão tecnológica e inovação na África Austral

	Educação superior	Aptidão tecnológica	Capacidade de inovação
África do Sul	77	49	35
Botswana	88	86	84
Namíbia	110	87	74
Zâmbia	120	115	66
Lesoto	119	123	111
Zimbabwe	115	120	129
Moçambique	135	127	117
Malawi	131	135	120
África Austral	**112**	**105**	**92**

Fonte: FEM (2018), *Global Competitiveness Report* 2018.

A África Austral necessita de expandir e melhorar os programas de ensino técnico e formação profissional para colmatar as lacunas em matéria de competências. Os investimentos em cursos de ensino técnico e formação profissional podem contribuir bastante para aumentar a base de competências necessárias para a industrialização. O Banco Mundial (2018a) estima que o crescimento da procura de trabalhadores e gestores qualificados ultrapasse o crescimento da oferta em muitas partes do mundo num futuro próximo. E de facto, as tendências de evolução vão na direção contrária: entre 2008 e 2016, a disponibilidade de cientistas e engenheiros diminuiu em muitos países africanos (FEM, 2018).

As taxas de inscrição em programas de ensino técnico e formação profissional em África não só se encontram abaixo da média mundial, como diminuíram entre 2000 e 2014 (Banco Mundial, 2018a). Esta evolução ficou a dever-se em parte a atitudes culturais segundo as quais o ensino técnico e a formação profissional têm menos prestígio e um estatuto social inferior ao de outras opções de educação superior. Contudo, também resulta da insuficiência de financiamento de cursos de ensino técnico e formação profissional em resultado da baixa prioridade atribuída a estas opções. Na África do Sul, apenas 7.3% dos alunos do ensino secundário estão inscritos em cursos profissionais, por comparação com o Egito, onde esta percentagem é de 21%.

Propostas de medidas para criar a base de competências

O desenvolvimento de competências e de capacidades requer investimentos substanciais, em especial em educação, inovação, capacitação institucional e ativos físicos para criar economias de conhecimento fortes. A criação de uma base de competências na região requer políticas públicas que:

- Criem instrumentos financeiros e não financeiros para apoiar a inovação privada, promover a transferência de tecnologia, encorajar o empreendedorismo e facilitar a colaboração entre instituições públicas de investigação, instituições de desenvolvimento e empresas.
- Promovam o desenvolvimento de centros regionais de excelência (tendo em conta os segmentos de excelência existentes) para fomentar a inovação, o desenvolvimento e a transferência de tecnologia na região.

A região precisa facilitar o acesso ao financiamento

Uma grande parte da atividade industrial na África Austral ocorre entre pequenas e médias empresas da indústria transformadora (PME). Em África, as PME são o alicerce da economia, representando mais de 95% de todas as empresas e sendo responsáveis por dois terços de todo o emprego formal a tempo inteiro (SADC/OCDE, 2017). Contudo, as PME enfrentam constrangimentos importantes, sejam eles de mercado ou exteriores ao mercado, nomeadamente ao nível do acesso ao financiamento em instituições financeiras formais. Em muitos países da África Austral as taxas de acesso são baixas e inferiores à média da África Subsariana (22.6%). O financiamento é classificado como um dos três principais constrangimentos à realização de negócios em todos os países da região, exceto no Botswana. E é o principal constrangimento no Lesoto, Malawi, Namíbia e Zâmbia (FEM, 2018, com base no estudo *Doing Business* do Banco Mundial). A África do Sul dispõe de um sistema financeiro bem desenvolvido e sofisticado, mas menos de 5% das suas pequenas empresas recorrem a instituições financeiras formais para obterem financiamento. O seu acesso ao crédito é limitado pela falta de produtos financeiros adequados na oferta dos bancos e pelas dificuldades dos pequenos empresários apresentarem as suas necessidades de financiamento às instituições financeiras (Banco Mundial, 2018b).

A aversão ao risco e as limitações dos sistemas financeiros provocaram a exclusão financeira das PME, limitando a sua capacidade de diversificação. Em economias de menores dimensões, as limitações dos sistemas financeiros fazem com que os bancos prefiram financiar o comércio ou a indústria com uma rotação de vendas mais rápida. Conforme apresentado na Caixa 2.3, no Malawi, os bancos favorecem as grandes empresas orientadas para as exportações. Evidências recentes também sugerem que devido à ausência de financiamento preliminar dos projetos, mesmo quando está disponível financiamento para a implementação de projetos, os países na região confrontam-se com a falta de projetos que sejam financeiramente viáveis, de acordo com os critérios bancários (Markowitz et al., 2018). Os países precisam de intervenções de financiamento industrial transregionais, em especial, intervenções orientadas para a promoção de ligações industriais transfronteiriças e para dar resposta às necessidades das PME.

É possível retirar lições do programa de aconselhamento pós-empréstimo da PME da Namíbia, que alargou o acesso financeiro das PME mitigando o risco através da prestação de serviços de apoio ao desenvolvimento empresarial. Os dois principais bancos comerciais da Namíbia, o *Development Bank of Namibia* e o *Bank Windhoek*, asseguram às PME o acesso a financiamento em condições generosas. Este financiamento está associado a um programa de aconselhamento e assistência pós-empréstimo para melhorar as competências de gestão empresarial dos empreendedores com vista a diminuir o risco de incumprimento do empréstimo (BAfD/OCDE/PNUD, 2017).

Propostas de medidas para facilitar o acesso a financiamento

Facilitar o acesso a financiamento requer políticas públicas que:

- Assegurem um acesso integrado a serviços financeiros que combinem o acesso ao financiamento com serviços de consultoria e gestão empresarial. A experiência da

Namíbia mostra que o acesso ao financiamento é necessário, mas não é suficiente para sustentar um negócio na ausência de outras competências de gestão.

- Estimulem as instituições financeiras de desenvolvimento nacionais a alargar o seu mandato, de modo a incluir iniciativas de capacitação regional que apoiem o desenvolvimento de mais infraestruturas regionais, assim como a apropriação e a participação regionais.

- Implementem programas inovadores liderados pelo setor privado para mitigar os estrangulamentos ao acesso financeiro. Um bom exemplo é a iniciativa da *Johannesburg Stock Exchange* (JSE) que estabeleceu a primeira plataforma de negociações para PME em 2003. Desde então foram cotadas mais de 120 empresas, um quarto das quais se "qualificaram" para a Administração da JSE. Outras bolsas na região adotaram a iniciativa (BAfD/OCDE/PNUD, 2017).

- Criem intervenções regionais de financiamento industrial que promovam as ligações transfronteiriças e se adequem à especificidade das PME. Estas intervenções deveriam incluir também um mecanismo de financiamento da preparação do projeto para gerar e sustentar a produção de projetos financeiramente viáveis.

Caixa 2.3. O acesso ao financiamento para as pequenas e médias empresas do Malawi

No Malawi, o acesso ao crédito é o primeiro obstáculo à realização de negócios. O acesso a crédito não é apenas baixo (26.7%), mas os credores favorecem grandes empresas em detrimento de PME e empresas estrangeiras ou empresas exportadoras em detrimento de empresas orientadas para o mercado nacional. O acesso ao financiamento é ainda dificultado por garantias com requisitos mais onerosos. Cerca de 93% nos empréstimos no Malawi requerem garantia, e o valor da garantia necessária é, em geral, três vezes o valor do empréstimo. Existe muito pouca relação, se alguma, entre o valor dos requisitos dos empréstimos e o crédito mal parado.

Uma consequência desta estrutura de financiamento é que as PME no Malawi dependem fortemente dos seus próprios fundos para financiar o investimento. Cerca de 66% do total dos investimentos são financiados pelas próprias empresas, 33% por bancos e 1% por crédito de fornecedores, capital próprio ou venda de ações.

Fonte: Banco Mundial (2017), *Malawi Investment Climate Assessment (ICA): A Review of Challenges Faced by the Private Sector*.

É necessário reforçar as complementaridades regionais

A África Austral apresenta uma diversidade limitada e níveis elevados de concentração no comércio internacional. O baixo nível de diversificação das exportações na região reflete os elevados níveis de dependência de produtos de base, que o super ciclo de *commodities* dos anos de 2000 intensificou em muitos países. A África do Sul é o país mais diversificado da região com um cabaz de exportações de mais de 100 produtos. Angola e o Botswana, a segunda e quarta maiores economias da região, têm as economias menos diversificadas com os principais produtos de exportação, petróleo e diamantes, respetivamente, representando mais de 95% das suas exportações (ver Figura 2.4). A maioria das economias de menores dimensões apresenta cabazes de exportações comparativamente mais diversificados (por ex. Lesoto e Namíbia). As economias com níveis de rendimentos mais baixos dependem de um ou dois produtos agrícolas. No Malawi, por exemplo, o tabaco não processado e o chá continuam a ser os principais produtos de exportação, enquanto a Zâmbia continua a depender das suas exportações de cobre.

Figura 2.4. **Concentração de exportações na África Austral, 2016**

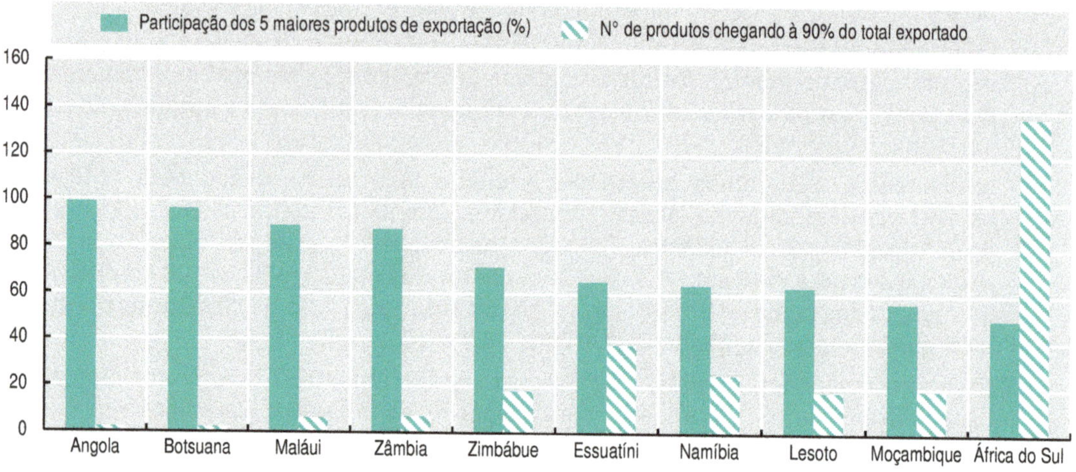

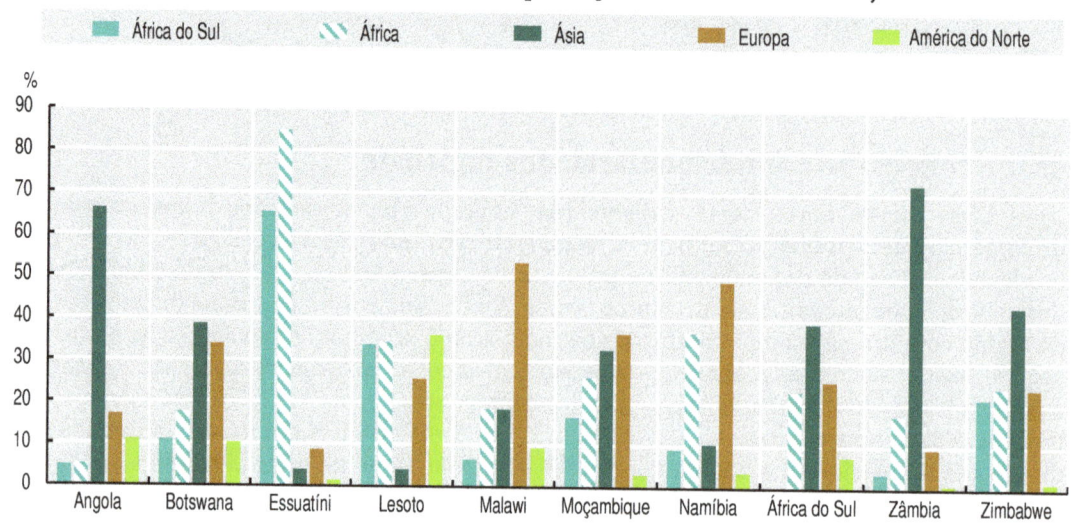

Fonte: CUA/OCDE (2018), "Anexo estatístico", em *Africa's Development Dynamics 2018*.
StatLink ᴍꜱᴾ https://doi.org/10.1787/888933967093

Com exceção da África do Sul, os países na região não produzem os bens que os outros países da África Austral procuram, o que resulta numa baixa complementaridade regional. Embora a África do Sul seja responsável por mais de 80% do comércio intra-africano da região, este último tem um peso reduzido no comércio externo da África do Sul (11%). O excedente comercial da região com o resto mundo, de USD 30.1 mil milhões, é inteiramente atribuível à África do Sul e à Angola, com USD 21.1 mil milhões e USD 15.3 mil milhões, respetivamente. Na última década, a Ásia ultrapassou a Europa e a América do Norte como principal fonte de importações e destino de exportações da região. A China emergiu recentemente como o principal destino de exportações de Angola (66%) e da Zâmbia (72%) e representa mais de 35% das importações de Angola, Malawi, Moçambique e Zimbabwe (ver Figura 2.5). Em conclusão, o reduzido comércio intrarregional traduziu-se numa ausência de ligações e num baixo estímulo à industrialização com base na complementaridade regional.

Figura 2.5. **Destinos das exportações da África Austral, 2016**

Fonte: Cálculos dos autores com base no Banco Mundial (2019a), *World Development Indicators* (base de dados).
StatLink ᴍꜱᴾ https://doi.org/10.1787/888933966713

A transformação da indústria da África Austral requer o reforço das complementaridades regionais através da criação de um mecanismo de financiamento de bens públicos regionais e de apoio ao desenvolvimento de indústrias de ligação no setor mineração.

A África Austral deve criar um mecanismo para o financiamento de bens públicos regionais

A África Austral incorre em custos elevados com o transporte terrestre do comércio regional devido, em grande medida, a constrangimentos concorrenciais e a limitações estruturais. Um desequilíbrio nos fluxos de produção e comércio entre os países da região resulta numa utilização reduzida dos veículos que circulam na região e aumenta os custos. Por exemplo, na estrada Lusaca-Joanesburgo, o volume de mercadorias importadas é cerca do dobro das mercadorias que viajam em sentido contrário, sobretudo devido à ausência de carregamentos no regresso dos camiões, após a entrega das mercadorias (Vilakazi, 2018). Por outro lado, os camionistas regulares não conseguem competir com as grandes empresas de logística integrada que têm um acesso exclusivo aos grandes produtores e clientes. Estas empresas dispõem de capacidade em termos de frota, armazenamento, entrepostos, unidades de refrigeração e tecnologia de gestão da cadeia de fornecimento, dominando eficazmente alguns segmentos do mercado e limitando a concorrência. Por exemplo, o maior retalhista da África do Sul, a *Shoprite*, internaliza as funções de logística através de uma empresa associada, a *Freshmark*. Esta utiliza preferencialmente um conjunto de transportes da África do Sul para exportar bens, restringindo na prática o acesso de outros operadores de transportes (Vilakazi, 2018).

Tabela 2.8. Classificação da qualidade das alfândegas, logística e pontualidade na África Austral

	Procedimentos aduaneiros	Qualidade e competência da logística	Pontualidade
África do Sul	18	22	24
Botswana	48	75	43
Namíbia	73	86	85
Moçambique	88	109	97
Zâmbia	119	114	124
Angola	157	128	141
Zimbabwe	144	141	158
Lesoto	151	138	150

Nota: Classificação baseada em 160 países.
Fonte: Banco Mundial (2019b), *Logistics Performance Index* (base de dados).

Os estrangulamentos regulamentares e administrativos impõem custos adicionais ao comércio e aos transportes regionais. Os países da África Austral não estão entre os 100 primeiros países em termos de eficiência dos serviços aduaneiros. Estes serviços afetam a qualidade e a competência dos serviços logísticos e até mesmo a sua pontualidade (ver Tabela 2.8). Para países fora da União Aduaneira da África Austral, a África Austral não dispõe de uma plataforma comum para o desalfandegamento prévio e generalizado de mercadorias. Os constrangimentos à interoperabilidade e conectividade dos sistemas de desalfandegamento dos vários países são ainda agravados pela existência de fronteiras que não operam 24 horas por dia, o que leva a aumentos das filas nas fronteiras e dos tempos de trânsito das mercadorias. Em 2015, os transportadores estimavam os custos com os atrasos na fronteira entre a África do Sul e o Zimbabwe em pelo menos USD 400 por dia, em horas adicionais dos camionistas, subsídios para pequenas despesas, custos com estacionamento e oportunidades de negócio perdidas devido às viagens de ida e volta mais demoradas (Vilakazi, 2018).

Propostas de medidas para o financiamento de bens públicos regionais

A África Austral pode beneficiar de políticas públicas que reduzam o tempo de transporte e de desalfandegamento das mercadorias na fronteira, bem como os prazos de liquidação de faturas no comércio internacional. Para o efeito, a região deve considerar as seguintes ações:

- Dar prioridade a investimentos no sentido de melhorar a eficiência dos procedimentos aduaneiros, de aliviar os estrangulamentos regulamentares e de melhorar a eficácia dos sistemas administrativos. Isto deverá incluir a simplificação dos processos nas fronteiras através da criação de postos fronteiriços únicos e da uniformização, automatização e associação da documentação aduaneira e de imigração, de forma evitar os longos períodos de tempo despendidos por comerciantes e viajantes nas fronteiras. A SADC pode aproveitar o exemplo do sistema de preenchimento eletrónico para o pagamento de impostos da África do Sul e aprender com a experiência dos países da África Oriental na implementação de sistemas eletrónicos de janela única.

- Explorar medidas que aumentem a concorrência, aumentem a utilização do parque de veículos disponíveis e reduzam o alinhamento de preços ou a proteção dos mercados de transporte nacionais através de preços fixados por via administrativa. Permitir a entrada, o licenciamento e a circulação de transportadores, assim como harmonizar as regras de comércio e trânsito entre países, pode melhorar a concorrência.

É necessário desenvolver indústrias de ligação do setor da mineração

A integração regional tem um papel importante a desempenhar nas ligações industriais no setor da extração mineira. A maioria dos países da África Austral são economias baseadas na exploração de minérios e minerais. Contudo, estes países dispõem de políticas para promover a ligação da indústria de extração mineira a serviços a montante e a jusante. Embora estas políticas sugiram a existência de uma forte integração regional ao longo das cadeias de valor de extração e de transformação de minérios e minerais, a verdade é que as políticas desenvolvidas individualmente pelos diferentes países para o desenvolvimento de indústrias de ligação têm falhado largamente na integração das dinâmicas regionais (Fessehaie e Rustomjee, 2018). A propriedade pública das empresas que abastecem de bens e serviços as indústrias de extração mineira tem limitado a sua atuação à satisfação da procura dos mineiros locais. A África do Sul dispõe de indústrias de ligação do setor mineiro bem desenvolvidas, dominando o mercado regional de bens de equipamento de mineração (ver Tabela 2.9). As indústrias de extração mineira deverão aprender com o exemplo das empresas sul-africanas, em vez de associar a sua sorte à saúde do sector nos respetivos mercados internos, deverão olhar para a África Austral como um só mercado.

Tabela 2.9. Vendas de equipamento de mineração por empresas sul-africanas na África Austral, 2012-14

	Média em USD milhões	% de aquisições de equipamento de mineração com origem na África do Sul
Zâmbia	589.5	37
Namíbia	494.7	63
Botswana	452.6	73
Moçambique	431.6	42
Rep. Dem. Congo	368.4	48
Zimbabwe	357.9	57
Angola	105.3	13
Tanzânia	94.7	9
Essuatíni	84.2	83
Malawi	63.2	25

Fonte: Com base na Tabela 2 de Fessehaie e Rustomjee (2018), "Resource-based industrialisation in Southern Africa: Domestic policies, corporate strategies and regional dynamics".

Obstáculos estruturais dificultam o desenvolvimento de indústrias de ligação na África Austral. Estudos recentes identificaram quatro barreiras que enfrentam as indústrias de ligação no sector da extração mineira na África Austral:

- Estratégias de contratação das "empresas de mineração", incluindo práticas de subcontratação ou de terceirização das compras para categorias inteiras de bens e serviços (por ex. equipamento de saúde e segurança) a fornecedores que contratam diretamente com fornecedores mundiais.

- Assimetria de informação: [falta de articulação entre] o conhecimento da empresa de mineração quanto ao que está disponível localmente e o conhecimento dos produtores locais quanto à forma de acederem a oportunidades de contratação junto do setor mineiro local.

- "Elevado custo de financiamento do capital circulante e de investimento" para os fornecedores locais.

- "Capacidades tecnológicas reduzidas e mecanismos de garantia da qualidade deficientes" (Fessehaie e Rustomjee, 2018).

A Caixa 2.4 mostra o papel do governo no desenvolvimento das indústrias de ligação a montante e a jusante, incluindo o contributo dos sistemas de educação que asseguram a produção da maior parte das competências técnicas, de engenharia e de gestão requeridas pelos setores da extração e transformação mineiras.

Caixa 2.4. Esforços para o desenvolvimento de ligações no sector extrativo na Zâmbia e no Zimbabwe

A África Austral tem o potencial latente para expandir as indústrias de ligação a montante do sector mineiro, por ex. fornecendo equipamento, veículos todo o terreno, bombas e válvulas. Os bens e serviços a montante exigem baixos níveis de competências, tecnologia e capital e podem ser fornecidos localmente a preços competitivos. Esta situação contrasta com a dos bens e serviços a jusante, por ex. "a beneficiação mineral requer grandes investimentos, tecnologias estrangeiras e pessoal altamente qualificado" (Fessehaie e Rustomjee, 2018).

Na sequência da nacionalização do setor mineiro no final da década de 1960, a Zâmbia desenvolveu indústrias de ligação através de políticas de substituição das importações. Estas políticas foram complementadas por um conjunto de outras medidas que promoveram ligações do sector a montante e a jusante como parte da estratégia de industrialização do país. As políticas promovidas contaram com uma mão-de-obra qualificada, produto de um extenso sistema de ensino técnico e profissional patrocinado pelo setor mineiro.

Os esforços recentes da Zâmbia centram-se no processamento a jusante. A *Non-Ferrous China Africa* está a investir USD 800 milhões em Chambishi numa fundição de cobre, em unidades de produção de ácido e numa unidade de produção de semitransformados de cobre (Fessehaie e Rustomjee, 2018).

Até ao final da década de 1990, o Zimbabwe dispunha de uma economia integrada e diversificada, com um desenvolvimento industrial em torno do setor mineiro. "A indústria transformadora produzia moinhos de bolas, transportadores, material rolante e material circulante, bombas, protetores de cabeça, condutas de ventilação, equipamento elétrico, produtos químicos e explosivos para a mineração" (Jourdan et al., 2012). O setor contou com o apoio de um sistema de educação que produziu a maioria das competências técnicas, de engenharia e de gestão requeridas pelos setores da extração e da transformação de minérios e minerais. No entanto, devido às crises económicas dos anos de 2000, as indústrias de ligação no Zimbabwe entraram em colapso e todas estas capacidades foram afetadas. Grande parte das indústrias de fundição, produção de metais e de maquinaria pesada encerraram e ainda não recuperaram completamente.

Propostas de medidas para as indústrias de ligação do setor mineiro

A região deve considerar as seguintes ações:

• Criar programas empresariais para a África Austral que incluam um mecanismo de financiamento e uma plataforma de informação que estabeleça ligações entre a procura das indústrias de extração mineira e as capacidades dos fornecedores da região. A eficácia desta plataforma de informação exigiria a revisão das políticas de compras e contratação com vista a assegurar um tratamento preferencial aos fornecedores locais, no quadro de uma abordagem integrada e abrangente da política industrial. A iniciativa da Associação dos Fabricantes da Zâmbia de privilegiar os fornecedores locais que pretendam prestar serviços de desenvolvimento empresarial é um exemplo de uma iniciativa positiva.

• Desenvolver currículos abrangentes orientados para a capacitação e apoio de indústrias ligadas ao desenvolvimento do setor mineiro na área da ciência, da tecnologia e da engenharia, bem como da formação técnica e profissional. Esta formação pode ser complementada por uma formação orientada para a gestão específica da indústria, á semelhança do *Zambia Mining Skills and Education Trust*, criado pela Câmara de Minas em 2014. A região também pode aprender com o Quadro para as Qualificações Mineiras do Chile, uma iniciativa do setor privado que informa as instituições de formação sobre as competências necessárias e aconselha os trabalhadores sobre as competências que devem desenvolver (OCDE/CAF/CEPAL, 2014).

A região deve reforçar a participação nas cadeias de valor globais

A participação nas cadeias de valor globais (CVGs) apresenta vantagens e desvantagens que devem ser cuidadosamente ponderadas. A literatura sobre transformação sugere que os países que aumentam mais rapidamente a sua produtividade e a competitividade industriais são os que estão integrados em cadeias de valor globais (Foster-McGregor, Kaulich e Stehrer, 2015). Na medida em que a participação dos países em desenvolvimento nas CVGs envolve fluxos líquidos de investimento direto estrangeiro (IDE), as CVGs podem:

• facilitar a modernização tecnológica e as repercussões positivas associadas

• aumentar os níveis de produtividade, permitindo que os países em desenvolvimento criem vantagens numa pequena série de produtos, muito específicos, sem que disponham de todas as capacidades a montante

• melhorar a qualidade dos produtos devido aos padrões exigidos pelas empresas líderes aos seus fornecedores (Humphrey, 2004).

Em contrapartida, uma vez que as empresas multinacionais que controlam a maior parte das CVGs estão em expansão e a consolidar o seu poder, elas tendem a apropriar-se de uma percentagem cada vez maior dos lucros e a afastar as empresas locais (ECA, 2015). Segundo algumas estimativas, as 500 maiores multinacionais são responsáveis pela maior parte do crescimento das cadeias de valor globais, representando cerca de três quartos do comércio internacional total (Ahmad e Ribarsky, 2014). Mais importante ainda, a percentagem de lucros das empresas multinacionais está a aumentar em atividades intangíveis que são cada vez mais baseadas no conhecimento e nas competências, o que exclui tacitamente muitas empresas da África Austral de participar nas CVGs.

A participação nas cadeias de valor pode iniciar-se a nível regional e evoluir para um nível mundial. A questão para a África Austral não consiste em participar, mas sim em como melhorar as cadeias de valor regionais e onde entrar nas CVGs.

É necessário aprofundar a integração regional

A Zona Tripartida de Comércio Livre (ZTCL) e a Zona de Comércio Livre Continental (ZCLC) podem aumentar grandemente o comércio regional e a participação nas cadeias de valor da África Austral. Os países da África Austral assumiram há muito tempo um compromisso com o comércio baseado no investimento e com a integração económica e industrial regional, mas as duas iniciativas recentes prometem atualizar esse compromisso. A ZTCL, lançada em 2013, visa ligar três comunidades económicas regionais: a SADC, o Mercado Comum da África Oriental e Austral e a Comunidade da África Oriental. A iniciativa deu prioridade à integração regional, em especial à eliminação das barreiras comerciais e à livre circulação de profissionais e homens de negócios. A ZTCL constituiu um dos principais alicerces da ZCLC. Esta última iniciativa foi lançada em 2015 para unir todo o continente num espaço de comércio livre, inspirada pela Agenda da União Africana de 2063. A ZTCL abrange 26 países, aproximadamente 632 milhões de pessoas e um PIB de USD 1.7 biliões de dólares, enquanto a ZCLC abre as portas a um mercado potencial de mais de 1 000 milhões de pessoas que vale USD 3.4 biliões.

O aprofundamento da integração regional exige que se ultrapassem as numerosas barreiras, quer físicas quer indiretas, ao comércio baseado no investimento. O reforço das cadeias de valor regionais pode aumentar as oportunidades de participação das empresas nas CVGs (ECA, 2015). Muitos países africanos só participam nos segmentos de baixo valor acrescentado das CVGs que apresentam taxas de integração superiores, muitas vezes impulsionados por uma ou duas empresas que estão pouco ligadas ao resto da economia. As empresas multinacionais controlam as respetivas cadeias de valor através da definição de padrões e regras de produção.

Para aprofundar a integração regional, a África Austral precisa de:

- Acelerar a negociação e a aplicação de acordos de comércio livre que sejam suficientemente ambiciosos para incluir serviços. Os serviços têm vindo a crescer de forma significativa na região e são essenciais para atrair os investidores privados e para impulsionar o crescimento da indústria transformadora.

- No quadro do fundo de desenvolvimento da SADC, financiar infraestruturas regionais de transportes e logística integradas. Estas infraestruturas deverão incluir corredores de transporte que assegurem a ligação dos portos marítimos aos portos interiores, especialmente no caso dos países sem litoral e que promovam uma maior integração e harmonização dos sistemas financeiros e de pagamentos, a fim de facilitar a liquidação das faturas comerciais internacionais.

A África do Sul é a porta de entrada natural da região nas cadeias de valor globais

A África Austral está altamente sub-representada e integrada de forma assimétrica nas CVGs. A participação da região nas CVGs aumentou significativamente ao longo da última década e é superior à do resto do continente (CNUCED, 2017). Contudo, à exceção da África do Sul, os países mais envolvidos em CVGs são economias pobres em recursos naturais, como o Essuatíni e o Lesoto (ver Caixa 2.5) cuja participação é sobretudo atribuída à sua proximidade ao centro regional, a África do Sul. Grande parte deste envolvimento na CVGs encontra-se nas fases iniciais do processo de produção assegurando o fornecimento dos bens primários necessários à produção de bens finais em outras regiões e países ou para o fornecimento de vestuário e tecidos aos mercados dos Estados Unidos (Banco Mundial, 2016; CNUCED, 2017). Os setores da indústria transformadora e de alta tecnologia da região não têm contribuído de forma significativa para a participação nas CVGs, reduzindo as possibilidades de modernização tecnológica e as repercussões positivas associadas.

Há muito tempo que a África do Sul tem sido uma porta de entrada para os investidores estrangeiros acederem ao mercado e à mão-de-obra da África Austral. Os países da África Austral podem acelerar a transformação produtiva criando cadeias de valor regionais que potenciem a participação atual da África do Sul nas CVGs. Tendo em conta a dimensão do mercado de cada um dos países e a falta de capacidade para se integrarem diretamente nas CVGs, um primeiro passo poderá ser o fornecimento abastecimento das indústrias já estabelecidas da África do Sul.

- Embora pequeno de acordo com os padrões mundiais, a África do Sul é o país africano mais integrado nas CVGs, com raízes profundas na indústria agroalimentar, automóvel, têxtil e de vestuário, e farmacêutica. A África do Sul domina o panorama africano, acolhendo sete das dez maiores empresas não extrativas de África com cadeias de venda a retalho (por ex. *Shoprite* e *Pick n Pay*).

- Os países da África Austral são um importante destino das exportações e do IDE sul-africanos. A presença da África do Sul na região é igualmente visível no investimento em setores de serviços como o setor bancário, assistindo-se à expansão do *Standard Bank* e do *NedBank* na região.

- As redes de fornecedores estrangeiros dominam as redes de produção de empresas multinacionais na África do Sul. No setor agroalimentar, as principais empresas multinacionais europeias, americanas e asiáticas ativas na região incluem a Nestlé, a Unilever e a Cargill, ainda que com uma expressão limitada face aos respetivos investimentos a nível mundial.

Caixa 2.5. **Desenvolvimento da indústria transformadora no Lesoto**

O Lesoto salienta-se entre os beneficiários da desindustrialização sul-africana. Até ao final do apartheid na África do Sul no início da década de 1990, milhares de *Basothos* trabalhavam na África do Sul e as remessas dos emigrantes representaram cerca de 90% do PIB do Lesoto (GoL, 2007). A partir de finais da década de 1980, à medida que o apartheid começou a chegar ao fim, o emprego de *Basothos* na indústria mineira da África do Sul começou a diminuir, passando de 127 000 trabalhadores em 1990 para 65 000 em 2000 e, subsequentemente, para menos de 50 000 em 2005. Por conseguinte, a percentagem de remessas face ao PIB diminuiu para 50% em 2000 e depois para 23% em 2005.

Simultaneamente, uma série de empresas da África do Sul começou a deslocalizar as suas fábricas para o Lesoto, para evitar as sanções impostas à África do Sul devido ao apartheid. Em 2001, cerca de 59 empresas tinham-se estabelecido no Lesoto.

A qualificação do Lesoto para a Lei do Crescimento e Oportunidade Africanos (AGOA) em 2003, em conjunto com a disponibilização de incentivos destinados a promover o IDE no âmbito do Projeto Agroindustrial (1991-96), atraíram 23 novas empresas asiáticas. Estas medidas permitiram consolidar a posição do Lesoto como um dos maiores beneficiários da AGOA na África Subsariana e um exportador de vestuário. Infelizmente, a indústria de têxtil e de vestuário do Lesoto não conseguiu desenvolver ligações sólidas a montante e a jusante porque quase todas as empresas exportadoras são detidas por estrangeiros e a maioria dos fabricantes usa matérias-primas importadas.

Propostas de medidas para potenciar a participação da África do Sul nas cadeias de valor globais

A importância relativa das estratégias para aproveitar a participação da África do Sul varia naturalmente de acordo com a fase de desenvolvimento de cada país, as respetivas dotações de recursos, os respetivos desafios macroeconómicos e a sofisticação do setor privado. As medidas propostas incluem:

- Eliminar as limitações infraestruturais, institucionais e financeiras que desincentivam o investimento privado e o desenvolvimento de cadeias de valor. Na África do Sul, todos os níveis de governos, central e subnacional (como o *eThikwini*), estiveram envolvidos no desenvolvimento de CVGs através do financiamento de redes de empresas privadas de associações industriais nos setores do vestuário e automóvel, que foram precursoras de *clusters* plenamente desenvolvidos (BAfD/ OCDE/PNUD, 2017).

- Participar no abastecimento das indústrias estabelecidas na África do Sul. Tendo em conta a dimensão do mercado dos diferentes países e a falta de capacidade para participar diretamente nas CVGs, este pode ser um primeiro passo. É absolutamente necessário criar e manter *clusters* industriais e cadeias de valor regionais e promover a sua respetiva integração em CVGs, incluindo a modernização e o aprofundamento das cadeias de valor existentes.

A região deve utilizar as empresas multinacionais para integrar as pequenas e médias empresas nas cadeias de valor

A participação das PME da África Austral nas cadeias de valor regionais e globais tem sido periférica e as PME enfrentam limitações a todos os níveis das cadeias de valor. As PME lutam para se integrarem nas CVGs dado que as grandes empresas multinacionais controlam cerca de 80% do comércio mundial. A literatura sugere que as PME enfrentam uma concorrência interna desleal por parte das grandes empresas multinacionais e que as importações baratas prejudicam as suas hipóteses de sobrevivência e de crescimento. Os obstáculos à expansão da sua base do lado da oferta – por ex., o acesso a financiamento, competências, redes de conhecimento e outros apoios às empresas – são agravados por serviços públicos de baixa qualidade, estrangulamentos regulamentares e padrões de qualidade impostos pelas empresas multinacionais.

Por exemplo, a Zâmbia aumentou recentemente a sua produção de soja e posicionou-se de modo a participar na cadeia de valor de aves de capoeira da África do Sul. Contudo, os elevados custos de transporte terrestre impedem os produtores de soja da Zâmbia de fornecer os produtores de aves de capoeira sul-africanos, uma vez que as importações de soja provenientes da Argentina são mais baratas (490 dólares/ton face a 500 dólares/ton da Zâmbia) (SADC/OCDE, 2017).

A ligação entre as PME e as empresas multinacionais pode prevenir os problemas estruturais enfrentados pelas PME e aumentar a sua integração nas CVGs. Informações recolhidas no âmbito do relatório *Doing Business* (Banco Mundial, 2019c) sugerem que a adoção de tecnologias de multinacionais estrangeiras deve ser uma prioridade estratégica para as PME locais que pretendam aceder a cadeias de valor regionais e globais. Os países da África Austral são líderes na utilização de tecnologias licenciadas por empresas estrangeiras face a outras regiões do continente. Em média, 16% das PME locais da África Austral utilizam tecnologias estrangeiras (ver Figura 2.6). Estas PME parecem usufruir de um nível consideravelmente superior de participação em CVGs do que as que não as utilizam. No caso das PME que utilizam tecnologias licenciadas por empresas estrangeiras, o peso médio das matérias-primas e outros bens e serviços importados, e das exportações diretas e indiretas são quase o dobro do peso médio das mesmas rubricas no conjunto das PME da SADC (SADC/OCDE, 2017).

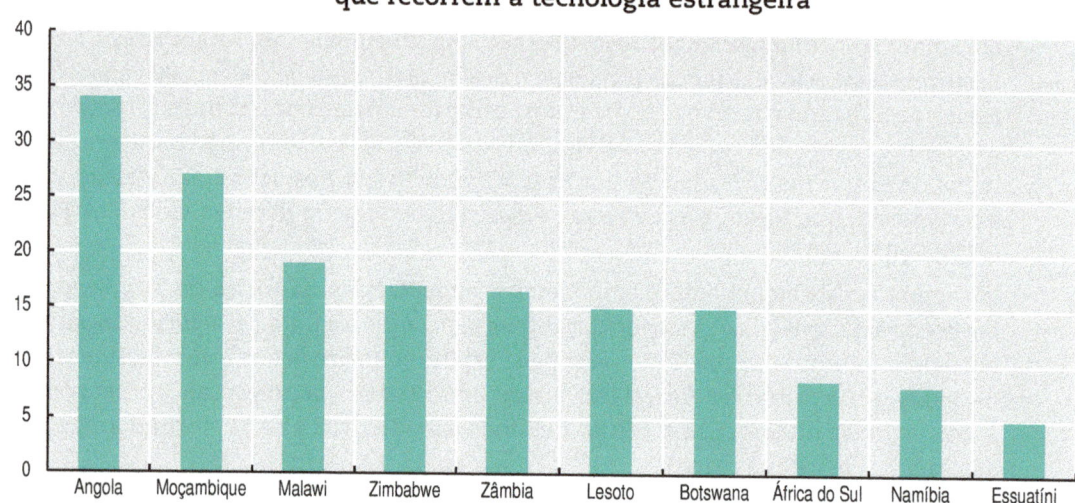

Figura 2.6. **Percentagem de pequenas e médias empresas da África Austral que recorrem a tecnologia estrangeira**

Fonte: Cálculos dos autores com base no Banco Mundial (2019c), *World Bank Enterprise Surveys* (base de dados).
StatLink ▮▮▮ https://doi.org/10.1787/888933967112

O âmbito de participação das PME nas CVGs varia ao longo da África Austral, dado que o nível de empreendedorismo difere muito entre a África do Sul e os outros países. A África do Sul tem poucos empreendedores e um setor informal pequeno. Os outros países da região têm muitos empreendedores e setores informais muito maiores. Por conseguinte, é difícil recomendar as mesmas políticas para todos os países, uma vez que países com muitos empreendedores que são trabalhadores por conta própria oferecem poucas oportunidades de empregos formais (BAfD/OCDE/PNUD, 2017).

Propostas de medidas para ligar as pequenas e médias empresas e as empresas multinacionais

Os países da África Austral devem procurar estabelecer maiores ligações entre as PME e as empresas multinacionais. A região precisa de políticas públicas que:

- Facilitem a criação de programas de ligação entre empresas que disponibilizem uma plataforma de incubação para PME: i) melhorando o acesso das PME aos mercados e a informação industrial; e ii) apoiando a sua participação em *joint ventures* e iniciativas de promoção das exportações.

- Atribuam prioridade estratégica à adoção de tecnologias de multinacionais estrangeiras pelas PME locais que desejem aceder a cadeias de valor regionais e globais. A região precisa de formular regulamentos para a criação de *joint ventures* entre fabricantes de equipamento de origem estrangeira e empresas locais.

- Recolham informação empresarial a nível micro sobre o modo como as empresas líderes estão adaptar as suas decisões de investimento e de comércio ao longo das cadeias de valor regionais e globais. Desenvolver políticas adequadas para a SADC requer essa informação empresarial e uma nova metodologia para a sua recolha.

Conclusão

Embora aparentemente a África Austral tivesse conseguido evitar as consequências da crise financeira mundial e parecesse estar em curso uma recuperação económica, de facto as duas maiores economias da região estagnaram a partir de 2013, provocando o decréscimo do PIB regional. Além disso, enquanto região, a África Austral terá sofrido uma transformação estrutural limitada, que se traduziu na perda de competitividade industrial e internacional. Por outro lado, a reduzida realocação dos recursos de setores de baixa produtividade para setores de alta produtividade impediu a deslocação dos fatores e dos recursos necessários para a transformação e o processamento de matérias-primas na região.

Não obstante, existe uma margem considerável para a África Austral formular políticas públicas adequadas e inicie uma transformação produtiva. Para que tal aconteça é necessário intervir em três domínios:

1. A região precisa de melhorar a produtividade e a competitividade das empresas que há muito têm sido prejudicadas por infraestruturas inadequadas e serviços de custo elevado. Deve aumentar o acesso à energia e a financiamento e incentivar o empreendedorismo, em especial, as iniciativas que ajudem as PME.

2. A África Austral deve apoiar iniciativas que melhorem a complementaridade regional através da promoção de bens públicos regionais, incluindo a harmonização dos procedimentos aduaneiros e dos sistemas de pagamentos.

3. A região tem de criar as condições para uma melhor integração nas cadeias de valor globais (CVGs), desenvolvendo cadeias de valor regionais apoiadas na participação da África do Sul nas cadeias de valor globais. Tal exige que se ultrapassem os constrangimentos no acesso aos mercados e ao nível da capacidade tecnológica, que são essenciais para a participação nas CVGs. A África Austral tem de facilitar a colaboração público-privada para aprofundar a integração regional e desenvolver capacidades tecnológicas através de centros de excelência.

Bibliografia

Ahmad, N. e J. Ribarsky (2014), "Trade in value added, jobs and investment", paper prepared for the IARIW 33rd General Conference, Rotterdam, 24-30 August 2014, https://ssrn.com/abstract=2981581.

BAfD/OCDE/PNUD (2017), *African Economic Outlook 2017: Entrepreneurship and Industrialisation*, Publicações OCDE, Paris, http://dx.doi.org/10.1787/aeo-2017-en.

Banco Mundial (2019a), *World Development Indicators* (base de dados), http://wdi.worldbank.org (acesso em Fevereiro de 2019).

Banco Mundial (2019b), *Logistics Performance Index* (base de dados), https://lpi.worldbank.org/international/global (acesso em fevereiro de 2019).

Banco Mundial (2019c), *World Bank Enterprise Surveys* (base de dados), www.enterprisesurveys.org (acesso em Fevereiro de 2019).

Banco Mundial (2018a), *Africa's Pulse, An Analysis of Issues Shaping Africa's Future*, World Bank, Washington, DC.

Banco Mundial (2018b), *Doing Business 2019: Training for Reform*, World Bank, Washington, DC.

Banco Mundial (2017), *Malawi Investment Climate Assessment (ICA): A Review of Challenges Faced by the Private Sector*, World Bank, Lilongwe.

Banco Mundial (2016), *Factory Southern Africa? SACU in Global Value Chains*, World Bank, Washington, DC.

BBC (2019), "Eskom crisis: Why the lights keep going out in South Africa", BBC website, https://www.bbc.com/news/world-africa-47232268 (accesso em 16 de fevereiro de 2019).

CNUCED (2018), *Trade And Development Report 2018*, United Nations Conference on Trade and Development, Nova York e Genebra.

CNUCED (2017), "The role of trade policies in building regional value chains: Some preliminary evidence from Africa", United Nations Conference on Trade and Development, *UNCTAD Research Paper No. 11*, UNCTAD/SER.RP/2017/11, Genebra.

CNUCED (2016), *Structural Transformation and Export Diversification in Southern Africa*, United Nations Conference on Trade and Development, Nova York e Genebra.

153

CUA/OCDE (2018), "Statistical annex", in *Africa's Development Dynamics 2018*, cálculos baseados em ONU COMTRADE base de dados, using HS1996 classification at four-digit level, Comissão da União Africana/OCDE.

ECA (2015), *Economic Report on Africa: Industrializing through Trade*, Comitê das Nações Unidas pela África.

FEM (2016), *The Global Competitiveness Report 2016-18*, *Insight Report*, World Economic Forum, Genebra, www.weforum.org/gcr.

FEM/BM/BAfD (2017), *Africa Competitiveness Report (2017)*, *Addressing Africa's Demographic Dividend*, World Economic Forum/World Bank/African Development Bank, Geneva, http://www3.weforum.org/docs/WEF_ACR_2017.pdf.

Fessehaie, J. e Z. Rustomjee (2018), "Resource-based industrialisation in Southern Africa: Domestic policies, corporate strategies and regional dynamics", *Development Southern Africa*, 35:3, pp. 404-418, DOI: 10.1080/0376835X.2018.1464901.

Foster-McGregor, N., F. Kaulich e R. Stehrer (2015), "Global value chains in Africa", *Inclusive and Sustainable Industrial Development Working Paper Series WP 04/2015*, Organização de Desenvolvimento Industrial das Nações Unidas.

GoL (2007), *Industrialisation Master Plan 2007-2010*, Ministry of Trade & Industry, Cooperatives and Marketing, Governo de Lesoto, Maseru.

Harvard University (2019), *Atlas of Economic Complexity* (base de dados), Center for International Development at Harvard University, http://atlas.cid.harvard.edu.

Hausmann, R. et al. (2011), *The Atlas of Economic Complexity*, The MIT Press, Cambridge e Londres.

Humphrey, J. (2004), "Upgrading in global value chains", *Working Paper No. 28*, Policy Integration Department, Internal Labour Office, Genebra.

Jourdan, P. et al (2012), *Mining Sector Policy Study*, ZEPARU, Harare, Zimbabwe.

Markowitz, C., L. Wentworth e N. Grobbelaar (2018), "Operationalising the SADC regional development fund", *Global Economic Governance - Policy Briefing*, July 2018.

OCDE/CAF/ONU/CEPAL (2014), *Latin American Economic Outlook 2015: Education, Skills and Innovation for Development*, Publicações OCDE, Paris, http://doi.org/10.1787/leo-2015-en.

ONUDI (2018), *Competitive Industrial Performance Index* (base de dados), United Nations Industrial Development Organization, https://stat.unido.org/database/CIP%202018.

SADC (2015), *SADC Industrialization Strategy and Roadmap (2015-2063)*, Southern African Development Community, Gaborone.

SADC/OCDE (2017), *FDI-SME Linkages in Regional and Global Value Chains and the Development Dimension in SADC*, Southern African Development Community/OCDE, Genebra.

SAPP (2018), *Annual Report*, Southern Africa Power Pool, Harare.

TRALAC (2017), *Action Plan for SADC Industrialization Strategy and Roadmap*, Trade Law Centre, Western Cape, https://www.tralac.org/news/article/11670-action-plan-for-sadc-industrialization-strategy-and-roadmap.html.

Vilakazi, T.S. (2018), "The causes of high intra-regional road freight rates for food and commodities in Southern Africa", *Development Southern Africa*, 35:3, pp. 388-403, DOI: 10.1080/0376835X.2018.1456905.

Capítulo 3

Políticas públicas para uma transformação produtiva na África Central

O presente capítulo analisa as políticas públicas necessárias para uma transformação produtiva nos países da África Central (Burundi, Camarões, Chade, Congo, Gabão, Guiné Equatorial, República Democrática do Congo, República Centro-Africana, São Tomé e Príncipe). Estes países enfrentam condicionalismos estruturais que não favorecem a sua inclusão no comércio internacional e dificultam um crescimento inclusivo. O capítulo começa com uma análise das estruturas produtivas através da avaliação da dinâmica de alguns agregados macroeconómicos e dos resultados da participação da África Central na economia global. De seguida identificam-se os setores nos quais estes países têm vantagens de especialização, comprovadas ou latentes, assim como oportunidades de expansão do comércio. O capítulo analisa ainda os entraves, para o setor privado local e para os investidores estrangeiros, decorrentes da reduzida integração regional. Por último, o capítulo propõe políticas públicas que visam alcançar a transformação produtiva na região.

SÍNTESE

A África Central é altamente dependente das matérias-primas, que representaram 85% das suas exportações totais em 2017, por comparação com a média do continente, de 51%. O petróleo, por si só, representa quase metade das vendas ao estrangeiro. Além disso, a região tem um nível de concentração de exportações bastante mais elevado do que o continente, tanto no que se refere ao número de produtos em questão como ao número de parceiros comerciais. Cinco países (China, Estados Unidos, Espanha, França e Itália) absorvem mais de 60% do total, ou seja, cerca de 38% do PIB. Muito exposto aos choques externos, o crescimento da região parece ser muito mais volátil do que o do resto de África. De igual modo, a dependência externa das economias e a fraca integração comercial não favoreceram um crescimento inclusivo.

O nível de **complexidade da economia**, ou seja, a sua capacidade de gerar bens e serviços de elevado valor acrescentado, é mais baixo do que em qualquer outro país em África. A qualidade da governação continua a ser metade da média africana, enquanto a fragilidade das infraestruturas dificulta a transformação produtiva. A transformação dos produtos de base como a madeira, as pedras preciosas ou o vidro, nos quais a região tem uma vantagem comparativa comprovada, é indispensável para pôr fim a um crescimento económico errático. São três as principais ações recomendadas: reforçar a **integração** e as **complementaridades regionais**, promover agrupamentos setoriais de empresas em zonas económicas especiais (ZEE) e operacionalizar as estratégias de diversificação.

EM

Políticas públicas para uma transformação produtiva na África Central

Crescimento

A taxa de crescimento da África Central **foi superior à da média do continente**

Os Camarões são a maior economia da região em termos de paridade de poder de compra

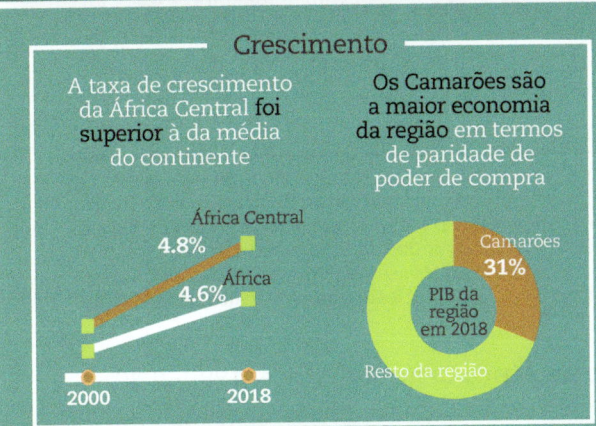

África Central
4.8%

África
4.6%

2000   2018

Camarões **31%**

PIB da região em 2018

Resto da região

Estrutura económica

A indústria transformadora **mantém-se débil**

O peso médio do valor acrescentado da indústria transformadora no PIB **diminuiu**

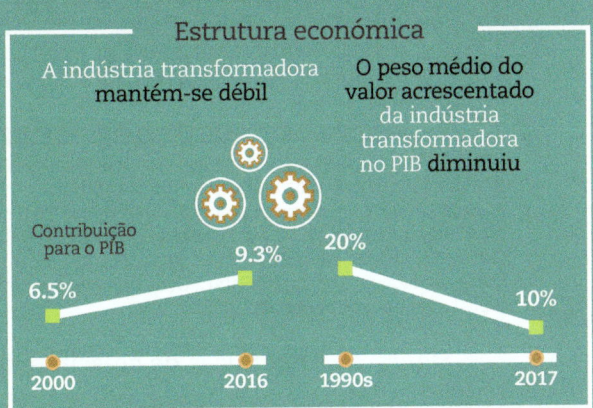

Contribuição para o PIB

6.5%   9.3%

2000   2016

20%

10%

1990s   2017

Comércio

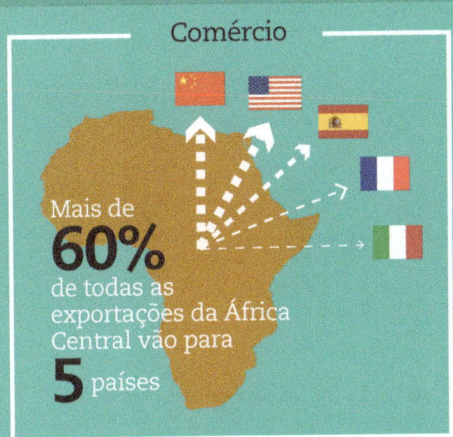

Mais de **60%** de todas as exportações da África Central vão para **5** países

Fluxos Financeiros

Foi a região que recebeu **menos IDE em todo o continente**

Remessas USD 0.2 mil milhões

Investimento de carteira USD 0.4 mil milhões

APD USD 5.4 mil milhões

Fluxos financeiros totais na região em 2017

IDE USD 5.4 mil milhões

Aproximadamente 12% do fluxo total de IDE para o continente

Estratégias regionais para uma transformação produtiva

Três recomendações principais

Reforçar a integração regional

Promover *clusters* de empresas e zonas económicas especiais

Facilitar o acesso ao financiamento

Cadeias de valor potenciais na região

Frutas

Petróleo

Madeira

Algodão / Têxteis

159

Perfil regional da África Central

Tabela 3.1. Capacidade de transformação produtiva na África Central, 2000-18

		Fonte	2000	2014	2015	2016	2017	2018
Tecnologia de produção	Empregadores e empregados assalariados em % do total de emprego	OIT	13.1	18.8	18.8	18.9	19.0	19.1
	Produtividade do trabalho em % da produtividade dos Estados Unidos	CB	5.2	3.5	3.5	3.5	3.5	3.5
	Formação bruta de capital fixo privada em % do produto interno bruto (PIB)	FMI	17.7	18.9	19.6	17.3	16.3	17.4
	Capacidade de Inovação, 0-100 (melhor)	FEM	-	-	-	-	23.2	23.3
Redes regionais	Intrarregiões em % das importações de produtos intermediários	Comtrade	3	2.6	1.8	0.1	2.4	-
	Intra-africanas em % das entradas de novos investimentos diretos estrangeiros (investimentos inteiramente novos)	fDi Markets	-	0.0	0.0	0.9	0.4	0.0
	Disponibilidade de capital de risco, 1-7 (melhor)	FEM	-	2.6	2.7	2.7	2.4	2.3
Capacidade de satisfazer a procura	Certificado ISO9001 em % do total para África	ISO	0.3	1.2	1.1	0.9	1.3	-
	Produtos processados e semiprocessados em % do total de bens exportados na região	Comtrade	21.9	26	30.5	36.1	40.2	-
	Percentagem do total de importações africanas de bens de consumo (%)	Comtrade	5.1	6.0	6.3	5.7	5.8	-

Nota: OIT – Organização Internacional do Trabalho, CB – The Conference Board, FMI – Fundo Monetário Internacional, FEM – Fórum Económico Mundial, ISO – Organização Internacional de Normalização.
Fontes: Cálculos dos autores com base nos dados da The Conference Board (2019), *Total Economy* (base de dados); fDi Markets (2019), *fDi Markets* (base de dados); OIT (2019), *Key Indicators of the Labour Market* (base de dados); FMI (2019), *World Economic Outlook* (base de dados); ISO (2018), *The ISO Survey of Management System Standard Certifications* (base de dados); Divisão de Estatísticas das Nações Unidas (2018), *UN COMTRADE* (base de dados); e FEM (2018) *Global Competitiveness Report*.

Figura 3.1. Dinâmicas de crescimento na África Central e África, 1990-2020

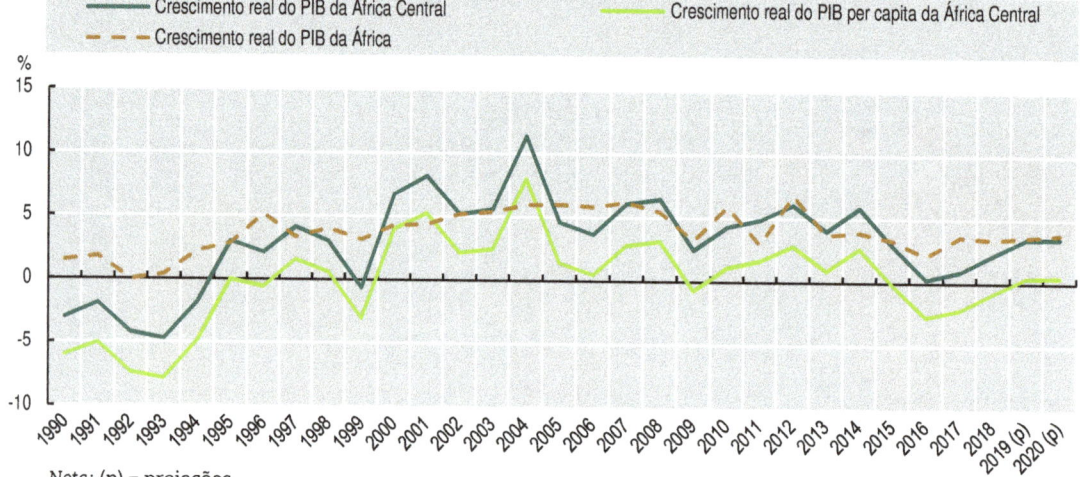

Nota: (p) = projeções.
Fonte: Cálculos dos autores com base FMI (2019), *World Economic Outlook* (base de dados).
StatLink ᴍˢᴾ https://doi.org/10.1787/888933967131

Tabela 3.2. Fluxos financeiros, receitas de impostos e poupança privada na África Central (USD mil milhões, preços correntes), 2000-17

		Média 2000-04	Média 2005-09	2010	2011	2012	2013	2014	2015	2016	2017
Fluxos financeiros externos	Privado Investimento direto estrangeiro	1.7	3.7	7.5	5.4	5.2	5.2	4.8	7.9	7.0	5.4
	Investimento de carteira	0.1	0.2	0.3	-2.2	-3.5	1.3	0.0	0.0	-0.3	0.2
	Remessas de emigrantes	0.1	0.2	0.2	0.4	0.3	0.4	0.4	0.5	0.4	0.4
	Público Ajuda pública ao desenvolvimento	3.1	4.7	7.0	7.9	4.9	4.9	5.0	5.0	4.9	5.4
Total de entradas do estrangeiro		5.0	8.7	15.0	11.5	6.9	11.7	10.3	13.4	12.0	11.3
Receitas fiscais internas		4.3	10.7	13.9	17.4	18.5	20.0	21.5	15.4	12.7	12.9
Poupança privada		5.5	9.3	15.7	19.1	22.8	24.6	29.8	18.8	15.2	21.6

Fonte: Cálculos dos autores com base em FMI (2019), *World Economic Outlook* (base de dados); OCDE-CAD (2018a), *International Development Statistics* (base de dados); OCDE-CAD (2018b), *Country Programmable Aid*; e Banco Mundial (2018a), *World Development Indicators* (base de dados).

Dinâmicas das estruturas produtivas na África Central

O crescimento está exposto a choques externos e continua frágil e instável

O crescimento da África Central é mais instável e volátil do que no resto de África e é muito dependente da conjuntura económica mundial. O crescimento atingiu um máximo de 12% em 2004 tendo diminuído depois abruptamente para 3.8% em 2006, quase três vezes menos no espaço de dois anos. Desde então, o crescimento manteve-se muito instável, acompanhando as diferentes fases de crescimento e recessão em todo o continente. A exposição aos choques externos traduziu-se numa acentuada diminuição da atividade económica entre 2008 e 2009, durante a crise financeira internacional, e depois em 2013 com a diminuição dos preços do petróleo.

A África Central tem um enorme potencial. A sua floresta equatorial é um dos pulmões do mundo e possui depósitos inexplorados de mais de mil minérios e minerais, incluindo petróleo. A região acolhe 11.5% da população africana, com um total 144.6 milhões de habitantes em 2017 (CUA/OCDE, 2018). O seu PIB varia entre os 0.28% e 11.37% do PIB total do continente em função dos preços mundiais do petróleo. Os nove países da região apresentam perfis muito heterogéneos, desde os pequenos Estados insulares, como a Guiné Equatorial e São Tomé e Príncipe, a países sem litoral, como o Chade e a República Centro-Africana. A vasta República Democrática do Congo é o peso pesado da região, com 78.7 milhões de habitantes e um enorme potencial económico.

O bom desempenho económico na África Central não tem um impacto positivo sobre o nível de vida

A África Central apresenta melhores resultados do que a média do continente em alguns indicadores, como o investimento privado, as exportações e o investimento direto estrangeiro (IDE). O investimento privado representou 18.7% do PIB entre 2000 e 2004 graças aos esforços de diversificação e à implementação, lenta mas contínua, de parcerias público-privadas (PPP) e da melhoria progressiva do ambiente de negócios. Esta tendência tem-se mantido ao longo de vários períodos. No entanto, em termos de PIB *per capita* e de investimento público, os resultados têm sido menos positivos (Tabela 3.3). As exportações continuam a ser mais elevadas do que no resto do continente. Desde 2010, a África Central tem recebido mais IDE do que o resto de África devido ao bom desempenho dos preços do petróleo entre 2013 e 2016, à maior presença de multinacionais na região e aos incentivos ao investimento privado.

Tabela 3.3. **Desempenho da África Central, 2000-16 (em percentagem do PIB)**

	2000-04		2005-09		2010-14		2015-16	
	África Central	África	África Central	África	África Central	África	África Central	África
PIB per capita (taxa de crescimento)	7.47	5.06	4.63	5.35	5.03	4.61	1.61	2.74
Despesa pública	21.64	24.42	22.82	24.83	27.97	27.84	26.22	30.45
Investimento público	4.71	6.05	6.78	7.11	10.62	6.56	6.67	6.59
Investimento privado	18.71	11.75	15.21	13.43	15.94	15.32	17.62	15.51
Exportações	28.85	22.03	37.69	27.01	36.35	23.64	22.19	15.95
Importações	7.44	16.62	9.48	19.48	9.93	19.45	4.97	15.96
Investimento direto estrangeiro	6.80	2.22	2.45	3.09	6.06	2.42	4.96	2.40
Remessas	0.23	1.19	0.41	1.92	0.57	3.26	0.52	3.13

Fonte: Cálculos dos autores com base nos dados do Banco Mundial (2018a), *World Development Indicators* (base de dados).

Contudo, estes elementos positivos não se traduziram num crescimento inclusivo. Alguns dos países da região continuam nos últimos lugares da lista do Índice de Desenvolvimento Humano (IDH), designadamente a República Centro-Africana que ocupa o 188.º lugar entre 189 países. O Chade está em 186.º, o Burundi em 185.º e a República

Democrática do Congo em 176.º (PNUD, 2018). Os Camarões, São Tomé e Príncipe, Guiné Equatorial e Congo figuram nos 158.º, 143.º, 141.º e 137.º lugares respetivamente, entre os países com desenvolvimento humano médio, ao passo que o Gabão (110.º lugar) é o único país da região que se encontra entre os países com desenvolvimento humano elevado. A África Central apresenta taxas de penetração bancária baixas, um amplo predomínio do setor informal e taxas nacionais de pobreza elevadas, 47% no Chade em 2011 e 64% na República Democrática do Congo em 2012 (Banco Mundial, 2018a).

O setor da indústria transformadora da África Central tem dificuldade em desenvolver-se, mas observam-se tendências encorajadoras

A indústria extrativa depende das matérias-primas, e a região não tem registado progressos no desenvolvimento da indústria transformadora ou do sector agrícola. Os recursos naturais contribuíram para o desenvolvimento da indústria, sobretudo no período de 2000-12. Em 2011, a indústria representou 45% do PIB e desde então, esta percentagem estabilizou em torno dos 40%. A maioria dos operadores são estrangeiros, tais como a China National Petroleum Company (CNPC), no Chade, a companhia de mineração de cobre anglo-suíça Glencore, na República Democrática do Congo ou a multinacional americana Exxon Mobil, nos Camarões. O setor da indústria transformadora continua a ser frágil, com uma contribuição para o PIB de 6.5% em 2000 e de 9.3% em 2016. No final de 2016, apenas quatro países tinham uma indústria transformadora que representava mais de 10% do PIB: Guiné Equatorial, República Democrática do Congo e o Gabão com cerca de 18% e os Camarões com 15%.

A contribuição do sector dos serviços para o PIB está a aumentar, enquanto a contribuição do sector agrícola está a diminuir. O setor terciário representou 36% do PIB entre 2000 e 2013 e 42.5% do PIB em 2016 (face a uma média de 52% em África), ultrapassando, assim, o sector da indústria. Estes serviços concentram-se principalmente no comércio retalhista, beneficiando dos direitos aduaneiros mais baixos aplicados a determinados produtos. Acresce que após 2014 o comércio transfronteiriço aumentou apesar da insegurança prevalecente. A partir de 2000, a agricultura tem contribuído cada vez menos para a produção total. Apesar do aumento verificado entre em 2013 e 2016, a produção agrícola mantém-se abaixo da média africana, não obstante o enorme potencial agrícola da região, do clima favorável e da imensa extensão de terras aráveis (80 milhões de hectares só na República Democrática do Congo).

Figura 3.2. **Contribuição setorial para o PIB da África Central, 2000-2017**

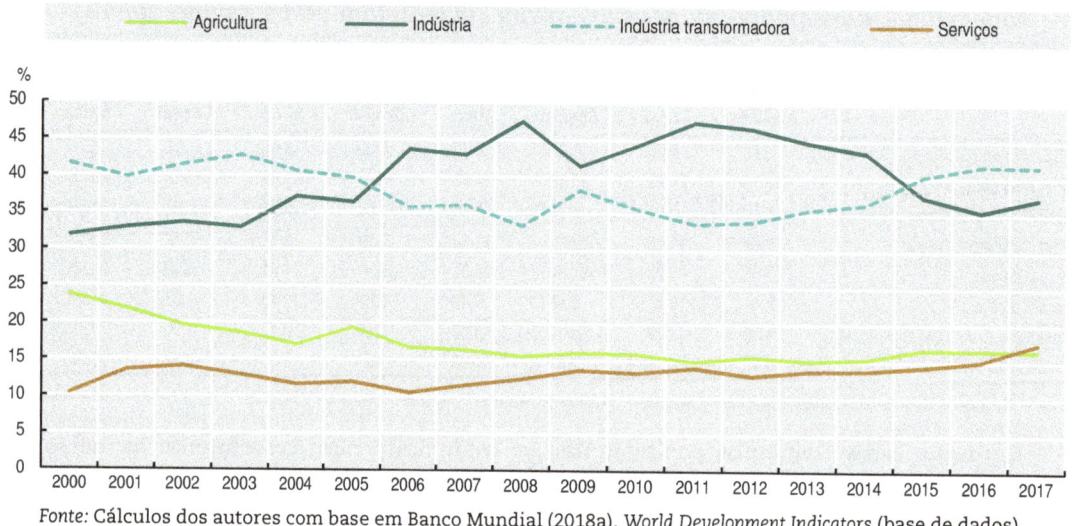

Fonte: Cálculos dos autores com base em Banco Mundial (2018a), *World Development Indicators* (base de dados).
StatLink ⟨⟨⟨ https://doi.org/10.1787/888933967150

O cabaz de exportações da África Central continua a ser dominado pelas matérias-primas

As exportações são dominadas pelos combustíveis fósseis (petróleo, gás, carvão), seguidos pelos minerais e metais, em detrimento dos produtos transformados e alimentares. Embora a percentagem de combustíveis fósseis nas exportações tenha diminuído de 74%, no período 2006-2011, para 62%, entre 2012 e 2017, esta continua a estar, em média, 15 pontos percentuais acima do resto do continente onde as exportações de combustíveis fósseis representaram 60% e 46% do total, nos mesmos períodos (Figura 3.3). O aumento das exportações de minerais e metais compensou o relativo declínio das exportações de combustíveis fósseis na região. A exportação de matérias primas é maior nos países produtores de petróleo. As exportações de matérias primas representaram 90% das exportações do Chade e da Guiné Equatorial e 60% das exportações da República Centro-Africana e do Burundi. O peso das matérias-primas nas exportações do Congo, Camarões e República Democrática do Congo tem vindo a diminuir ao longo das duas últimas décadas. A percentagem de produtos transformados e alimentares no total das exportações da região é três vezes inferior à média africana. Entre 2012 e 2017, os produtos transformados representaram 8% das exportações totais da África Central, face a 21% no conjunto do continente.

Figura 3.3. Evolução das exportações de alguns produtos na África Central e em África

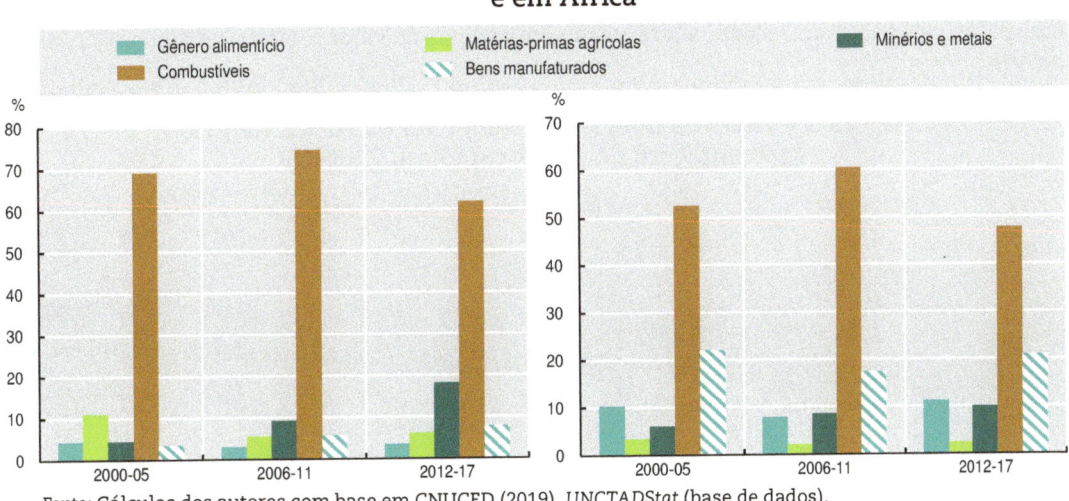

Fonte: Cálculos dos autores com base em CNUCED (2019), *UNCTADStat* (base de dados).
StatLink ᐅᔑ▱ https://doi.org/10.1787/888933966732

Análise da transformação produtiva na África Central

Uma forte dependência dos produtos de base (petróleo bruto, algodão, café, cacau, madeira), nomeadamente nos Camarões, no Chade, na Guiné Equatorial e no Gabão, tem limitado o comércio entre os países da região, assim como com o resto de África.

O comércio concentra-se num número limitado de produtos e de destinos

O comércio intrarregional continua a ser muito limitado

A teoria da "maldição dos recursos naturais", segundo a qual os países ricos em matérias-primas tendem a ter piores níveis de crescimento económico, parece aplicar-se à África Central. A diversificação das exportações é, em geral, apresentada como uma estratégia adequada para estimular o crescimento e o desenvolvimento económicos. No entanto, esta só é eficaz quando é aplicada aos chamados setores "de elevado potencial" (Hausmann Hwang e Rodrik, 2007; Hidalgo et al., 2007). O Gabão, por exemplo, decidiu passar a transformar a madeira localmente, pondo termo às exportações de madeira em bruto (BAfD, 2018), mas o caso da República Democrática do Congo continua a ser o mais paradigmático. A partir de 2000, o crescimento do sector industrial do país foi impulsionado pelo setor mineiro, tornando o país ainda mais dependente das matérias-primas. Apesar do seu potencial, a República Democrática do Congo é atualmente um dos países mais pobres de África com um rendimento *per capita* real cinco vezes inferior à média africana em 2000-17.

O comércio regional na África Central não ultrapassa 3% do total. Todos os países da sub-região são membros da Comunidade Económica dos Estados da África Central (CEEAC), uma zona de comércio livre criada em 1983. Seis dos nove países são membros da Comunidade Económica e Monetária da África Central (CEMAC) que, desde 1994, inclui os Camarões, o Congo, o Gabão, a Guiné Equatorial, a República Centro-Africana e o Chade. Enquanto as exportações entre os países da África Central representam um pouco mais de 3% do total, as exportações entre os países do continente aumentaram de 10% em 2000 para cerca de 18% em 2016 (Figura 3.4). Para além dos problemas estruturais comuns a todas as regiões africanas (ausência de infraestruturas, tarifas comerciais elevadas, diversificação baixa, etc.) a fragilidade do comércio regional na África Central deve-se à forte dependência da região das matérias-primas. Como estas últimas não são transformadas, a integração na economia mundial acontece no nível mais baixo da cadeia de valor. A transformação produtiva começa com a identificação das vantagens comparativas, assim como com a integração em cadeias de valor regionais e globais (CVRs e CVGs).

Figura 3.4. Nível de integração comercial na África Central (percentagem do comércio total), 2000-16

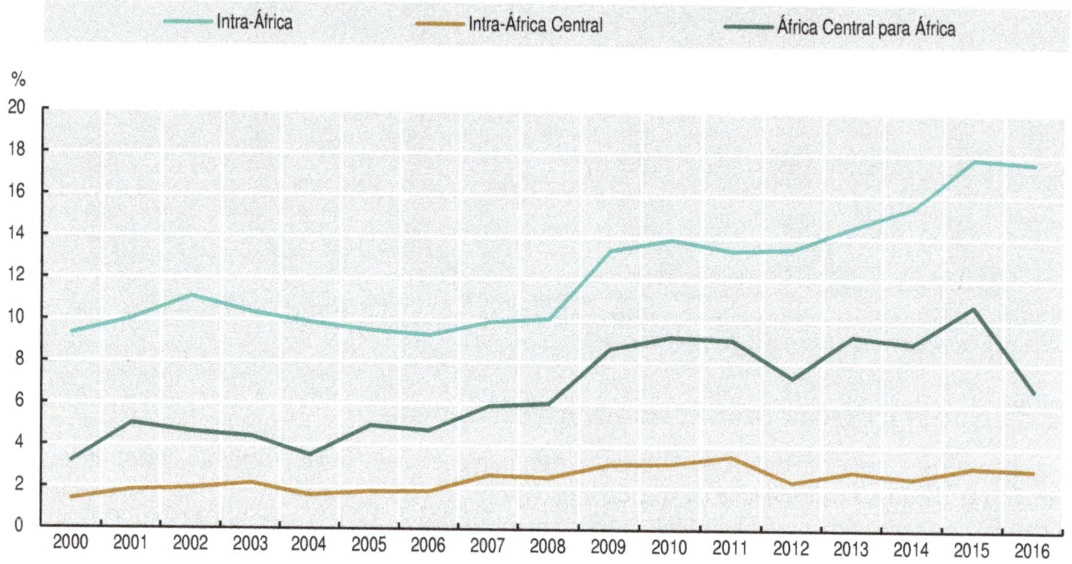

Fonte: Cálculos dos autores com base em CNUCED (2019), *UNCTADStat* (base de dados).
StatLink ᴍ�s⊒ https://doi.org/10.1787/888933967169

As exportações estão muito concentradas e diferem de país para país

Cinco produtos representam mais de 75% das exportações totais da região. O petróleo predomina (47.7%), seguido pelo cobre afinado e as ligas de cobre (16.4%) (Tabela 3.4). À exceção dos Camarões e da República Centro-Africana, o primeiro produto exportado representou, isoladamente, mais de metade do total das exportações (Tabela 3.A1.1 em anexo).

Tabela 3.4. **Os principais produtos exportados na África Central, 2016**

Principais produtos exportados na África Central em 2016	Percentagem
1. Óleos de petróleo e óleos obtidos a partir de minerais betuminosos, em bruto.	47.7
2. Cobre afinado e ligas de cobre, em forma bruta.	16.4
3. Madeira serrada ou lascada no sentido do comprimento, cortada ou desenrolada, mesmo aplainada, polida ou colada à mão, com uma espessura superior a 6 mm.	4.0
4. Madeira em bruto, descascada, cortada ou não esquadriada.	3.8
5. Gás de petróleo e outros hidrocarbonetos gasosos.	3.7
Total	75.6

Fonte: Cálculos dos autores com base em CNUCED (2019), *UNCTADStat* (base de dados).

A quota dos cinco principais produtos exportados nas exportações totais varia de país para país. Os cinco principais produtos exportados representam 73% das exportações totais dos Camarões e 99.1% das exportações da Guiné Equatorial (Tabela 3.5). O número de produtos que representam, 75% do total das exportações varia entre um no Chade, e seis nos Camarões. O índice de concentração das exportações de Herfindahl-Hirschman coloca o Chade à frente, seguido por São Tomé e Príncipe, Burundi e Camarões. O Gabão está no final da lista, com vendas ao estrangeiro mais diversificadas. Por último, o peso das exportações no PIB varia igualmente de país para país: 5.5% no Burundi face a 59.1% no Congo.

Tabela 3.5. **Quotas dos principais produtos exportados e concentração das exportações nos países da África Central, 2016**

Indicadores/Países	Burundi	Camarões	Rep. Centro-Africana	Chade	Congo	Rep. Dem. do Congo	Guiné Equatorial	Gabão	São Tomé e Príncipe	África Central
Quota dos cinco principais produtos exportados (percentagem das exportações totais)	92.2	73	83.1	98.2	92.6	85.7	99.1	94.4	81.7	75.6
Número de produtos exportados que representam 75% das exportações totais	2	6	4	1	2	3	2	2	2	5
Número de produtos exportados que representam 90 % das exportações totais	3	10	9	2	4	7	3	4	17	12
Índice Herfindahl-Hirschman de concentração das exportações	0.49	0.33	0.16	0.86	0.13	0.13	0.14	0.07	0.84	0.35
Exportações totais em percentagem do PIB	5.5	19.2	18.7	24.4	56.5	25.5	39.4	36.2	27.3	29.0

Fonte: Cálculos dos autores com base em UNSD (2018), UN *Comtrade* (base de dados).

A região tem um pequeno número de parceiros comerciais

A maior parte das exportações destinam-se aos Estados Unidos, à China e à Europa. Entre 2000 e 2017, as exportações destinaram-se aos Estados Unidos (24.1%), China (19.3%), Espanha (6%), França (5%) e Itália (3.9%). A Europa, um parceiro comercial tradicional, viu a sua quota de exportação diminuir desde o início da década de 2000, tal como os Estados Unidos (26% em 2000, 10% em 2017), enquanto a da China aumentou (9% para 29%). Cinco destinos absorvem 44.3% do total das exportações dos Camarões (Tabela 3.6) face a 83% do Chade. Além dos Camarões, os cinco principais destinos das exportações dos outros países absorvem mais de 60% do total das suas exportações. Igualmente, quatro destinos das exportações do Chade absorvem 75% do total por comparação com 10% do Congo e 11% dos Camarões.

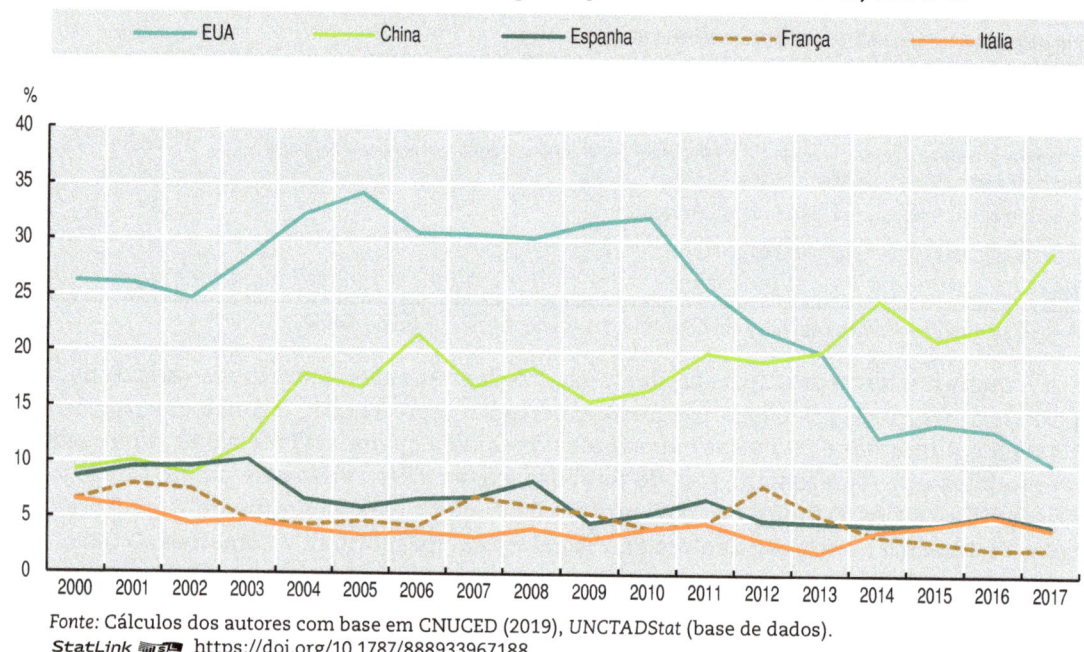

Figura 3.5. **Destinos das exportações da África Central, 2000-17**

Fonte: Cálculos dos autores com base em CNUCED (2019), *UNCTADStat* (base de dados).
StatLink ᨨᨥ᩠ https://doi.org/10.1787/888933967188

As exportações da região para os seus 12 principais destinos representam 75% do total de exportações enquanto 90% vão para apenas 24 destinos, metade da média do continente (48 destinos). De acordo com o índice Herfindahl-Hirschman, a concentração das exportações é mais elevada no Chade (com sete destinos principais) e mais baixa no Congo (21). Esta situação resulta numa grande exposição à conjuntura das economias destes parceiros comerciais.

Tabela 3.6. **Principais destinos das exportações da África Central, 2016**

Indicadores/ país	Burundi	Camarões	Rep. Centro-Africana	Chade	Congo	Rep. Dem. do Congo	Guiné Equatorial	Gabão	São Tomé e Príncipe	África Central
Quota dos cinco principais destinos das exportações (percentagem das exportações totais)	68.7	44.3	73.1	83.8	63.5	73.4	64	65.6	74	54.4
Número de destinos que representam 75% das exportações totais	7	11	6	4	10	6	8	7	6	12
Número de destinos que representam 90 % das exportações totais	15	19	14	7	21	12	14	13	13	24
Índice Herfindahl-Hirschman de concentração das exportações face aos destinos.	0.18	0.06	0.12	0.30	0.16	0.22	0.10	0.15	0.13	0.09

Fonte: Cálculos dos autores com base em CNUCED (2019), *UNCTADStat* (base de dados).

O espaço do produto revela uma economia pouco complexa

De acordo com o conceito de espaço do produto desenvolvido por Hausmann e Klinger (2006), as economias passam de bens atuais para novos bens com base na sua proximidade em termos de produção. O método do espaço do produto analisa as vantagens comparativas comprovadas e o grau de complexidade das economias. O nível de sofisticação das exportações é avaliado pelos índices PRODY e EXPY.

A ausência de vantagem comparativa comprovada nos produtos transformados tem dificultado a diversificação

Os países da África Central não têm vantagens comparativas comprovadas fortes na indústria transformadora, de máquinas e equipamentos de transporte, ou de produtos químicos. Três países, Burundi, Camarões e República Centro-Africana, no entanto, têm vantagens comparativas em na produção de vegetais. Os Camarões e República Centro-Africana e o Gabão têm vantagens comparativas no sector dos combustíveis. Não obstante, as maiores vantagens comparativas da região estão na madeira, ouro, diamantes, pedras preciosas e vidro (Tabela 3.A1.3). No que diz respeito à transformação dos produtos, todos os países da África Central dispõem de vantagens comparativas comprovada nas matérias-primas, dois em produtos intermédios e um só (São Tomé e Príncipe) em bens de consumo – em especial na relojoaria. Este setor ocupou um lugar importante entre 2009 e 2012, representando mais de 15% do total das exportações anuais, tendo atingido um máximo de 28% em 2011. No entanto, a vantagem comparativa comprovada neste setor não parece ser estável, uma vez que desde 2013 as exportações diminuíram para quase zero.

O nível de complexidade das economias da CEMAC mantém-se limitado

Tanto em 2000, como em 2016, nenhum dos países estudados da África Central ultrapassou a média de África em termos da complexidade da economia (Figura 3.6). No entanto, os Camarões e o Congo melhoraram o seu desempenho, o que sugere um crescimento mais sustentado nos Camarões e mais resiliente no Congo. Por outro lado, o nível de complexidade diminuiu no Gabão. A nível mundial, o Japão, a Suíça e a Alemanha lideraram a lista em 2016 com índices de 2.23, 2.05 e 1.96, respetivamente, enquanto a média dos países africanos incluindo os países da África Central, apresentaram índices inferiores a zero.

Figura 3.6. Índice de complexidade económica dos economias da África Central em 2000 e 2016

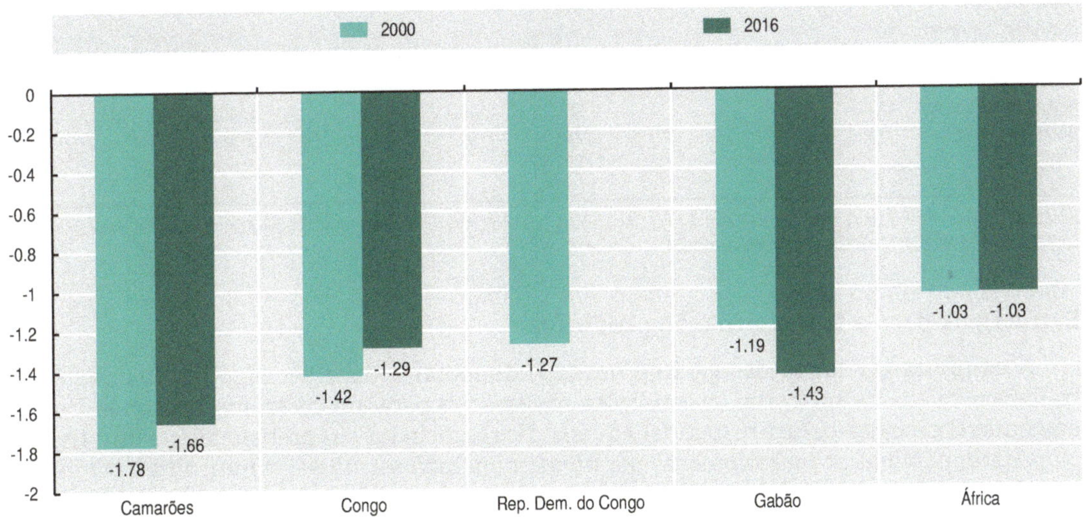

Fonte: Cálculos dos autores com base em Center for International Development (2019), *The Atlas of Economic Complexity* (base de dados).
StatLink 🔗 https://doi.org/10.1787/888933967207

Os países da África Central encontram-se entre os últimos países no índice mundial de complexidade das economias (Tabela 3.7). Em 1980, já faziam parte dos últimos 15 e desde então não registaram grandes progressos devido à forte concentração das exportações e à ausência de cadeias de valor.

Tabela 3.7. **Posição no Índice mundial de complexidade das economias**

Países	1980	1990	2000	2010	2016
	Em 99	Em 100	Em 120	Em 121	Em 126
Camarões	90	99	119	115	124
Congo	86	96	114	116	113
Gabão	92	94	109	106	116
Rep. Dem. do Congo	95	90	111	103	ND

Fonte: Center for International Development (2019), *The Atlas of Economic Complexity* (base de dados).

Apesar disso, os cabazes de exportações têm potencial para contribuir mais para o PIB dos países da África Central. A Guiné Equatorial teve o maior EXPY em 2016 (Tabela 3.8) devido a vários produtos estratégicos: óleos brutos de petróleo ou de minerais betuminosos, gás natural liquefeito, álcool, fenóis, derivados de halogéneos e sulfonas, propano e butano liquefeitos, navios, embarcações e equipamentos de flutuação, gás de petróleo e outros hidrocarbonetos gasosos. Em São Tomé e Príncipe, os produtos exportados têm um nível de sofisticação relativamente elevado quando comparado com o PIB per capita do país, em resultado do bom desempenho da indústria de relojoaria entre 2009 e 2012. O país também produz equipamentos de aquecimento e refrigeração e peças sobresselentes para equipamentos de manuseamento. Entre os países com grande potencial de exportação seguem-se o Congo, o Gabão, o Chade, os Camarões e a República Centro-Africana. Os Camarões têm uma maior variedade de exportações, embora esta contribua pouco para o crescimento da produtividade. Apesar de ser o país com o maior número de produtos exportados, os produtos que são exportados com vantagens comparativas são menos sofisticados (por exemplo frutas, madeira, coco e algodão).

Tabela 3.8. **Índices EXPY na África Central (em milhares USD)**

Países	EXPY em 2016	PIB real per capita em 2016
Burundi	6 626.08	218.28
Camarões	9 124.77	1 495.44
República Centro-Africana	8 312.36	325.72
Chade	10 809.32	874.77
Congo	12 650.80	2 771.40
Rep. Dem. do Congo	6 972..72	407.56
Guiné Equatorial	13 845.31	12 317.71
Gabão	11 692.80	9 552.78
São Tomé e Príncipe	5 223.84	1 284.69

Fonte: Cálculos dos autores com base em Banco Mundial (2018a), *World Development Indicators* (base de dados) e CNUCED (2019), *UNCTADStat* (base de dados).

Estratégias para a transformação produtiva

A estrutura produtiva da região é muito rudimentar e deve ser significativamente transformada de forma a criar as condições necessárias para um crescimento económico sustentável e inclusivo. Para responder aos desafios associados aos problemas estruturais, os poderes públicos poderão começar por investir em infraestruturas e num ambiente de negócios mais propício ao investimento privado. No curto e médio prazos, as políticas públicas deverão centrar-se nas infraestruturas, sem as quais as indústrias não podem operar, mas também no desenvolvimento da agricultura e das cadeias agroalimentares para reduzir a pobreza. Paralelamente a reforma dos sistemas de formação profissional poderão contribuir para um aumento da produtividade dos trabalhadores. Por último, as estratégias de médio e longo prazo devem ter por objetivo a criação de *clusters* de competitividade nos setores das energias renováveis, da bioquímica e dos agronegócios para aumentar os níveis de capital humano e proporcionar emprego aos desempregados mais qualificados.

Foram implementadas inúmeras estratégias de industrialização na região

Os países da região lançaram diversas iniciativas para promover a transformação produtiva, designadamente no sector agrícola. Nos anos de 1960, após a independência, vários países adotaram estratégias de industrialização com base na substituição das importações por produtos produzidos localmente. No entanto, a crise dos anos de 1980 e os programas de ajustamento estrutural (PAE) não permitiram colher os benefícios destes esforços. A partir da década de 2000, os países da região adotaram várias políticas para o desenvolvimento de cadeias de valor agroalimentares (Tabela 3.9).

Tabela 3.9. Intervenções e estratégias para o desenvolvimento da agroindústria na África Central

Políticas	Datas	Objectivos
Programa Regional de Segurança Alimentar	2004	• Alimentar a população num contexto de elevado crescimento demográfico e de urbanização. • Aumento sustentável da produção agrícola e promoção da competitividade do comércio.
Política Agrícola Comum (PAC)	2004	• Contribuir de forma considerável e sustentável para satisfazer as necessidades alimentares e nutricionais das populações • Aumento das exportações. • Redução da pobreza das populações rurais nos estados membros.
Estratégia de Desenvolvimento do setor do Algodão, dos Têxteis e da Confeção	2011	• Aumento da produção de algodão (grão e fibras), melhorando a produtividade e a rentabilidade. • Melhoria e garantia da qualidade do algodão. • Apoio e desenvolvimento da transformação da fibra. • Reforço da promoção e da comercialização do algodão e dos têxteis. • Desenvolvimento e melhoria da valorização dos produtos da moagem de grãos.
Criação do Fundo Regional de Desenvolvimento Agrícola (FSRDA)	2013	• Produção de estudos ambientais e hidrológicos para um sistema de irrigação vantajoso para os pequenos agricultores. • Elaboração de um plano de comercialização para uma unidade de transformação agroalimentar ligada a uma unidade de produção agrícola, associada a um programa de cooperação com pequenos agricultores, criadores e pescadores, com vista à sua integração nos mercados. • Fornecimento de conhecimentos especializados para a construção de uma unidade de extração e refinação de soja que prestem aconselhamento e formação aos pequenos agricultores para os integrar na cadeia de fornecimento.
Plano estratégico e operacional de apoio ao Programa Integrado para o Desenvolvimento da Agricultura em África (CAADP)		• Assegurar a gestão sustentável dos solos. • Melhorar as infraestruturas rurais. • Promover um aumento da oferta de produtos alimentares. • Promover a investigação agrícola.
Estratégia regional para a conservação, a gestão sustentável e concertada dos ecossistemas florestais da África Central da COMIFAC	1999	• Harmonizar as políticas florestais e orçamentais. • Aumentar os conhecimentos sobre os recursos naturais. • Melhorar a gestão dos ecossistemas e a reflorestação nacional e regional. • Assegurar uma valorização sustentável dos recursos florestais.
Trabalho do Comité Regional da Pesca do Golfo da Guiné (COREP) criado em 1984 e da Comissão Económica para a Pecuária, Carne e Recursos Haliêuticos (Cebevirha)	1984	• Apoiar os Estados-Membros com vista a proteger e a melhorar o valor, de forma sustentável, os recursos haliêuticos e promover o desenvolvimento da aquicultura. • Maximizar a exploração das potencialidades dos meios aquáticos e garantir o bem-estar do maior número de habitantes.
Estratégia de desenvolvimento agrícola da CEMAC		• Aumentar a produtividade da agricultura, da pecuária e das pescas, desenvolvendo o progresso técnico, garantindo o desenvolvimento racional da produção e uma utilização ótima dos fatores de produção, nomeadamente da mão-de-obra. • Assegurar a rentabilidade dos diferentes setores. • Estabilizar os mercados. • Garantir a segurança dos fornecimentos. • Assegurar preços razoáveis aos consumidores.

Fonte: Compilação dos autores.

O ambiente institucional e a qualidade das infraestruturas dificultam a transformação produtiva na África Central

O contexto sociopolítico não é propício ao crescimento económico, devido aos conflitos, em parte alimentados pela luta pelo controlo financeiro dos recursos naturais. O problema da má governação é agravado pelos conflitos. Apenas São Tomé e Príncipe, reconhecido pela sua estabilidade política e pela liberdade de expressão e, em menor grau, o Gabão e os Camarões, apresentam desempenhos superiores à média da região (Tabela 3.10).

Tabela 3.10. Indicadores de governação

Países/regiões	Controlo da corrupção	Eficácia do governo	Estabilidade política	Estado de direito	Qualidade da regulamentação	Capacidade de expressão e responsabilização
Burundi	-1.18	-1.40	-2.08	-1.39	-0.83	-1.51
Camarões	-1.14	-0.76	-0.95	-1.02	-0.79	-1.03
República Centro-Africana	-1.28	-1.77	-1.74	-1.84	-1.43	-1.13
Chade	-1.45	-1.49	-1.21	-1.43	-1.18	-1.34
Congo	-1.21	-1.10	-0.57	-1.04	-1.17	-1.16
Rep. Dem. do Congo	-1.33	-1.51	-2.20	-1.61	-1.32	-1.39
Guiné Equatorial	-1.81	-1.41	-0.19	-1.44	-1.38	-1.93
Gabão	-0.75	-0.79	-0.07	-0.58	-0.80	-0.96
São Tomé e Príncipe	-0.06	-0.68	0.23	-0.69	-0.81	0.45
África Central	-1.13	-1.21	-0.97	-1.23	-1.08	-1.11
África	**-0.66**	**-0.81**	**-0.67**	**-0.72**	**-0.77**	**-0.58**

Nota: Estes indicadores variam entre -2.5 (desempenho fraco da governação) e 2.5 (desempenho forte da governação).
Fonte: Calculos dos autores com base em Banco Mundial (2018a), *World Development Indicators* (base de dados).

A África Central é a região que mais sofre com a ausência de infraestruturas básicas em África, em especial nos setores da eletricidade e dos transportes, o que representa um obstáculo importante para as empresas. A região apresenta uma classificação de 2.19 em matéria de qualidade global das infraestruturas, um ponto abaixo da média de África, ela própria baixa (Tabela 3.11). Este é o caso de todas as infraestruturas (eletricidade, transportes aéreos, portos, caminhos de ferro, estradas). Apenas o Gabão está próximo da média do continente. O tráfego aéreo é um quarto da média do continente e apenas uma pessoa em 100 tem um telefone fixo, face a três, em média, no resto de África.

Caixa 3.1. Importância das infraestruturas e explicação dos indicadores

As carências em infraestruturas reduziram a produtividade das empresas em mais de 40% em África. A infraestrutura rodoviária na Africa Subsaariana era de 204 km por 1 000 km² de superfície (cerca de 3.6 km de estrada por 1 000 habitantes), por comparação com a média mundial de 944 km por 1 000 km² de superfície (o equivalente a 7 km por 1 000 habitantes) (BAfD e Banco Mundial, 2011). Em 2007, a África Subsaariana dispunha de 69 000 km de vias férreas, dos quais 55 000 km operacionais. Treze países não dispõem de uma rede ferroviária em funcionamento.

Os indicadores de medição. A fonte mais utilizada para avaliar as infraestruturas da África Central são os *Inquéritos às Empresas* do Banco Mundial (Banco Mundial, 2019) que contabilizam a percentagem de empresas que indicam a qualidade das infraestruturas como um obstáculo ao desenvolvimento. Os inquéritos abrangem mais de 135 000 empresas em 139 países.

Caixa 3.1. Importância das infraestruturas e explicação dos indicadores *(cont.)*

Tabela 3.11. Nível e qualidade das infraestruturas

Países/regiões	Qualidade das infraestruturas						Tráfego aéreo	Tél. fixe /100 hab.	Tél. mobile /100 hab.
	Global	Eletr.	Aviação	Portos	Ferroviária	Rodoviária			
Burundi	2.22	2.12	2.59	2.33	--	2.87	1.42	0.20	46.22
Camarões	2.20	2.13	2.66	2.96	2.36	2.50	58.14	4.51	71.85
Chade	1.73	1.85	2.95	2.04	--	2.62	10.17	0.13	40.17
Rep. Dem. do Congo	1.89	1.63	2.78	2.27	1.54	2.14	38.34	0.00	52.99
Gabão	2.92	2.88	3.62	3.23	2.80	2.80	33.31	1.07	168.92
África Central	2.19	2.12	2.92	2.56	2.23	2.58	28.28	1.18	76.03
África	**3.18**	**3.08**	**3.61**	**3.41**	**2.49**	**3.44**	**136.23**	**3.47**	**95.64**

Fonte: Cálculos dos autores com base em FEM (2018), *Global Competitiveness Report*.

O défice energético é um dos principais obstáculos ao desenvolvimento da região, muito embora, paradoxalmente, a região tenha um enorme potencial energético, especialmente hidráulico, ainda pouco explorado (Figura 3.7). A África Central dispõe também de reservas petrolíferas estimadas em 31.3 mil milhões de barris. O consumo energético por habitante é de 109 kWh por mês, face a 840 kWh no Norte de África e a 1 600 kWh na África Austral (ECA, 2012). Existe uma diferença significativa entre a atual oferta de energia de 10 537 MW e a procura estimada de 13 052 GWh. De igual modo, as empresas confrontam-se com dificuldades no abastecimento de água, apesar da abundância em recursos hídricos da região: cerca de 26 355 m³ por ano por habitante, enquanto a média em África é de 5 730 m³ e a média mundial é de 7 600 m³. O potencial hidroelétrico está estimado em 65 3361 GWh, ou seja 58% do continente. No entanto, em 2009, a produção de eletricidade não ultrapassou 3% a 4% do potencial estimado (ECA, 2012).

Figura 3.7. As principais restrições para as empresas da África Central

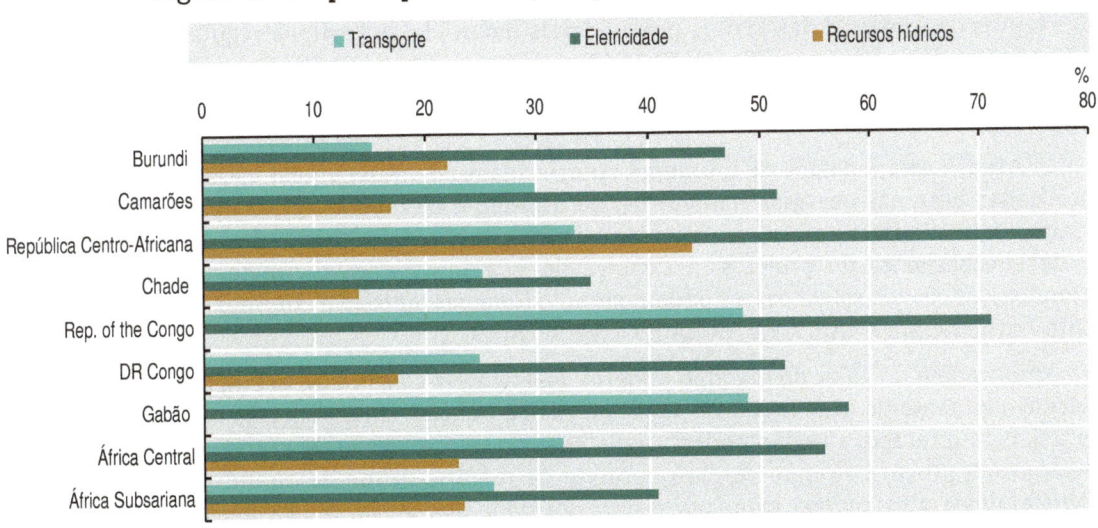

Nota: Dados mostram a percentagem de firmas que identificam os transportes, o fornecimento de eletricidade e a escassez de água como as principais restrições aos negócios.
Fonte: Cálculos dos autores com base em Banco Mundial (2019), *World Bank Enterprise Surveys* (base de dados).
StatLink ᐧᐧᔑᐧ https://doi.org/10.1787/888933967226

A promoção da transformação produtiva na África Central requer políticas adaptadas

A integração e as complementaridades regionais precisam ser reforçadas

Os países da África Central têm estruturas de produção muito semelhantes (Tabela 3.12). Esta situação reduz o seu potencial comercial e aumenta a dependência das exportações de matérias-primas. Os coeficientes de similaridade são elevados e variam entre 0.23 e 0.83. Para a maioria dos binómios de países da região, o coeficiente de similaridade das exportações é superior a 50%. Por esta razão, existe claramente uma oportunidade de desenvolvimento de cadeias de valor.

Tabela 3.12. **Matriz de similaridade das exportações**

Países	Burundi	Camarões	Rep. Centro-Africana	Chade	Rep. Dem. do Congo	Congo	Guiné Equatorial	Gabão	São Tomé e Príncipe
Burundi	1.00								
Camarões	0.34	1.00							
República Centro-Africana	0.23	0.40	1.00						
Chade	0.41	0.50	0.64	1.00					
República Democrática do Congo	0.24	0.29	0.57	0.49	1.00				
República do Congo	0.45	0.52	0.49	0.80	0.24	1.00			
Guiné Equatorial	0.64	0.49	0.70	0.76	0.51	0.83	1.00		
Gabão	0.43	0.52	0.57	0.69	0.32	0.83	0.81	1.00	
São Tomé e Príncipe	0.41	0.49	0.46	0.74	0.41	0.50	0.56	0.49	1.00

Fonte: Cálculos dos autores com base em CNUCED (2019), *UNCTADstat* (base de dados).

A integração regional tem sido dificultada por infraestruturas desadequadas e de má qualidade, assim como pela coexistência de duas zonas de comércio livre, a CEMAC e a CEEAC. É urgente racionalizar as economias, por exemplo, através de uma harmonização das regras de origem e das tarifas preferenciais incluindo os regimes regulatórios e os procedimentos de homologação (BAfD, 2018).

Desenvolvimento de cadeias de valor regionais (CVR)

A África Central dispõe de inúmeras oportunidades de desenvolver cadeias de valor, nomeadamente nas energias renováveis, no algodão e nas frutas. Estas oportunidades situam-se em quatro setores principais: a produção e a distribuição de equipamento, o desenvolvimento de projetos, a construção e a instalação, o funcionamento e a manutenção. Todos estes setores podem gerar valor acrescentado e emprego em diversos domínios (energia eólica, solar, hidráulica, geotérmica).

Uma cadeia de valor do algodão poderia desenvolver-se se fosse acompanhada pelo desenvolvimento de uma indústria têxtil na África Central. Uma sugestão relacionada a isto é, com o tempo, a região poderia beneficiar da relocalização de grandes marcas de vestuário à procura de mão-de-obra barata e de matéria-prima de qualidade. A África Central deveria privilegiar esta cadeia de valor dado que entre os 14 países produtores de algodão África Subsaariana, os Camarões dispõem de nove fábricas e o Chade de dez (CEDEAO-CSAO/OCDE, 2006). No entanto, a capacidade de descaroçamento nestes países é deficitária e a fábrica têxtil no Chade não está a funcionar. O desenvolvimento de uma cadeia de valor de frutas poderia concentrar-se em três produtos finais: bebidas naturais, frutos secos e reciclagem de resíduos para fertilizantes orgânicos e naturais.

A transformação dos produtos petrolíferos oferece inúmeras oportunidades nos têxteis, na produção de embalagens, no sector dos materiais de construção e na asfaltagem de estradas. Esta cadeia de valor pode promover a integração, uma vez que tende a ter um impacto positivo no desenvolvimento das infraestruturas de transportes. Já existem várias refinarias (Tabela 3.13), mas muito poucos países oferecem formação de qualidade na área petroquímica. Uma cadeia de valor mais alargada poderia estender-se a outras regiões, integrar a Nigéria, que é um produtor vizinho, e promover a construção de várias refinarias. Uma primeira unidade nos Camarões, que faz fronteira com os países da CEMAC, poderia, por exemplo, processar o petróleo bruto proveniente da Nigéria. Uma outra refinaria na República Democrática do Congo permitiria abastecer os países vizinhos, como o Congo, o Burundi e a República Centro-Africana, bem como Angola e o Sudão do Sul, fora da região.

Tabela 3.13. Refinarias e capacidade de produção diária na África Central

Países	Nome da refinaria	Capacidade de produção (barril por dia, estimativa 2016)	Operador
Camarões	Refinaria de Limbe	42 000	Sonara
Chade	Refinaria de N'Djaména	20 000	CNPC e Estado chadiano
Gabão	Refinaria de Sogara	21 000	Société Gabonaise de Raffinage
Guiné Equatorial		244 000	Sem refinaria
Rep. Centro-Africana	Fora de funcionamento		
Rep. Dem. do Congo			Refinarias encerradas
República do Congo	Refinaria de Pointe-Noire	21 000	Coraf

Fonte: Compilação dos autores.

A transformação da madeira é outra área chave para a diversificação na África Central. A região tem uma enorme vantagem comparativa nos produtos florestais e poderia criar uma cadeia de transformação industrial. O sector conta com uma grande variedade de espécies florestais raras (*ayous, okoumé, sapelli*, etc.), mas também por produtores artesãos, pequenas e grandes empresas, suscetíveis de escoar toros de madeira, madeira serrada, contraplacado, etc. Estes produtos são muito procurados, tanto a nível nacional como a nível regional, continental e internacional. As oportunidades são numerosas e encontram-se na construção, na pasta de papel, no mobiliário e na energia. Estas devem ser aproveitadas e desenvolvidas, tendo em conta os Objetivos de Desenvolvimento Sustentável (ODS) e a proteção da floresta equatorial, fundamental para combater as alterações climáticas. Apesar da vontade de transformação manifestada por diferentes países (uma taxa mínima de transformação de 100% para o Gabão e a Guiné Equatorial, 85% para o Congo, 70% para a República Centro-Africana e a República Democrática do Congo), as capacidades de transformação continuam limitadas a uma transformação primária (madeira serrada, descascada, corte para contraplacado e folheado), com uma predominância de empresas informais (BAfD, 2018).

Promover zonas económicas especiais integradas

O potencial industrial e mineiro de cada país deverá ser mapeado com vista à criação de *clusters* de produção competitivos. Estes *clusters* poderão ser dinamizados por instituições regionais, como a Comissão da CEMAC e o Banco dos Estados da África Central (BEAC). É possível estabelecer uma parceria entre o Fundo Especial Regional para o Desenvolvimento Agrícola da União Africana e o Banco Africano de Desenvolvimento (BAfD). Os Camarões poderiam, por exemplo, especializar-se na indústria de transformação de madeira, a Guiné Equatorial, a República Democrática do Congo e o Chade na refinação de produtos petrolíferos e o Chade na produção de cereais. Esta estratégia pode reduzir a dependência das exportações de fora da região e promover a complementaridade comercial. Uma intensificação de diferentes programas de desenvolvimento é igualmente necessária. Uma iniciativa como a "Iniciativa Africana do Arroz", da Associação para o Desenvolvimento da Rizicultura da África Ocidental (ADRAO), poderia estimular a produção de cereais na região entre o Sudão e o Sahel, para além dos outros programas existentes (CEMAC, 2002; Tabela 3.8).

A criação de *clusters* de competências, tecnologia e inovação exige um investimento significativo na formação e na investigação e desenvolvimento (I&D). As universidades interestatais entre os Camarões e o Congo e o Instituto Pan–Africano são exemplos de cooperação nesta área. É necessário encorajar outras iniciativas em domínios essenciais como a agricultura de nova geração, a informática, a programação e o desenvolvimento de *software*, as ciências biológicas e médicas. Embora dispendiosa, a I&D deve ser uma prioridade, dada a sua importância para o futuro.

Acelerar a integração financeira

A integração financeira na África Central é reduzida devido à ausência de uma moeda única na CEEAC e à coexistência de vários mercados bolsistas. A integração financeira está atrasada em relação à África Ocidental, onde se realiza um esforço de harmonização progressiva dos sistemas monetários com vista à introdução de uma moeda única em 2020. Este projeto não está previsto na África Central. A existência de dois mercados financeiros na CEMAC prejudica fortemente a integração, apesar da perspetiva de criação de um Centro financeiro único em Douala (Camarões). De acordo com a Comissão Reguladora do Mercado de Capitais da África Central (COSUMAF, 2016), entre as inúmeras fragilidades deste mercado estão os baixos níveis da atividade de mercado primária, um setor secundário quase inexistente, preços superiores do que os praticados por mercados financeiros comparáveis, um quadro fiscal não harmonizado e medidas fiscais que são ignoradas pelos emissores. A consolidação dos dois mercados decidida na Conferência de Chefes de Estado da CEMAC em 2019 deverá permitir aos Estados emitir obrigações para obter novos financiamentos e impulsionar a criação de um novo mercado comum.

Desenvolver *clusters* setoriais

A melhoria da competitividade requer uma estratégia que permita identificar jovens empreendedores inovadores e assegurar-lhes o apoio material e financeiro necessário. Os jovens que vivem em zonas urbanas estão cada vez mais a criar empresas informais nos setores das TIC, da inovação sustentável e dos serviços (serviços de alimentação). São necessárias iniciativas que permitam reforçar as competências jurídicas, de gestão, e de capital humano destes empreendedores.

Melhorar o acesso à energia

As dificuldades de acesso à energia têm impedido o desenvolvimento do setor privado. Os países da região caracterizam-se por uma grande desigualdade no que diz respeito às taxas de eletrificação. As taxas variam entre 83% no Gabão e apenas 5.6% no Chade. No entanto, o potencial energético é significativo. A região poderia inspirar-se no projeto de ampliação da barragem de Inga III na República Democrática do Congo ou da central fotovoltaica "Noor" em Ouarzazato, em Marrocos. A instabilidade política em alguns países dificulta um melhor acesso à eletricidade. Uma vez que o investimento em infraestruturas é dispendioso, credores e investidores necessitam de garantias políticas que assegurem o retorno dos seus investimentos no longo do tempo.

Reforçar o capital humano, adaptar a formação profissional ao mercado de trabalho

A desadequação entre a oferta e a procura no mercado de trabalho tem-se traduzido numa grande diversidade de taxas de desemprego em função do nível de habilitações. Para a população ativa com um nível de habilitações de base, a taxa de desemprego é de 11.5%, no caso dos trabalhadores com um nível de habilitações intermédio, a taxa é de 18.5% e, finalmente, no caso dos licenciados a taxa é de 38.8% (Figura 3.8). Por conseguinte, é importante desenvolver políticas de promoção de programas de formação que vão ao encontro da procura das empresas. Uma plataforma poderia permitir aos operadores privados manifestar as suas necessidades de formação, que posteriormente seriam tidas em conta na preparação dos programas. Tal poderia ser realizado no quadro da União Africana através da sua Estratégia para a Ciência, a Tecnologia e a Inovação em África (STISA, 2024) ou através da Estratégia Continental para o Ensino e Formação Técnica e Profissional (EFTP, 2014) para o emprego dos jovens (CUA, 2014, 2004). Fortalecer o capital humano também depende da livre circulação das pessoas. Em março de 2019, os seis países membros da CEMAC adotaram uma política comum de emigração, imigração e controle de fronteiras, com o objetivo de acelerar a abolição dos vistos para todos os cidadãos que circulam no bloco.

Figura 3.8. Desemprego de acordo com o nível de habilitações (Camarões, Congo e República Democrática do Congo), em percentagem da população ativa, 2003-17

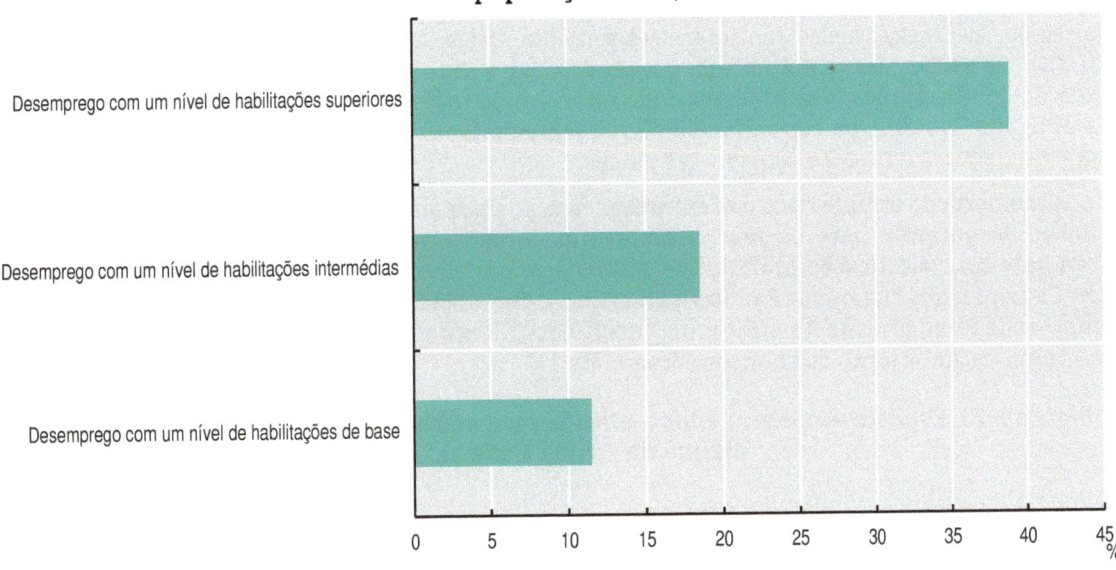

Nota: Vários países não dispõem de dados para todo o período.
Fonte: Cálculos dos autores com base nos dados do Banco Mundial (2018a) *World Development Indicators* (base de dados).
StatLink https://doi.org/10.1787/888933967245

Facilitar o acesso ao financiamento

O acesso das empresas aos serviços bancários deve ser melhorado. Nenhum dos países atingiu o limiar dos 50% de empresas com um empréstimo bancário. A média é de 23%, próxima da média da África Subsariana (22.2%). As taxas mais elevadas registam-se no Burundi (48.2%), nos Camarões (32.2%) e na República Centro-Africana (26%), face a 9% no Gabão e no Chade, 12% na Guiné Equatorial, 12.8% no Congo e 8.3% na República Democrática do Congo.

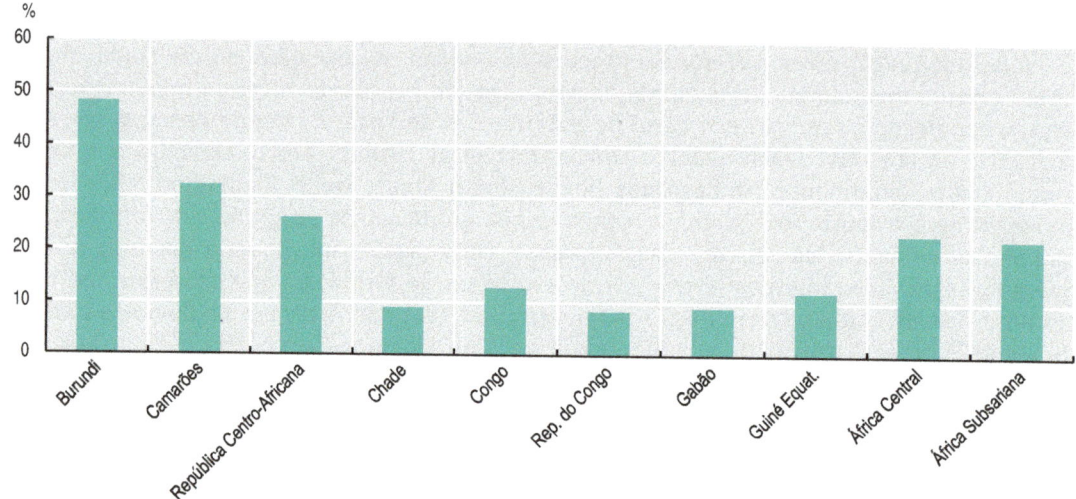

Figura 3.9. **Empresas que possuem um empréstimo bancário ou linha de crédito**

Fonte: Cálculos dos autores com base em Banco Mundial (2018b), *Global Findex database* (base de dados).
StatLink ᵐˢᵖ https://doi.org/10.1787/888933967264

Apoiar o empreendedorismo através de fundos de gestão de risco

A capacidade empreendedora nos países da África Central deve ser reforçada. De acordo com os dados disponíveis sobre a capacidade empreendedora em quatro países da região, as classificações são inferiores à média africana (44.1%) nos casos do Chade (31.8%), República Democrática do Congo (39.3%) e Burundi (36.3%), apenas com a exceção dos Camarões (44.7%). Estes dados provêm do Índice de Competitividade Global de 2018, que classifica a capacidade de empreendedorismo e a atitude face ao risco dos empreendedores (entre 0 e 100) em 143 países.

A melhoria da atitude risco das empresas face ao risco através da criação de um fundo público de garantia para os jovens empreendedores permitiria inverter a tendência. Com base na classificação mundial de 140 países, o melhor desempenho da região é o dos Camarões (94.º) e o pior é o do Chade (138.º). Os Estados poderiam apoiar os jovens empreendedores através da criação de um fundo público comunitário para garantir os seus empréstimos junto dos bancos comerciais.

Figura 3.10. **Espírito empreendedor e atitude face ao risco empresarial em países alguns da África Central**

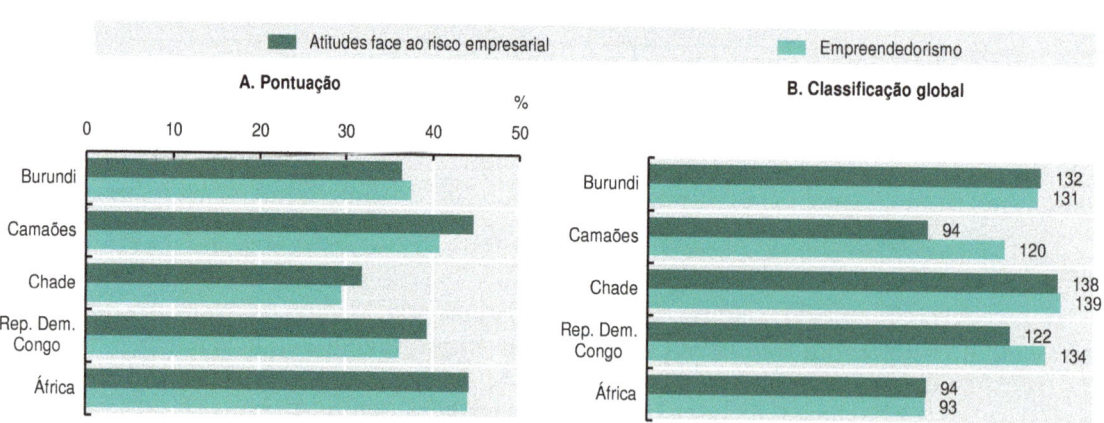

Fonte: Cálculos dos autores com base em FEM (2018), *Global Competitiveness Report*.
StatLink ᵐˢᵖ https://doi.org/10.1787/888933967283

Promover o acesso aos mercados nacionais, regionais e continentais

Desenvolver as infraestruturas físicas

O investimento em grande escala em infraestruturas permitiria o florescimento do setor privado. No Congo, no Gabão, na República Centro-Africana e nos Camarões existem restrições muito significativas em matéria de transportes (Tabela 3.11). O Programa de Desenvolvimento das Infraestruturas em África (PIDA), financiado pelo BAfD e dirigido pela Comissão da União Africana (Comissão da UA) e pelo Secretariado da Nova Parceria para o Desenvolvimento de África (NEPAD) deveria ser acelerado. Reconhecendo a importância da energia para o desenvolvimento, os países da região lançaram iniciativas conjuntas para facilitar o acesso das populações à energia. Iniciada com os tratados fundadores da CEMAC e da CEEAC, a base convencional da cooperação no domínio da energia, a continuidade da cooperação nesta área tem tido continuidade através do Programa Económico e Regional (PER) da CEMAC, do acordo-quadro intergovernamental que institui a Reserva de Energia da África Central (PEAC) e do Código do Mercado da Eletricidade da África Central. A implementação da PEAC também favoreceu a elaboração dos Programas de Integração Prioritária (PIP) e de Programas-piloto de Eletrificação Transfronteiras (PPET), que visam a construção de interligações de eletricidade e um futuro mercado regional da eletricidade.

A redução da carga fiscal através da introdução de "impostos inteligentes" poderia incentivar a produção local. A participação do setor privado no financiamento e na gestão de infraestruturas e serviços públicos poderá ser uma solução. O sector público é frequentemente confrontado com a escassez e imprevisibilidade de recursos para o financiamento das infraestruturas. A introdução de uma série de "impostos inteligentes" poderia atenuar as restrições de financiamento sem comprometer a atividade económica. Por exemplo, um imposto especial sobre as importações de veículos, de bebidas e de tabaco poderia contribuir para um Fundo Regional de Infraestruturas de Transporte (Frit).

Acelerar a digitalização e o acesso à informação e à criação de redes

O nível de utilização da internet continua a ser reduzido, tal como o acesso à rede de alta velocidade. O nível de acesso à digitalização continua a ser baixo na maioria dos países africanos. Apenas 6.7% da população da África Central tem acesso à internet, por comparação com 8.9% no total do continente (Banco Mundial, 2018a). A subscrição da rede de banda larga é quase insignificante nos países da África Central, representando menos de 1% da população. O mesmo se aplica às subscrições de linhas de telefone fixo. No entanto, a taxa de penetração dos serviços móveis é elevada, abrangendo 76% da população por comparação com 95.6% em África (Figura 3.11).

Figura 3.11. **Digitalização e acesso à tecnologia da informação na África Central, média de 2000-17**

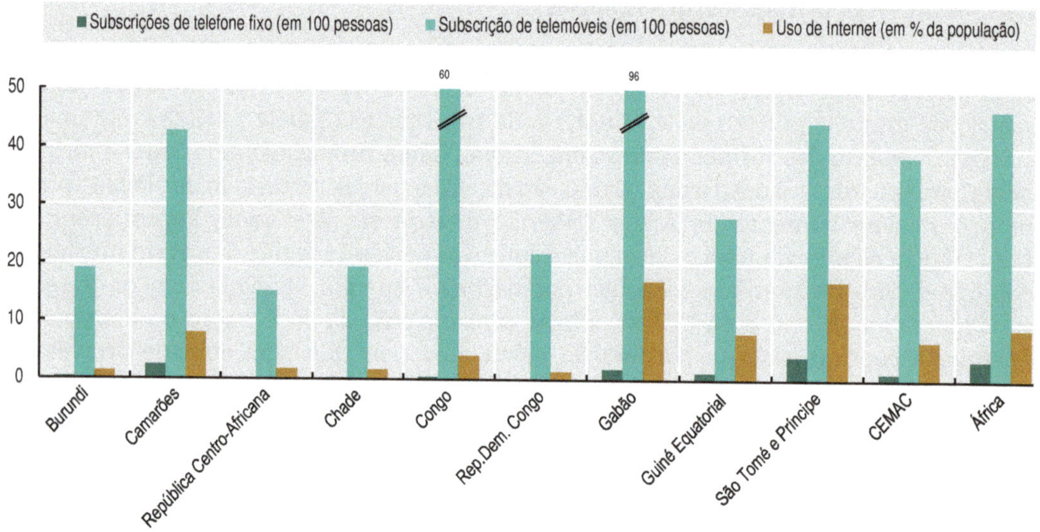
Subscrições de telefone fixo (em 100 pessoas)
Subscrição de telemóveis (em 100 pessoas)
Uso de Internet (em % da população)
50
40
30
20
10
0
60
96
Burundi
Camarões
República Centro-Africana
Chade
Congo
Rep.Dem. Congo
Gabão
Guiné Equatorial
São Tomé e Príncipe
CEMAC
África

Fonte: Cálculos dos autores com base em Banco Mundial (2018a), *World Development Indicators* (base de dados).
StatLink https://doi.org/10.1787/888933967302

Estes fatores influenciam o desempenho industrial das empresas, a adoção de novas tecnologias necessárias à diversificação da economia, assim como a melhoria do ambiente de negócios, a governação pública e os sistemas de transportes e de comunicação. A paz, a segurança pública e o contexto político também têm um papel importante. É necessário que as novas atividades económicas tenham um impacto direto na redução da pobreza, da fome e da subnutrição, ao mesmo tempo que se moderniza a agricultura e aumenta a produtividade do setor agroalimentar.

Anexo 3.A1. Estatísticas de comércio da África Central

Tabela 3.A1.1 Principais produtos exportados pelos países da África Central

Principais produtos exportados pelo Burundi	%	Principais produtos exportados pelos Camarões	%
1. Ouro (incluindo folheado ou com platina), em forma bruta ou semi-trabalhado, ou em pó.	59.1	1. Óleos de petróleo e óleos obtidos a partir de minerais betuminosos em bruto.	29.8
2. Café, torrado ou descafeinado, casca e casca de café, sucedâneos de café.	23.7	2. Grãos de cacau inteiros ou partidos, crus ou torrados.	13.7
3. Chá, aromatizado ou não.	7.7	3. Madeira serrada ou lascada no sentido do comprimento, cortada ou desenrolada, aplainada, polida ou colada à mão, com uma espessura superior a 6 mm.	12.2
4. Sabões, produtos e preparados orgânicos tensoativos utilizados como sabão, papel, pastas, feltros e tecidos não tecidos.	0.9	4. Ouro (incluindo folheado ou com platina) em forma bruta ou semi-trabalhado, em pó.	8.8
5. Minerais e concentrados de nióbio, tântalo, vanádio ou de zircónio.	0.7	5. Bananas, incluindo plátanos, frescas ou secas.	8.5
Total	**92.1**	**Total**	**73**
Principais produtos exportados pela República Centro-Africana	**%**	**Principais produtos exportados pelo Chade**	**%**
1. Madeira em bruto, descascada, cortada ou não esquadriada.	49.8	1. Óleos de petróleo e óleos obtidos a partir de minerais betuminosos em bruto.	83.6
2. Madeira serrada ou lascada no sentido do comprimento, cortada ou desenrolada, aplainada, polida ou colada à mão, com uma espessura superior a 6 mm.	1.9	2. Ouro (incluindo folheado ou com platina), em forma bruta ou semi-trabalhado, ou em pó.	9.9
3. Damascos, cerejas, pêssegos (incluindo nectarinas). ameixas e abrunhos, frescos.	11.9	3. Algodão não cardado nem penteado.	1.9
4. Maçãs, peras e marmelos frescos.	5	4. Outros cereais e frutas oleaginosas, trituradas.	1.4
5. Algodão não cardado nem penteado.	3.5	5. Borrachas, resinas, resinas de borracha e oleorresinas (bálsamos).	1.4
Total	**84.1**	**Total**	**98.2**
Principais produtos exportados pelo Congo	**%**	**Principais produtos exportados pela República Democrática do Congo**	**%**
1. Óleos de petróleo e óleos obtidos a partir de minerais betuminosos, em bruto.	55	1. Cobre afinado e ligas de cobre, em forma bruta.	51.9
2. Cobre afinado e ligas de cobre, em forma bruta.	29.4	2. Mates de cobalto e outros produtos intermediários da metalurgia do cobalto, cobalto e peças em cobalto, incluindo aparas e resíduos.	16.1
3. Madeira em bruto, descascada, cortada ou não esquadriada.	4.2	3. Diamantes, trabalhados ou não, mas não montados nem engastados.	8.0
4. Madeira serrada ou lascada no sentido do comprimento, cortada ou desenrolada, aplainada, polida ou colada à mão, com uma espessura superior a 6 mm.	2.3	4. Óleos de petróleo e óleos obtidos a partir de minerais betuminosos em bruto.	5.6
5. Óleos de petróleo e óleos obtidos a partir de minerais betuminosos, exceto óleos brutos, preparados não especificados nem referidos, que contenham, em peso, 70% ou mais de óleos de petróleo ou óleos.	1.8	5. Minerais e concentrados de cobalto.	4.1
Total	**92.7**	**Total**	**85.7**
Principais produtos exportados pela Guiné Equatorial	**%**	**Principais produtos exportados pelo Gabão**	**%**
1. Óleos de petróleo e óleos obtidos a partir de minerais betuminosos, em bruto.	68.8	1. Óleos de petróleo e óleos obtidos a partir de minerais betuminosos, em bruto.	69.6
2. Gás de petróleo e outros hidrocarbonetos gasosos.	18.7	2. Minerais e concentrados de manganês, incluindo minerais e concentrados ferruginosos de manganês com um teor de manganês de 20% ou mais, em peso, calculado sobre o peso seco.	12.1
3. Madeira em bruto, descascada, cortada ou não esquadriada.	5.8	3. Madeira serrada ou lascada no sentido do comprimento, cortada ou desenrolada, aplainada, polida ou colada à mão, com uma espessura superior a 6 mm.	8
4. Álcoois acíclicos e seus derivados halogenados, sulfonados nitrados ou introsados.	5.4	4. Folhas para folheados e folhas para contraplacados (mesmo unidas) e outras madeiras serradas no sentido do comprimento, cortada ou desenrolada, aplainada, lixada ou unida à mão, de espessura não superior a 6 mm.	2.8
5. Navios, embarcações e equipamentos de flutuação.	0.3	5. Óleos de petróleo e óleos obtidos a partir de minerais betuminosos, exceto óleos brutos, preparados não especificados nem referidos, que contenham, em peso, 70% ou mais de óleos de petróleo.	1.9
Total	**99**	**Total**	**94.4**
Principais produtos exportados por São Tomé e Príncipe	**%**	**Principais produtos exportados na África Central**	**%**
1. Grãos de cacau inteiros ou partidos, crus ou torrados.	71	1. Óleos de petróleo e óleos obtidos a partir de minerais betuminosos em bruto.	47.7
2. Outras peças em ferro ou aço.	6.6	2. Cobre afinado e ligas de cobre, em forma bruta.	16.4
3. Pimenta do género Piper, frutos secos, triturados ou triturados do género Capsicum ou Pimenta.	1.6	3. Madeira serrada ou lascada no sentido do comprimento, cortada ou desenrolada, aplainada, polida ou colada à mão, com uma espessura superior a 6 mm.	4.0
4. Estruturas (excluindo edifícios prefabricados do n.º 94.06) e respetivos elementos constitutivos (pontes e secções de pontes, portões, torres, torres de treliça, estruturas de carpintaria para tetos, portas).	1.5	4. Madeira em bruto, descascada, cortada ou não esquadriada.	3.8
5. Chocolate e outros preparados alimentares contendo cacau.	1	5. Gás de petróleo e outros hidrocarbonetos gasosos.	3.7
Total	**81.7**	**Total**	**75.6**

Fonte: Cálculos dos autores com base em UNSD (2018), *UN Comtrade* (base de dados).

Tabela 3.A1.2. **Principais destinos dos produtos da África Central**

Países	Média 2000-17										Total
Burundi	EAU	Alemanha	Suíça	Rep. Dem. do Congo	Paquistão	Bélgica	Ruanda	Reino Unido	EUA	Suécia	
	26.6	9.8	7.2	6.2	5.9	5.5	3.5	3.2	3	2.9	73.8
Camarões	Espanha	Itália	Países Baixos	França	China	EUA	Chade	Bélgica	Índia	Portugal	
	13.6	11.3	9.3	8.6	8.2	5.4	4.4	4.1	4	3.8	72.7
RCA	Bélgica	China	França	Indonésia	Espanha	Marrocos	Itália	Turquia	Alemanha	Camarões	
	31.4	11.3	8.7	6.3	3.5	3.2	3	2.7	2.7	2.4	75.2
Chade	EUA	China	Japão	Taipé Chinês	EAU	Índia	França	Reino Unido	Portugal	Alemanha	
	72	6.9	2.8	2.3	2.3	2	1.9	1.5	1.5	1.1	94.3
Congo	China	EUA	Taipé Chinês	França	Itália	Coreia do Sul	Austrália	Angola	Espanha	Países Baixos	
	33.3	17	6.1	5	3.3	3.1	3.1	2.9	2.4	2.3	78.5
Rep. Dem. do Congo	China	Zâmbia	Bélgica	EUA	Arábia Saudita	Finlândia	Coreia do Sul	Itália	EAU	Índia	
	35.1	15.3	12.6	5.7	4.7	3.4	3.1	2.8	2.3	1.3	86.3
Guiné Equatorial	China	EUA	Espanha	Japão	França	Taipé Chinês	Países Baixos	Itália	Reino Unido	Coreia do Sul	
	17	15.3	11.5	7.7	6.5	5.3	4.4	4.3	3.9	3.8	79.7
Gabão	EUA	China	França	Espanha	Coreia do Sul	Japão	Austrália	Países Baixos	Malásia	Irlanda	
	45.8	10	5	3.9	3.7	3.2	2.9	2.6	2.5	2.3	81.9
STP	Países Baixos	Bélgica	Aruba	Espanha	Portugal	França	Angola	Polónia	Turquia	Alemanha	
	19.2	12.6	9.6	6.7	6.4	6.2	4.5	3.5	3.4	2.7	74.8
Áfr. Central	EUA	China	Espanha	França	Itália	Países Baixos	Coreia do Sul	Taipé Chinês	Japão	Bélgica	
	24.1	19.3	6	5	3.9	3.4	3	3	3	2.5	73.2

Nota: Os resultados foram calculados seguindo a metodologia de Balassa (1965).
Fonte: Cálculos dos autores com base em CNUCED (2019), *UNCTADstat* (base de dados).

Tabela 3.A1.3. **Vantagens comparativas comprovadas na África Central, 2010-15**

Classificação do Produto	Descrição	Burundi	Camarões	República Centro-Africana	Chade	Congo	Rep. Dem. do Congo	Guiné Equatorial	Gabão	São Tomé e Príncipe	África Central
				Vantagens comparativas reveladas 2010-15							
Setores	Animais	Não	Não	Não	n/a	Não	n/a	n/a	Não	Não	0
	Vegetais	Sim	Sim	Sim	n/a	Não	n/a	n/a	Não	Não	3
	Produtos alimentícios	Sim	Não	Não	n/a	Não	n/a	n/a	Não	Sim	2
	Minerais	Sim	Não	Não	n/a	Não	n/a	n/a	Sim	Não	2
	Combustíveis	Não	Sim	Não	n/a	Sim	n/a	n/a	Sim	Não	3
	Produtos químicos	Não	Não	Não	n/a	Não	n/a	n/a	Não	Não	
	Plástico ou borracha	Não	Não	Não	n/a	Não	n/a	n/a	Não	Não	0
	Couro e pele	Sim	Não	Não	n/a	Não	n/a	n/a	Não	Não	1
	Madeira	Não	Sim	Sim	n/a	Sim	n/a	n/a	Sim	Não	4
	Têxteis e vestuário	Não	Não	Sim	n/a	Não	n/a	n/a	Não	Não	1
	Calçados	Não	Não	Não	n/a	Não	n/a	n/a	Não	Não	0
	Pedras e vidro	Sim	Sim	Sim	n/a	Não	n/a	n/a	Não	Sim	4
	Metais	Não	Não	Não	n/a	Sim	n/a	n/a	Não	Não	1
	Máquinas e eletrônicos	Não	Não	Não	n/a	Não	n/a	n/a	Não	Não	0
	Transporte	Não	Não	Não	n/a	Não	n/a	n/a	Não	Não	0
	Outros	Não	Não	Não	n/a	Não	n/a	n/a	Não	Sim	1
	Número de setores	**5**	**4**	**4**	**n/a**	**3**	**n/a**	**n/a**	**3**	**3**	
Grupos de produtos	Matérias-primas agrícolas	Não	Sim	Sim	n/a	Sim	n/a	n/a	Sim	Não	4
	Produtos químicos	Não	Não	Não	n/a	Não	n/a	n/a	Não	Não	0
	Produtos alimentícios	Sim	Não	Não	n/a	Não	n/a	n/a	Não	Sim	2
	Combustíveis	Não	Sim	Não	n/a	Sim	n/a	n/a	Sim	Não	3
	Manufaturados	Não	Não	Não	n/a	Não	n/a	n/a	Não	Não	0
	Minerais e metais	Sim	Não	Não	n/a	Não	n/a	n/a	Sim	Não	3
	Têxteis	Não	Não	Sim	n/a	Não	n/a	n/a	Não	Não	1
	Máquinas e matérias de transportes	Não	Não	Não	n/a	Não	n/a	n/a	Não	Não	0
Estádio de transformação	Matérias-primas	Sim	Sim	Sim	n/a	Sim	n/a	n/a	Sim	Sim	6
	Produtos intermédios	Sim	Sim	Não	n/a	Não	n/a	n/a	Não	Não	2
	Bens de consumo	Não	Não	Não	n/a	Não	n/a	n/a	Não	Sim	1
	Bens de capital	Não	Não	Não	n/a	Não	n/a	n/a	Não	Não	0

Nota: Os resultados foram calculados seguindo a metodologia de Balassa (1965).
Fonte: Cálculos dos autores baseados em UNSD (2018), *UN Comtrade* (base de dados), acesso via portal *World Integrated Trade Solution* (https://wits.worldbank.org/).

Bibliografia

BAfD (2018), *Central Africa Economic Outlook 2018*, African Development Bank, Abidjan, www.afdb.org/fileadmin/uploads/afdb/Documents/Publications/2018AEO/African-Economic-Outlook-2018-Central-Africa.pdf.

BAfD/Banco Mundial (2011), *Handbook on Infrastructure Statistics*, African Development Bank/World Bank, Tunis/Washington, DC, www.afdb.org/fileadmin/uploads/afdb/Documents/Publications/AfDB%20Infrastructure_web.pdf.

Balassa B. (1965), "Trade Liberalisation and 'Revealed' Comparative Advantage", *The Manchester School*, Vol. 33(2), pp. 99-123, https://doi.org/10.1111/j.1467-9957.1965.tb00050.x.

Banco Mundial (2019), *World Bank Enterprise Surveys* (base de dados), www.enterprisesurveys.org (acesso em fevereiro de 2019).

Banco Mundial (2018a), *World Development Indicators*, World Bank, Washington, DC, https://data.worldbank.org/products/wdi (acesso em 2 de abril de 2019).

Banco Mundial (2018b), *Global Findex database*, World Bank, Washington, DC, https://globalfindex.worldbank.org/.

CEDEA-CSAO/OCDE (2006), "Cotton" in *Atlas on Regional Integration in West Africa*, www.oecd.org/swac/publications/38409410.pdf.

CEMAC (2004), *Stratégie agricole commune des pays membres de la Cemac*, Economic Community of Central African States, Bangui, http://pmb.sicac.org/opac_css/doc_num.php?explnum_id=609.

CEMAC (2002), *Programme régional de sécurité alimentaire (PRSA)*, Economic Community of Central African States, Bangui, www.cmeyanchama.com/Documents/Guinee/cemac.pdf.

CNUCED (2019), *UNCTADStat* (base de dados), United Nations Conference on Trade and Development, Geneva, https://unctadstat.unctad.org/.

COMIFAC (2004), *Plan de convergence pour la conservation et la gestion durable des écosystèmes forestiers d'Afrique centrale*, Commission of Central African Forests, Yaoundé, https://pfbc-cbfp.org/tl_files/archive/comifac/planconvergence.pdf.

Conference Board (2019), *The Total Economy* (base de dados), www.conference-board.org/data/economydatabase/ (acesso em maio de 2019).

COREP (2019), *Rapport d'activité*, Regional Commission of Fisheries of Gulf of Guinea, Libreville, www.corep-se.org/rapports-dactivites/.

COSUMAF (2016), *Rapport d'Activités de la COSUMAF – Exercice 2015*, Commission de Surveillance du Marché Financier de l'Afrique Centrale, Libreville, http://cosumaf.org/wp-content/uploads/2016/06/Rapport-Annuel-2015.pdf.

CUA (2004), *Continental Strategy for Techical and Vocational Education Training (TVET) to Foster Youth Employment*, African Union, Addis Ababa, https://au.int/en/documents/20181022/continentalstrategy-technical-and-vocational-educational-and-training-tvet.

CUA (2014), *Science, Technology and Innovation Strategy for Africa 2024*, African Union Commission, Addis Ababa, https://au.int/en/documents/20141227.

ECA (2018), *Exploiter le potentiel de l'agro-industrie pour soutenir la transformation structurelle en Afrique centrale*, United Nations Economic Commission for Africa, Addis Ababa, www.uneca.org/fr/publications/exploiter-le-potentiel-de-l'agro-industrie-pour-soutenir-la-transformationstructurel.

ECA (2012), *Les économies de l'Afrique Centrale 2012 : Les défis énergétiques en Afrique Centrale*, United Nations Economic Commission for Afriac, Addis Ababa, www.uneca.org/sites/default/files/PublicationFiles/leseconomiedelafriquecentrale2012.pdf.

ECCAS (2011), *Stratégie de développement de la filière coton-textile confection en Afrique centrale*, Economic Community of Central African States, Libreville, www.intracen.org/Workarea/DownloadAsset.aspx?id=68795.

fDi Markets (2018), *fDi Markets* (base de dados), www.fdimarkets.com (accessed 3 March 2019). Harvard University Center for International Development (2019), *The Atlas of Economic Complexity* (base de dados), http://atlas.cid.harvard.edu (acesso em 5 de abril de 2019).

FEM (2018), *Global Competitiveness Report*, World Economic Forum, http://reports.weforum.org/global-competitiveness-report-2018/.

FMI (2019), *World Economic Outlook, April 2019* (base de dados), International Monetary Fund, Washington, DC, www.imf.org/external/pubs/ft/weo/2019/01/weodata/index.aspx (acesso em 23 de maio de 2019).

Hausmann, R. e C.A. Hidalgo (2011), "The Network Structure of Economic Output", in *Journal of Economic Growth*, Vol. 16 n° 4, pp. 309-342, www.researchgate.net/publication/48182620_The_Network_Structure_of_Economic_Output.

Hausmann, R., J. Hwang e D. Rodrik (2006), "What You Export Matters", in *Journal of Economic Growth*, Vol. 12 n° 1, pp. 1-25, https://doi.org/10.1007/s10887-006-9009-4.

Hidalgo, C.A. et al. (2007), "The Product Space Conditions the Development of Nations", in *Science*, Vol. 317, Issue 5837, pp. 482-487, https://science.sciencemag.org/content/317/5837/482.

ISO (2018), *The ISO Survey of Management System Standard Certifications* (base de dados), International Organization for Standardization, Geneva, www.iso.org/the-iso-survey.html (acesso em de maio de 2019).

Lall, S. et al. (2005), "The Sophistication of Exports: A New Measure of Product Characteristics", in *ADB Institute Discussion Paper n° 23*, Asian Development Bank Institute, Manila, www.adb.org/publications/sophistication-exports-new-measure-product-characteristics.

Leamer, E.E. (1984), *Sources of Comparative Advantage: Theory and Evidence*, MIT Press, Cambridge, MA, pp. 353, https://mitpress.mit.edu/books/sources-international-comparative-advantage.

OCDE-CAD (2018a), *International Development Statistics* (base de dados), www.oecd.org/dac/stats/idsonline.htm (acesso em maio de 2019).

OCDE-CAD (2018b), *Country Programmable Aid* (base de dados), www.oecd.org/dac/financing-sustainabledevelopment/development-finance-standards/cpa.htm (acesso em maio de 2019).

OIT (2019), *Key Indicators of the Labour Market* (base de dados), International Labour Organization www.ilo.org/global/statistics-and-databases/statistics/lang--en/index.htm (acesso em maio de 2019).

UNSD (2018), *UN Comtrade* (base de dados), United Nations Statistics Division, https://comtrade.un.org/ (acesso em maio de 2019).

Capítulo 4

Políticas públicas para uma transformação produtiva na África Oriental

O capítulo apresenta o estado da transformação produtiva em 14 países da África Oriental: Comores, Djibuti, Eritreia, Etiópia, Madagáscar, Maurícia, Quénia, Ruanda, Seicheles, Somália, Sudão, Sudão do Sul, Tanzânia e Uganda. A primeira secção apresenta os factos e as dinâmicas das estruturas produtivas, da competitividade, das alterações nas contribuições setoriais e do desempenho das exportações da África Oriental. A segunda secção analisa as vantagens comparativas e a complexidade económica das economias da região, tendo em conta o estado atual de transformação produtiva. Esta secção também identifica os desafios que se colocam à transformação da estrutura das economias que poderão dificultar o crescimento da região no médio e longo prazo. A secção final analisa as estratégias e os mecanismos necessários para reforçar a transformação produtiva.

SÍNTESE EM

A África Oriental foi a região africana com um crescimento económico mais rápido nas duas últimas décadas – o crescimento médio do produto interno bruto (PIB) foi de 5.2% entre 2000 e 2018. O crescimento do rendimento per capita, em média de 3% ao ano durante o mesmo período, está a diminuir face ao crescimento do PIB, exercendo pressão sobre os países da região para criarem novos empregos. O setor dos serviços consolidou a sua posição como o maior contribuinte para o valor acrescentado na região, mas a região tem de aumentar a **produtividade** do trabalho em todos os setores da economia.

A maioria dos países da África Oriental apresenta níveis elevados de concentração das exportações e os seus níveis de complexidade económica estão atrás de países comparáveis. Os indicadores de **competitividade** mostram progressos, mas permanecem abaixo dos padrões mundiais. Embora existam sinais de crescimento em setores de maior produtividade, os países da região ainda têm de enfrentar restrições incontornáveis ao crescimento a nível nacional e regional.

A região já se está a preparar para as exigências da economia do futuro. Está a fazê-lo através: i) do aumento do investimento na formação de capital humano, na melhoria contínua do ambiente de negócios e no apoio às empresas que participam em cadeias de valor estratégicas; ii) da colaboração a nível regional para desbloquear oportunidades de aumento da competitividade; e iii) da promoção da criação e do crescimento de **"indústrias do futuro"**, incluindo uma indústria transformadora de elevada produtividade, complementada por uma orientação forte para os serviços e os agronegócios de alta produtividade.

Políticas públicas para uma transformação produtiva na África Oriental

Crescimento

A África Oriental é a segunda região do continente com um crescimento mais acelerado

As 14 economias da região representam cerca de 15.2% do PIB do continente

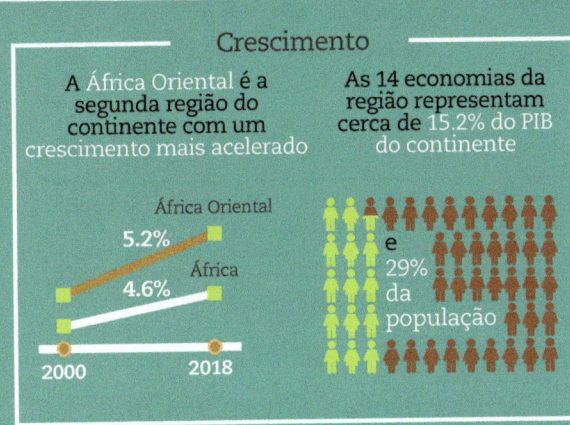

África Oriental
5.2%

África
4.6%

2000   2018

e 29% da população

Estrutura económica

Etiópia é a maior economia em termos de paridade do poder de compra

A maioria dos empregos continuam a ser na agricultura

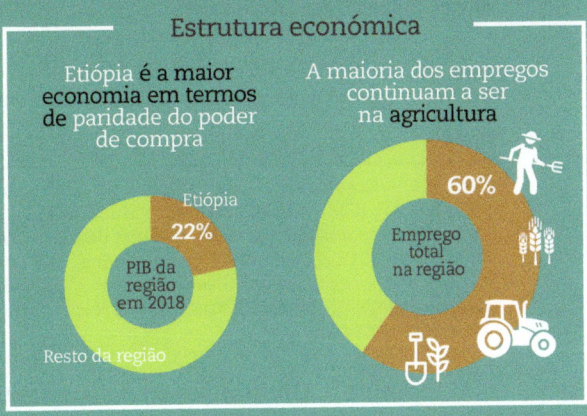

Etiópia
22%

PIB da região em 2018

Resto da região

60%

Emprego total na região

Comércio

O turismo é um dos setores mais importantes na África Oriental

As receitas representam **16%** do total das exportações, bem acima das médias global (5.7%) e continental (8%)

Fluxos Financeiros

A APD é o principal fluxo financeiro na África Oriental

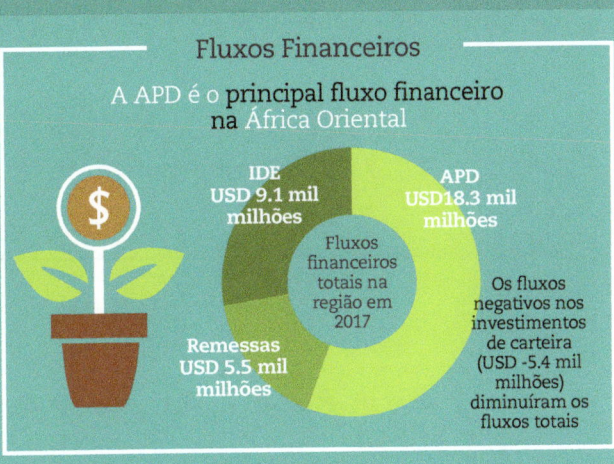

IDE
USD 9.1 mil milhões

APD
USD18.3 mil milhões

Fluxos financeiros totais na região em 2017

Remessas
USD 5.5 mil milhões

Os fluxos negativos nos investimentos de carteira (USD -5.4 mil milhões) diminuíram os fluxos totais

Estratégias regionais para uma transformação produtiva

A região deveria melhorar na área da inovação para cumprir as metas da Agenda 2063

Cadeias de valor potenciais na região

Média anual do investimento em I&D em % do PIB, 2000-16

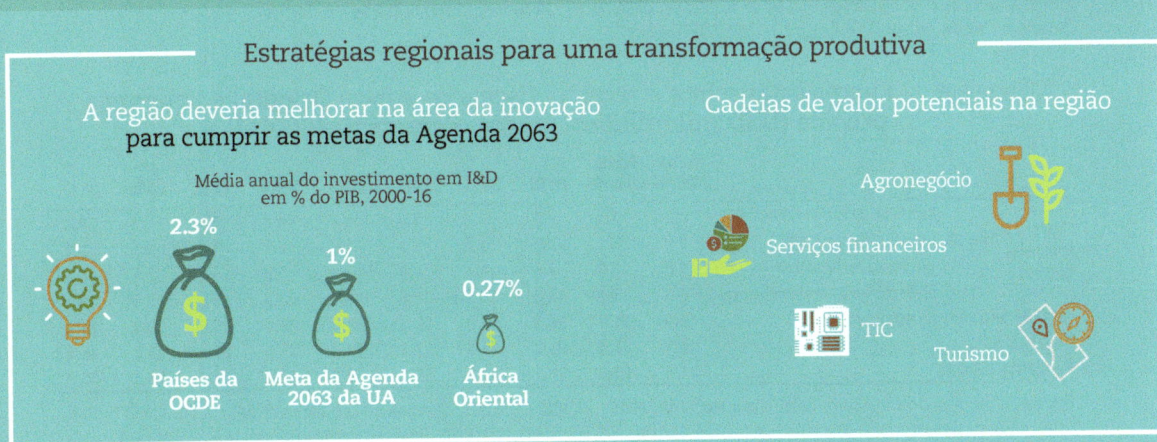

2.3%

1%

0.27%

Países da OCDE

Meta da Agenda 2063 da UA

África Oriental

Agronegócio

Serviços financeiros

TIC

Turismo

Perfil regional da África Oriental

Tabela 4.1. Capacidade de transformação produtiva na África Oriental, 2000-2018

		Fonte	2000	2014	2015	2016	2017	2018
Tecnologia de produção	Empregadores e empregados assalariados em % do total de emprego	OIT	19.9	23.1	23.4	23.6	23.8	24.1
	Produtividade do trabalho em % da produtividade dos Estados Unidos	CB	6.1	6.6	6.5	6.6	6.6	6.4
	Formação bruta de capital fixo privada em % do produto interno bruto (PIB)	FMI	12.5	19.5	19.4	17.2	18.8	18.4
	Capacidade de inovação, 0-100 (melhor)	FEM	-	-	-	-	32.2	32.7
Redes regionais	Intrarregiões em % das importações de produtos intermediários	Comtrade	4.8	6.8	6.2	4.9	5.4	-
	Intra-africanas em % das entradas de novos investimento direto estrangeiro (investimentos inteiramente novos)	fDi Markets	-	1.3	3.6	3.7	11.9	10.7
	Disponibilidade de capital de risco, 1-7 (melhor)	FEM	-	3.2	3.2	3.3	2.8	2.9
Capacidade de dar satisfazer a procura	Certificado ISO9001 em % do total para África	ISO	7.2	12.1	11.4	11.1	11.3	-
	Produtos processados e semi-processados em % do total de bens exportados na região	Comtrade	-	57.6	60.7	58.0	59.4	56.4
	Percentagem do total de importações africanas de bens de consumo (%)	Comtrade	11.8	13.0	15.8	17.7	14.8	-

Nota: OIT – Organização Internacional do Trabalho, CB – The Conference Board, FMI – Fundo Monetário Internacional, FEM – Fórum Económico Mundial, ISO – International Standards Organization.
Fontes: Cálculos dos autores com base nos dados do The Conference Board (2019), *Total Economy* (base de dados); fDi Markets (2019), *fDi Markets* (base de dados); OIT (2019), *Key Indicators of the Labour Market* (base de dados); FMI (2019), *World Economic Outlook* (base de dados); ISO (2018), *The ISO Survey of Management System Standard Certifications* (base de dados); Divisão de Estatísticas das Nações Unidas (2018), *UN Comtrade* (base de dados); e FEM (2018), *Global Competitiveness Report.*

Figura 4.1. Dinâmicas de crescimento na África Oriental e África, 1990-2020

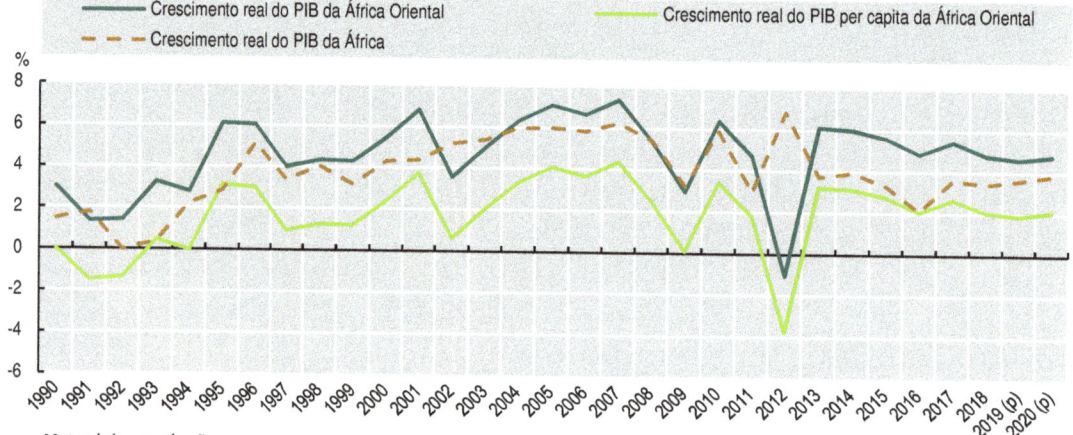

Nota: (p) = projeções.
Fonte: Cálculos dos autores com base no FMI (2019), *World Economic Outlook* (base de dados).
StatLink https://doi.org/10.1787/888933967321

Tabela 4.2. Fluxos financeiros e receitas fiscais da África Oriental e poupança privada (USD mil milhões, preços correntes), 2000-17

		Média 2000-04	Média 2005-09	2010	2011	2012	2013	2014	2015	2016	2017
Fluxos financeiros externos	Privados — Investimento direto estrangeiro	2.1	5.6	7.8	7.7	9.3	8.4	8.3	8.9	9.3	9.1
	Investimento de carteira	0.0	0.0	7.6	5.7	2.5	1.2	2.8	1.5	-6.5	-5.4
	Remessas de emigrantes	1.8	3.0	4.5	4.4	4.9	5.0	5.9	5.0	5.1	5.5
	Públicos — Ajuda pública ao desenvolvimento	6.1	12.6	14.3	15.5	15.8	18.4	16.5	15.9	16.0	18.3
Total de entradas do estrangeiro		9.9	21.2	34.2	33.3	32.5	32.9	33.5	31.3	23.9	27.6
Receitas fiscais		8.1	17.1	23.3	24.6	27.7	32.0	35.6	37.0	38.7	40.4
Poupança privada		11.0	21.0	31.2	41.8	36.1	38.8	49.6	51.4	54.1	55.5

Fontes: Cálculos dos autores com base no FMI (2019), *World Economic Outlook* (base de dados); OCDE-CAD (2018a), *International Development Statistics* (base de dados); OCDE-CAD (2018b), *Country Programmable Aid* e Banco Mundial (2019a), *World Development Indicators* (base de dados).

Dinâmica das estruturas produtivas na África Oriental

Após duas décadas de crescimento económico forte, a região tem agora de responder ao desafio de aumentar os rendimentos

A África Oriental apresentou um crescimento sustentado do produto interno bruto (PIB) de 6% durante quase duas décadas, mas mais recentemente tem enfrentado alguns fatores adversos.[1] As 14 economias da África Oriental representam aproximadamente 15.2% do PIB de África e 29% da população (Banco Mundial, 2019a). Desde 2000, o crescimento anual da região ultrapassou a média da África Subsariana em 1 ponto percentual. O crescimento foi sustentado, em grande medida, por níveis elevados de investimento público em infraestruturas, preços das matérias-primas favoráveis e um forte crescimento do setor dos serviços (OMC, 2019). O crescimento é heterogéneo na região e a desaceleração que se verificou recentemente (para cerca de 5%) é atribuível a uma diminuição da produção agrícola em 2016, no Quénia, Ruanda e Uganda (ECA, 2018), provocada pela seca e à instabilidade política na Somália e no Sudão do Sul.

Figura 4.2. **Produto interno bruto e PIB per capita a preços constantes nos países da África Oriental, 2000 e 2018**

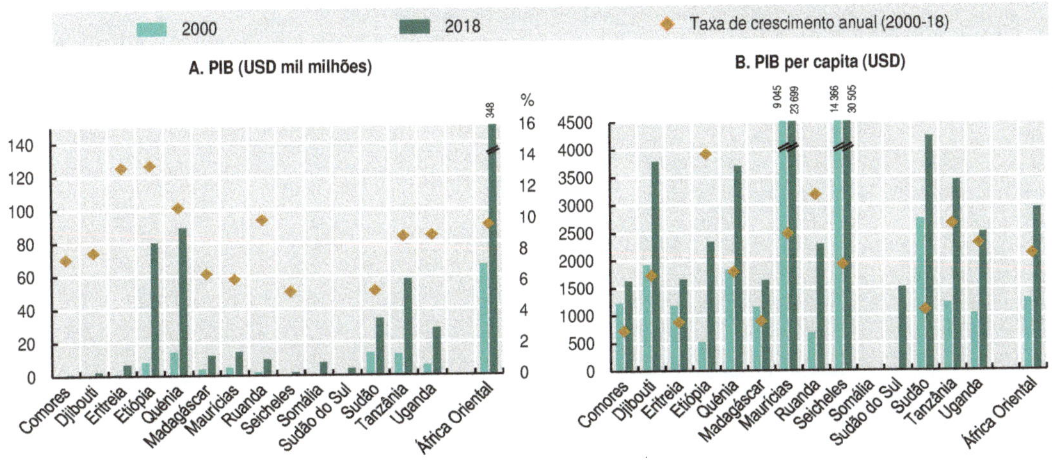

Fonte: Cálculos dos autores com base no Banco Mundial (2019a), *World Development Indicators* (base de dados).
StatLink ᠍᠍᠍ https://doi.org/10.1787/888933967340

O crescimento do rendimento está a ficar para trás face ao crescimento do PIB. O crescimento do rendimento per capita na região foi, em média, de 3% ao ano desde 2000 (com um crescimento da população de 2.9% ao longo do mesmo período). No entanto, este crescimento não foi homogéneo nos vários países que integram a região. Enquanto em países de rendimento baixo, como a Etiópia e o Ruanda, se verificou um crescimento per capita forte (embora abaixo do crescimento do PIB), nas Comores eno Quénia o crescimento per capita ficou abaixo da média e em Madagáscar está a diminuir. A região agrega países de rendimento médio-alto e alto, como as Maurícias e as Seichelles e países de rendimento baixo, como a Eritreia, a Etiópia, Madagáscar, o Ruanda, a Tanzânia e o Uganda.

A África Oriental está a mudar, em particular o sector dos serviços

A agricultura, a indústria e os serviços estão a crescer, com os serviços a assumir um peso cada vez maior na economia regional e os setores de elevada produtividade a enfrentarem dificuldades de crescimento. À semelhança de grande parte do continente, a região debate-se com os efeitos da urbanização rápida. Os trabalhadores estão a deixar os empregos pouco produtivos na agricultura para atividades apenas um pouco mais produtivas, no comércio a retalho e na distribuição (de Vries, Timmer e de Vries, 2013). Os setores com maior produtividade não estão a gerar empregos suficientes para absorver uma força de trabalho crescente. O futuro do crescimento da produtividade na África Oriental depende da capacidade dos países de maximizarem os ganhos de produtividade nos setores existentes e de desenvolverem novos setores de elevada produtividade.

A agricultura continua a ser um dos principais setores de atividade na África Oriental, mas a sua participação no PIB está a diminuir na maioria dos países da região. A experiência de desenvolvimento das economias asiáticas mais bem-sucedidas mostra que a agricultura pode desempenhar um papel importante no fomento de um crescimento elevado (Briones e Felipe, 2013). A agricultura tem um peso significativo na economia da África Oriental, representando cerca de 30% do PIB regional desde a mudança do século. Esta percentagem agregada esconde contudo diferentes dinâmicas por país. Todos os países da região, à exceção do Quénia, registam uma diminuição do peso da agricultura no PIB. Os países de outras regiões de África têm demonstrado a importância da agricultura (Marrocos, ver o capítulo sobre o Norte de África; a Côte d'Ivoire, ver o capítulo sobre a África Ocidental) e o Quénia é um dos países da região que segue esta tendência (ver Caixa 4.1).

Figura 4.3. Percentagem setorial do produto interno bruto, 2000 e 2017

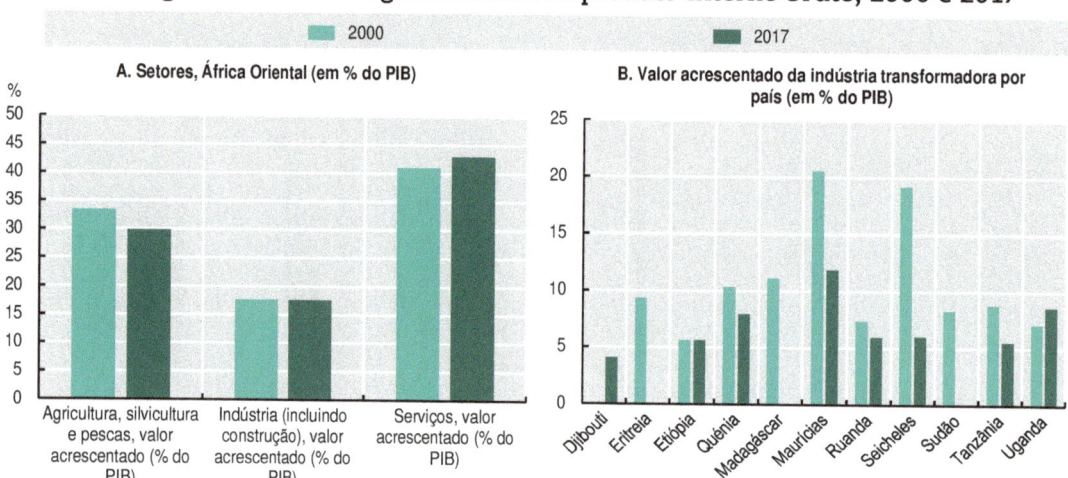

Fonte: Cálculos dos autores com base no Banco Mundial (2019a), *World Development Indicators* (base de dados).
StatLink 🔗 https://doi.org/10.1787/888933966751

Caixa 4.1. O papel da agricultura na economia do Quénia

A orientação para a exportação de produtos agrícolas de elevado valor assegurou que a agricultura se mantivesse como um setor importante na história de desenvolvimento do Quénia. A agricultura representa 35% do valor acrescentado na economia queniana e foi responsável por 65% das exportações de bens em 2017. Na década de 1990 e no início dos anos de 2000, as políticas e estratégias de desenvolvimento do setor foram além do combate à pobreza e da segurança alimentar, centrando-se no papel que o setor deveria desempenhar no futuro do desenvolvimento do Quénia. A produtividade do trabalho no setor está a crescer e, embora seja ainda metade da do setor da indústria transformadora, os ganhos recentes apontam para uma recuperação rápida (Naseem et al., 2017).

Grande parte deste sucesso provém do facto do Quénia se ter focado no apoio ao investimento e ao crescimento de setores exportadores, com elevados níveis de produtividade. Desde o final da década, o governo do Quénia apostou no apoio ao desenvolvimento de um

Caixa 4.1. O papel da agricultura na economia do Quénia *(cont.)*

setor de exportação de produtos hortícolas altamente produtivo, impulsionado pelo setor privado. Esta abordagem foi apresentada pela primeira vez no lançamento a Estratégia de Recuperação Económica para a Criação de Riqueza e de Emprego, em 2004. Desde então, o apoio concentrou-se: i) no aumento da produção e da produtividade com um enfoque especial na qualidade e na normalização; ii) na criação e no reforço das ligações entre produtores e mercados; e iii) no investimento em infraestruturas estratégicas ao longo da cadeia de fornecimento e no desenvolvimento de um setor de logística competitivo. Não se tratou de uma abordagem com vista à obtenção de "ganhos rápidos" e o crescimento do setor demorou tempo. Os esforços realizados estão agora a dar frutos tendo as receitas das exportações de produtos hortícolas totalizado mais de USD 1.5 mil milhões em 2018.

A agricultura continua a ser um setor importante na economia queniana e pode contribuir para o aumento da produtividade em muitos países da região. O crescimento das exportações de produtos agrícolas de alta produtividade explica por que o setor continua a assegurar uma grande percentagem do PIB do país, e o setor tem ainda um papel a desempenhar na transformação produtiva futura do Quénia. Outros países na região, como a Etiópia e o Ruanda, também reconheceram esta oportunidade e estão a seguir o exemplo do Quénia.

A agricultura apresenta oportunidades importantes de transformação e de comércio; no entanto, no médio prazo, a região terá de se orientar para a indústria transformadora e para os serviços para conseguir melhorar o emprego e o crescimento. A agricultura representa mais de 60% do emprego na região da África Oriental (OIT, 2019). No entanto, o setor caracteriza-se por uma produtividade do trabalho média baixa, com um potencial de crescimento limitado no longo prazo (Banco Mundial, 2019b). Depender da agricultura para o crescimento futuro é arriscado, uma vez que o setor é vulnerável a choques, como a seca e a volatilidade dos preços nos mercados internacionais. Existem também evidências, à escala mundial, de uma ligação entre o crescimento do rendimento *per capita* e uma diminuição do peso dos produtos agrícolas no total das despesas, com uma mudança para um maior consumo de produtos transformados e serviços (Szirmai, 2012). Por conseguinte, a maioria dos países da região está a orientar-se para a transformação produtiva através de uma transição para empregos de maior produtividade em setores não agrícolas[2].

No contexto de um crescimento elevado e de programas nacionais de apoio a uma transformação rápida, o desempenho do setor industrial, incluindo a indústria transformadora, está abaixo do esperado. O peso da indústria no valor acrescentado total da economia diminuiu para 15%, 3 pontos percentuais abaixo do valor no início do século. O setor é cada vez mais impulsionado pelo crescimento das indústrias extrativas e da construção, que apresentaram um crescimento médio de 9% e de 7%, respetivamente, entre 2008 e 2017 (UNDATA, 2019). Mais de 30% dos orçamentos da África Oriental estão atualmente alocados a grandes projetos de construção (The East African, 2018). A maior parte do financiamento privado passou para setores com pouco ou nenhum comércio, incluindo a construção e o imobiliário (Banco Mundial, 2019b). Este é um sinal de alerta para o crescimento da região liderado pelo setor privado. no futuro.

A indústria transformadora está a crescer em termos absolutos, mas a sua participação no valor acrescentado total diminuiu quatro pontos percentuais desde 2000. O crescimento da indústria transformadora na África Oriental está a ficar atrás da média da África Subsariana, apesar das políticas industriais ambiciosas que estão a ser implementadas pelos governos da região (ECA, 2018). As dificuldades no desenvolvimento da indústria representam um desafio, uma vez que a indústria transformadora orientada para as exportações demonstrou desempenhar um papel fundamental no crescimento da produtividade na maioria dos países que mais cresceram ao longo da última década (Newman et al., 2016). A diminuição da percentagem da indústria transformadora na África Oriental acompanha a tendência mundial. A diminuição é relativa, mas não absoluta, uma vez que os serviços cresceram mais rapidamente (Hallward-Driemeier e Nayyar, 2018). Um dos países a contrariar esta tendência é a Etiópia, onde o valor acrescentado da indústria transformadora diminuiu no início dos anos de 2000, mas depois aumentou de apenas 3% em 2012 para 6% em 2017.

Caixa 4.2. **A busca da Etiópia pelo crescimento industrial orientado pelas as exportações**

A Etiópia é o segundo país mais populoso e a quinta maior economia da África Subsariana. Desde o início dos anos de 2000, a Etiópia tem passado por um processo de reformas estruturais e económicas, acompanhado por um crescimento próximo dos 10% ao ano (2000-17), por comparação com a média africana, inferior a 5%.

A perspetiva da indústria transformadora como um motor da transformação produtiva está a atrair os países que procuram reproduzir o sucesso da Ásia Oriental. A indústria transformadora orientada para as exportações foi um motor importante do aumento do crescimento da produtividade nos países da Ásia Oriental (Szirmai, 2012; Newman et al., 2016). A Etiópia reconheceu este facto em meados da década de 1990 e formulou a sua visão de desenvolvimento: Industrialização Liderada pelo Desenvolvimento Agrícola (ADLI). Contudo, a ADLI teve um sucesso limitado em termos de diversificação das exportações (Gebreeyesus, 2017). Em 2003, foi lançada uma Estratégia de Desenvolvimento Industrial abrangente com ênfase no tratamento preferencial dos setores orientados para as exportações e de mão-de-obra intensiva, de investimento público em infraestruturas para apoiar o crescimento económico rápido e do desenvolvimento de pequenas empresas para encorajar a criação de emprego (Oqubay, 2019).

Em 2010, o país adotou o Plano de Crescimento e Transformação (PCT) tendo concluído recentemente a segunda fase, o PCT II. Os PCT centraram-se no desenvolvimento de infraestruturas físicas através do investimento público em zonas industriais. A Etiópia procurou replicar a experiência dos países da Ásia Oriental, como a China e Taiwan, que assistiram a uma industrialização rápida, nomeadamente e entre outros, através de grandes investimentos em parques industriais para atrair IDE (ONUDI, 2018). A estratégia é considerada muito bem-sucedida na atração de IDE para a indústria de peças de vestuário, têxteis, couro e no setor agroalimentar. Em 2016, a Etiópia recebeu fluxos de IDE de cerca de USD 4 mil milhões, o que representou mais de 50% de todo o IDE na região da África Oriental.

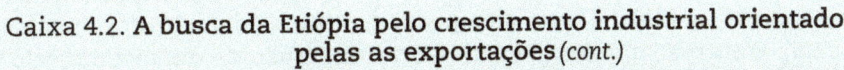

Caixa 4.2. A busca da Etiópia pelo crescimento industrial orientado pelas as exportações *(cont.)*

Figura 4.4. Fluxos de entrada de investimento direto estrangeiro em países da África Oriental selecionados e na região no seu conjunto (USD milhões atuais)

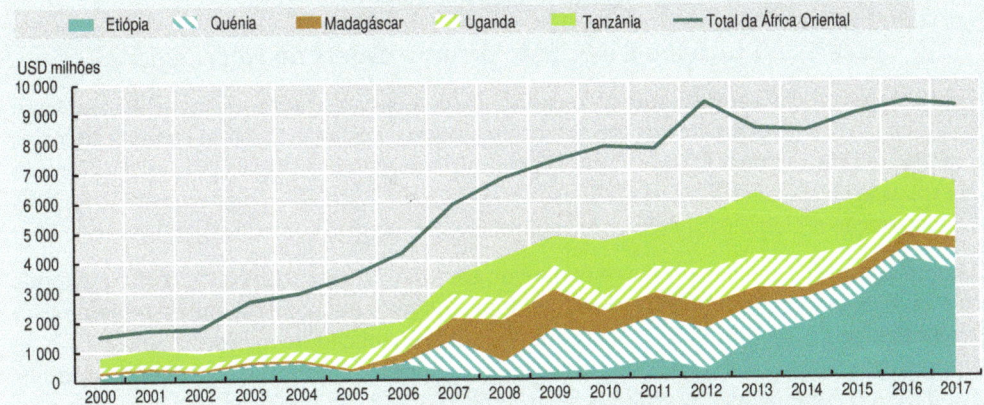

Fonte: Cálculos de autores baseados na CNUCED (2019), *FDI statistics* (base de dados).
StatLink https://doi.org/10.1787/888933967359

Contudo, os desafios persistem: a contribuição da indústria transformadora da Etiópia para o PIB situa-se ainda nos 6%, o mesmo nível registado no final da década passada. Além disso, e de forma muito mais preocupante, dados recentes da Etiópia não mostram sinais de qualquer prémio salarial industrial (Hallward-Driemeier e Nayyar, 2018), o que significa que os trabalhadores podem estar tão bem na agricultura como por conta própria no setor dos serviços.

O setor dos serviços consolidou a sua posição como o maior contribuinte para o valor acrescentado na região, mas precisa de aumentar a produtividade do trabalho no setor para ser verdadeiramente transformador. O peso do setor dos serviços na economia regional aumentou 10 pontos percentuais desde 2000, tendo representado 43% do valor acrescentado total em 2017. A percentagem do emprego formal no setor na região é agora de 26% (OIT, 2019). O setor caracteriza-se pelo predomínio de serviços de comércio de baixo valor acrescentado e por um elevado grau de informalidade (ECA, 2018). Dados recentes da Tanzânia demonstram que a produtividade nos serviços comerciais ainda é 3.5 vezes superior à do setor agrícola (Ellis, McMillan e Silver, 2017). No Ruanda, as atividades no setor dos serviços representam 21 das 30 principais atividades económicas em termos de produtividade do trabalho, e no Uganda representam 17 das 30 principais (Newfarmer, Page e Tarp, 2018).

Os serviços são também considerados vitais para unificar a economia. O crescimento da produtividade nos serviços está fortemente associado ao desempenho do conjunto da economia (Newfarmer, Page e Tarp, 2018). A transição para serviços mais qualificados é importante para o futuro crescimento de todos os setores da economia. O valor acrescentado dos serviços integrados representa mais de 30% do valor bruto das exportações mundiais de produtos transformados (Banco Mundial, 2019b). Na Comunidade da África Oriental (CAO) estima-se que uma melhoria de 10% na produtividade dos serviços conduzirá a um aumento de cerca de 0.5% das exportações de bens (Hoekman e Shepherd, 2015).

O turismo pode dar uma resposta parcial ao desafio de criar empregos de maior produtividade na região. O turismo é um dos principais setores na África Oriental e as suas receitas representam mais de 16% do total das exportações (bens e serviços) no Quénia, Ruanda, Tanzânia e Uganda. Este valor é bastante superior às médias mundial (5.7%) e continental (8%) (Gereffi, 2015). O sucesso do setor na África Oriental resulta de um investimento nacional considerável e de determinados níveis de colaboração regional (ver Caixa 4.3). No entanto, são necessários esforços adicionais para expandir as exportações de serviços não turísticos (por ex., tecnologia financeira, da informação e da comunicação [TIC] e profissional).

Caixa 4.3. O turismo e a criação de uma cadeia de valor regional

O turismo é um dos setores onde a competitividade e a cooperação regionais se conjugam para apoiar o desenvolvimento de um setor económico importante. Existem várias tendências importantes em curso na África Oriental, incluindo o aumento das ligações regionais através da expansão do transporte aéreo, a redução das barreiras administrativas à entrada de turistas e a cooperação regional para promover conjuntamente a região como destino turístico.

A complementaridade dos produtos turísticos em toda a África Oriental fez com que todos os países se esforçassem por se promover e promover a sua posição numa região muito diversificada. Os membros da CAO promoveram a formação de agentes de viagens e de empresas de turismo em produtos turísticos nos países vizinhos, a fim de vender melhor os pacotes regionais. As autoridades de promoção do turismo no Quénia, no Ruanda e no Uganda lançaram várias iniciativas conjuntas de formação e promoção – alinhadas com o visto turístico da África Oriental – para promover a região como um destino turístico único e aumentar a divulgação global deste visto. Um maior investimento e a concorrência nas rotas de voo regionais, a adoção de uma abordagem concertada à reforma dos vistos e ações de promoção conjunta poderiam contribuir para o desenvolvimento de uma cadeia de valor regional para o setor do turismo.

Os governos estão empenhados em expandir o transporte aéreo para melhorar as ligações regionais. A África Oriental emergiu como uma importante plataforma de viagens para África, na sequência de investimentos sem precedentes por parte das companhias aéreas. A região dispõe agora de três companhias aéreas com redes em todo o continente: Ethiopian Airlines, Kenya Airways e RwandAir. Estas companhias estão a abrir novas rotas para passageiros de negócios e turísticos. Os governos da região estão também a cooperar no sentido de conceder direitos de "quinta liberdade" (o direito de transportar passageiros de um país para um segundo país, e desse país para um terceiro país) numa base rota a rota. Os dados da região demonstram que a plena liberalização "conduziria a preços em média 9% inferiores e a um aumento de 41% da frequência. ... [A] liberalização entre os cinco países da CAO poderia resultar em 46 320 empregos e num aumento do PIB anula de mais de USD 202 milhões" (InterVistas, 2016).

As barreiras administrativas à entrada estão a ser reduzidas. Há cada vez mais países a introduzir vistos à chegada em vez dos morosos processos de registo de pré-chegada. As Seicheles deixaram de exigir vistos aos visitantes internacionais, o que contribuiu para um aumento anual de 7% das entradas de turistas internacionais entre 2009 e 2014 (BAfD,2016). Outros países da região estão a seguir esta tendência. O Quénia, o Ruanda e o Uganda adotaram um visto de turismo único na África Oriental. Os três países introduziram o visto em janeiro de 2014 e promoveram-no com base na expectativa de que a redução dos custos e do tempo associados à obtenção do visto contribuíssem para aumentar: i) os visitantes na região; ii) o número de países visitados na região numa única viagem; e iii) a duração total da estadia e das despesas dos visitantes devido à maior variedade da oferta turística. Uma análise realizada imediatamente após o lançamento do visto concluiu que cada dólar gasto na implementação do visto único regional geraria USD 6 em benefícios diretos através da redução dos requisitos administrativos envolvidos nas viagens regionais (Vanguard Economics, 2017).

Uma reforma da política nacional destinada a promover a integração regional pode aumentar a competitividade das economias da África Oriental

Os países da África Oriental estão a melhorar progressivamente as suas políticas e instrumentos de política comercial, mas os governos têm de fazer mais para melhorar o ambiente de negócios no seu conjunto. Os governos da região estão a adotar uma série de reformas para reduzir as barreiras ao comércio e melhorar o ambiente comercial em geral. Em 2019, à data desta redação, a maioria dos países da região tinha ultrapassado a média da África Subsariana no comércio transfronteiriço (ver Figura 4.5). No entanto, enquanto alguns países (Maurícias, Ruanda e, mais recentemente, o Quénia) ultrapassaram os outros nos índices da "Facilidade de fazer negócios" em geral, outros países da região precisam de melhorar globalmente o seu ambiente de negócios (Banco Mundial, 2019c). Em muitos países, procedimentos complexos e onerosos minam os esforços de promover ligações entre empresas, redes transfronteiras de empresas e cadeias de valor regionais.

Figura 4.5. Índice da "Facilidade de fazer negócios" na África Oriental

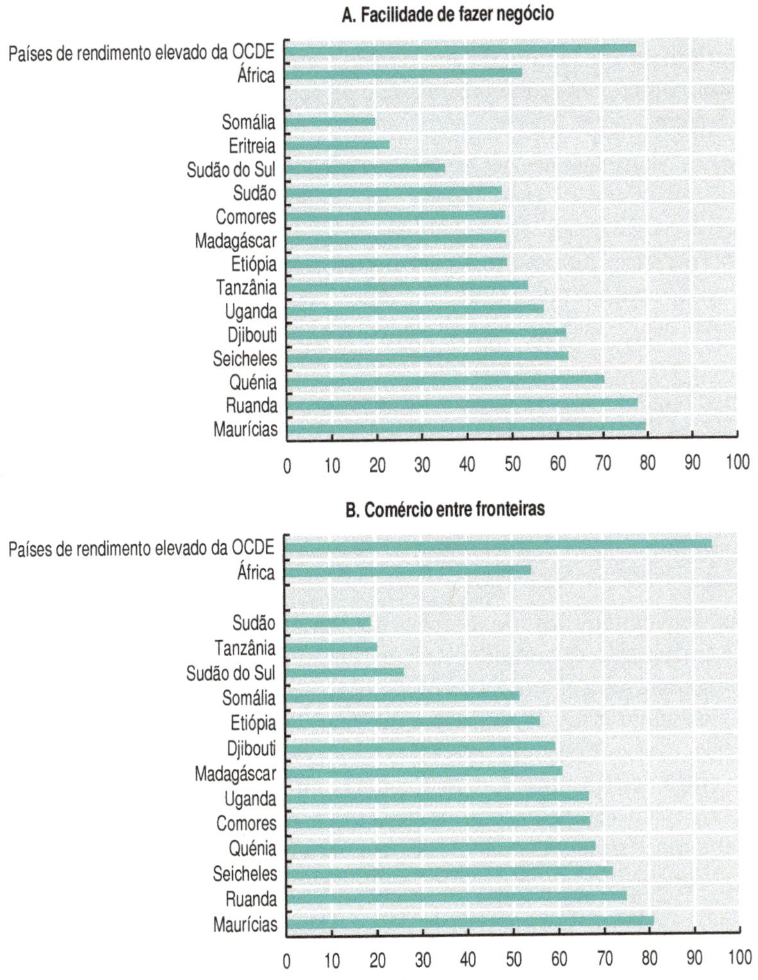

A. Facilidade de fazer negócio

B. Comércio entre fronteiras

Fonte: Banco Mundial (2019c), *Doing Business* (base de dados).
StatLink https://doi.org/10.1787/888933967378

A integração regional é um processo político sensível que deve ser implementado com prudência para promover um ambiente conducente à transformação da estrutura produtiva da economia. A integração regional expõe as empresas a influências, oportunidades e concorrência externas. Esta situação pode desencadear uma resistência ou hesitação entre determinados intervenientes que temem uma perturbação económica. No entanto, tal como demonstrado através do exemplo do Território Aduaneiro Único (ver Caixa 4.4), as iniciativas de integração regional encerram um enorme potencial em termos de benefícios económicos e sociais, quer para os cidadãos em geral quer para os operadores privados nacionais. É assim necessário adotar uma abordagem prudente com iniciativas cuidadosamente selecionadas, por oposição a uma estratégia global e generalizada de criação de mercados maiores e mais competitivos.

Caixa 4.4. Território Aduaneiro Único na África Oriental: aumentar a competitividade do setor dos transportes

Apesar dos anos de negociações e da introdução de várias reformas e iniciativas no domínio dos transportes rodoviários, o custo e o tempo necessário para transferir um contentor do porto de Mombaça para Kigali continuam muito elevados. Em janeiro de 2013 a operação custava, em média, USD 4 650 USD e demorava 21 dias. Os custos elevados e os longos tempos de trânsito eram provocados por várias ineficiências ao longo do corredor, incluindo a má gestão portuária em Mombaça, que contribui para a longa permanência dos contentores no porto, a falta de coordenação entre as agências aduaneiras na região, procedimentos complexos e uma proliferação de básculas e de pontos de controlo policial ao longo do trajeto.

Para abordar as ineficiências ao longo do corredor e outras barreiras não tarifárias que impedem o trânsito de mercadorias, os Chefes de Estado do Quénia, do Ruanda e do Uganda, sob os auspícios do Projeto de Integração do Corredor Norte, introduziram o projeto do Território Aduaneiro Único numa cimeira realizada em junho de 2013. O projeto do Território Aduaneiro Único foi concebido para acelerar a reforma do Corredor Norte e facilitar a rápida circulação de mercadorias. Este projeto tinha quatro objetivos imediatos:

- reduzir os custos com a realização de negócios, eliminando a duplicação de processos;
- reduzir o risco associado a incumprimentos no trânsito de mercadorias;
- melhorar as sinergias regionais através da partilha de e da utilização de economias de escala;
- melhorar a aplicação das tecnologias da informação e da recolha de dados a nível regional.

As reformas implementadas no âmbito do Território Aduaneiro Único desde 2013 incluem: i) a introdução de uma declaração aduaneira única; ii) a Garantia de Trânsito Aduaneiro Regional para reduzir custos de obrigações e garantias; iii) o destacamento de funcionários aduaneiros do Ruanda e do Uganda para o Quénia; iv) uma redução do número de básculas e do tempo que estas requerem; v) a melhoria do funcionamento e da ligação entre os sistemas informáticos das alfândegas; vi) o Sistema Eletrónico de Rastreio de Carga; vii) a isenção do imposto sobre o valor acrescentado para os serviços de trânsito no Quénia; e viii) garantias de seguro para contentores.

Graças ao forte empenho político ao mais alto nível nos três países, as reformas foram implementadas até ao final de 2015. Dado que muitas das reformas foram regulamentares, o custo da reforma não ultrapassou os USD 20 milhões no conjunto da região, maioritariamente gastos no investimento em sistemas eletrónicos de rastreio da carga. Uma análise custo-benefício do projeto realizada para o Ruanda em 2017 concluiu pela existência de economias no valor de USD 13.38 por hora ao longo do corredor e um benefício direto total de USD 302 milhões para o país durante um período de dez anos (Vanguard Economics, 2017).

A integração regional pode criar mercados de maior dimensão, aumentar as economias de escala e reduzir os custos de transação para a região, mas tal ainda não parece estar a acontecer. Existem poucos dados que confirmem que a integração nas grandes comunidades económicas regionais da África Oriental ou seja, o Mercado Comum da África Oriental e Austral [COMESA] e a CAO) tenha conduzido a aumentos do comércio intrarregional. Dez anos após o seu lançamento, as importações intrarregionais na CAO em percentagem do PIB foram inferiores às verificadas no período antes do seu lançamento. E os resultados do COMESA foram pouco melhores (Shepherd, de Melo e Sen, 2017). A falta de complementaridade comercial entre os estados membros, a coincidência entre os membros das duas comunidades económicas e uma diminuição generalizada do peso das exportações no PIB permitem explicar, em parte, esta situação. Por conseguinte, os esforços das comunidades económicas regionais para promover a transformação produtiva da África Oriental foram, em grande medida, ineficazes, parcialmente devido a uma má implementação dos programas regionais (ECA, 2015).

O facto da maioria dos países serem membros das duas comunidades económicas da região coloca desafios adicionais aos regimes comerciais nacionais e impede uma integração mais profunda num só grupo (OMC, 2019). Um acordo tripartido de comércio livre de mercadorias, negociado entre o COMESA, a CAO e a Comunidade de Desenvolvimento da África Austral em junho de 2015, constituiu uma oportunidade de corrigir parcialmente esta situação. No entanto, a experiência acabou por resultar num desfasamento entre os objetivos regionais e nacionais em matéria de crescimento (ECA, 2015) e, por arrastamento, na priorização pelos estados membros dos seus próprios interesses em detrimento dos da região. Estes fatores combinados impedem os países de beneficiarem plenamente do processo de integração regional.

A promoção de níveis mais elevados de facilitação do comércio como alternativa à integração poderia aumentar o número de cadeias de valor regionais (CVR). A literatura sobre CVR em África sugere que a redução dos custos das transações regionais e comerciais é fundamental para apoiar a integração de CVR, uma vez que as mercadorias atravessam várias vezes as fronteiras regionais (Morris, Plank e Staritz, 2014). Estima-se que a redução do tempo do comércio em 1% aumenta o valor acrescentado externo em 0.18% passados dois anos (Slany, 2017). Os projetos regionais, como o Território Aduaneiro Único, que se orientam para a redução dos custos e do tempo do comércio transfronteiriço podem permitir às CVR desempenharem um papel maior na transformação produtiva da África Oriental. Através da implementação do projeto de Território Aduaneiro Único, os custos de transporte no Corredor Norte entre Kigali e Mombaça foram reduzidos de USD 5 000 no início de 2013 para quase USD 3 000 em 2019 (NCTTC, 2019).

São necessários investimentos na aquisição de capacidades de transformação de modo a desbloquear o potencial de crescimento do comércio

O peso das exportações no PIB está a diminuir na África Oriental, na mesma medida em que aumenta o contributo dos setores não transacionáveis para o crescimento da região. Embora o peso das exportações no PIB varie consoante os países, este tende a ser superior a 40% em todos os países de rendimento médio-alto (Banco Mundial, 2019d). A média da África Oriental foi de apenas 14% em 2017, face a 19% em 2000. Esta percentagem baixa e em declínio pode ser parcialmente atribuída ao facto de grande parte do crescimento da região provir dos setores não transacionáveis, como a construção, o imobiliário e o retalho. Os países insulares, Madagáscar, as Maurícias e as Seichelles, têm todos percentagens de comércio relativamente mais elevadas. O Ruanda destaca-se por um crescimento sustentado excecional das suas exportações desde 2000, de 17% ao ano, em média, enquanto as exportações em percentagem do PIB aumentaram de 6% para 18%. No entanto, mesmo com este nível de crescimento, o peso das exportações no rendimento nacional do Ruanda é inferior ao da média dos países com níveis de rendimento comparáveis (cerca de 25%) (Banco Mundial, 2019d).

Figura 4.6. Comércio de bens e serviços na África Oriental com o mundo (percentagem do PIB a preços correntes)

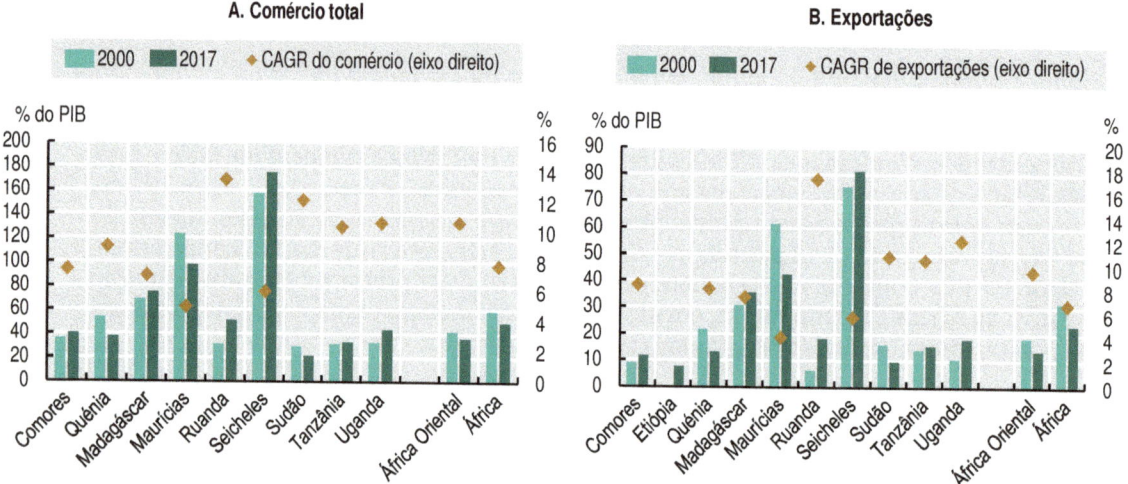

Fonte: Cálculos dos autores com base na UNDESA (2019), *United Nations COMTRADE* (base de dados).
StatLink https://doi.org/10.1787/888933967397

Figura 4.7. Tendências de crescimento das exportações

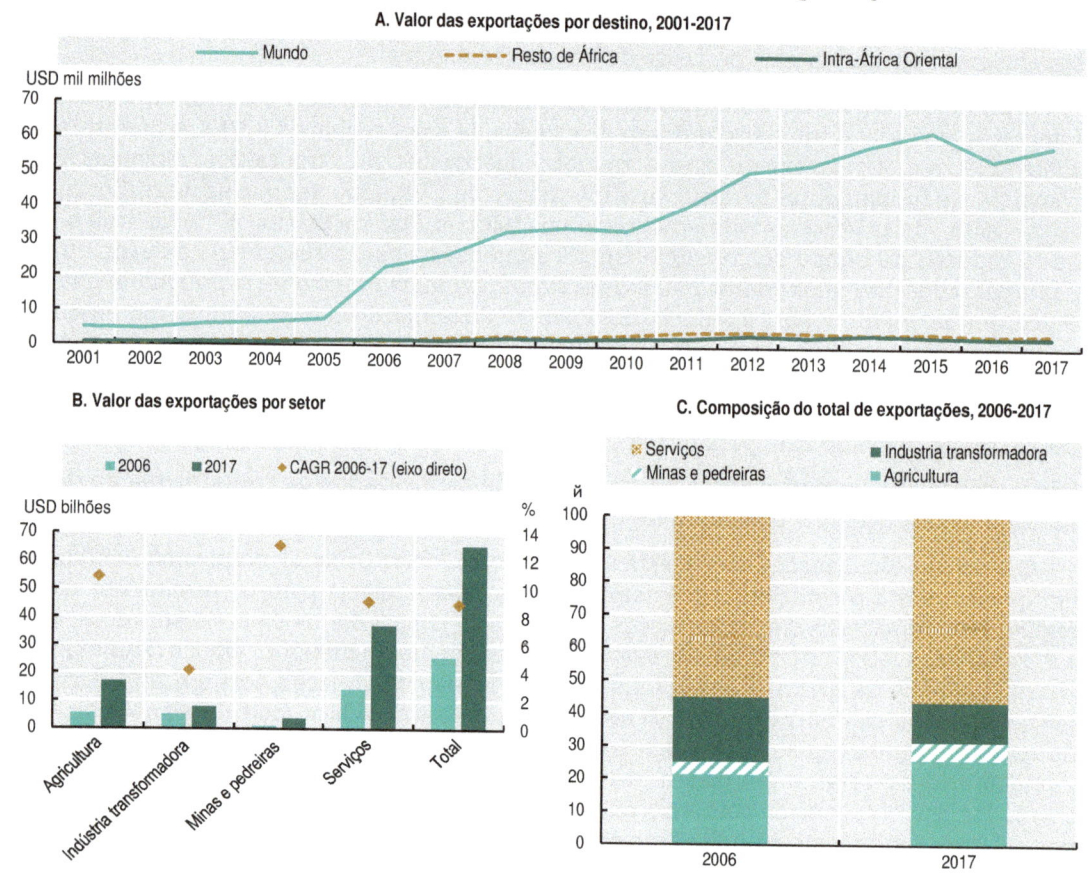

Fonte: Cálculos dos autores com base na UNDESA (2019), *United Nations COMTRADE* (base de dados).
StatLink https://doi.org/10.1787/888933967416

A região é constituída por economias exportadora de serviços. Os serviços representaram 57% das exportações da África Oriental em 2017 e mantiveram-se sempre acima dos 50% ao longpo da última década (Figura 4.7). Os principais setores de exportação de serviços na região incluem o turismo, os transportes, as TIC e os serviços financeiros. Ao longo do último ano, as exportações de serviços cresceram 6%, em média, acompanhando o crescimento médio do total das exportações. Embora os serviços tenham contribuído em grande medida para o crescimento das exportações da África Oriental, basear o crescimento das exportações apenas nas exportações de serviços tem as suas desvantagens. Em primeiro lugar, alguns serviços requerem mão-de-obra altamente qualificada, o que exige um investimento de longo prazo em capital humano. Em segundo lugar, embora os serviços sejam frequentemente comercializados, tendem a ser menos transacionáveis do que os bens e as matérias-primas. Em última análise, não existe uma forma óbvia ou fácil de melhorar rapidamente a produtividade no sector dos serviços.

As exportações dos setores agrícola e mineral estão a crescer significativamente. As exportações de matérias–primas agrícolas e minerais têm vindo a aumentar ao longo do tempo, representando 26% e 6%, respetivamente, do conjunto das exportações em 2017. O crescimento das exportações agrícolas resulta dos investimentos na melhoria da produtividade em produções agrícolas chave realizados por países como a Etiópia, o Quénia e o Ruanda. À medida que os países promovem o crescimento das exportações de produtos agrícolas, os mercados fora da África Oriental vão-se tornando cada vez mais importantes. As exportações de minerais também se destinam em grande medida a mercados fora da região.

As exportações de produtos transformados na região diminuiu de 20%, há uma década, para 12% em 2017. O desempenho das exportações da indústria transformadora tem sido particularmente dececionante, tendo em conta os esforços realizados pelos países da África Oriental em desenvolver a sua base industrial. O aumento das exportações de produtos transformados transformadora é uma componente essencial para a transformação produtiva da região, devido à maior produtividade e grande potencial de emprego do sector. Contudo, ao ritmo atual, a região não poderá contar com um crescimento apoiado nas exportações de produtos transformados para absorver os novos trabalhadores que chegam ao mercado de trabalho.

O Índice de Hirschman Herfindahl apresenta níveis mais baixos de concentração do comércio para as exportações entre países que estão mais integrados na comunidade regional. O Quénia, o Ruanda e o Uganda têm níveis de concentração das exportações inferiores à média da África Oriental, apesar de estarem na vanguarda das iniciativas de integração regional. Estes três países pertencem à Comunidade da África Oriental e são grandes parceiros comerciais, conforme se pode ver na Figura 4.8. Embora não seja universal, tende a observar-se uma correlação entre um nível elevado de diversificação das exportações e uma plena transformação produtiva, que sustentam o crescimento do rendimento per capita (Brenton, Newfarmer e Walkenhorst, 2007).

Figura 4.8. **Concentração das exportações dos países da África Oriental para outros países de África e o resto do mundo**

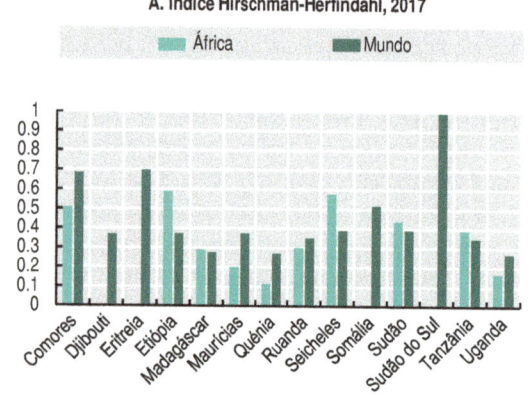

A. Índice Hirschman-Herfindahl, 2017

B. Percentagem de exportações do Uganda por destino

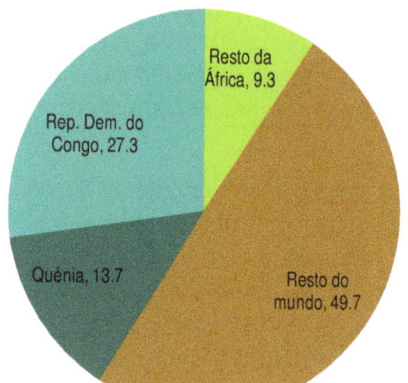

C. Percentagem de exportações do Ruanda por destino

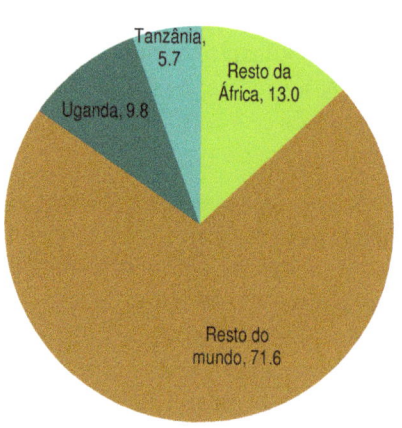

D. Percentagem de exportações do Quénia por destino

Fonte: Cálculos dos autores com base na UNDESA (2019), *United Nations* COMTRADE (base de dados) e Harvard University Center for International Development (2019), *The Atlas of Economic Complexity* (base de dados).
StatLink ᴍⁱˢᴾ https://doi.org/10.1787/888933967435

Os países comercializam sobretudo produtos semelhantes, o que limita o papel que o comércio intrarregional pode desempenhar na diversificação das exportações

Os países da África Oriental apresentam vantagens comparativas reveladas semelhantes, o que limita as oportunidades de crescimento do comércio regional. Na região, as matérias-primas e os produtos hortícolas têm uma vantagem comparativa elevada, enquanto bens de capital mais complexos têm pouca ou nenhuma vantagem comparativa.[3] A coexistência de vantagens comparativas semelhantes limita o potencial de comércio intrarregional. As Maurícias, por exemplo, têm uma vantagem comparativa elevada nos produtos alimentares, bem como na indústria transformadora de pedra e vidro. A Tanzânia é o único país que tem conquistado vantagens na produção de bens intermédios (transformação de pedra e vidro), apesar de uma vantagem comparativa elevada em várias matérias-primas.

Embora Madagáscar, as Maurícias, a Tanzânia e o Uganda tenham emergido como países relativamente competitivos, apresentam semelhanças fortes nos setores em que estão a ganhar vantagens. Estes países têm uma vantagem comparativa revelada cada vez maior nos bens intermédios (pedras, vidro, minerais e metal), enquanto têm vindo a perder vantagens comparativas nas matérias-primas e na produção de frutas e produtos hortícolas. Os quatro países aumentaram a complexidade das suas economias em setores similares e na produção de produtos semelhantes, o que não favorece a transformação produtiva (Brenton, Newfarmer e Walkenhorst, 2007). Os países da África Oriental precisam de melhorar os seus fatores produtivos e as suas capacidades em diferentes setores e aumentar a sofisticação da produção de diferentes produtos. Para tal, será necessário um certo nível de coordenação que até aqui a região não conseguiu alcançar.

São necessárias mudanças estruturais e um ambiente de negócios forte, competitivo e favorável, para aumentar a complexidade económica

Os países da África Oriental têm uma classificação baixa no Índice de Complexidade Económica

Os países da África Oriental não estão a aumentar a complexidade das suas economias, o que constitui um indicador forte de que não estão a acumular capacidades. Em regra, à medida que o PIB per capita aumenta, os países adquirem e acumulam capacida des para produzir produtos mais diversificados, tornando-se assim mais complexos (Hausmann e Hidalgo, 2009).[4] O Índice de Complexidade Económica (ECI) mede as capacidades produtivas com base no número e na complexidade dos produtos que um país exporta. Os países da região não produzem bens complexos e, à exceção do Uganda, não estão a avançar para níveis mais elevados de complexidade (ver Figura 4.9). Quando comparados com outras economias emergentes – Botswana, Brasil, Chile, China, Coreia, Egito e Vietname – os países da África Oriental apresentam desempenhos heterogéneos. De um modo geral, os países da África Oriental estão atrás da maioria dos outros países em matéria de complexidade, incluindo os países asiáticos. Isto indica que não estão a crescer a um ritmo que lhes permita acompanhar o crescimento de outras economias emergentes.

Figura 4.9. **Países da África Oriental versus países comparáveis – valores do Índice de Complexidade Económica**

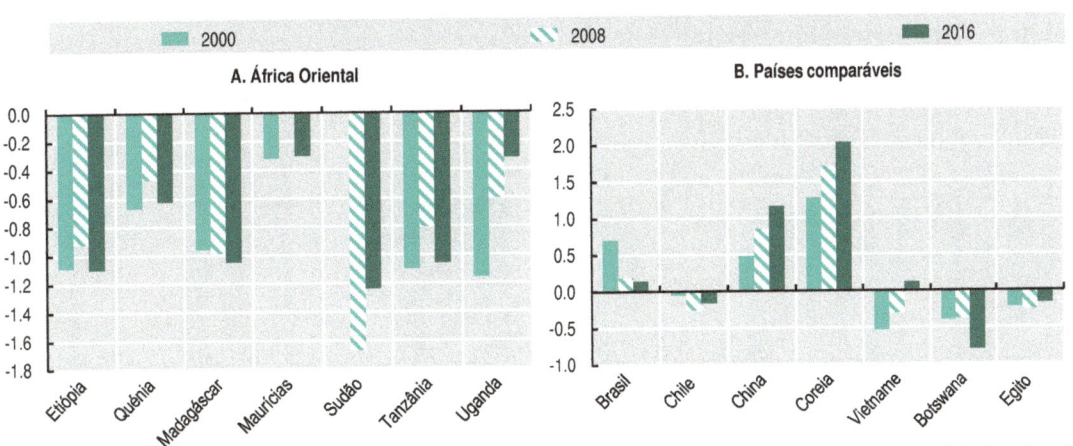

Fonte: Cálculos dos autores com base em Harvard University Center for International Development (2019), *Atlas of Economic Complexity* (base de dados).
StatLink ᵐˢᵖ https://doi.org/10.1787/888933967454

Poucos países da região estão a avançar na competitividade, inovação e acumulação de capital humano

A competitividade é fundamental para a transformação produtiva e os países não podem ignorar as restrições ao crescimento. A literatura sobre transformação produtiva sublinha, por um lado, a importância da d a mudança para novas atividades em todos os setores e por outro da diversificação para um conjunto mais alargado de atividades dentro de cada sector (Imbs e Wacizarg, 2003). A literatura sobre a competitividade define desenvolvimento económico como um processo de melhoria sucessiva no qual o ambiente de negócios se adapta continuamente para incentivar e apoiar níveis superiores de concorrência através de maiores níveis de sofisticação e de produtividade (Porter, Keels e Delgado-Garcia, 2006). A transformação é essencialmente impulsionada pela competitividade que, por sua vez, depende da qualidade do ambiente de negócios, do acesso a capital humano e físico e, em fases posteriores, a fatores que incentivem a inovação e o empreendedorismo.

Figura 4.10. **Classificações globais dos principais indicadores de competitividade**

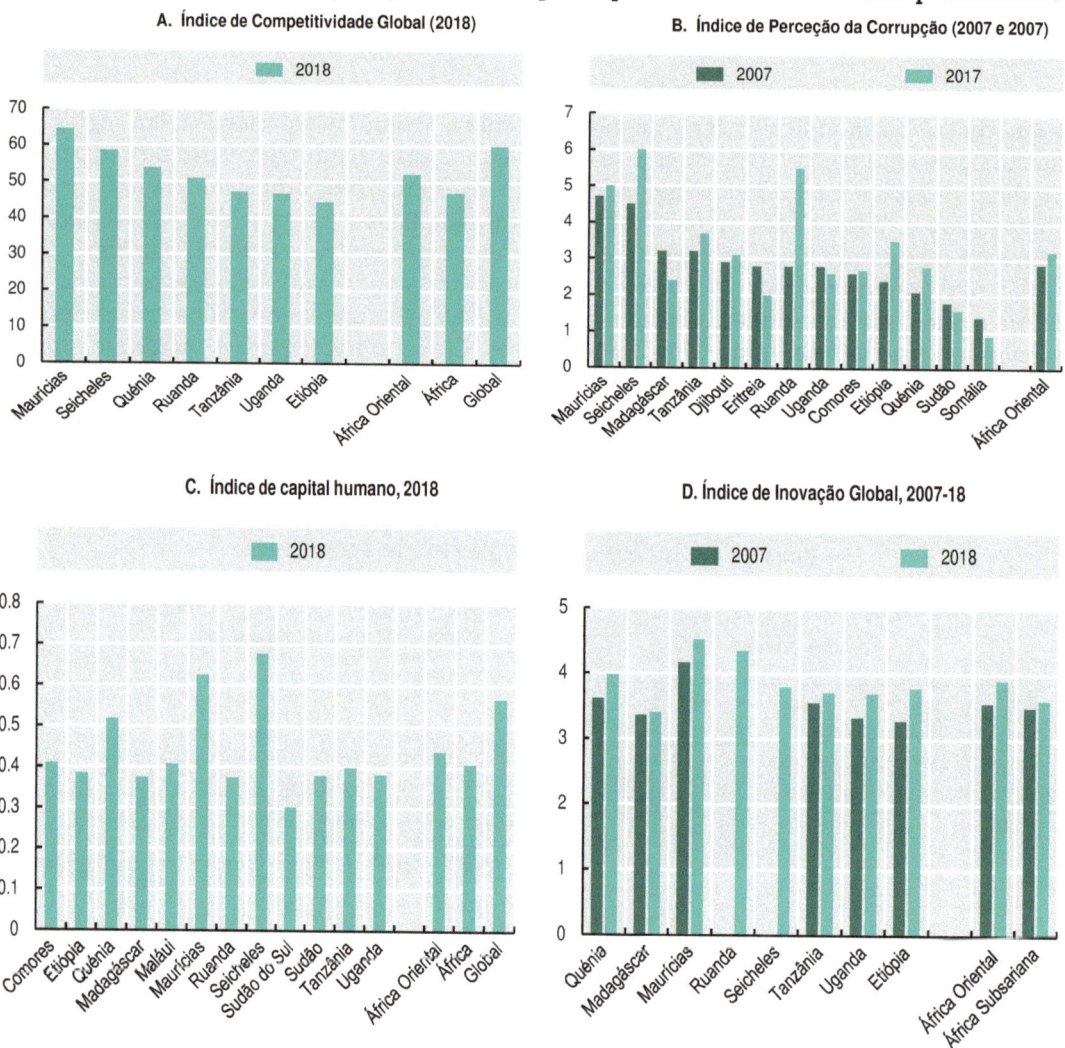

Nota: O gráfico A (Índice de Competitividade Global) classifica os países entre 0 e 100 em termos de competitividade, sendo 100 o melhor. O gráfico B (Índice de Perceção da Corrupção) classifica os países entre 0 (altamente corruptos) e 100 (sem corrupção). O gráfico C (Índice de Capital Humano) mede a quantidade de capital humano que uma criança nascida hoje pode esperar atingir até aos 18 anos, sendo 1 a plena realização do seu capital humano e 0 a ausência de realização. O gráfico D (Índice de Inovação Global) é uma medida composta, que classifica os países entre 0 e 100, sendo 100 o melhor.
Fonte: FEM (2018), *The Global Competitiveness Index Report 2018*; Transparency International (2018), *Corruption Perception Index* (base de dados); Banco Mundial (2019e), *Human Capital Index* (base de dados); Global Innovation Index (2018), *Global Innovation Index* (base de dados).
StatLink ᵐˢᵖ https://doi.org/10.1787/888933967473

Os países da região ocupam os últimos lugares nos índices de competitividade a nível mundial, mas estão acima da média da África Subsariana. O Índice de Competitividade Global (ICG) compara países segundo uma série de fatores que afetam a competitividade, incluindo infraestruturas, instituições, mercados de produto, sistemas financeiros e inovação. Os países da África Oriental apresentam uma classificação baixa no ICG no seu conjunto, embora as suas classificações para cada fator variem consideravelmente. As Maurícias são o único país da região com uma classificação acima da média global, tendo atingido os 63.7% em 2018 (FEM, 2018). A competitividade das Maurícias tem sido impulsionada por uma crescente abertura ao exterior, por uma política fiscal que não cria distorções e por melhorias na governação e na prestação de serviços públicos. Quanto aos indicadores de corrupção, a maioria dos países da África Oriental tem também uma classificação fraca e, em alguns casos, estão mesmo a regredir (como acontece no caso da Eritreia, de Madagáscar, da Somália, do Sudão e do Uganda).

As taxas de acumulação de capital humano são baixas e correm o risco de comprometer os futuros aumentos de produtividade. O Índice de Capital Humano do Banco Mundial, recentemente lançado, mede o nível de educação e de bem-estar que cada criança pode esperar alcançar até aos 18 anos de idade. O seu objetivo é mostrar como as melhorias nos resultados do capital humano podem moldar a próxima geração de trabalhadores (Banco Mundial, 2019e). Na região da África Oriental, uma criança nascida em 2018 alcançará apenas 43% do seu potencial produtivo num contexto de uma educação completa e plena saúde. Este valor é superior à média da África Subsariana, de 39%, mas inferior à média global de 57%. As Maurícias e as Seicheles estão na liderança em matéria de desenvolvimento do capital humano na região, com níveis entre os 60% e 70%, respetivamente. No entanto, a maioria dos outros países da África Oriental está abaixo da média da África Subsariana, um sinal de alerta para o futuro dos ganhos de produtividade nestes países.

A região não está a gastar o suficiente em investigação e desenvolvimento (I&D) e o investimento existente é comprometido por baixas taxas de capital humano. O Índice de Inovação Global (IIG)[5] capta a capacidade global de inovação de um país, incluindo a qualidade das infraestruturas e as condições de enquadramento das empresas. Literatura recente aponta para uma elevada correlação entre a classificação de um país no IIG e a qualidade das práticas de gestão ao nível das empresas e a eficiência do investimento em I&D (Cirera e Maloney, 2017). A África Subsariana ocupa os últimos lugares nas tabelas mundiais do IIG, com os países da África Oriental a registar um desempenho apenas ligeiramente melhor do que a média continental. É necessário investir na inovação e numa maior utilização das TIC para evitar que a região se afaste ainda mais do resto do mundo. Em média, os gastos da África Oriental em I&D são inferiores a 1% do PIB por ano, abaixo da meta de investimento da Agenda 2063 da União Africana de 1% e a média dos países da OCDE, que foi de 2.5% em 2016.

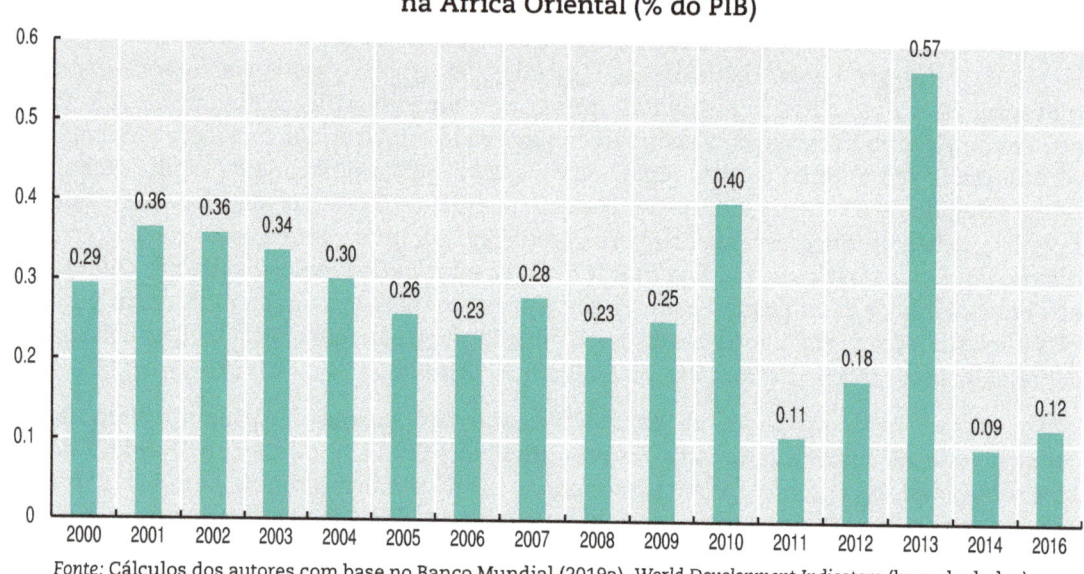

Figura 4.11. Gastos médios com investigação e desenvolvimento
na África Oriental (% do PIB)

Fonte: Cálculos dos autores com base no Banco Mundial (2019a), *World Development Indicators* (base de dados).
StatLink https://doi.org/10.1787/888933967492

As estratégias para a transformação produtiva têm de ser implementadas a nível nacional e regional, tendo em vista as indústrias do futuro

Ao longo das duas últimas décadas, a região da África Oriental registou um forte crescimento, ultrapassando a taxa média de crescimento do resto da África Subsariana. Grande parte deste crescimento foi impulsionado pelo investimento em setores não transacionáveis. Para colher os benefícios dos diferentes motores do crescimento ao longo das próximas décadas, os países já estão a realizar os investimentos e as reformas necessárias. No entanto, ainda é possível fazer mais. A nível nacional, é necessário prosseguir com as reformas e o apoio às empresas. A nível regional, podem ser realizados projetos específicos que permitam maiores economias de escala e que melhorem a competitividade global da região. Por último, num futuro próximo, a aposta no crescimento deverá passar a incluir a indústria transformadora e ser complementada por indústrias modernas, incluindo serviços, agronegócios e horticultura.

Os governos devem continuar a implementar reformas que aumentem a competitividade do setor privado e apoiem o crescimento deste setor

A nível nacional, os países da África Oriental têm de concentrar os seus esforços na melhoria geral do ambiente de negócios. Deverão melhorar a qualidade do capital humano e as capacidades de inovar, reforçar o ambiente regulamentar e assegurar o acesso aos mercados regionais e mundiais. Os governos da África Oriental têm que:

- **Expandir com urgência o seu investimento em capital humano, uma vez que as suas economias aproveitam ao máximo os trabalhadores no setor dos serviços, na indústria transformadora e nos agronegócios.** O papel crescente das tecnologias nas empresas significa que um cada vez maior número de empregos (mesmo os menos qualificados) exige competências cognitivas mais avançadas. Por conseguinte, os governos e o sector privado precisam de trabalhar em parceria e individualmente para assegurar as estruturas de saúde e de educação necessárias para promover a formação de trabalhadores saudáveis, qualificados e com perfis diversificados.

O investimento na inovação não produzirá os resultados esperados enquanto o investimento em capital humano for insuficiente.

- **Promover a adoção de novas tecnologias e o aumento dos gastos com I&D.** A transformação produtiva exige que os países se esforcem por integrar, facilitar e aplicar a utilização de tecnologias para transformar de forma produtiva o capital humano e a governação e melhorar a produtividade das indústrias. Isto é especialmente necessário face às tendências globais na área da inteligência artificial e à crescente exigência de aptidão tecnológica e acompanhamento das economias mais sofisticadas que todos os países enfrentam.

- **Adaptar constantemente e melhorar o ambiente de negócios.** Alguns países na região ocupam os últimos lugares no índice global da facilidade de fazer negócios e precisam melhorar o seu ambiente de negócios. Contudo, alguns dos países melhor classificados no mesmo índice estão na. Estes países têm de compreender que a melhoria do ambiente de negócios é um caminho de adaptação contínua pelo que devem procurar abordagens inovadoras para lhes permitam permanecer na fronteira da reforma empresarial.

- **Reforçar o desenvolvimento das empresas locais através da introdução de programas de desenvolvimento de fornecedores.** Um poderoso motor de capacitação é a promoção de interações entre empresas ao longo das cadeias de fornecimento (Steenbergen e Sutton, 2017). Os programas de desenvolvimento de fornecedores ligam os produtores locais a grandes investidores internacionais (empresas âncora). As empresas âncora aplicam, em geral, normas internacionais rigorosas no seu aprovisionamento, expondo assim os produtores locais a normas aplicáveis às exportações sem os desafios adicionais associados ao processo de exportação. As empresas locais e as empresas âncora podem, em conjunto, identificar a formação necessária para que os fornecedores cumpram as especificações técnicas e os padrões de qualidade das empresas privadas. Com o tempo, esta relação melhora as capacidades das empresas fornecedoras.

Os governos devem adotar uma abordagem prática da cooperação regional centrada na competitividade

A maioria dos países da África Oriental promoveu a integração regional como forma de alargar os mercados de exportação. O aumento da integração tem sido importante para a diversificação das exportações e os dados mostram uma maior diversidade na conjunto de produtos exportados para os países mais integrados na região do que nos produtos exportados para o resto do mundo. O comércio regional constitui também uma importante oportunidade de aprendizagem para as empresas que procuram entrar no mercado da exportação (MINICOM, 2015). Por esta razão, o sucesso da integração regional tem sido avaliado em grande medida com base no nível do comércio intrarregional. Nesta perspetiva, o impacto da integração regional tem sido limitado, com o comércio intrarregional a representar menos de 10% do comércio total nas principais comunidades económicas regionais da África Oriental (Shepherd, de Melo e Sen, 2017).

Embora os países tenham apoiado a conceção de estratégias regionais de desenvolvimento setorial, acabaram por as ignorar em grande medida na conceção e implementação dos seus programas nacionais. As comunidades económicas regionais conceberam estratégias setoriais regionais, reconhecendo a falta de complementaridade e coerência entre as políticas nacionais e regionais. Em geral, estas estratégias não conseguem ganhar apoio porque os membros destas comunidades regionais são os mesmos e é difícil alcançar consenso ao nível de cada país (De Melo e Tsikata, 2014).

Existem explicações racionais para que os membros da comunidades económicas regionais não deem prioridade ao alinhamento entre programas nacionais e regionais. A experiência na região da África Oriental mostra que: i) os secretariados das comunidades económicas regionais não dispõem dos mecanismos de implementação necessários nem da capacidade de coordenação para assegurar o alinhamento entre os programas e as políticas nacionais e regionais; e ii) talvez ainda mais importante os governos nacionais têm relutância em aplicar políticas e regulamentos que podem ser benéficos ou "estratégicos" numa perspetiva regional, mas que não constituem uma prioridade ou benefício imediato a nível nacional.

A cooperação a nível regional deve ir para além da integração e centrar-se mais na competitividade regional. A cooperação regional na África Oriental tem o potencial de gerar ganhos de eficiência a nível nacional, assim como de melhorar consideravelmente a competitividade, a nível nacional e regional. Uma orientação para o reforço da competitividade regional através de projetos específicos permite que os países cooperem em intervenções práticas e exequíveis sem que seja necessário chegar a acordo sobre áreas mais controversas de integração. Existem muitos exemplos na região, nomeadamente:

- o Território Aduaneiro Único da África Oriental;
- a introdução de limites máximos para as tarifas de comunicação móvel transfronteiras em determinados países;
- a liberalização de algumas rotas de voo na região;
- a introdução de um visto turístico único para a África Oriental;
- o COMESA e a CAO simplificaram os regimes comerciais aplicáveis a pequenos comerciantes;
- a introdução de regulamentos que vieram permitir os pagamentos móveis transfronteiras numa série de países.

Estas iniciativas, embora por vezes relativamente pequenas em si mesmas, contribuíram conjuntamente para a criação de um ambiente de comércio e de negócios regional que é muito mais competitivo e que pode permitir o desenvolvimento de novas oportunidades de comércio e cadeias de valor regionais.

Os governos deverão apoiar a transformação na indústria transformadora de elevada produtividade, apoiada no crescimento dos serviços transaccionáveis, da horticultura e dos agronegócios

As discussões e os programas sobre transformação produtiva precisam de incluir os "setores modernos" da economia. Até agora, os diálogos e as discussões políticos a nível nacional e regional centraram-se em grande medida no papel da industrialização na transformação da estrutura produtiva da economia. Tal deve-se principalmente ao facto das economias da Ásia Oriental terem deslocado de forma rápida uma grande percentagem da mão-de-obra para setores de produtividade elevada. No entanto, o setor da indústria transformadora da região não está a crescer ao ritmo necessário para absorver uma mão-de-obra em crescimento acelerado, sendo provável que o peso destes setores na economia continue a diminuir. Só recentemente a literatura sobre transformação produtiva em África começou a aceitar e reconhecer o papel complementar desempenhado por setores como os agronegócios, a horticultura e os serviços transacionáveis, as chamadas "indústrias sem chaminé". As oportunidades potenciais da África Oriental incluem:

- **O turismo, para criar um número elevado de empregos para trabalhadores não qualificados.** As receitas de exportação do turismo estão a crescer rapidamente na África Oriental. No Uganda, as receitas do turismo representaram quase 50% das receitas totais do setor dos serviços em 2016 e o turismo é atualmente o maior setor exportador do Ruanda. As iniciativas nacionais e regionais para aumentar a promoção do setor poderão trazer a ganhos importantes para a região. Existe ainda uma margem considerável para a expansão do sector, em especial no domínio do turismo verde, preservando, simultaneamente, as reservas ecológicas.

- **A aposta no comércio eletrónico e na economia digital para apoiar o comércio.** A tecnologia tem o potencial de transformar tanto o comércio de serviços como o comércio de bens na região. As plataformas de comércio eletrónico, como a Jumia, abrem mercados novos e maiores. Os novos serviços de logística e de pagamento, como a M-Pesa, podem abrir caminho ao crescimento do comércio eletrónico. O crescimento da economia digital requer que os governos: i) invistam na conectividade; ii) invistam em capital humano; e iii) concebam nova legislação e regulamentos em matéria de cibersegurança, pagamentos online, servidores, privacidade, etc.

- **O apoio ao crescimento da agroindústria e da horticultura, à medida que a agricultura se desloca para produtos de maior valor e para a transformação, em países com setores agrícolas fortes.** Uma tendência comum na transformação produtiva é que o peso da agricultura no PIB tende a diminuir à medida que uma economia cresce; inversamente, a percentagem de produtos agrícolas e hortícolas transformados no PIB tende a aumentar (Newfarmer, Page e Tarp, 2018). Os produtos agrícolas transformados e semitransformados representam cerca de 75% do comércio agrícola mundial (ibid.) oferecendo oportunidades para o e crescimento das exportações. O crescimento destes setores conduzirá a um aumento da procura de serviços de logística. Os países da região devem reduzir as barreiras ao comércio, de modo a permitir o abastecimento regional de matérias primas e bens intermédios ao nível da produção e da transformação, harmonizar as normas aplicáveis aos produtos transformados para aumentar os níveis de comércio intrarregional e reduzir as barreiras à circulação de mão-de-obra qualificada para a horticultura de alta qualidade.

Notas

1. O Tratado de Abuja lista 14 países na África Oriental: Comores, Djibuti, Eritreia, Etiópia, Madagáscar, Maurícia, Quénia, Ruanda, Seicheles, Somália, Sudão, Sudão do Sul, Tanzânia e Uganda.

2. A maioria dos países na África Oriental dispõem de planos de desenvolvimento de médio prazo com uma orientação para a redução da dependência da agricultura e o apoio ao crescimento em setores mais produtivos. Estes programas incluem, entre outros: Estratégia Nacional do Ruanda para a Transformação (2018); plano económico dos Quatro Grandes do Quénia (2017); Plano de Desenvolvimento Quinquenal da Tanzânia (2016); primeira Estratégia de Desenvolvimento Nacional do Sudão do Sul (2018); segundo Plano de Transformação e Crescimento da Etiópia (2016); Plano de Desenvolvimento Nacional da Somália (2017) e a Estratégia de Crescimento e Promoção do Emprego Acelerados das Comoros (2015).

3. Uma vantagem comparativa é "latente" ou "revelada", se a vantagem comparativa latente for superior a 1. Um valor inferior a uma unidade implica que o país apresenta uma desvantagem comparativa latente na produtividade do bem ou no setor. Similarmente, se o índice ultrapassar uma unidade, afirma-se que o país apresenta uma vantagem comparativa latente na produtividade de um bem ou num setor.

4. Estas capacidades produtivas incluem terras, capital humano, conhecimentos coletivos, leis e regulamentos, infraestruturas, máquinas, etc.

5. O Índice de Competitividade Global inclui as ineficiências criadas pelo custo elevado da eletricidade, pelas estradas e outras infraestruturas, pela transparência e a eficiência institucionais, etc.

Bibliografia

BAfD (2016), *Africa Visa Openness Report 2016*, African Development Bank, Abidjan, www.afdb.org/fileadmin/uploads/afdb/Documents/Generic Documents/Africa_Visa_Openness_Report_2016.pdf.

Banco Mundial (2019a), *World Development Indicators* (base de dados), datatopics.worldbank.org/world-development-indicators/ (acesso em 16 de Abril de 2019).

Banco Mundial (2019b), *World Development Report 2019: The Changing Nature of Work*, World Bank, Washington, DC, doi.org/10.1596/978-1-4648-1328-3.

Banco Mundial (2019c), *Doing Business* (base de dados), datacatalog.worldbank.org/dataset/doing-business (acesso em 16 de abril 2019).

Banco Mundial (2019d), *Future Drivers of Growth in Rwanda: Innovation, Integration, Agglomeration, and Competition*, World Bank, Washington, DC, hdl.handle.net/10986/30732.

Banco Mundial (2019e), *Human Capital Index* (base de dados), www.worldbank.org/en/publication/human-capital (acesso em 19 de abril de 2019).

Brenton, P., R. Newfarmer e P. Walkenhorst (2007), "Export diversification: A policy portfolio approach", paper presented to the Growth Commission Conference on Development, Yale University.

Briones, R. e J. Felipe (2013), "Agriculture and structural transformation in development Asia: Review and outlook", *ADB Economics Working Papers*, No. 363, Asian Development Bank, Manila, hdl.handle.net/11540/2305.

Cirera, X. e W.F. Maloney (2017), *The Innovation Paradox: Developing-Country Capabilities and the Unrealized Promise of Technological Catch-Up*, World Bank Group, Washington, DC, openknowledge.worldbank.org/handle/10986/28341.

Conference Board (2019), *Total Economy* (base de dados), www.conference-board.org/data/economydatabase/ (acesso em maio de 2019).

De Melo, J. e Y. Tsikata (2014), "Regional integration in Africa: Challenges and prospects", *Working Paper*, No. 037, UNU-WIDER WIDER, www.wider.unu.edu/sites/default/files/wp2014-037.pdf.

De Vries, G., M. Timmer, e K. de Vries (2013), "Structural transformation in Africa: Static gains, dynamic losses", *Research Memorandum*, No. 136, University of Groningen, Groningen Growth and Development Centre, The Netherlands.

The East African (2018), "East Africa splurges on infrastructure in budgets", 23 June 2018, www.theeastafrican.co.ke/business/East-Africa-splurges-on-infrastructure-in-budgets/2560-4627644-k7gy7d/index.html.

ECA (2018), *Macroeconomic and Social Developments in Eastern Africa*, United Nations Economic Commission for Africa, Kigali, www.uneca.org/publications/macroeconomic-social-developments-eastern-africa-2018.

ECA (2015), *Economic Report on Africa 2015: Industrializing through Trade*, United Nations Economic Commission for Africa, Addis Ababa, www.uneca.org/publications/economic-report-africa-2015.

Ellis, M., M. McMillan e J. Silver (2017), "Employment and productivity growth in Tanzania's service sector", *Working Papers*, No. 16, UNU-WIDER, www.wider.unu.edu/sites/default/files/wp2017-16.pdf.

fDi Markets (2018), *fDi Markets* (base de dados) www.fdimarkets.com (acesso em 3 de março de 2019).

FMI (2019), *World Economic Outlook*, April 2019 (base de dados), International Monetary Fund, Washington, DC, www.imf.org/external/pubs/ft/weo/2019/01/weodata/index.aspx (acesso em 23 de maio de 2019).

Gebreeyesus, M. (2017), "Industries without Smokestacks: Implication for Ethiopia's Industrialization", *Working Papers*, No. 14, UNU-WIDER, www.wider.unu.edu/sites/default/files/wp2017-14.pdf.

Gereffi, G. (2015), *Regional Value Chains in East Africa: What Can We Learn from the Latin American and Asian Experiences?*, Duke University presentation, Rwanda, www.theigc.org/publication/regional-value-chains-in-east-africa-what-can-we-learn-from-the-latin-american-and-asian-experiences-rwanda/.

Global Innovation Index (2018), *Global Innovation Index* (base de dados), "Analysis", www.globalinnovationindex.org/analysis-indicator (acesso em 19 de abril de 2019).

Hallward-Driemeier, M. e G. Nayyar (2018), *Trouble in the Making? The Future of Manufacturing-Led Development*, World Bank, Washington, DC, openknowledge.worldbank.org/bitstream/handle/10986/27946/9781464811746.pdf.

Harvard University Center for International Development (2019), *Atlas of Economic Complexity* (base de dados), atlas.cid.harvard.edu (acesso em 5 de abril de 2019).

Hausmann, R. e C. Hidalgo, (2009), "The Building blocks of economic complexity", Proceedings of the National Academy of Sciences, Vol. 106, No. 26, pp. 10570-5, doi.org/10.1073/pnas.0900943106.

Hoekman, B. e B. Shepherd (2015), "Services productivity, trade policy and manufacturing exports", *The World Economy*, Vol. 40, Issue 3, pp. 499-516, doi.org/10.1111/twec.12333.

Imbs, J. e R. Wacziarg (2003), "Stages of diversification", *American Economic Review*, Vol. 93, No. 1, pp. 63-86, www.aeaweb.org/articles?id=10.1257/000282803321455160.

InterVistas (2016), "What are the costs and benefits of 'open skies' in the East African Community (EAC): Executive summary", Department for International Development, assets.publishing.service.gov.uk/media/594ce8f5e5274a0a5900002e/EARF - Policy Briefing Note - EAC Aviation Liberalisation Sept2016.pdf.

MINICOM (2015), *National Export Strategy*, Ministry of Trade and Industry of Rwanda, Kigali, www.minicom.gov.rw/fileadmin/minicom publications/Planning documents/National Export Strategy II.pdf.

Morris, M., L. Plank e C. Staritz (2014), "Regionalism, end markets and ownership matter: Shifting dynamics in the apparel export industry in sub-Saharan Africa", *Austrian Foundation for Development Research Working Papers*, No. 46, Vienna, doi.org/10.1177/0308518X15614745.

Naseem, A. et al. (2017), *Measuring Agricultural and Structural Transformation*, Agricultural and Applied Economics Association 2017 Annual Meeting, 30 July-1 August, Chicago.

NCTTCA (2019), *Northern Corridor Transport Observatory* (base de dados), top.ttcanc.org (acesso em 20 de abril 2019).

Newfarmer, R., J.M. Page e F. Tarp (eds.) (2018), *Industries without Smokestacks: Industrialization in Africa Reconsidered*, UNU-WIDER Studies in Development Economics, Oxford University Press, Oxford.

Newman, C. et.al. (2016), *Manufacturing Transformation: Comparative Studies of Industrial Development in Africa and Emerging Asia*, Oxford University Press, Oxford, dx.doi.org/10.1093/acprof:oso/9780198776987.001.0001.

OCDE-CAD (2018a), *International Development Statistics* (base de dados), www.oecd.org/dac/stats/idsonline.htm (acesso em maio de 2019)

OCDE-CAD (2018b), *Country Programmable Aid* (base de dados), www.oecd.org/dac/financing-sustainabledevelopment/development-finance-standards/cpa.htm (acesso em maio de 2019).

OIT (2019), *ILOSTAT Key Indicators of the Labour Market (KILM)* (base de dados), International Labour Organization, www.ilo.org/ilostat/ (acesso em 29 de abril de 2019).

OMC (2019), *Trade Policy Review – East African Community (EAC)*, World Trade Organization, Geneva, www.wto.org/english/tratop e/tpr e/tp484 e.htm.

ONUDI (2018), "Industrial park development in Ethiopia: Case study report," *Inclusive and Sustainable Industrial Development Working Paper Series*, No. 21, United Nations Industrial Development Organization, Vienna.

Oqubay A. (2019), "Industrial policy and late industrialization in Ethiopia", in F. Cheru, C. Cramer e A. Oqubay (eds.), *The Oxford Handbook of the Ethiopian Economy*, Oxford University Press, Oxford.

Porter, M., C. Ketels e M. Delgado-Garcia (2006), "The Microeconomic foundations of prosperity: Findings from the Business Competitiveness Index", in World Economic Forum (2006), *The Global Competitiveness Report 2006-2007*, Palgrave Macmillan.

Shepherd, B., J. De Melo e R. Sen (2017), *Reform of the EAC Common External Tariff: Evidence from Trade Costs*, International Growth Centre, www.theigc.org/wp-content/uploads/2017/11/Sheperd-et-al-2017-policy-paper1.pdf.

Slany, A. (2017), "The role of trade policies in building regional value chains: Some preliminary evidence from Africa", *UNCTAD Research Paper*, No. 11, UNCTAD/SER.RP/2017/11, unctad.org/en/PublicationsLibrary/ser-rp-2017d11 en.pdf.

Steenbergen, V. e J. Sutton (2017), "Establishing a Local Content Unit for Rwanda", *Policy Note*, International Growth Centre, www.theigc.org/wp-content/uploads/2017/09/Local-content-brief.pdf.

Szirmai, A. (2012), "Industrialisation as an engine of growth in developing countries, 1950-2005", *Structural Change and Economic Dynamics*, Vol. 23, Issue 4, pp. 406-420, UNU-MERIT, Maastricht, doi.org/10.1016/j.strueco.2011.01.005.

Transparency International (2018), *Corruption Perception Index* (base de dados), www.transparency.org/research/cpi/overview (acesso em 8 de abril de 2019).

UNCTAD (2019), *FDI Statistics* (base de dados), unctad.org/en/Pages/DIAE/FDI%20Statistics/FDI-Statistics.aspx (acesso em 19 de abril de 2019).

UNDATA (2019), *UNIDO Statistics* (base de dados), data.un.org/Data.aspx?d=UNIDO&f=tableCode%3a14 (accessed 12 April 2019).

UNDESA (2019), *United Nations COMTRADE* (base de dados), comtrade.un.org/ (acesso e 5 de abril de 2019).

Vanguard Economics (2017), *Measuring the Economic and Social Impact of Northern Corridor Integration Projects (NCIP)*, Department for International Development, London.

WEF (2018), *The Global Competitiveness Index Report 2018*, World Economic Forum, Geneva, reports.weforum.org/global-competitiveness-report-2018/.

Capítulo 5

Políticas públicas para uma transformação produtiva no Norte de África

O presente capítulo analisa as políticas públicas necessárias para uma transformação produtiva nos países do Norte de África. Estes países enfrentam constrangimentos estruturais que não favorecem a sua integração no comércio internacional, nem a criação dos empregos de qualidade necessários à redução das desigualdades. Estes desafios requerem mudanças nas estruturas de produção e de comércio.

O capítulo começa com uma análise das estruturas de produção, com base no estudo dos agregados macroeconómicos e da integração do Norte de África no comércio internacional. Segue-se a análise dos setores nos quais estes países apresentam vantagens competitivas e a identificação das oportunidades de expansão do comércio e dos desafios que enfrentam o setor privado e os investidores estrangeiros num contexto da fraca integração regional. Por último, o capítulo propõe um conjunto de políticas públicas para alcançar uma transformação produtiva na região.

EM SÍNTESE

A transformação produtiva no Norte de África tem sido prejudicada pela forte **concentração das exportações** no petróleo e gás, assim como em produtos de baixo valor acrescentado. Outros obstáculos concorrem igualmente para a demora na transformação produtiva, tais como o atraso nos domínios da **inovação e da tecnologia**, a fraca integração regional, a falta de infraestruturas logísticas, um ambiente de negócios pouco atraente e as dificuldades no financiamento. No domínio do capital humano, as políticas públicas deverão apoiar a investigação e desenvolvimento (I&D), bem como a inovação, através de mecanismos de financiamento e de transferências tecnológicas. De igual modo, são essenciais medidas de facilitação do **comércio intrarregional**, como a harmonização das normas técnicas e a eliminação das barreiras (sobretudo não tarifárias) à livre circulação de bens e serviços. Por último, é necessário melhorar o clima de segurança e o ambiente de negócios, reformando os códigos de investimento e criando incentivos fiscais para as parcerias público-privadas (PPPs).

Políticas públicas para uma transformação produtiva no **Norte de África**

Crescimento

A taxa de crescimento do Norte de África esteve pouco abaixo da taxa de crescimento do continente

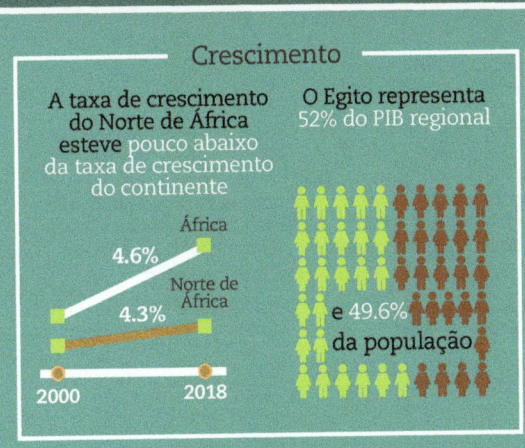

África
4.6%

Norte de África
4.3%

2000   2018

O Egito representa 52% do PIB regional

e 49.6% da população

Estrutura económica

A dimensão da indústria varia ao longo da região

A indústria transformadora é o principal setor nos países que não exportam petróleo

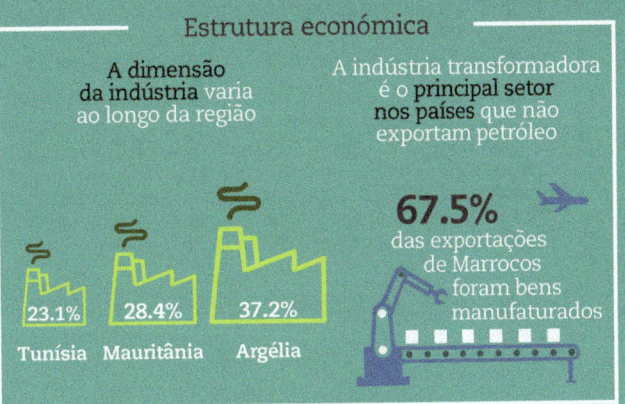

23.1%   28.4%   37.2%

Tunísia   Mauritânia   Argélia

67.5% das exportações de Marrocos foram bens manufaturados

Comércio

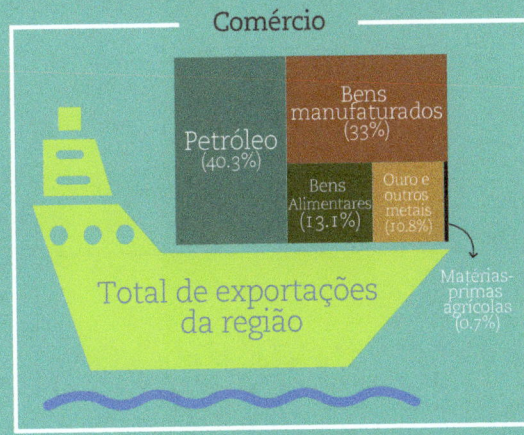

Petróleo (40.3%)

Bens manufaturados (33%)

Bens Alimentares (13.1%)

Ouro e outros metais (10.8%)

Matérias-primas agrícolas (0.7%)

Total de exportações da região

Fluxos Financeiros

APD USD 3.5 mil milhões

IDE USD 12.5 mil milhões

Remessas USD 33.3 mil milhões

Fluxos financeiros totais na região em 2017

Investimento de carteira USD 15.7 mil milhões

Uma grande diáspora contribui substancialmente para as remessas, que podem ultrapassar 5% do PIB

Estratégias regionais para uma transformação produtiva

A região deve aumentar os investimentos em capital humano e inovação

Cadeias de valor potenciais na região

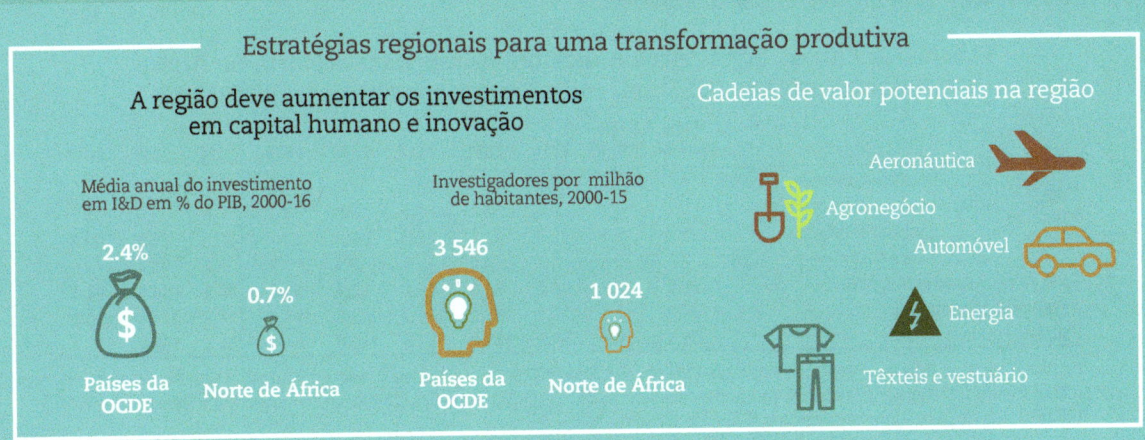

Média anual do investimento em I&D em % do PIB, 2000-16

2.4%
Países da OCDE

0.7%
Norte de África

Investigadores por milhão de habitantes, 2000-15

3 546
Países da OCDE

1 024
Norte de África

Aeronáutica

Agronegócio

Automóvel

Energia

Têxteis e vestuário

213

Perfil regional do Norte de África

Tabela 5.1. Capacidade de transformação produtiva no Norte de África, 2000-18

		Fonte	2000	2014	2015	2016	2017	2018
Tecnologia de produção	Empregadores e empregados assalariados em % do total de emprego	OIT	68.0	69.8	69.9	72.5	72.1	72.3
	Produtividade do trabalho em % da produtividade dos Estados Unidos	CB	36.6	32.5	32.5	32.7	33.2	33.4
	Formação bruta de capital fixo privada em % do produto interno bruto (PIB)	FMI	14.6	16.0	16.6	18.1	17.6	17.4
	Capacidade de inovação. 0-100 (melhor)	FEM	-	-	-	-	31.5	32.0
Redes regionais	Intrarregiões em % das importações de produtos intermediários	Comtrade	3.1	5.4	4.1	3.0	2.9	-
	Intra-africanas em % das entradas de novos investimentos diretos estrangeiros (investimentos inteiramente novos)	fDi Markets	-	0.2	0.2	0.3	0.2	0.8
	Disponibilidade de capital de risco, 1-7 (melhor)	FEM	-	2.6	2.6	2.7	2.6	2.7
Capacidade de satisfazer a procura	Certificado ISO9001 em % do total para África	ISO	15.9	40.1	41.8	43.8	38.2	-
	Produtos processados e semi-processados em % do total de bens exportados na região	Comtrade	44.9	51.7	57.7	61.7	54.5	-
	Percentagem do total de importações africanas de bens de consumo (%)	Comtrade	35.9	33.1	33.1	33.2	31.2	-

Nota: OIT – Organização Internacional do Trabalho, CB – The Conference Board, FMI – Fundo Monetário Internacional, FEM – Fórum Económico Mundial, ISO – International Standards Organization.
Fontes: Cálculos dos autores com base nos dados do The Conference Board (2019), *Total Economy* (base de dados); fDi Markets (2019), *fDi Markets* (base de dados); OIT (2019), *Key Indicators of the Labour Market* (base de dados); FMI (2019), *World Economic Outlook* (base de dados); ISO (2018), *The ISO Survey of Management System Standard Certifications* (base de dados); DESA/UNSD (2019), *UN Comtrade* (base de dados); e FEM (2018), *Global Competitiveness Report*.

Figura 5.1. Dinâmicas de crescimento no Norte de África e em África, 1990-2020

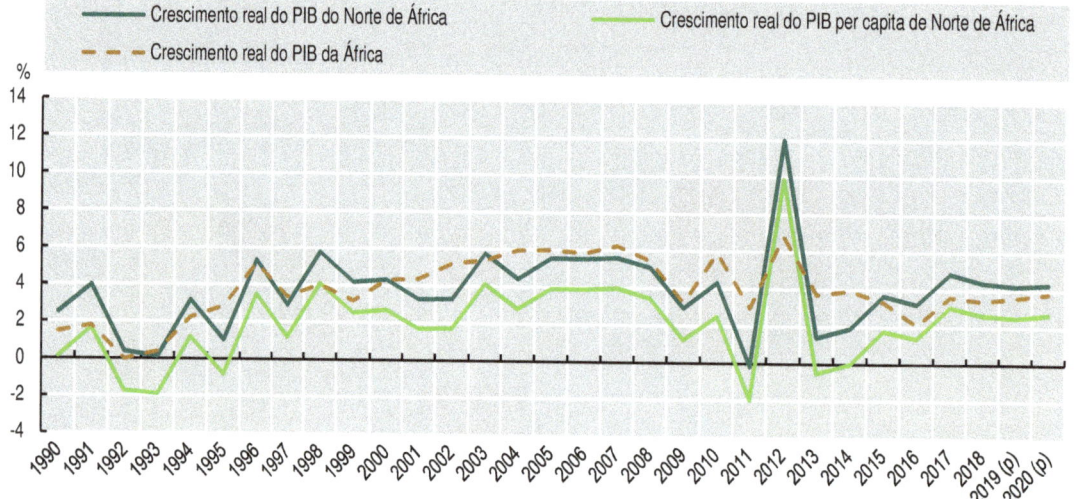

Nota: (p) = projeções.
Fonte: Cálculos dos autores com base no FMI (2019), *World Economic Outlook* (base de dados).
StatLink ⟶ https://doi.org/10.1787/888933967511

Tabela 5.2. Fluxos financeiros e receitas fiscais para o Norte de África e poupança privada (USD mil milhões, preços correntes), 2000-17

		Média 2000-04	Média 2005-09	2010	2011	2012	2013	2014	2015	2016	2017
Fluos financeiros externos	Privados Investimentos diretos estrangeiros	4.1	18.0	13.8	6.4	14.7	12.2	11.2	11.1	13.1	12.5
	Investimentos de caxrteira	0.1	-0.7	9.1	-3.1	-3.4	2.6	4.3	0.6	-1.4	15.7
	Remessas de emigrantes	8.7	16.5	23.0	25.5	30.0	29.0	31.7	29.2	29.6	33.3
	Públicos Ajuda pública ao desenvolvimento	2.6	3.3	2.7	4.0	5.0	8.9	7.3	5.0	5.4	3.5
Total de entrada do estrangeiro		15.5	37.1	48.6	32.8	46.2	52.7	54.6	46.0	46.6	64.9
Receitas fiscais internas		47.7	99.9	117.9	140.9	145.3	145.6	141.5	119.2	112.9	108.0
Poupança privada		58.5	127.4	164.0	169.3	189.6	188.9	184.5	154.6	155.7	132.8

Fontes: Cálculos dos autores com base no FMI (2019), *World Economic Outlook* (base de dados), OCDE-CAD (2018a), *International Development Statistics* (base de dados), OCDE-CAD (2018b), *Country Programmable Aid* e Banco Mundial (2019a), *World Development Indicators* (base de dados).

Estrutura produtiva no Norte de África

A situação macroeconómica mantém-se frágil

O crescimento económico médio do PIB *per capita* nos países do Norte de África, de cerca de 2% no período 1990-2017, continua a ser insuficiente para criar uma dinâmica económica favorável à redução das desigualdades, da pobreza e do desemprego. Entre 2010 e 2014, este crescimento situou-se em 2.2%, antes de registar uma diminuição para 1.5% entre 2015 e 2017 (Tabela 5.1). O fraco desempenho do final dos anos de 2000 e início da década de 2010 ficou a dever-se à crise financeira internacional e à Primavera Árabe. O Norte de África, que se estende do litoral do Atlântico que banha Marrocos e a Mauritânia ao Mar Vermelho no Egito, não conseguiu manter um crescimento forte e estável devido a um conjunto de obstáculos: a instabilidade dos preços do petróleo, a baixa pluviosidade, as tensões políticas e os ataques terroristas (Egito, Líbia, Tunísia). Marrocos (1.9%) e o Egito (2.2%) apresentaram os melhores desempenhos após 2015, ao contrário da Mauritânia (0.5%) e da Tunísia (0.25%).

Os seis países da região partilham um conjunto de características: o baixo nível de trocas comerciais entre si, a reduzida transformação de matérias-primas, e os elevados níveis de desemprego dos jovens nos centros urbanos (cerca de 30% na Argélia, em Marrocos e na Tunísia). Acresce que existem grandes disparidades nos níveis de desenvolvimento e de rendimento entre regiões dentro das respetivas fronteiras. Para além destes elementos comuns, os seus perfis são muito diferentes. A Argélia e a Líbia são sobretudo produtores de petróleo. As economias de Marrocos, da Tunísia e do Egito são mais diversificadas devido a uma indústria transformadora dinâmica e a um leque mais variado de indústrias (têxteis, automóvel, agroalimentar). Segundo o Banco Mundial, o Egito é um dos motores económicos de África, com 97.6 milhões de habitantes em 2017, bem à frente da Argélia (41.3 milhões), de Marrocos (35.7), da Tunísia (11.5), da Líbia (6.4) e da Mauritânia (4.4).

Os níveis de pobreza e a classificação dos países no Índice de Desenvolvimento Humano (relatório IDH de 2017, atualizado em 2018) variam. A Argélia, com um índice de pobreza de 5.5% em 2011 (dados oficiais mais recentes de acordo com a definição nacional do limiar de pobreza) encontra-se no 85.º lugar entre os 189 países da classificação do IDH, entre a Tailândia e a China, no grupo de países com elevado desenvolvimento humano. Segue-se a Tunísia (95.º lugar, com índice de pobreza de 15.2% em 2015) e a Líbia (108.º lugar, com mais de um quarto da sua população em necessidade de ajuda humanitária, de acordo com as Nações Unidas). O Egito (115.º lugar, entre a África do Sul e a Indonésia, com um índice de pobreza de 25.2% em 2010) e Marrocos (123.º lugar, com um índice de pobreza de 4.2% em 2014) fazem parte do grupo de países de desenvolvimento humano médio, e a Mauritânia integra o grupo de desenvolvimento fraco (159.º lugar, entre o Lesoto e Madagáscar, e um índice de pobreza de 31% em 2014).

De acordo com os Indicadores do Desenvolvimento Mundial (IDM) de 2018, o peso da indústria (incluindo a construção) no PIB destes países foi de 37.2% na Argélia, de 33.8% no Egito, de 28.4% na Mauritânia, de 26.1% em Marrocos e de 23.1% na Tunísia.

Tabela 5.3. **Alguns agregados macroeconómicos no Norte de África
(em percentagem do PIB)**

	1990-94	1995-99	2000-04	2005-09	2010-14	2015-17
PIB per capita (taxa de crescimento)	0.3	2.3	2.3	3.3	2.2	1.5
Despesa pública	16.8	16.2	16.9	15.7	17.6	18.2
Investimento	22.9	20.0	21.1	26.9	29.9	32.6
Investimento privado	14.5	12.0	12.0	17.3	23.7	25.9
Exportações	30.4	29.2	33.3	44.4	41.3	30.9
Importações	33.4	30.5	33.3	41.4	47.2	46.3
Remessas	4.4	2.7	3.8	5.4	5.6	5.0
Investimento direto estrangeiro (IDE)	0.7	0.6	2.8	4.8	4.6	4.3

Fonte: Cálculos dos autores com base em dados do Banco Mundial (2019a) *World Development Indicators* (base de dados).

O crescimento tem vindo a aumentar desde meados dos anos de 2000 em resultado da acumulação de capital e do aumento das despesas públicas. Entre 1990 e 2017, a procura interna poderia ter impulsionado o crescimento, não fossem os constrangimentos institucionais. O investimento interno tem-se mantido relativamente elevado (29.9% do PIB no período 2010-14 e 32.6% entre 2015-17) ultrapassando mesmo os rácios da OCDE (20.9% em 2016; Banco Mundial, 2019a). E, globalmente, o investimento aumentou graças ao aumento do investimento privado (quase 80% do total), e apesar do investimento público se ter mantido estável, embora as despesas públicas tenham aumentado muito pouco (16.8% do PIB em 1990-94 e 18.2% em 2015-17), elas têm-se mantido constantes e próximas dos valores dos países da OCDE (17.8% em 2016; Banco Mundial, 2019a).

O Egito apresentou o nível de despesas públicas mais baixo entre 2015 e 2017 (11.1% do PIB), por comparação com a Mauritânia, que teve o nível mais elevado, de 21.7%. As despesas públicas são maioritariamente financiadas pela exportação de matérias-primas, e em particular, de petróleo, expondo estes países à conjuntura internacional. Por conseguinte, o aumento das despesas públicas não contribuiu suficientemente para que o investimento público estimulasse o crescimento.

A estrutura dos fluxos comerciais continua desequilibrada, uma vez que, com exceção do período entre 2005-09, o Norte de África importa mais do que exporta. Após um aumento nas décadas de 1990 e 2000, as exportações diminuíram drasticamente, regressando aos níveis do início da década de 1990. Esta tendência aumentou o desequilíbrio da balança comercial num contexto em que as importações continuaram a aumentar. Contudo, o saldo da balança comercial dos países do Norte de África é heterogéneo. De facto, a inversão da conjuntura internacional, marcada pela descida dos preços do petróleo, afetou gravemente os países produtores de ouro preto. As exportações da Argélia diminuíram de 45.3% do PIB entre 2005-09 para 35.5% entre 2010-14 e para 22.7% entre 2015-17. Na Líbia a evolução foi semelhante, com as exportações a diminuírem de 68.3% para 62.5% e 38% nos mesmos períodos. Em suma, a Argélia e a Líbia assistiram à diminuição do peso das exportações no PIB em mais de 20% em 12 anos, com os preços do petróleo bruto a oscilar entre um máximo de 160 dólares e um mínimo de USD 36 por barril. O Egito também registou uma diminuição das exportações de 29.7% do PIB entre 2005-09 para 13.3% entre 2015-17. No entanto, o declínio das exportações foi muito menor na Tunísia (de 48.8% para 41.6% durante o mesmo período) e na Mauritânia (de 41.8% para 39.1%). Apenas o Marrocos registou a um aumento das exportações (de 32.4% para 35.4% do PIB). Os recursos petrolíferos proporcionam receitas confortáveis a determinados países, mas aumentam a sua vulnerabilidade a choques externos.

Os recursos externos (remessas de emigrantes e investimentos diretos estrangeiros, IDE) aumentaram, embora tenham registado uma ligeira diminuição no período de 2015-17. A região mantém relações estreitas com a sua diáspora, que contribui com importantes remessas que chegam a ultrapassar, por vezes, 5% do PIB, tendo atingido um máximo de 8.4% na Tunísia, entre 2015 e 2017, face a um mínimo de 0.5% na Argélia.

Com 192 novos projetos por ano entre 2010 e 2017, o Norte de África continua a ser a região mais atrativa de África para o investimento direto estrangeiro, representado 23.9% do IDE em todo o continente. A maior parte dos fluxos de capitais está concentrada em Marrocos (38.4% em 2010-17) e no Egito (35.2%), sendo a Tunísia (13.3%) e a Argélia (9.6%) os países menos atrativos (CNUCED, 2018). O rácio IDE/PIB foi de 0.4% na Argélia face a 6.1%, entre 2015-17, na Tunísia, devido à dimensão da sua economia e apesar do número reduzido de novos projetos em 2017. A estrutura do IDE também varia consoante os países (Tabela 5.4).

Tabela 5.4. 5 setores mais atrativos em termos de IDE (stock) no Norte de África

	Argélia, 2016	Egito, 2017	Marrocos, 2017	Tunísia, 2016
1	Indústria (61.9%)	Setor petrolífero (67.3%)	Indústria (23.4%)	Indústria (52.7%)
2	Construção e obras públicas (15.8%)	Serviços (11.2%)	Imobiliário (18.2%)	Telecomunicações (35.3%)
3	Serviços (15.1%)	Indústria transformadora (10%)	Telecomunicações (13.6%)	Turismo (8.2%)
4	Turismo (2.1 %)	Construção (4.5 %)	Turismo (9.6 %)	Transportes (1.8%)
5	Agricultura (1.4 %)	Agricultura (0.1%)	Energia e minas (6.3%)	Agricultura (0.9%)
Total	96.3%	93.1%	71.2%	98.9%

Fonte: Adaptado a partir dos dados coletados em Agência Nacional de Desenvolvimento do Investimento (ANDI) na Argélia, 2018, FIPA Tunísia, 2016, Banco Central do Egito (BCE, 2018) e Gabinete de Câmbios do Ministério das Finanças (OCMF) de Marrocos, 2019.

À exceção de Marrocos, o IDE (em stock) está fortemente concentrado nos mesmos setores. No caso da Argélia, do Egito e da Tunísia, cinco setores concentram mais de 90% do IDE sendo a indústria o sector mais atrativo. No Egito, o setor petrolífero recebe a maior parte do IDE devido à zona económica específica estabelecida pela China. Em geral, os serviços, a construção e as obras públicas, as telecomunicações e o turismo são igualmente setores atrativos para o IDE. Tal não é o caso do setor agrícola devido aos riscos climáticos.

A concentração do IDE no sector industrial constitui uma vantagem para as transferências de tecnologia, que são indispensáveis à transformação produtiva. Por outro lado, a concentração do IDE nos mesmos setores em diferentes países gera uma concorrência entre os países para atrair investidores obrigando-os a melhorar o seu quadro institucional e a implementar reformas, conforme aconteceu em Marrocos e na Tunísia. O IDE nos mesmos sectores pode ainda contribuir para o desenvolvimento de cadeias de produção regionais e de economias de escala.

As exportações do Norte de África continuam ancoradas nas matérias-primas para os países desenvolvidos

Apesar da proximidade geográfica à Europa, os países do Norte de África não têm exportações muito diversificadas. Em média, o petróleo continua a ser a principal exportação da região (40.3%), seguido pelos produtos transformados (33%), produtos alimentares (13.1%), ouro e metais (10.8%). O cabaz médio das exportações não inclui matérias-primas agrícolas, representando apenas 0.7% do total de exportações (Figura 5.2).

Figura 5.2. Distribuição média das exportações de mercadorias dos países do Norte de África, 2010-17

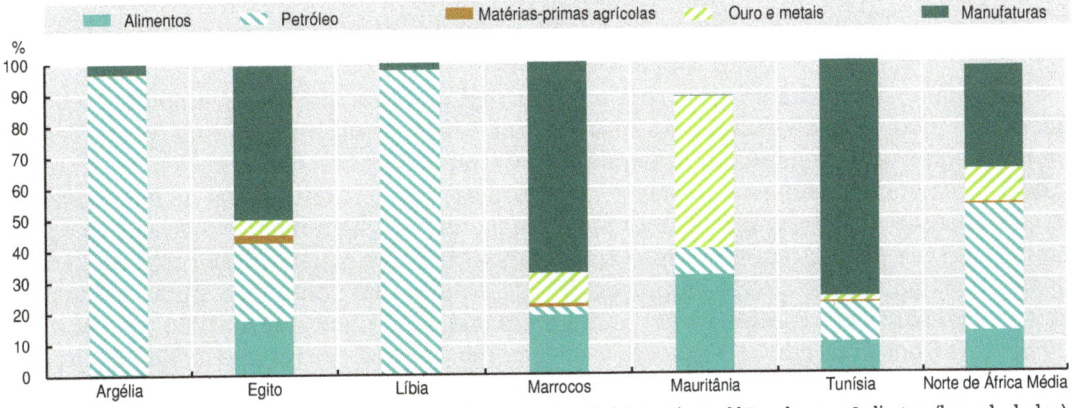

Fonte: Cálculos dos autores com base em dados do Banco Mundial (2019a), *World Development Indicators* (base de dados).

StatLink 🔗 https://doi.org/10.1787/888933966770

Esta tendência global esconde disparidades e não resume a situação de cada país. As exportações da Argélia e da Líbia, o 18.º e 21.º maiores produtores mundiais de petróleo, respetivamente, são maioritariamente (95%) de petróleo e seus derivados. As suas economias são pouco diversificadas e vulneráveis aos choques externos. As vendas de ouro negro ao estrangeiro desceram ligeiramente devido à diminuição dos preços internacionais e da instabilidade política na Líbia. À exceção de Marrocos, os outros países do Norte de África também exportam petróleo, mas em menor proporção. É claramente necessário diversificar estas economias, a fim de reduzir a sua dependência do petróleo e incentivar a sua transformação produtiva.

Em comparação com a Argélia e a Líbia, as economias de Marrocos e da Tunísia são mais diversificadas. A maior parte das exportações são de produtos transformados: 75.5% do total das exportações na Tunísia e 67.5% em Marrocos no período de 2010-17. As exportações de produtos transformados destes dois países não têm parado de crescer desde 2010 em especial na Tunísia. A indústria transformadora também é muito ativa no Egito (representando 49.3% das exportações, em média, entre 2010 e 2017). A indústria transformadora é o setor de especialização em países não exportadores de petróleo e estimulou o desenvolvimento de serviços específicos, como o *marketing*, a propriedade intelectual e a certificação. Esta tendência pode ser considerada como um indicador do nível de transformação produtiva da economia.

No entanto, os produtos transformados exportados pela Tunísia e por Marrocos estão limitados a um número restrito de sectores (por ex: vestuário, têxteis, couro, produtos químicos, aparelhos elétricos para comutação, peças para automóveis, etc.) e dependem frequentemente da importação de bens intermédios. Estes setores não exigem mão-de-obra altamente qualificada, mas representam 25% do emprego no Norte de África, de acordo com as estimativas da Organização Internacional do Trabalho (OIT) para 2019. Além disso, a indústria transformadora tornou-se menos rentável nos países europeus, tendo em conta a concorrência asiática. O custo relativamente baixo da mão-de-obra[1] e a proximidade geográfica de Marrocos e da Tunísia à Europa favoreceram a deslocalização de determinadas indústrias de países desenvolvidos. Outra semelhança entre estas duas economias é a exportação de produtos alimentares, ainda que com vantagem para Marrocos face à Tunísia (18.9% e 9.9% do total das exportações, respetivamente). Em contrapartida, a Tunísia exporta algum petróleo (12.4%), enquanto Marrocos exporta ouro e metais (9.8%).

O Egito é o país com a economia mais diversificada: a indústria transformadora representa quase metade das exportações, o petróleo um quarto, e o último quarto é composto por produtos alimentares, matérias-primas agrícolas, ouro e metais. A percentagem dos produtos da indústria transformadora no total das exportações de bens aumentou de 40.4% em 1995 para 53.6% em 2017. Este aumento compensou a descida das exportações de petróleo que passou de 37.2% para 21.3% durante o mesmo período.

Por último, a Mauritânia apresenta um baixo grau de transformação produtiva, não obstante a relativa diversificação das suas exportações. Ao concentrar-se em exportações de baixo valor acrescentado de minerais (ouro e metais, 48.6% das exportações entre 2010-17) e matérias-primas agrícolas (31.3%), o país não aproveita todas as vantagens da participação no comércio internacional. Este paradoxo é bem ilustrado pelas pescas. Em 2014-15, as pescas representaram entre 30% a 50% das exportações, cerca de 29% das receitas públicas e 55 000 empregos diretos e indiretos. Contudo, a frota nacional de 4 000 embarcações continua a ser muito artesanal, com menos de 400 000 toneladas de capturas por ano, em 2014 e 2015, e apenas dois portos de pesca, em Nouakchott e Nouadhibou. Em 2014 e 2015, de um potencial de exploração superior a 1.6 milhões de toneladas por ano, metade das capturas foram feitas na Zona Económica Exclusiva (ZEE). Esta zona foi largamente explorada por arrastões de longa distância (60%) ao abrigo do regime de livre licenciamento (da China, Rússia, Ucrânia e União Europeia). O processamento industrial do peixe representa menos de 10% das exportações. Cerca de 80 instalações limitam-se ao armazenamento e à congelação (Comissão PECH, 2018).

A transformação produtiva no Norte de África requer que os países incluam mais bens de alta tecnologia no seu cabaz de exportações. A proporção destes bens nas exportações continua a ser residual na maior parte dos países da região, à exceção de Marrocos e da Tunísia, onde estes produtos representaram 5.6% e 5.4% do total das exportações, respetivamente, entre 2010-16. Para terem êxito na sua transformação produtiva, os países têm de adquirir as tecnologias necessárias ao desenvolvimento de produtos sofisticados, o que requer reformas que criem um clima económico mais estimulante para os investidores.

Dois terços dos bens exportados pelos países do Norte de África destinam-se a países de rendimento elevado (Figura 5.3). A procura dos países de rendimento elevado incide sobretudo sobre o petróleo e os produtos transformados. Estes países são, por isso, parceiros comerciais privilegiados. A proximidade à Europa reduz os custos de transporte e facilita as exportações de matérias-primas. Desde 2010, 69.9% exportações do Norte de África destinam-se a países de rendimento elevado. No caso da Tunísia (produtos transformados), da Argélia e da Líbia (petróleo) as exportações para estes destinos atingiram um máximo de 80%, enquanto no caso do Egito e da Mauritânia, se situaram nos 50%. A dinâmica destas exportações varia em função do país e da conjuntura internacional: as exportações estão a crescer no Egito e em Marrocos, a diminuir na Argélia, na Líbia e na Mauritânia, e têm-se mantido estáveis na Tunísia. Os países de rendimento elevado têm vindo a reduzir as importações de matérias-primas e outras *commodities*, em particular de petróleo, devido ao desenvolvimento de fontes alternativas de energia nestes mercados.

Figura 5.3. **Destinos das exportações dos países do Norte de África, média 2010-17**

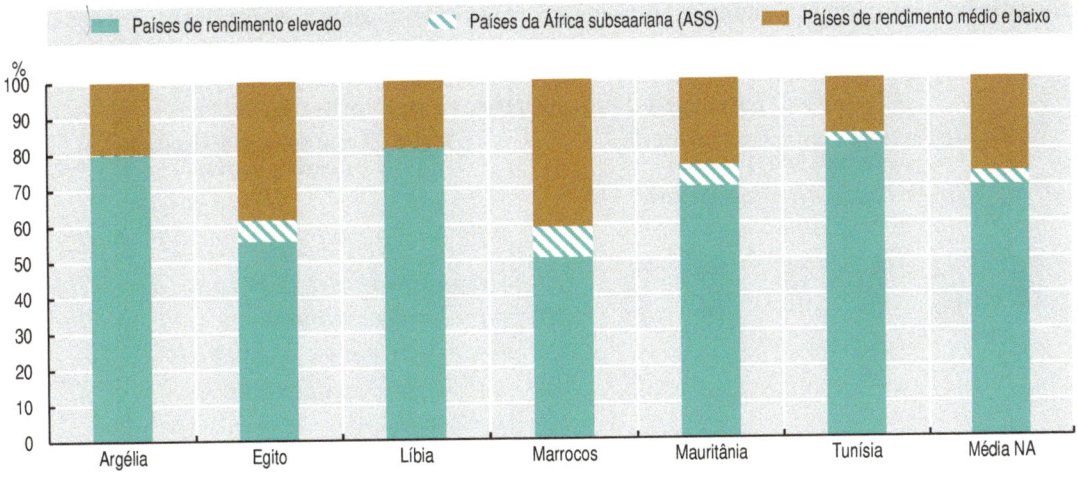

Fonte: Cálculos dos autores com base em dados do Banco Mundial (2019a), *World Development Indicators* (base de dados).
StatLink ⬛ᵀᴱᴸ https://doi.org/10.1787/888933967530

Dada a estrutura da procura a região exportou menos para países de rendimento médio e países de rendimento baixo. Apenas 26.2% das exportações do Norte de África se destinam a países rendimento baixo, das quais 3.9% para a África Subsariana (ASS). Os exportadores de petróleo, nomeadamente a Argélia e a Líbia exportam muito pouco, ou mesmo praticamente nada para a África Subsariana. Em contrapartida, Marrocos e o Egito enviam mais de um terço das suas exportações para países de rendimento baixo, embora estas exportações tenham vindo a diminuir ao longo do tempo em favor dos mercados de rendimento elevado. Em média, a África Subsariana recebe apenas 6% das exportações do Egito e de Marrocos. Apesar da diminuição das exportações marroquinas para os países de rendimento médio e de rendimento baixo (dominados pelas exportações para países não africanos), as exportações para os países da África Subsariana aumentaram desde 2010 devido ao crescente interesse na região. Marrocos apresentou o pedido de adesão à Comunidade Económica dos Estados da África Ocidental (CEDEAO) para beneficiar de tarifas preferenciais. A Mauritânia exporta sobretudo para países de rendimento médio e baixo, em especial, peixe, ouro e metais, com 8.5% das suas exportações a irem para a África Subsariana.

A integração do Norte de África no comércio internacional pode também ser visto à luz da distribuição geográfica das importações, marcada por um aumento das compras à China. O país mais diversificado em termos da origem das suas importações é o Egito, ao passo que a Mauritânia apresenta uma concentração forte com cerca de 75% das importações provenientes de países de rendimento elevado. Estes países continuam a ser os primeiros parceiros comerciais do Norte de África em termos de importações (mais de 60%, Figura 5.4A). As importações provenientes da África Subsariana continuam a ser negligenciáveis, uma vez que a procura norte-africana diz essencialmente respeito a produtos acabados de capital-intensivo

A quota das importações chinesas aumentou de forma consistente entre 2010 e 2015 (14.7%), antes de diminuir entre 2016 e 2017 (Figura 5.4B). O crescimento do comércio entre estes países constitui uma vantagem para uma transformação produtiva rápida, porque torna possível a construção de infraestruturas com custos baixos e facilita a transferência progressiva de tecnologia. Este exemplo de uma parceria Sul-Sul deverá vir a aumentar a concorrência no mercado dos produtos sofisticados, atualmente dominado pelos países de rendimento elevado, que terão de se ajustar às necessidades dos países do Norte de África. No entanto, as transferências de tecnologia a partir da China, indispensáveis à transformação produtiva, ainda não se concretizaram. É necessário desenvolver verdadeiras cadeias de valor entre empresas locais e empresas chinesas nestes países.

Figura 5.4. **Estrutura das importações no Norte de África**

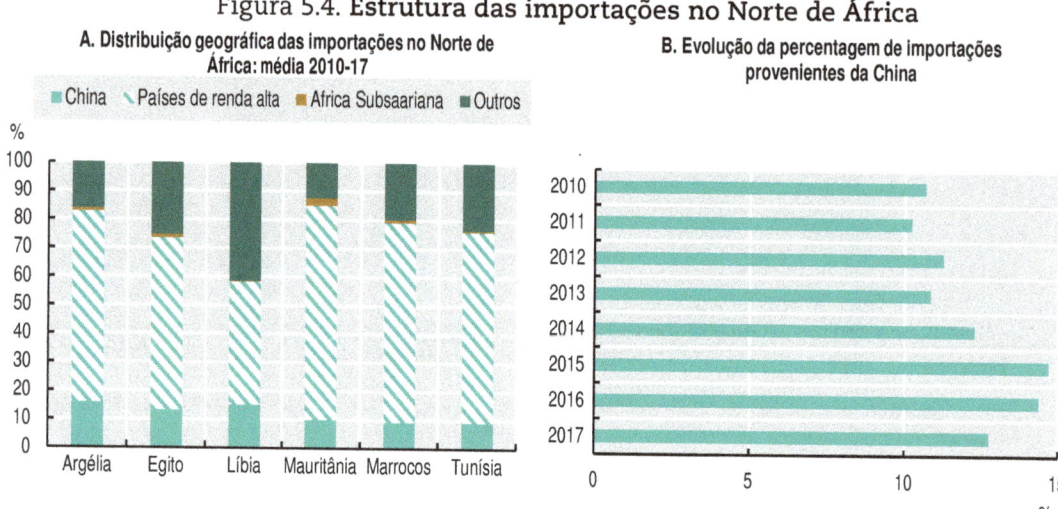

Fonte: Cálculos dos autores com base em dados do Banco Mundial (2019a), *World Development Indicators* (base de dados).
StatLink https://doi.org/10.1787/888933967549

A integração dos países do Norte de África na economia mundial e a sua dinâmica de produção estão associadas ao mercado de trabalho. De facto, o crescimento gerado pela transformação produtiva deve gerar empregos mais qualificados. Espera-se que esta alteração se traduza numa diminuição do emprego na agricultura e numa transferência de trabalhadores para a indústria. No entanto, a atual estrutura do mercado de trabalho oferece poucas perspetivas de empregos qualificados. A maioria dos empregos está na agricultura e nos serviços (72% do total), e apenas 28% no setor industrial (CUA/OCDE, 2018). Estes dados confirmam os limites da transformação produtiva na região, que poderia aumentar o emprego de mão-de-obra altamente qualificada e melhorar o perfil de produção e de exportação destes países.

Desenvolvimento de produto e potencial comercial dos países do Norte de África

Esta secção analisa o potencial comercial dos países do Norte de África com base no Estudo do Espaço de Produto. A identificação dos nichos de vantagens comparativas reveladas e latentes permitirá conhecer as possibilidades de transformação produtiva destes países.

Caixa 5.1. Método de análise do Espaço de Produto

O conceito de espaço de produto foi desenvolvido por Hausmann e Klinger (2006), segundo os quais a rapidez com que um país pode migrar da produção de produtos pouco sofisticados de baixo valor acrescentado para produtos sofisticados de elevado valor acrescentado depende da proximidade a produtos nos quais o país tenha desenvolvido uma vantagem comparativa. Os países melhoram a composição dos seus cabazes de produtos exportados ao longo do tempo, deslocando-se para o *espaço de produto* de bens associados aos seus cabazes de exportações mais do que para o *espaço de produto* de bens sem qualquer relação com os bens que exportam tradicionalmente (Hausmann e Klinger, 2007; Hidalgo et al., 2007).

Com base nos dados do Banco Mundial (disponíveis no sítio web WITS), desagregados ao nível de quatro dígitos na nomenclatura SH (Sistema Harmonizado) foram identificados os produtos nos quais cada país dispõe de uma vantagem comparativa, de acordo com a abordagem de Balassa (1965). De seguida foram identificados os nichos de vantagens comparativas latentes dos países do Norte de África, constituídos por produtos que os países ainda não exportam, mas nos quais poderiam desenvolver facilmente uma vantagem comparativa. Considera-se que um produto é uma exportação se o país tiver demonstrado uma vantagem comparativa nesse produto durante, pelo menos, quatro anos durante um determinado período. Uma vez identificados os produtos, a análise centrou-se nos dados de 2015.

As vantagens comparativas são marcadas por uma diversificação baixa das exportações nos países do Norte de África

As exportações consistem maioritariamente em matérias-primas ou produtos de baixo valor acrescentado. As vantagens comparativas variam de país para país, indo desde uma forte concentração (Líbia e Argélia) até uma diversificação relativa (Egito, Marrocos, Tunísia), revelando realidades económicas muito diversas (Tabela 5.5). Os cabazes de exportações dos países do Norte de África representam 90% a 99% das suas exportações totais. A transformação produtiva requer um aumento do valor acrescentado dos produtos já exportados, bem como uma maior diversificação das exportações.

Tabela 5.5. Características das vantagens comparativas reveladas no Norte de África

	Argélia	Egito	Líbia	Marrocos	Mauritânia	Tunísia
Produtos no cabaz de exportações	16	242	15	170	22	214
Percentagem nas exportações globais	99%	87%	96%	89%	98%	90%
Número de produtos a 50%	2	15	1	9	3	11
Número de produtos a 75%	2	73	2	32	5	42
Número de produtos a 90%	3	242	3	170	8	214

Fonte: Cálculos dos autores de acordo com a DESA/UNSD (2019), *United Nations Comtrade* (base de dados).

Os cabazes de exportações da Argélia e da Líbia contêm poucos produtos, 16 e 15, respetivamente, que representam 99.1% e 96% das suas exportações. Estes cabazes concentram-se no petróleo e seus derivados, mais de 90% das exportações (Tabela 5.4), com uma transformação produtiva muito limitada. A Mauritânia tem um cabaz de exportações com uma estrutura semelhante (representando 98% das suas exportações, e com cinco entre 22 produtos representando 70% das exportações). Neste cabaz destacam-se o minério de ferro, cobre e ouro (52%) e os produtos do mar (29%).

Pelo contrário, no Egito, em Marrocos e na Tunísia, o cabaz de exportações é mais diversificado, com 242, 170 e 214 produtos, respetivamente, que representam cerca de 90% das vendas ao estrangeiro. No entanto, o cabaz do Egito é menos concentrado do que o da Tunísia e de Marrocos. De facto, 15 produtos totalizam metade das exportações, face a 11 na Tunísia e 9 em Marrocos (Tabela 5.6).

Tabela 5.6. **Principais produtos dos cabazes de exportações dos países do Norte de África**

País	Peso dos principais produtos nas exportações totais em 2015
Argélia	Óleos de petróleo e óleos obtidos de minerais betuminosos (55%), petróleo e outros hidrocarbonetos gasosos (40%), amoníaco, anidro ou em solução aquosa (1.6%) fertilizantes minerais ou químicos azotados (1.3%).
Egito	Óleos de petróleo e óleos obtidos de minerais betuminosos (27%), fios, cabos, incluindo cabos coaxiais (4%), citrinos frescos ou secos (2%), vestuário (2%), ouro, com cobertura ou platinado (2%).
Líbia	Óleos de petróleo e óleos obtidos de minerais betuminosos (64%), petróleo e outros hidrocarbonetos gasosos (22%), ouro, com cobertura ou platinado (7%).
Marrocos	Fios, cabos, incluindo os cabos coaxiais (12%), veículos automóveis (9%); pentóxido de desfosforo, ácido fosfórico, ácidos polifosfóricos (6%), vestuário (5%); fertilizantes minerais ou químicos (5%), fosfatos de cálcio naturais, fosfatos aluminocálcicos naturais e crés fosfatados (3%), tomates, frescos ou refrigerados (3%), moluscos (3%).
Mauritânia	Minérios de ferro e concentrados (30%), moluscos (17%), peixe congelado (17%), minérios de cobre e seus concentrados (12%), ouro, com cobertura ou platinado (10%); óleos de petróleo e óleos obtidos de minerais betuminosos (4%).
Tunísia	Fios, cabos, incluindo os cabos coaxiais (13%), vestuário (10%), azeite e derivados (6%), óleos de petróleo e óleos obtidos de minerais betuminosos (4%), aparelhos elétricos para comutação (4%), peças e acessórios de veículos automóveis (3%), monitores e projetores, que não integrem o aparelho recetor de televisão (3%).

Fonte: Cálculos dos autores de acordo com a DESA/UNSD (2019), *United Nations Comtrade* (base de dados).

As vantagens comparativas reveladas indicam uma similitude das estruturas de exportação dos diferentes países, com a presença dos mesmos produtos em diferentes cabazes de exportações o que explica o baixo nível de trocas comerciais entre países. Os óleos de petróleo e óleos obtidos de minerais betuminosos, predominantes nas exportações da Argélia e da Líbia, encontram-se em todos os cabazes, assim como os fios e cabos elétricos e o vestuário no Egito, Tunísia e Marrocos.

De acordo com as vantagens comparativas reveladas, os cabazes de exportações são maioritariamente compostos por matérias-primas, produtos semiacabados ou acabados de baixo valor acrescentado. A indústria automóvel está presente em Marrocos, devido às linhas de montagem instaladas, mas poderia acrescentar-se mais valor a esta atividade através do desenvolvimento de uma indústria de peças sobressalentes. A identificação das vantagens comparativas latentes de cada país identifica produtos ausentes dos respetivos cabazes de exportações que os países poderiam passar a produzir facilmente, uma vez que estes bens se situam na proximidade dos seus nichos de vantagens comparativas. À semelhança das vantagens comparativas reveladas, as vantagens comparativas latentes também variam de país para país (Tabela 5.7).

Tabela 5.7. Principais produtos com vantagem comparativa latente no Norte de África

País	Produtos
Argélia (16 produtos)	Álcool acíclico e seus derivados, couros e peles curtidas ou em crosta, cebolas, chalotas, alho, alumínio em bruto, cortiça natural, vestuário, etc.
Egito (155 produtos)	Pneus de borracha, medicamentos, produtos de pastelaria, frutos (damascos, cerejas, pêssegos, nectarinas, ameixas), embalagens de plástico, dispositivos de fecho (tampas, coberturas, cápsulas e outros), etc.
Líbia (16 produtos)	Lingotes de ferro ou aço para refusão, alumínio em bruto, hidrocarbonetos acíclicos, couros e peles em bruto de bovinos, desperdícios, limalhas e aparas de materiais plásticos, etc.
Marrocos (101 produtos)	Acessórios para veículos a motor, maçãs, peras e marmelos frescos, artigos de ferro ou aço, artigos de plástico, filetes de peixe, etc.
Mauritânia (20 produtos)	Peixe preparado ou conservado, sementes e frutos oleaginosos, resíduos, limalhas e aparas de matérias plásticas, couros e peles em bruto de bovinos (incluindo búfalos), pedras preciosas (exceto diamantes), produtos hortícolas aliáceos, tomates, etc.
Tunísia (142 produtos)	Torneiras, válvulas e dispositivos semelhantes para canalizações, circuitos integrados eletrónicos, estruturas e partes de estruturas, gases de petróleo e outros hidrocarbonetos gasosos, artigos de embalagem, alumínio em bruto, etc.

Fonte: Cálculos dos autores de acordo com a DESA/UNSD (2019), *United Nations Comtrade* (base de dados).

A análise das vantagens comparativas latentes permite duas conclusões. Por um lado, o cabaz de exportações latente é mais diversificado nos países com um grande número de produtos em que têm vantagens comparativas reveladas – Egito, Marrocos e Tunísia. As possibilidades de diversificação das exportações são mais limitadas na Argélia, na Líbia e na Mauritânia. Por outro lado, o cabaz de exportações latente dos países do Norte de África inclui poucos produtos de elevado valor acrescentado, à exceção das peças e acessórios para automóveis (Marrocos) tecnológico e um melhor ambiente de negócios.

A natureza das vantagens comparativas reveladas e latentes está ligada à estrutura de propriedade das empresas. O capital privado, nacional ou estrangeiro, tende a favorecer mais a transformação produtiva do que as empresas públicas. O Egito, Marrocos e a Tunísia destacam-se pelos elevados níveis de investimento privado nacional nas empresas nacionais, representando 93.4%, 89.8% e 92%, respetivamente, em 2013. As empresas com, pelo menos, 10% de acionistas estrangeiros representam 7.2% do total no Egito, 12% em Marrocos e 11.7% na Tunísia no mesmo ano. Contudo, a instabilidade provocada pela Primavera Árabe reduziu a participação dos acionistas privados nas empresas nacionais no Egito de 7.2% em 2013 para 4.9% em 2016 (Banco Mundial, 2019b).

Os cabazes de exportações contribuem pouco para o PIB no Norte de África

As próximas duas secções analisam a transformação produtiva no Norte de África à luz do grau de sofisticação das exportações. A este nível, são possíveis duas abordagens.

A primeira, proposta por Hausmann, Hwang e Rodrik (2007) baseia-se na contribuição dos produtos exportados para a produtividade agregada, conforme medida pelo PIB *per capita*. Resulta no cálculo do índice PRODY que mede a contribuição de um produto exportado para o PIB *per capita*, indicando a tecnicidade implícita dos produtos.

A segunda, desenvolvida por Hausmann et al. (2011), baseia-se na análise da complexidade dos produtos, ou seja, da sofisticação da combinação dos fatores de produção (capital físico, capital humano, trabalho, nível de conhecimentos). Os produtos complexos tenderão a ser produzidos num número limitado de países, ao passo que os produtos pouco complexos podem ser fabricados num grande número de países. A complexidade de uma economia traduz a sua capacidade de produzir um grande conjunto de produtos com diferentes níveis de sofisticação.

Os resultados do índice PRODY mostram que os cabazes de exportações do Norte de África contribuem pouco para o PIB. Esta contribuição é mais baixa nos países exportadores de petróleo, enquanto os países com mercados mais diversificados apresentam melhores resultados. O Egito, Marrocos e a Tunísia, que dispõem de cabazes de exportações relativamente maiores, registam uma distribuição semelhante na contribuição dos produtos para o PIB *per capita*. Os cabazes de exportações da Argélia e da Mauritânia são pouco diversificados, contribuem pouco para o PIB *per capita*, em especial no caso da Argélia. Globalmente, uma vez que o PRODY é relativamente limitado nos países do Norte de África, a transformação produtiva deveria beneficiar de uma diversificação da produção, que privilegiasse produtos com uma contribuição mais significativa para o PIB *per capita*. Estes produtos são mais complexos e, por isso, requerem um maior conhecimento tecnológico. Nesta perspetiva, os países não produtores de petróleo estão em melhor posição para empreender uma transformação produtiva e colher os seus benefícios.

Os produtos e as economias do Norte de África são pouco complexos

Os produtos de exportação do Norte de África, e as suas economias em geral, são pouco complexos. Acresce que os produtos de Marrocos, Egito e Tunísia são, em geral, mais complexos do que os produtos da Argélia e da Mauritânia. A transformação produtiva poderá contribuir para uma melhoria mais rápida da qualidade em países como o Egito, o Marrocos e a Tunísia uma vez que estes países já produzem produtos relativamente complexos e de elevado valor acrescentado. O capital humano e as infraestruturas existentes nestes países facilitarão a adoção de inovações tecnológicas, que deverão concorrer para a melhoria da qualidade dos produtos e o aumento da integração nas cadeias de valor globais. A complexidade da economia é o resultado da combinação do conhecimento com um conjunto de outros fatores que permitem produzir produtos mais complexos.

O nível de complexidade da economia está ligado ao nível de conhecimento de que dispõem os diferentes atores. O conhecimento e as competências aumentam através da interação entre indivíduos em redes cada vez mais complexas, que resultam na produção de produtos mais sofisticados. A complexidade de uma economia está intimamente ligada à complexidade dos produtos que produz e reflete-se na composição por produtos de um país e nas respetivas estruturas de conhecimento.

Tabela 5.8. Índice de complexidade (ECI) das economias do Norte de África, 2000-16

	2000-04	2005-09	2010-14	2015-16	2000-16
Argélia	-0.9	-0.9	-1.6	-1.2	-1.1
Egito	-0.4	-0.2	-0.3	-0.2	-0.3
Mauritânia	-1.0	-1.7	-1.7	-	-1.5
Marrocos	-0.7	-0.5	-0.6	-0.8	-0.6
Tunísia	-0.3	-0.1	0.2	0.1	0.0
Média	-0.6	-0.7	-0.8	-0.5	-0.7

Fonte: The Observatory of Economic Complexity (2018).

De um modo geral, as economias do Norte de África caracterizam-se por um baixo grau de complexidade. As economias mais complexas são a Tunísia e o Egito e as economias menos complexas, a Mauritânia e a Argélia. Estes resultados corroboram a análise da complexidade dos produtos. Entre 2000 e 2016, a complexidade das economias da Mauritânia e a Argélia diminuiu, enquanto a complexidade das economias do Egito e da Tunísia aumentou. O nível de complexidade das economias explica, em parte, o seu real potencial de transformação produtiva. Nesta perspetiva, a Tunísia, o Egito e Marrocos parecem estar bem posicionados.

Entraves à transformação produtiva no Norte de África

Apesar das tentativas de industrialização e dos recursos da região, a transformação produtiva no Norte de África mantém-se limitada, devido a uma elevada concentração das economias, nomeadamente nos países produtores de petróleo. Diversos obstáculos impedem a integração nas cadeias de valor globais: i) o atraso nos domínios da inovação e da tecnologia; ii) a fraca integração regional e a insuficiência de infraestruturas logísticas; e iii) um ambiente de negócios pouco atraente e dificuldades de financiamento.

A inovação e a tecnologia continuam atrasadas

Os países do Norte de África registam um atraso significativo no domínio do capital humano, da inovação e da tecnologia, em comparação com os países da OCDE (Tabela 5.9).

Apesar dos progressos realizados no domínio da educação e da formação, o índice médio do capital humano na maior parte destes países (à exceção da Tunísia) não ultrapassa o nível médio da OCDE. O défice em investigadores e a insuficiência das despesas com I&D estão na origem desta situação. No Norte de África, o número de investigadores por milhão de habitantes é um terço do dos países da OCDE (Tabela 5.9). A região gasta apenas 0.7% do PIB em I&D, por comparação com 2.4% nos países OCDE. Os índices de competências tecnológicas e de inovação em geral, de 19.5 e 28.8, respetivamente, são cerca de metade dos valores da OCDE (40.9 e 50.7, respetivamente). A falta de competitividade é evidente, embora existam diferenças importantes em matéria de aquisição de conhecimento e de TIC. A Argélia é menos competitiva que o Egito, Marrocos ou a Tunísia. Marrocos tem feito progressos no domínio das TIC e a Tunísia na aquisição de conhecimento e competências.

Tabela 5.9. Indicadores de tecnologia e inovação em algumas economias do Norte de África

	Argélia	Egito	Marrocos	Tunísia	Média	OCDE
Número de investigadores por milhão de habitantes **		569.98	866.61	1 636.52	1 024.37	3 545.74
Despesas com I&D em % do PIB **		0.58	0.71	0.67	0.66	2.43
Capital humano e I&D	25.91	22.95	25.13	43.23	29.31	49.75
Resultados em conhecimento e tecnologia	13.42	21.13	19.88	23.39	19.46	40.88
Tecnologias de informação e de comunicação (TIC)	25.9	43.82	63.59	58.36	47.92	77.33
Índice de inovação global (GII)	23.9	27.2	31.1	32.9	28.78	50.69
Índice de competitividade e desempenho industrial (CIP)*	0.01 (94º)	0.03 (73º)	0.04 (63º)	0.04 (61º)	0.03	

Notas: * Valor do CIP em 2016 e classificação entre parênteses. Os CIP dos primeiros cinco países são: Alemanha (0.52), Japão (0.40), China (0.38), EUA (0.37) e Coreia do Sul (0.37). A França (0.27) ocupa o 11.º lugar num total de 144 países.
** Média entre 2010 e 2015.
Fonte: Cálculos dos autores com base no Banco Mundial (2019a), *World Development Indicators* (base de dados) e *Global Innovation Index* (2018) (base de dados).

A integração regional das redes de infraestruturas no Norte de África pode ser reforçada

O baixo nível de integração comercial atrasou a transformação produtiva e prejudicou a criação de cadeias de valor regionais. O volume do comércio intrarregional representou apenas 4.7% do comércio total entre 2010 e 2017, um valor inferior ao de outros blocos como o Mercado Comum da África Oriental e Austral (COMESA, 9.4%), a União Económica e Monetária da África Ocidental (UEMOA, 13.7%) e a Comunidade de Desenvolvimento da África Austral (SADC, 19.2%) em África, ou ainda a Associação das Nações do Sudeste Asiático (ASEAN, 24.4%).

A debilidade da integração regional resulta de estratégias que favorecem uma integração Norte-Sul, mais do que uma integração Sul-Sul. Para além da concorrência na atração de IDE, não existe um desejo genuíno de dispor de uma plataforma de exportação regional, nem de plataformas para a produção conjunta ou mesmo de cadeias de valor regionais.

O comércio intrarregional enfrenta também outros entraves comerciais e não comerciais. As barreiras comerciais são muito elevadas, sobretudo as barreiras não tarifárias (normas técnicas, regras sanitárias e fitossanitárias, procedimentos para a concessão de licenças de importação, inspeções aduaneiras, regras de origem, etc.). O comércio é ainda limitado por um quadro regulamentar desfavorável, um ambiente de negócios pouco atrativo, infraestruturas pouco desenvolvidas e um fraco desempenho logístico.

Figura 5.5. **Comércio intra e extrarregional no Norte de África, média 2010-17**

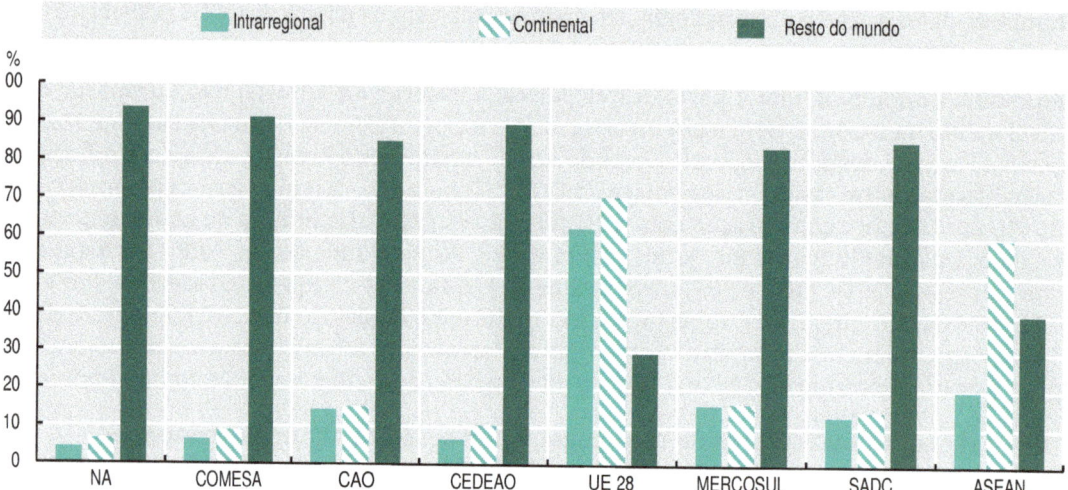

Notas: Norte de África (NA), Associação das Nações do Sudeste Asiático (ASEAN), Mercado Comum da África Oriental e Austral (COMESA), Comunidade da África Oriental (CAO), Comunidade Económica dos Estados da África Ocidental (CEDEAO), União Europeia 28 (UE 28), Mercado Comum do Sul (Mercosul), Comunidade de Desenvolvimento da África Austral (SADC).
Fonte: DESA/UNSD (2019), *United Nations Comtrade* (base de dados).
StatLink 🔗 https://doi.org/10.1787/888933967568

De acordo com os inquéritos realizados na região, o **Índice de Desempenho Logístico é inferior à média dos países desenvolvidos e em desenvolvimento (Tabela 5.10).** Os países do Norte de África têm procedimentos de desalfandegamento pouco eficientes e falta de infraestruturas de qualidade. Os custos de transporte são elevados, apesar das extensas linhas de costa. Os custos do transbordo, as dificuldades encontradas no trânsito e a ausência de harmonização da regulamentação são também muito pesados.

Mais especificamente, a Líbia apresenta um défice em matéria de desalfandegamento, operações de acompanhamento e rastreabilidade. As suas infraestruturas têm vindo a degradar-se desde a queda do regime de Kadhafi. Por seu lado, a Mauritânia é penalizada por infraestruturas comerciais e de transportes deficientes, assim como pela falta de serviços de logística. Os restantes países confrontam-se com portos congestionados, um acesso limitado a serviços portuários e ferroviários e procedimentos aduaneiros pouco normalizados (à exceção, em certa medida, do Egito e de Marrocos).

Tabela 5.10. Índice de desempenho logístico no Norte de África, 2018

	Argélia	Líbia	Egito	Marrocos	Mauritânia	Tunísia	ANO	EAC
Eficiência do processo aduaneiro	2.28	2.00	2.67	2.36	2.16	2.27	2.29	3.04
Qualidade das infraestruturas comerciais e de transporte	2.45	2.17	2.91	2.58	2.09	2.27	2.41	3.13
Facilidade de organizar os envios internacionais a preços competitivos	2.54	2.18	2.94	2.80	2.15	2.53	2.52	3.14
Competência e qualidade dos serviços logísticos	2.53	2.21	2.95	2.59	2.06	2.45	2.46	3.21
Acompanhamento e rastreabilidade	2.65	1.90	2.91	2.57	2.18	2.78	2.49	3.27
Frequência de entrega nos prazos previstos	2.89	2.78	3.30	3.09	2.54	3.20	2.96	3.24
Classificação geral	**2.56**	**2.21**	**2.95**	**2.67**	**2.20**	**2.59**	**2.53**	**3.65**

Notas: Europa e Ásia Central (EAC) e Norte de África (NA).
Fonte: Cálculos dos autores com base no Banco Mundial (2018a), *Logistics Performance Index* (base de dados).

O ambiente de negócios e o acesso a financiamento precisam de ser melhorados

A transformação produtiva nos países do Norte de África tem sido lenta devido à debilidade das instituições. De facto, a classificação destes países no relatório *Doing Business* de 2018[2] revela desempenhos fracos em termos do ambiente de negócios nestes países (Figura 5.6). Embora a Tunísia e Marrocos estejam a realizar progressos nesta área, ainda são necessários esforços consideráveis na Líbia, na Argélia e, em especial, na Mauritânia, no domínio do empreendedorismo e da regulamentação de insolvências. Em todos os países, as empresas confrontam-se com problemas relacionados com a transferência de propriedade, corrupção e falta de pagamentos, que afetam a sua competitividade.

Figura 5.6. Índice de ambiente de negócios no Norte de África, 2017

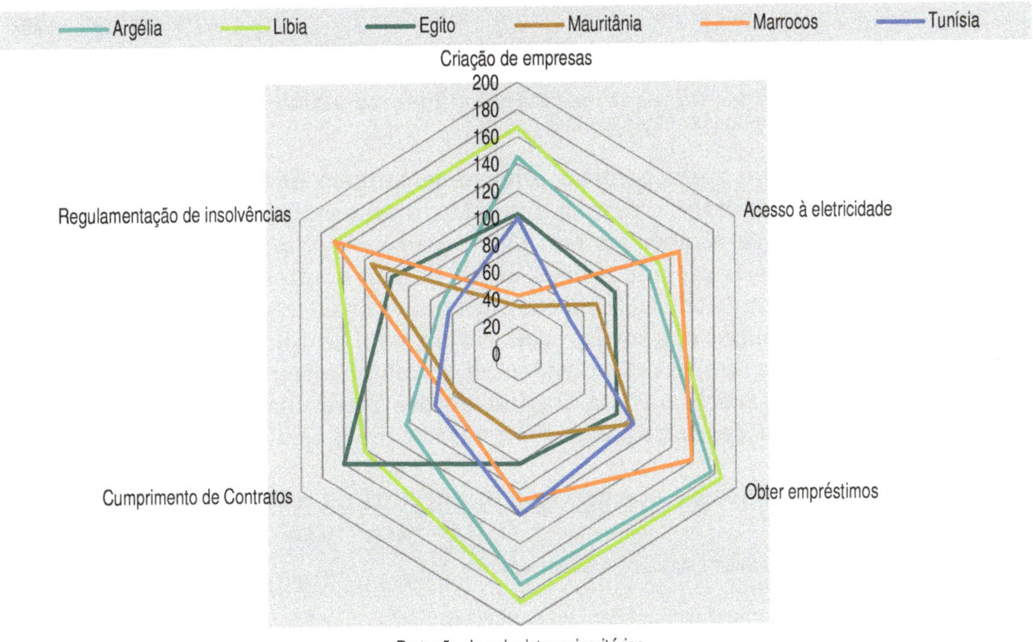

Fonte: Cálculos dos autores com base no Banco Mundial (2017), *Doing Business 2018: Reforming to Create Jobs.*
StatLink ᔎᔑᔐ https://doi.org/10.1787/888933967587

A Primavera Árabe teve um impacto negativo no ambiente de negócios. As convulsões que se seguiram à Primavera Árabe agravaram os problemas associados ao contexto institucional expandindo o setor informal aumentando os riscos de instabilidade política. A economia informal no setor não agrícola aumentou de 47.3% em 2000-04 para 53% em 2005-09, diminuindo ligeiramente para 50.2% em 2010-14 (OIT, 2015). O grau de informalidade varia de país para país, em especial no período 2010-14: Argélia (40.7%), Egito (49.6%), Marrocos (70.1%) e Tunísia (40.2%). A economia informal prejudicou a transformação produtiva na medida em que tende a gerara perda de receitas fiscais e a dificultar as as previsões económicas.

Acresce que a instabilidade política e a corrupção constituem problemas importantes, que estão normalmente associados, e que têm vindo a aumentar na região (Figura 5.7A) que se confronta ainda com problemas de segurança. Estes problemas são mais evidentes na Argélia, no Egito e na Líbia do que em Marrocos ou na Tunísia (Figura 5.7B). A instabilidade política aumentou em especial entre 2010 e 2017 no Egito, na Líbia e na Tunísia. Simultaneamente, o nível de corrupção aumentou na Argélia, na Líbia e na Mauritânia. Estes desenvolvimentos impediram o investimento interno e externo na região, indispensável à transformação produtiva.

Figura 5.7. Estabilidade política e controlo da corrupção no Norte de África

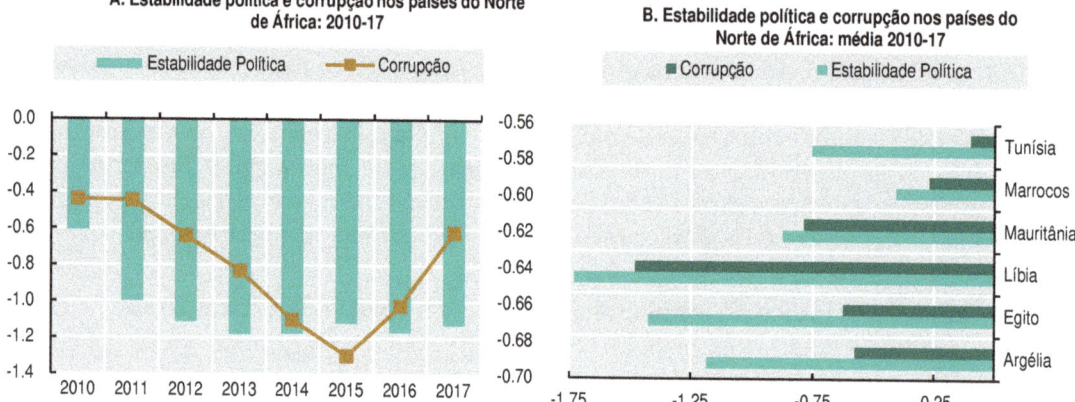

Fonte: Cálculos dos autores com base em dados do Banco Mundial (2019a), *World Development Indicators* (base de dados).
StatLink ᐃᔿᔈᐧ https://doi.org/10.1787/888933967606

O financiamento e o apoio ao setor privado constituem dois grandes desafios. Os sistemas financeiros são frágeis, tanto a nível estrutural como institucional, apesar dos progressos significativos alcançados em alguns países. O acesso dos agricultores ao financiamento continua a ser muito mais difícil do que noutros setores, devido a um conjunto de fatores: a atividade agrícola continua a ser considerada como sendo de risco elevado há poucas garantias e as zonas rurais são em geral de difícil acesso. As indústrias extrativas e os serviços também não dispõem de meios financeiros para desenvolverem economias de escala (Tabela 5.11). A fragilidade dos mercados de capitais impede o estabelecimento de ligações entre países e empresas a todos os níveis.

Tabela 5.11. **Acesso aos serviços financeiros no Norte de África**

	Argélia	Egito	Marrocos	Mauritânia	Tunísia
Percentagem de empresas que consideram o custo/acesso ao financiamento como um obstáculo importante	50.1	23.4	27.7	52.4	23.9
Empréstimos concedidos pelas instituições financeiras ao setor privado (% do PIB)	22.1	28.1	63.12	20.8	73.4
Créditos mal parados (% do total dos créditos)	11.4	7.2	6.9	27.6	14.5
Capitalização bolsista (% do PIB)	-	13.8	57.1	-	20.3

Fonte: Banco Mundial (2018b), *Global Financial Development Report 2017/18, Bankers without Borders.*

Graças à Bolsa de Casablanca, uma das mais importantes de África, Marrocos tem a maior capitalização bolsista do continente, equivalente a 57.1% do PIB. A capitalização bolsista é baixa no Egito e na Tunísia e é quase inexistente na Argélia e na Mauritânia, o que limita o acesso das empresas a financiamento. Por esta razão, os níveis de crédito concedido no Norte de África são muito baixos, em especial na Argélia, na Mauritânia e no Egito. Para além das dificuldades de acesso ao financiamento, a Mauritânia e a Tunísia apresentam ainda níveis elevados de crédito malparado, o que aumenta a assimetria de informação entre os bancos e os agentes económicos, restringindo ainda mais o acesso ao financiamento necessário para a transformação produtiva. O elevado nível do crédito malparado pode explicar o racionamento do crédito às PME por parte dos bancos.

Políticas públicas de apoio e de reforço das capacidades produtivas no Norte de África

Investir no capital humano e na inovação

As políticas públicas com vista ao reforço do capital humano podem traduzir-se num maior apoio à I&D. Atualmente, há um défice de investigadores e de financiamento dedicado à investigação nestes países. É neste quadro que Marrocos, por exemplo, criou parques tecnológicos (cités de l'innovation) em Marraquexe, Fez, Rabat e Casablanca, em parceria com as universidades. O objetivo é apoiar projetos de I&D, jovens empreendedores, empresas e clusters industriais. Marrocos reforçou igualmente as capacidades dos seus Centros Técnicos e Industriais (CTI)[3] que acompanham as empresas no seu desenvolvimento tecnológico. Foram também estabelecidos centros de desenvolvimento dedicados às tecnologias avançadas (OCDE, 2018).

Um maior apoio à inovação no seio das empresas poderá contribuir para melhorar a competitividade. O apoio à inovação poderá fazer-se através da implementação de mecanismos de financiamento e da transferência de conhecimentos tecnológicos. Estas medidas em matéria de I&D poderão ser acompanhadas por uma orientação profissional sólida, o desenvolvimento de sistemas de informação no mercado de trabalho que permitam antecipar as competências que serão necessárias, bem como por um reforço das parcerias entre as associações empresariais e o Estado. Este foi o caso do setor automóvel em Marrocos, onde as associações empresariais criaram comissões de trabalhadores a fim de propor medidas específicas ao governo (criação de laboratórios de ensaio, bolsas de investigação e incentivos financeiros a empreendedores). Esta iniciativa resultou na melhoria do nível de formação e de competências dos trabalhadores.

A política de inovação continua a ser pouco eficaz. Os seus resultados são insuficientes como o mostram, por exemplo, os pedidos de registo de patentes pelas PME. O programa de codificação "Tunicode" criado pela empresa GS1 Tunísia, que fornece códigos de barras para os produtos de empresas locais de acordo com uma norma internacional (GS1) em vigor nesta cadeia de abastecimento mundial, é, apesar de tudo, um bom exemplo de uma política de inovação, A eficácia das políticas públicas requer uma maior proximidade entre o setor privado e as instituições de formação profissional e/ou os institutos de ciência e tecnologia. São ainda necessários programas de assistência para projetos de certificação e de concessão de patentes, bem como formações que facilitem a reconversão profissional dos jovens desempregados de longa duração.

As políticas públicas devem ser definidas de acordo com as vantagens comparativas de cada país. Marrocos, no quadro do seu plano de emergência industrial do final dos anos 2000, identificou o setor automóvel como um setor estratégico e potencialmente competitivo. O governo investiu na formação de técnicos e gestores especializados, com subsídios entre os EUR 450 e os EUR 2 700 por pessoa/ano. O governo apoiou igualmente a criação de Institutos de Formação Profissional para a Indústria Automóvel (IFMIA) em Casablanca, Kenitra e Tânger para desenvolver *clusters* do setor automóvel, o que atraiu USD 1.5 mil milhões de investimentos do grupo automóvel francês Renault (Maturana et al., 2015).

Inovação na agricultura

As políticas de reforço do capital humano nos países agrícolas, em especial, na Mauritânia, devem visar especialistas como agrónomos, técnicos e biólogos. A criação de laboratórios de ensaio e a melhoria das competências técnicas e de gestão poderão também contribuir para a melhoria da qualidade dos produtos e para uma melhoria do posicionamento nas cadeias de valor. São ainda necessários programas de formação em matéria de normas sanitárias e fitossanitárias.

A implementação de programas nacionais de inovação pode facilitar a transformação produtiva na agricultura. Estes programas deverão abranger todas as etapas do processo de produção e comercialização desde a produção de sementes até às técnicas de irrigação, transformação, marketing e distribuição. Deverão incluir igualmente técnicas de conservação das colheitas e de transformação agroalimentar, bem como programas de certificação para setores de elevado valor acrescentado (biológico, halal, etc.). O objetivo deverá ser a promoção de marcas regionais e a melhoria da competitividade à escala continental e mundial.

A agricultura do Norte de África poderá aproveitar as tecnologias digitais para reforçar a sua produtividade e competitividade. Os governos poderão implementar políticas públicas que incentivem a criação de polos tecnológicos em ciências agrícolas e o aparecimento e desenvolvimento de *start-ups*. Poderão ainda estimular a adoção de novas técnicas de bombagem e irrigação baseadas em energia solar e eólica. O *cluster* de Bizerte[2] na Tunísia, por exemplo, é um polo tecnológico para agronegócios, uma rede de parceiros "Agro'tech" e tem 150 hectares de espaço industrial. Para além destas medidas, a fim de tornar a agricultura mais competitiva, os governos poderão também apoiar a utilização das TIC na tomada de decisões, na gestão dos sistemas de irrigação, no controlo da utilização de fertilizantes e na prevenção de doenças.

Inovação nas economias extrativas

Nas economias extrativas (nomeadamente na Argélia e na Líbia) são necessárias políticas de apoio à I&D que reforcem as capacidades de inovação. A melhoria das competências no domínio da engenharia e da gestão de projetos, assim como a cooperação com grandes empresas estrangeiras podem facilitar a integração nas cadeias de valor da indústria extrativa. Um aumento dos programas de intercâmbio entre as multinacionais e os seus parceiros locais poderá permitir reduzir o fosso tecnológico existente.

Inovação na indústria transformadora

Nas economias com vantagens comparativas na indústria transformadora, como o Marrocos e a Tunísia, o fornecimento de produtos de boa qualidade requer a redução do fosso de conhecimento face aos concorrentes. A redução deste fosso envolve o desenvolvimento de competências e de novas práticas de gestão e de engenharia, assim como o financiamento de mais escolas de gestão de boa qualidade, atualmente pouco numerosas. É especialmente importante assegurar políticas de educação e formação específicas para o setor dos têxteis e do vestuário devido permanente mudança que se observa neste sector. Os governos devem reforçar as capacidades de inovação através da formação em *design, marketing, branding*, etc.

As indústrias automóvel e aeronáutica, têm um enorme potencial, mas exigem novas competências em *marketing*, formação tecnológica e comunicação. A melhoria da produtividade e da competitividade nestas indústrias exige a aquisição de competências adequadas à nova era tecnológica (inteligência artificial, digitalização, *Big Data*). Neste contexto, as políticas de educação destinadas a melhorar a qualificação da mão-de-obra podem revelar-se muito úteis para uma indústria em permanente mudança.

Inovação no setor dos serviços

As políticas públicas podem facilitar a transformação produtiva nos países que tenham feito progressos no setor dos serviços, como a Tunísia, Marrocos ou o Egito, uma vez que os serviços desempenham um papel "invisível" importante na indústria transformadora (*marketing*, cadeia de abastecimento, I&D, *design* e formação). É, pois, essencial investir e desenvolver capacidades nos domínios da ciência, das novas tecnologias, da engenharia e da inovação. O Parque Científico de Sfax na Tunísia e o Parque Tecnológico de Casablanca em Marrocos constituem exemplos interessantes de sinergias entre o mundo da inovação e o mundo das empresas inteligentes (Caixa 5.2). Em particular, estes países devem assegurar o desenvolvimento de competências no domínio da comunicação, das tecnologias de informação e das línguas. A transição de uma mão-de-obra qualificada e barata para uma mão-de-obra altamente qualificada pode melhorar a qualidade dos serviços e atrair novos investimentos. O reforço da regulamentação no domínio da proteção de dados pessoais e da propriedade intelectual poderá aumentar a atratividade destes países, que poderão também aumentar o número de *call centers* e de plataformas de alta tecnologia e fornecer formação em regime de *outsourcing*.

Caixa 5.2. Parque Tecnológico de Sfax e Parque Tecnológico de Casablanca

Os parques tecnológicos estão a estimular um novo tecido de empresas criativas e inovadoras, a criar emprego qualificado e a aumentar a competitividade. O Parque Tecnológico de Sfax foi lançado em 2004 com o objetivo de incentivar as TIC e os multimédia. Dispõe de um espaço de 10 500 m² para empresas e atividades de I&D, tecnologias de informação (TI) e um Centro de Processamento de Dados Digitais e Multimédia. O parque tecnológico criou espaços de produção, um ambiente propício à investigação e instalações de formação de ponta e tem funcionado como uma incubadora para um banco de trabalhadores experientes e qualificados, para além de ter desenvolvido uma rede de empresas que cooperam nas respetivas áreas de especialização.

O Parque Tecnológico de Casablanca pretende valorizar asTIC (Web 2.0, tecnologia móvel, comércio eletrónico), mas também promover as tecnologias verdes. Esta experiência de incubadora de empresas foi replicada em Rabat, Tânger e Fez. Desde a sua criação em 2005, o parque apoiou cerca de 800 empresas inovadoras Atualmente reúne 280 start-ups e PME marroquinas, com cerca de 2000 trabalhadores, a maioria dos quais com menos de 30 anos, e tem um volume de negócios anula de mais de 60 novas start-ups. O parque reforçou as vantagens competitivas de Marrocos através da criação de sinergias, da partilha de infraestruturas de investigação, mas também da aquisição de competências e conhecimento através de parcerias diferentes universidades e das indústrias da região.

As cadeias de valor podem explorar as complementaridades existentes entre países

A existência de cadeias de valor regionais poderá melhorar a integração destes países nas cadeias de valor globais. O potencial de complementaridade é evidente e os recursos necessários para a integração em determinadas cadeias, a montante ou a jusante, estão disponíveis. Poder-se-ão desenvolver cadeias de valor regionais se forem realizados investimentos regionais, construídas infraestruturas e redes de transportes e implementadas políticas comerciais específicas. As características produtivas dos países da região e as suas vantagens comparativas são de molde a facilitar a criação de cadeias de valor regionais e consequentemente a sua integração em cadeias de valor globais.

A cadeia de valor dos têxteis e vestuário

O Egito, Marrocos e a Tunísia conseguiram integrar a cadeia de valor dos têxteis e vestuário e beneficiar da proximidade geográfica à Europa e do acordo de comércio livre com os EUA (no caso do Egito e de Marrocos). A criação de redes de produção integradas dirigidas a nichos específicos (*design, branding, marketing*) pode contribuir para um aumento da qualidade, especialmente porque estes países dispõem do *know-how* e da matéria-prima (lã, algodão, etc.) necessários.

A cadeia de valor automóvel

Os países do Norte de África podem igualmente explorar a sua posição geográfica e os progressos realizados na indústria automóvel para promover esta cadeia de valor. A cooperação entre a Argélia, a Tunísia e Marrocos no domínio da montagem de automóveis, por exemplo, poderia proporcionar oportunidades importantes a cada um desses países. A integração nesta cadeia de valor regional é possível, sobretudo porque estes países possuem as matérias-primas necessárias, como o gás, o petróleo, o aço e as energias renováveis, bem como zonas económicas especiais (a *Tangier Automotive City* em Marrocos, e as zonas francas de Bzerta e de Zarzis na Tunísia). Marrocos e a Tunísia poderão beneficiar da sua proximidade à Argélia para desenvolver atividades de venda de componentes automóveis, enquanto as empresas argelinas poderão estabelecer *joint-ventures* com as suas homólogas tunisinas e marroquinas para desenvolver atividades de montagem (ECA, 2016).

A cadeia de valor aeronáutica

É possível desenvolver cadeias de valor regionais no setor aeronáutico, e tanto Marrocos como a Tunísia fizeram progressos nesta área. A proximidade geográfica aos líderes deste setor e a existência de plataformas de industriais de montagem no terreno (*Midpark* e *Nouacer* em Marrocos e o *Aéopole M'Ghira* na Tunísia) permitem dar saltos qualitativos. Para tal, é fundamental desenvolver competências de *design*, modelização e produção de protótipos, bem como a infraestrutura logística adequada necessária para atrair IDE em atividades de elevado valor acrescentado (mecatrónica, desenvolvimento de *software*, modelização de peças 3D).

A cadeia de valor da energia

A existência de recursos naturais (petróleo, gás e extração de minerais) no Norte de África possibilita o desenvolvimento de cadeias de valor regionais com base na energia.

Poderão desenvolver-se indústrias de transformação por toda a região, tais como as indústrias de fibras sintéticas para os têxteis e vestuário, e indústrias de plásticos para o fabrico de componentes aeronáuticos.

Por outro lado, podem desenvolver-se cadeias de valor regionais em energias renováveis, sobretudo porque já existem unidades de produção especializadas e estão disponíveis competências técnicas e operacionais. Existem duas alavancas principais que podem apoiar o desenvolvimento destas cadeias de valor regionais: projetos de cooperação com a Europa para produzir energia solar e regulamentação para incentivar o investimento dos intervenientes locais (Caixa 5.3).

Caixa 5.3. **Potencialidades no domínio das energias renováveis no Norte de África**

A região possui enormes potencialidades no domínio da energia solar devido a um dos mais favoráveis níveis de radiação de solar do planeta: até 3 900 horas de sol por ano, com valores médios de radiação relativamente elevados (GIZ, 2013). A maioria dos países adotou estratégias de longo prazo para aumentar a percentagem das energias renováveis no seu cabaz energético: 52%, 37% e 30% em Marrocos, na Argélia e na Tunísia, respetivamente, até 2030 e 42% no Egito até 2035.

Em Marrocos, a estratégia energética nacional (2016-30) visa reduzir a dependência energética para 82% em 2030, enquanto na Tunísia foi implementado um Plano Solar (TSP) e no Egito, foi definida uma estratégia para limitar a dependência de recursos fósseis, lançada em 2014. Por último, na Argélia, o governo pretende criar uma indústria nacional de energias renováveis.

Diversos projetos de cooperação e de parceria entre os países do Norte de África e vários países europeus têm por objetivo investir e exportar energia solar para a Europa. Entre outros, destacam-se os projetos "MedGrid" e "MED-TSO" do Plano Solar do Mediterrâneo para o Norte de África, criado pela União para o Mediterrâneo, que prevê a exportação para a Europa de 22 000 MW em 2030 (ECA, 2018).

A cadeia de valor agroindustrial

A posição do setor agrícola na região torna essencial o desenvolvimento de cadeias de valor regionais na agroindústria. O potencial deste sector continua subaproveitado, ainda que as possibilidades de melhorias técnicas (produtividade) e económicas (transformação e comercialização), sejam evidentes. A existência de uma produção diversificada, a presença de *clusters* de indústrias transformadoras, a crescente procura de produtos qualidade por parte dos mercados de destino e o desenvolvimento de determinadas técnicas de distribuição (por ex: *marketing, branding* e certificação) podem tornar a região num polo competitivo. A possibilidade dos países da região celebrarem acordos para a gestão conjunta dos recursos hídricos ou para a promoção conjunta de marcas regionais[3] de produtos transformados poderá ajudar também a desenvolver cadeias de valor regionais.

A valorização das cadeias de valor regionais exige políticas setoriais integradas e coerentes, que incentivem os operadores a tirar da segmentação das cadeias de produção para satisfazer as necessidades específicas da sua economia (ECA, 2018). Estas políticas podem ajudar o setor privado a explorar os recursos de cada país, a reforçar a sua competitividade e a estimular a interligação das economias da região.

Os países podem também aproveitar os acordos comerciais existentes[4] e a presença de empresas multinacionais para melhorar as suas estratégias de marca, o comércio a retalho e o processo de desenvolvimento das cadeias de valor regionais. Os países da região poderão impulsionar o desenvolvimento de cadeias de valor regionais através da negociação de regras de acumulação de origem para os países que já assinaram uma série de acordos de comércio livre (e que, por conseguinte, têm problemas com as regras de origem). Por outro lado, os países que já receberam propostas da União Europeia para concluir acordos de comércio livre abrangentes e aprofundados Egito, Marrocos e Tunísia) deverão coordenar-se entre si. Finalmente, os países poderão promover a harmonização de determinadas regras comerciais com os seus parceiros na região. Reforçar a integração regional e continental.

Fortalecendo a integração continental e regional

A melhoria da integração regional deve ser encarada como uma vantagem e não como um obstáculo ao desenvolvimento mesmo que os países continuem a concorrer entre si. As exportações do Egito, de Marrocos e da Tunísia no setor dos têxteis e do vestuário, por exemplo, são relativamente elevadas na região, embora o seu peso no conjunto das exportações mundiais continue a ser relativamente baixo: 3.2% no caso do Egito, 1.2% em Marrocos e 0.5% na Tunísia (ECA, 2018), o que prova que as diferenças históricas podem ser superadas em benefício de interesses económicos imediatos. A transição de uma posição de concorrência para uma de parceria seria vantajosa para todos. Esta pode ser alcançada através de uma cooperação na definição de modelos bem planeados para a formação e transferência de conhecimento, do desenvolvimento de plataformas industriais regionais, da aquisição das matérias-primas necessárias para as indústrias regionais em mercados vizinhos e de negociações concertadas com investidores internacionais.

A valorização das complementaridades regionais não põe em causa a importância da integração continental. A abertura ao comércio no quadro da Zona de Comércio Livre Continental (ZCLC) será benéfica devido a, pelo menos, três razões.

- Em primeiro lugar, poderá facilitar a circulação de competências, as transferências de tecnologia e as complementaridades ao nível das infraestruturas.
- Em segundo lugar, poderá permitir reduzir a dependência dos mercados tradicionais (nomeadamente, o mercado europeu) e capitalizar os benefícios já adquiridos (qualidade, *know-how* logístico, etc.).
- Por último, poderá proporcionar reais oportunidades de crescimento, sobretudo para as empresas locais melhorarem a qualidade dos seus produtos. Além disso, a procura regional em África orienta-se cada vez mais para produtos transformados. Este setor cresceu 1.5 vezes mais rapidamente do que a média anual entre 2005 e 2015 (CUA/OCDE, 2018).

A integração continental pode promover a integração da produção, reforçar as cadeias de valor regionais e apoiar a transformação produtiva no Norte de África. A ZCLC, através da facilitação do comércio e da circulação de capitais, pode incentivar cada país a explorar as suas vantagens comparativas e a desenvolver as suas indústrias. A ZCLC poderá ainda permitir o desenvolvimento de modelos de negócios bem-sucedidos que poderão ser replicados em toda a região, criando empregos de qualidade para os jovens e as mulheres e setores industriais mais dinâmicos incluindo: agroindústria, indústria têxtil e de vestuário, couro, madeira e papel, automóveis e equipamentos de transporte, eletrónica e metais (ECA, 2018).

A abertura ao comércio com o resto do continente pode contribuir para uma melhor adaptação da oferta *à procura* e para o desenvolvimento dos sectores em que os países têm vantagens.

- Em Marrocos, a assinatura de acordos comerciais e de investimento com organizações da África Subsariana, como a Comunidade dos Estados do Sahel e do Saara (CEN-SAD) ou a a União Económica e Monetária da África Ocidental (UEMOA), permitiu que o Office Chérifien des Phosphates (OCP) produzisse e exportasse fertilizantes.
- Na Tunísia, a assinatura de acordos de dupla tributação e de proteção do investimento com vários países da África Subsariana permitiu aumentar as exportações de artigos de ferro fundido, de ferro e aço, papel, cartão e plásticos.
- Por último, a adesão do Egito ao Mercado Comum da África Oriental e Austral (COMESA) impulsionou as exportações de óleos aromáticos, equipamentos elétricos e hidrocarbonetos.

No médio e longo prazo, as políticas públicas de investimento nas TIC e em infraestruturas de transportes deverão permitir aumentar as trocas comerciais entre o Norte de África e o resto do continente. Os grandes projetos de autoestradas transafricanas, como a autoestrada Cairo-Dakar ou Argel-Lagos, estão já em curso, enquanto se planeiam novas rotas de navegação como, por exemplo, a rota de Wazzan II em Marrocos, que liga os portos de Tânger (Marrocos), Casablanca (Marrocos), Monróvia (Libéria), Abidjan (Côte d'Ivoire), Tema (Gana), Takoradi (Gana) e Cotonu (Benim), ou rota que ligará as cidades de Gabes e Sfax (Tunísia) a Dakar (Senegal), Abidjan (Côte d'Ivoire) e Tema (Gana).

O Acordo de Comércio Livre Continental deverá conduzir a uma desfragmentação dos mercados. Os países poderão harmonizar legislações, regulamentações e procedimentos de licenciamento para promover a uma maior mobilidade de bens, serviços e competências, facilitando o acesso das empresas a matérias-primas e capital humano. A adoção de políticas comuns também poderá facilitar o comércio. Os países deverão desenvolver corredores comerciais multimodais, estabelecer postos aduaneiros, harmonizar a documentação administrativa e assinar acordos de trânsito regional.

As medidas de facilitação do comércio intrarregional são indispensáveis, em especial a eliminação das barreiras à livre circulação de bens e serviços na região (sobretudo as barreiras não tarifárias), a harmonização das normas técnicas e a simplificação dos procedimentos aduaneiros e de controlo nas fronteiras. A conclusão de acordos bilaterais de reconhecimento mútuo dos certificados de conformidade de produtos de elevado valor acrescentado seria igualmente importante, assim como uma melhor comunicação e entendimento entre as partes no que diz respeito aos acordos regionais de comércio livre existentes.

Por último, é importante melhorar a integração monetária e financeira entre estes países. O desenvolvimento de um sistema de informação financeira regional permitiria que os bancos gerissem melhor os riscos associados às operações intrarregionais. Uma vez alcançada a harmonização dos quadros regulamentares, das infraestruturas e dos instrumentos financeiros, a convertibilidade de moedas deverá facilitar o comércio, eliminando os estrangulamentos resultantes da fragmentação dos mercados financeiros. Neste contexto, é necessário implementar o plano de ação proposto pelo Banco Africano de Desenvolvimento (BAfD) em 2010, uma vez que este será vantajoso para os investidores que queiram investir em setores com vantagens comparativas reveladas[5].

As infraestruturas e a logística podem estimular o setor privado

O êxito do processo de desenvolvimento das cadeias de valor regionais depende da resolução do défice em infraestruturas. A modernização das infraestruturas de base e o reforço da conectividade aos portos e aeroportos poderão tornar os países do Norte de África mais atrativos para os investidores. A delegação da gestão portuária e aeroportuária em operadores eficientes poderá reduzir os tempos de espera e melhorar a identificação e acompanhamento de navios e cargas. Nestes países, poderá ser necessário reestruturar as entidades públicas responsáveis pela gestão das infraestruturas.

Melhorar as infraestruturas nos países com forte potencial agrícola

Os países agrícolas precisam de desenvolver infraestruturas rurais que reduzam os custos com o transporte de bens e serviços e aumentem a competitividade. A criação de plataformas locais de abastecimento pode garantir o acesso a bens e serviços essenciais como pesticidas e sementes, assegurando assim aumentos de eficiência na produção. De igual modo, o reforço da infraestrutura hidráulica (barragens, diques, sistemas de abastecimento e saneamento, etc.) pode facilitar o processo de transformação produtiva. O aumento dos investimentos na reabilitação de redes e a melhoria da gestão dos recursos hídricos são igualmente importantes. O projeto Oum-Er-Rbia em Marrocos, por exemplo, fornece serviços de irrigação e melhora o acesso dos agricultores à tecnologia, ao financiamento e aos mercados agrícolas. Apoia ainda a capacitação dos devedores e das agências de crédito envolvidos na execução do projeto.

Melhorar as infraestruturas nas economias extrativas

Para algumas economias extrativas é essencial melhorar o fornecimento de eletricidade. A construção de infraestruturas viárias que liguem os principais locais de abastecimento aos portos pode aumentar a eficiência da cadeia de valor. O desenvolvimento de uma rede de transportes, terrestre e ferroviária, moderna e eficiente facilitará a circulação de mercadorias pesadas e perigosas e as ligações entre os diferentes setores da cadeia de valor. Por último, a instalação de unidades suplementares de refinação de petróleo nos países exportadores (Argélia, Líbia, Egito) e importadores (Marrocos e Tunísia), bem como de instalações de transformação (plásticos e compostos, indústrias automóvel e aeroespacial, fibras e tecidos sintéticos, produtos e fertilizantes químicos, etc.) pode impulsionar ainda mais a transformação produtiva. O Egito, por exemplo, lançou, no início de 2017, um vasto projeto de modernização e expansão das suas refinarias. Dos USD 8 mil milhões que se estima tenha custado este projeto, USD 4.3 mil milhões destinaram-se à refinaria da *Egyptian Refining Company* (ERC) em Mostodor.

Melhorar as infraestruturas das indústrias transformadoras

A criação de *clusters* empresariais, de acordo com planos estratégicos e de gestão bem definidos, e de zonas económicas especiais (ZEE) é muito útil para os países com vantagens comparativas na indústria em geral, e na indústria transformadora, em particular. A Zona Económica do Suez, estabelecida pela China, permitiu ao Egito subir na cadeia de valor da indústria petrolífera (máquinas de perfuração e componentes). Zonas semelhantes foram ciadas na Mauritânia (minas), em Marrocos e na Tunísia (indústria transformadora), na Argélia e na Líbia (petróleo) e deverão ser generalizadas no futuro.

O desenvolvimento de *clusters* de distribuição de mercadorias ou de zonas de serviços logísticos contribui para a redução de custos, para o aumento da conectividade territorial e para a melhoria da competitividade. A regulamentação deve ser mais flexível num conjunto de atividades (armazenamento, depósito, trânsito) e os países devem procurar promover mercados de transporte e serviços logísticos mais flexíveis. O porto de Alexandria no Egito regista o trânsito de uma boa parte do comércio externo (60%) anual, pelo que, confrontadas com um aumento da atividade industrial, as autoridades portuárias lançaram, em 2015, a estratégia *Great Alexandria Port 2035* destinada a alargar a zona portuária e a modernizar as infraestruturas existentes, a fim de desenvolver as ligações locais e regionais. O porto terá novos terminais, uma ZEE, novos centros logísticos industriais, e uma zona turística com uma marina.

Os governos devem também assegurar que as ZEE têm repercussões positivas no conjunto da economia. Os incentivos e as vantagens concedidos às empresas estabelecidas nestas zonas devem ser limitados no tempo, de modo a evitar a criação de economias a duas velocidades (*onshore/offshore*). Por outro lado, estas zonas devem dispor de todas as infraestruturas necessárias para uma interação bem-sucedida entre todos os atores, a fim de evitar uma desarticulação da economia. Os governos devem negociar com as empresas que se pretendam estabelecer nestas zonas contratos de desempenho que definam claramente objetivos de criação de emprego, valor acrescentado e volume de exportações. Em contrapartida, os governos poderão dar apoio às empresas ao nível dos impostos sobre o imobiliário, formação profissional, financiamento de projetos, etc. A zona de "Tânger Med", em Marrocos, constitui um exemplo interessante. O governo celebrou contratos de desempenho de duração limitada com diferentes investidores paro o desenvolvimento de um conjunto de indústrias instaladas na zona (mecânica e metalúrgica, automóvel, aeronáutica, logística).

Melhorar as infraestruturas nas economias de serviços

Nas economias de serviços, as infraestruturas de telecomunicações, e em especial os serviços de *internet* **de banda larga e as comunicações de baixo custo são essenciais.** Em alguns países, o acesso a este tipo de serviços continua a ser caro (é o caso da *internet* de banda larga em Marrocos e os serviços de telefonia móvel na Mauritânia). A abertura do mercado aos operadores estrangeiros pode permitir por fim a situações de monopólio, melhorar a qualidade do serviço, baixar os preços e assim beneficiar as empresas.

As parcerias público-privadas (PPP) podem constituir uma boa solução para os investimentos em infraestruturas, especialmente porque já existe o quadro legislativo necessário. Para o efeito, os governos devem recorrer às competências técnicas e de gestão adequadas e formar os funcionários dos diferentes ministérios e organismos públicos envolvidos. As disposições legais devem proteger o mais possível os investidores (processos de concurso transparentes e credíveis, coordenação interministerial, reduzida interferência política, etc.). Os projetos de infraestruturas devem ser bem estudados e preparados para serem suscetíveis de financiamento bancário. Os governos podem criar plataformas centralizadas para autorização e licenciamento das PPP, sendo preferível definir os critérios dos convites à apresentação de propostas com base em requisitos de desempenho e não em especificações técnicas. De igual modo, importa garantir que a atribuição dos projetos se baseia em necessidades justificadas e não em motivações políticas inapropriadas. Por último, é essencial fazer reformas para o desenvolvimento de parcerias, nomeadamente, na área dos subsídios energéticos e da gestão dos riscos cambiais (OCDE, 2014).

Os avanços tecnológicos podem ser aproveitados para otimizar a gestão das infraestruturas. Por exemplo, as novas tecnologias de comunicação, os cabos de fibra ótica e os sistemas de satélite podem ser utilizados para aumentar a eficiência das infraestruturas e melhorar a gestão da procura. Estes avanços podem ser aplicados ao controlo da rede elétrica, na medição do consumo de água e eletricidade, na monitorização do trânsito rodoviário, na gestão dos serviços logísticos e nos transportes públicos. As novas tecnologias podem contribuir, *in fine*, para reduzir custos de transação e melhorar a competitividade (Konrad Adenauer Stiftung, 2017).

Para o reforço do setor privado no continente africano, os governos devem comprometer-se a assegurar um quadro institucional e regulamentar propício. Entre outras medidas, é necessário aumentar o número de representações diplomáticas e comerciais, simplificar os procedimentos aduaneiros, aumentar o financiamento bancário ao sector privado e flexibilizar as regulamentações em matéria cambial.

Melhorar o ambiente de negócios e o acesso a financiamento

A fim de melhorar o ambiente de negócios, os governos podem rever a regulamentação do mercado de trabalho, reforçar a proteção da propriedade intelectual e prevenir as situações de monopólio. Para além do aumento do investimento em I&D, os governos podem melhorar o acesso à informação, reduzir as barreiras administrativas e reforçar a digitalização dos procedimentos administrativos para atrair mais investimento. Além disso, é essencial garantir consistência e coerência da regulamentação e da legislação. Em particular, é importante notar que a estabilidade fiscal tende a ser muito mais atrativa para os investidores do que as isenções temporárias ou outros incentivos. Contudo, estes últimos poderão ser concedidos a atores que realizem projetos inovadores que criem valor.

A melhoria do ambiente de negócios deve ser combinada com o reforço das capacidades produtivas nacionais para assegurar a ligação entre a economia local e as empresas multinacionais. Este esforço pode ser realizado através de um mecanismo nacional de inovação capaz de gerar fluxos de disseminação tecnológica e de informação entre empresas e instituições. O objetivo é reduzir o fosso existente entre os setores *off-shore* e *on-shore*, assim como facilitar a modernização tecnológica e aumentar a eficiência.

Os códigos e leis de investimento existentes, sobretudo no Egito, em Marrocos e na Tunísia, já favorecem o investimento estrangeiro, mas continuam a ser insuficientes para uma integração bem-sucedida destes países nas cadeias de valor regionais e globais. Os governos devem implementar medidas de apoio às empresas, em especial às PME. As PPP devem ser incentivadas a melhorar as suas capacidades produtivas e a promover as ligações entre as empresas multinacionais e as empresas locais. O modelo de PPP utilizado para a construção da central solar "Noor" em Ouarzazate, em Marrocos, é um bom exemplo de como atrair parceiros estrangeiros.

Os governos devem dar prioridade a políticas públicas destinadas a melhorar o ambiente de negócios com base no potencial económico de cada país. Em caso de forte potencial agrícola, os investimentos públicos podem visar sistemas de irrigação, estufas e armazéns frigoríficos, servindo também como catalisadores do investimento privado. Numa economia extrativa, os investimentos públicos poderão concentrar-se em assegurar a implementação dos contratos, a regulamentação das autorizações de exploração, a transparência dos mecanismos de formação dos preços e o combate à corrupção. No que diz respeito às indústrias transformadoras, podem ser tomadas medidas setoriais específicas relacionadas com o investimento e o comércio, que favoreçam o desenvolvimento da atividade das empresas, em especial das PME. Entre estas salientam-se a proteção dos direitos de propriedade e a implementação de um código de falências apropriado. Por último, nas economias de serviços, as políticas públicas deverão centrar-se na abertura e no reforço das ligações entre atores locais e internacionais, nomeadamente através de uma liberalização gradual e bem planeada do setor terciário.

A melhoria do ambiente de negócios deve ser acompanhada do reforço do espírito empreendedor, de forma a promover a inovação e a melhoria da qualidade. Os empreendedores locais, mais envolvidos e familiarizados com as características do mercado, têm uma maior capacidade de aumentar a produção e, sobretudo, de se adaptar em caso de dificuldades económicas. O que é mais importante, os empreendedores locais podem constituir uma base indispensável para o mercado local em caso de desinvestimento das empresas multinacionais (BAfD/OCDE/PNUD, 2014). Para o efeito, os decisores locais devem estar mais envolvidos nas políticas de promoção das PME e do emprego. Ao mesmo tempo, devem apoiar os empreendedores produtivos que pretendem criar de valor mais do que usufruir de benefícios fiscais, monetários e financeiros.

Os países do Norte de África podem criar e/ou desenvolver uma base de empreendedores através, de programas de formação, do financiamento de jovens empreendedores e do apoio a parcerias estratégicas com empresas locais. As medidas específicas de apoio aos jovens que lideram projetos inovadores podem permitir-lhes começar rapidamente, com um mínimo de custos e realizar a prospeção de mercados internacionais. Existem diversas medidas possíveis como fornecer recursos para conformar a produção com normas internacionais, apoiar plataformas de *marketing* em países alvo ou eliminar barreiras ao desenvolvimento de empresas de capital de risco. De igual modo, é importante incentivar os centros de formação e as universidades a darem resposta às necessidades do mercado, facilitando o diálogo entre as universidades e o setor privado e a assegurando que os programas de formação estimulam o espírito empreendedor dos jovens.

As políticas públicas destinadas a melhorar a intermediação financeira e a mobilização das poupanças internas para apoiar os investimentos são essenciais. As PME, que dominam o tecido produtivo destes países, dependem de formas alternativas de financiamento tais como a participação no capital (em especial, de empresas de capital de risco) e o microfinanciamento, uma vez que os empréstimos bancários são de difícil acesso. Neste contexto, os governos poderão oferecer soluções financeiras mais adequadas, como empréstimos sobre ativos ou sistemas de garantia de crédito. Além disso, poderão promover iniciativas de capacitação que contribuam para a modernização da produção e para a melhoria da qualidade dos produtos. (BAfD/OCDE/PNUD, 2017).

Notas

1. O rendimento médio mensal per capita entre 2010 e 2016 no Norte de África é de USD 253 face a USD 2 604.1 nos países da OCDE e de USD 104.9 na África Subsariana (Banco Mundial, 2019a).

2. Valores elevados dos índices demonstram fraco desempenho na categoria ambiente de negócios.

3. Trata-se do *Centre des techniques et matériaux de construction* (Cetemco), do *Centre d'études et de recherches des industries métallurgiques, mécaniques, électriques et électroniques* (Cerimme) e do *Centre technique des industries des équipements de véhicules* (CETIV).

4. Esta decisão governamental insere-se no quadro da Estratégia Nacional de Promoção do Setor Agroalimentar do 11.º Plano de Desenvolvimento.

5. A promoção de algumas marcas em todo o Norte de África pode incidir sobre o óleo de argão de Marrocos, os figos secos na Argélia ou os tomates secos na Tunísia.

6. Trata-se essencialmente do Acordo de Parceria com a União Europeia, do Acordo que cria a Zona Pan-Árabe de Comércio Livre, do Acordo de Agadir e dos acordos bilaterais preferenciais.

7. Este plano de ação articula-se em torno de cinco elementos: financiamento do comércio externo e dos investimentos no Magrebe, a harmonização dos sistemas de pagamento e das plataformas técnicas, a harmonização dos regulamentos que regem a supervisão bancária e financeira, o reforço da cooperação e da coordenação entre as instituições financeiras, o intercâmbio de informações sobre as regulamentações e o setor financeiro (BAfD, 2010).

Bibliografia

ANDI (2018), *Bilan des déclarations d'investissement 2002-2017*, "Répartition des projets d'investissement déclarés étrangers par secteur d'activité", National Investment Development Agency Algeria, www.andi.dz/index.php/fr/declaration-d-investissement/bilan-des-declarations-d-investissement-2002-2018?lien_externe_oui=Oui.

BAfD (2010), *Intégration du secteur financier dans trois régions d'Afrique : comment l'intégration financière régionale peut soutenir la croissance, le développement et la réduction de la pauvreté?*, African Development Bank, Abidjan, www.afdb.org/fileadmin/uploads/afdb/Documents/Project-and Operations/AfDB%20Regional%20Financial%20Integration%20REPORT_FR.pdf.

BAfD/OCDE/PNUD (2017), *African Economic Outlook 2017: Entrepreneurialism and Industrialisation*, Publicações OCDE, Paris, http://dx.doi.org/10.1787/aeo-2017-fr.

BAfD/OCDE/PNUD (2014), *African Economic Outlook 2014: Global Value Chains and Industrialization in Africa*, Publicações OCDE, Paris, https://doi.org/10.1787/aeo-2014-fr.

Balassa, B. (1965), "Trade Liberalization and Revealed Comparative Advantage", *The Manchester School*, Vol. 33, Issue 2, pp. 99-123, https://onlinelibrary.wiley.com/doi/epdf/10.1111/j.1467-9957.1965.tb00050.x.

Banco Mundial (2019a), *World Development Indicators* (base de dados), https://databank.worldbank.org/data/source/world-development-indicators.

Banco Mundial (2019b), *World Bank Enterprise Surveys* (base de dados), www.enterprisesurveys.org (acesso em Fevereiro de 2019).

Banco Mundial (2018a), *Logistics Performance Index* (base de dados), https://lpi.worldbank.org/.

Banco Mundial (2018b), *Global Financial Development Report 2017/2018: Bankers without Borders*, World Bank, Washington, DC, https://doi.org/10.1596/978-1-4648-1148-7.

Banco Mundial (2017), *Doing Business 2018: Reforming to Create Jobs*, World Bank, Washington, DC, www.doingbusiness.org/content/dam/doingBusiness/media/Annual-Reports/English/DB2018-Full-Report.pdf.

CBE (2018), *Document de position extérieure*, Vol. 62, Central Bank of Egypt, www.cbe.org.eg/en/EconomicResearch/Publications/Pages/ExternalPosition.aspx.

CNUCED (2018), *World Investment Report: Investment and New Industrial Policies*, UN Conference on Trade and Development, United Nations, New York and Geneva https://unctad.org/en/Pages/DIAE/World%20Investment%20Report/Annex-Tables.aspx.

CUA/OCDE (2018), *Africa's Development Dynamics 2018: Growth, Jobs and Inequalities*, Publicações OCDE, Paris/AUC, Addis Ababa, https://doi.org/10.1787/9789264302525-fr.

Commission PECH (2018), *Fishing in Mauritania and the European Union*, Directorate General - Internal Policies, Structural and Cohesion Policies Department, European Parliament, http://bit.ly/2HvXXiz.

Conference Board (2019), *Total Economy* (base de dados), https://www.conference-board.org/data/economydatabase/ (acesso em maio de 2019).

DESA/UNSD (2019), *United Nations COMTRADE* (base de dados), https://comtrade.un.org/ (acesso em 5 de abril de 2019).

ECA (2018), *Potentiel des chaînes de valeur régionales en Afrique du Nord : cartographie sectorielle*, United Nations Economic Commission for Africa, North Africa Office, Addis Ababa, www.uneca.org/sites/default/files/PublicationFiles/2_rapport_cartographie_cvr_fr_final.pdf.

ECA (2017), *Territorialisation de la politique industrielle et croissance inclusive en Afrique du Nord*, United Nations Economic Commission for Africa, Addis Ababa, https://repository.uneca.org/bitstream/handle/10855/23981/b11869975.pdf?sequence=5.

ECA (2016), *Promoting Regional Value Chains in North Africa*, United Nations Economic Commission for Africa, Addis Ababa, www.uneca.org/sites/default/files/PublicationFiles/sro-na_promoting_regional_valuechain_en.pdf.

ECA (2013), *Diversification and Sophistication as a Lever for the Structural Transformation of North African Economies*, United Nations Economic Commission for Africa, North Africa Office, www.uneca.org/sites/default/files/PublicationFiles/diversification_sophistication_eng.pdf.

fDi Markets (2018), *fDi Markets* (base de dados), www.fdimarkets.com (acesso em 3 de março de 2019).

FEM (2018), *The Global Competitiveness Index Report 2018*, World Economic Forum, Geneva, http://reports.weforum.org/global-competitiveness-report-2018/.

FIPA-Tunisia (2016), *Bilan 2016 des Investissements étrangers en Tunisie*, Foreign Investment Promotion Agency, www.investintunisia.tn/En/image.php?id=2535.

GIZ (2013), *Analyse de la chaîne de valeur des technologies relatives à l'énergie solaire en Tunisie*, Tunis, Deutsche Gezellschaft für Internationale Zusammenarbeit, https://energypedia.info/images/e/ea/Cha%C3%AEne_de_valeur_solaires_en_Tunisie.pdf.

Global Innovation Index (2018), *Global Innovation Index* (base de dados), "Analysis", http://www.globalinnovationindex.org/analysis-indicator (acesso em 19 de abril de 2019).

Hausmann, R. et al. (2011), *The Atlas of Economic Complexity: Mapping Paths to Prosperity*, MIT Press, http://chidalgo.org/Atlas/HarvardMIT_AtlasOfEconomicComplexity_Part_I.pdf.

Hausmann, R. e B. Klinger (2007), "The Structure of the Product Space and the Evolution of Comparative Advantage", *Center for International Development Working Paper n°146*, The John F. Kennedy School of Government, Harvard University, www.hks.harvard.edu/sites/default/files/centers/cid/files/publications/faculty-working-papers/146.pdf.

Hausmann, R. e B. Klinger (2006), "Structural Transformation and Patterns of Comparative Advantage in the Product Space", *Center for International Development Working Paper n°128*, The John F. Kennedy School of Government, Harvard University, https://papers.ssrn.com/sol3/papers.cfm?abstract_id=939646.

Hausmann, R., J. Hwang e D. Rodrik (2007), "What you Export Matters", *Journal of Economic Growth*, Vol. 12 (1), pp. 1-25, https://link.springer.com/article/10.1007/s10887-006-9009-4.

Hidalgo, C.A. (2007), "The Product Space Conditions the Development of Nations", *Science*, n°27, Vol. 317, pp. 482-487. http://science.sciencemag.org/content/317/5837/482.

ILO (2019), *Key Indicators of the Labour Market* (base de dados), International Labour Organization, www.ilo.org/global/statistics-and-databases/statistics/lang--en/index.htm (acesso em maio de 2019).

ILO (2015), *La jeunesse tunisienne et l'économie informelle*, International Labour Organization, Geneva, www.ilo.org/wcmsp5/groups/public/---ed_emp/documents/publication/wcms_444912.pdf.

IMF (2019), *World Economic Outlook, April 2019* (base de dados), International Monetary Fund, Washington, DC, www.imf.org/external/pubs/ft/weo/2019/01/weodata/index.aspx (acesso em 23 de maio de 2019).

ISO (2018), *The ISO Survey of Management System Standard Certifications* (base de dados), International Organization for Standardization, Geneva, www.iso.org/the-iso-survey.html.

Konrad Adenauer Stiftung (2017), *Smart Development Strategy for the Maghreb: Structural Reform, a New Role for the State and Regional Integration*, Regional Program Political Dialogue for the South Mediterranean, regional office of the Konrad Adenauer Foundation, Tunis, https://magef.org/reports/smart-development-strategy-maghreb-structural-reform-new-role-state-regional-integration-1.

Maturana B. et al. (2015), *Microeconomics of Competitiveness, Automotive Cluster Morocco*, Harvard Business School, www.iberglobal.com/files/2016/morocco_automotive_cluster_2015.pdf.

OCDE (2018), *Examen multidimensionnel du Maroc (Volume 2) : Analyse approfondie et recommandations*, Publicações OCDE, Paris, https://doi.org/10.1787/9789264298699-5-fr.

OCDE (2014), *Public-Private Partnerships in the Middle East and North Africa: A Handbook for Policy Makers*, Publicações OCDE, Paris, www.oecd.org/mena/competitiveness/PPP%20Handbook_EN_with_covers.pdf.

OCDE-DAC (2018a), *International Development Statistics* (base de dados), www.oecd.org/dac/stats/idsonline.htm (acesso em maio de 2019).

OCDE-DAC (2018b), *Country Programmable Aid* (base de dados), http://www.oecd.org/dac/financing-sustainable-development/development-finance-standards/cpa.htm (acesso em maio de 2019).

ODMF (2019), *Statistiques en ligne sur les IDE au Maroc* (base de dados), Office des changes du ministère des Finances du Maroc, www.oc.gov.ma/fr/etudes-et-statistiques/series-statistiques.

Rodrik, D. (2004), "Industrial Policy for the Twenty-First Century", *KSG Working Paper*, n°RWP04-047, John F. Kennedy School of Government Faculty, http://dx.doi.org/10.2139/ssrn.617544.

The Observatory of Economic Complexity (2018), *Database on Economic Complexity*, https://atlas.media.mit.edu/en/rankings/country/eci/.

Capítulo 6
Políticas públicas para uma transformação produtiva na África Ocidental

Este capítulo analisa as políticas públicas necessárias para a transformação produtiva nos 15 países da África Ocidental. Apesar do crescimento económico sustentado e dos progressos realizados em matéria de integração regional, os países da África Ocidental continuam a ser pouco competitivos. O capítulo começa com a análise das estruturas produtivas através da avaliação da dinâmica de alguns agregados macroeconómicos e da integração da África Ocidental no comércio internacional. Destaca os setores nos quais estes países apresentam uma vantagem comparativa, comprovada ou latente, e identifica as oportunidades de expansão dos setores industriais e de transformação para um melhor aproveitamento das complementaridades entre os países. Por último, o capítulo propõe de políticas públicas que poderão ajudar a alcançar a transformação produtiva da região.

SÍNTESE EM

Há mais de uma década que as elevadas taxas de crescimento do PIB na África Ocidental não se traduzem numa transformação produtiva real. Os 15 países da região, grandes exportadores de matérias-primas não transformadas, apresentam um atraso em termos de industrialização, de competitividade e de ascensão nas cadeias de valor. Apesar dos progressos realizados ao nível da integração macroeconómica e financeira, no que se refere à **inovação** e à **competitividade**, os resultados continuam a ser escassos, ou até mesmo negativos, na maioria dos países. O mesmo se aplica a outros indicadores, como a industrialização, o peso de produtos de alta e média tecnologia no valor acrescentado total da indústria transformadora ou o peso dos produtos transformados no total das exportações. A análise das vantagens comparativas comprovadas confirma que a maioria dos países da África Ocidental é especializada em produtos primários exportados sem qualquer transformação.

Propõem-se cinco estratégias políticas para acelerar a transformação local das matérias-primas: reforçar as **complementaridades regionais**, melhorar a inovação empresarial, facilitar o **acesso aos mercados**, assegurar a coerência das políticas fiscais, tanto nacionais como regionais, e garantir um melhor acesso à energia e à terra.

Políticas públicas para uma transformação produtiva na **África Ocidental**

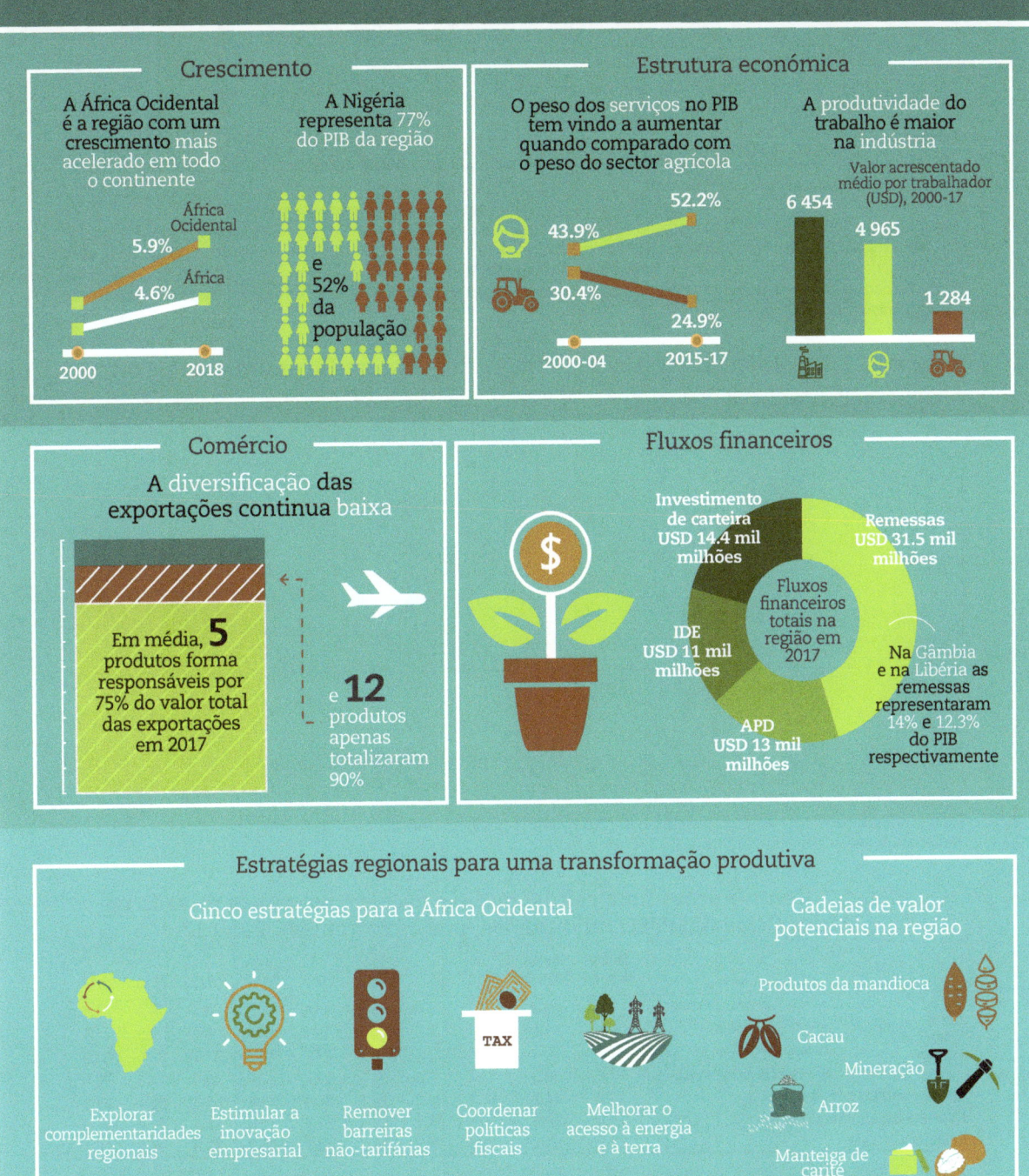

Crescimento

A África Ocidental é a região com um **crescimento** mais acelerado em todo o continente

África Ocidental
5.9%
África
4.6%
2000 — 2018

A Nigéria representa 77% do PIB da região

e 52% da população

Estrutura económica

O peso dos serviços no PIB tem vindo a aumentar quando comparado com o peso do sector agrícola

43.9% — **52.2%**
30.4% — **24.9%**
2000-04 — 2015-17

A produtividade do trabalho é maior na indústria

Valor acrescentado médio por trabalhador (USD), 2000-17
6 454 **4 965** **1 284**

Comércio

A diversificação das exportações continua baixa

Em média, **5** produtos forma responsáveis por 75% do valor total das exportações em 2017

e **12** produtos apenas totalizaram 90%

Fluxos financeiros

Investimento de carteira USD 14.4 mil milhões

Remessas USD 31.5 mil milhões

IDE USD 11 mil milhões

Fluxos financeiros totais na região em 2017

APD USD 13 mil milhões

Na Gâmbia e na Libéria as remessas representaram 14% e 12.3% do PIB respectivamente

Estratégias regionais para uma transformação produtiva

Cinco estratégias para a África Ocidental

Explorar complementaridades regionais

Estimular a inovação empresarial

Remover barreiras não-tarifárias

Coordenar políticas fiscais

Melhorar o acesso à energia e à terra

Cadeias de valor potenciais na região

Produtos da mandioca

Cacau

Mineração

Arroz

Manteiga de carité

DINÂMICAS DO DESENVOLVIMENTO EM ÁFRICA 2019: ALCANÇAR A TRANSFORMAÇÃO PRODUTIVA © AUC/OECD 2020

Perfil regional da África Ocidental

Tabela 6.1. Capacidade de transformação produtiva na África Ocidental, 2000-2018

		Source	2000	2014	2015	2016	2017	2018
Tecnologia de produção	Empregadores e empregados assalariados em % do total de emprego	OIT	17.0	20.1	20.3	20.4	20.6	20.8
	Produtividade do trabalho em % da produtividade dos Estados Unidos	CB	6.5	7.3	7.3	7.4	7.6	7.7
	Formação bruta de capital fixo privada em % do produto interno bruto (PIB)	FMI	10.4	14.1	13.9	13.9	12.7	12.0
	Capacidade de inovação, 0-100 (melhor)	FEM	-	-	-	-	23.3	28.1
Redes regionais	Intrarregiões em % do comércio de bens intermédios	Comtrade	18.5	12.1	8.9	9.4	10.5	-
	Intrarregiões em % das entrada de novos investimentos diretos estrangeiros (investimentos inteiramente novos)	fDi Markets	-	2.6	1.0	4.8	0.6	0.3
	Disponibilidade de capital de risco, 1-7 (melhor)	FEM	-	2.9	3.0	3.0	2.4	2.4
Capacidade de satisfazer a procura	Certificações totais mundiais ISO9001 (%)	ISO	1.0	5.6	5.4	5.1	7.2	-
	Produtos processados e semi-processados em % do total de bens exportados da região	Comtrade	16.8	28.1	32.5	41.6	32.2	-
	Percentagem do total de importações africanas de bens de consumo (%)	Comtrade	24.0	25.8	25.1	23.4	25.3	-

Nota: OIT – Organização Internacional do Trabalho, CB – The Conference Board, FMI – Fundo Monetário Internacional, FEM – Fórum económico mundial, ISO – International Standards Organization.
Fontes: Cálculos dos autores com base nos dados do The Conference Board (2019), *Total Economy* (base de dados); fDi Markets (2019), *fDi Markets* (base de dados); OIT (2019), *Key Indicators of the Labour Market* (base de dados); FMI (2019), *World Economic Outlook* (base de dados); ISO (2018), *The ISO Survey of Management System Standard Certifications* (base de dados); Departamento de estatística das Nações Unidas (2018), *UN Comtrade* (base de dados) e FEM (2018) *Global Competitiveness Report.*

Figura 6.1. Dinâmicas de crescimento na África Ocidental e em África, 1990-2020

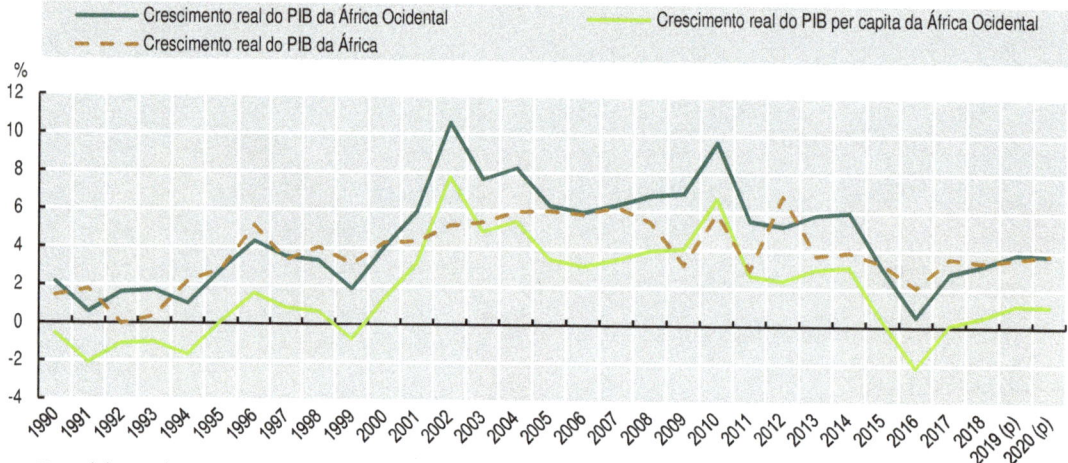

Nota: (p) = projeções.
Fonte: Cálculos dos autores com base no FMI (2019), *World Economic Outlook* (base de dados).
StatLink ᵇ https://doi.org/10.1787/888933967625

Tabela 6.2. Contribuições financeiras, receitas fiscais e poupança privada na África Ocidental (USD mil milhões, preços correntes), 2000-17

		Média 2000-04	Média 2005-09	2010	2011	2012	2013	2014	2015	2016	2017
Fluxos financeiros externos Privados	Investimento direto estrangeiro	2.7	9.9	11.9	18.3	15.5	13.4	11.6	9.7	12.4	11.0
	Investimento de carteira	0.1	1.8	5.0	6.5	18.9	14.1	7.9	5.5	4.3	14.4
	Remessas de emigrantes	2.6	20.2	23.6	27.3	27.4	27.7	28.5	31.7	28.5	31.5
Públicos	Ajuda pública ao desenvolvimento	4.6	12.3	12.2	12.1	13.6	12.2	12.4	12.4	11.5	13.0
Total de entradas do estrangeiro		10.0	44.2	52.7	64.3	75.3	67.4	60.5	59.2	56.7	69.9
Receitas fiscais internas		14.0	34.8	39.8	56.4	62.0	61.0	61.3	45.0	38.4	41.8
Poupança privada		21.7	69.2	95.8	78.7	88.3	113.7	109.0	83.8	93.7	100.1

Fontes: Cálculos dos autores com base no FMI (2019), *World Economic Outlook* (base de dados); OCDE-DAC (2018a), *International Development Statistics* (base de dados); OCDE-DAC (2018b), *Country Programmable Aid*; e Banco Mundial (2018a), *World Development Indicators* (base de dados).

Os primeiros passos na transformação produtiva ainda são insuficientes na África Ocidental

Os países da África Ocidental estão reunidos numa comunidade económica regional desde 1975. Os 15 países da sub-região (Benim, Burkina Faso, Cabo Verde, Côte d'Ivoire, Gâmbia, Gana, Guiné, Guiné-Bissau, Libéria, Mali, Níger, Nigéria, Senegal, Serra Leoa e Togo) são membros da CEDEAO, uma comunidade económica regional criada em 1975 com vista à implementação de uma união económica e monetária que promovesse o crescimento do comércio e a integração da região nas cadeias de valor globais. Com 367 milhões de habitantes em 2017, de acordo com dados das Nações Unidas, estes países foram responsáveis por 24% do PIB do continente em 2018.

A contribuição da indústria para o PIB para o emprego é a mais baixa de todos os setores, não obstante o valor acrescentado por trabalhador ser o mais elevado. A produtividade do trabalho é mais elevada na indústria, com um valor acrescentado médio por trabalhador de USD 6 454.4 no período 2000-17. Os serviços ocupam o segundo lugar com um valor médio de USD 4 965.4. Na agricultura, o valor acrescentado por trabalhador foi de USD 1 283.7 durante o mesmo período. Contudo, em termos mais gerais, a produtividade global dos fatores diminuiu de 1.4 em 2000-04 para 0.8 em 2015-17. Este declínio é atribuível aos baixos níveis de inovação e desenvolvimento tecnológico que se refletem no desempenho das estruturas produtivas. O crescimento do valor acrescentado no setor agrícola mantém-se volátil. Os anos de crescimento têm sido seguidos por períodos de contração, entre um e três anos. As exportações concentram-se principalmente nas matérias-primas (75%), enquanto 65% das importações são constituídas por produtos transformados.

Em média, a indústria contribui apenas para 20% do PIB. O setor agrícola e os serviços representam quase 80% do PIB na maioria dos países. O peso dos serviços no PIB tem vindo a aumentar tendo passado de 43.9% em 2000-04 para 52.2% em 2015-17, ao contrário do que aconteceu com a agricultura que passou de 30.4% para 24.9%. O declínio do setor secundário deve-se ao fracasso ou à ausência de políticas industriais, bem como ao encerramento de várias fábricas ao longo do período. O setor informal sustenta o desempenho do setor terciário. A agricultura continua a ser o principal fornecedor de emprego, que é, em grande medida, informal. No conjunto, não houve qualquer transformação das estruturas produtivas ao longo da última década apesar das taxas elevadas de crescimento do PIB. Nestas circunstâncias, mantém-se a escassez de empregos de qualidade (Figura 6.2), dificuldades em reduzir a pobreza e as desigualdades e um processo lento de diversificação da economia.

Figura 6.2. **Percentagem de trabalhadores em empregos vulneráveis nos países da África Ocidental, ano mais recente (2008-17)**

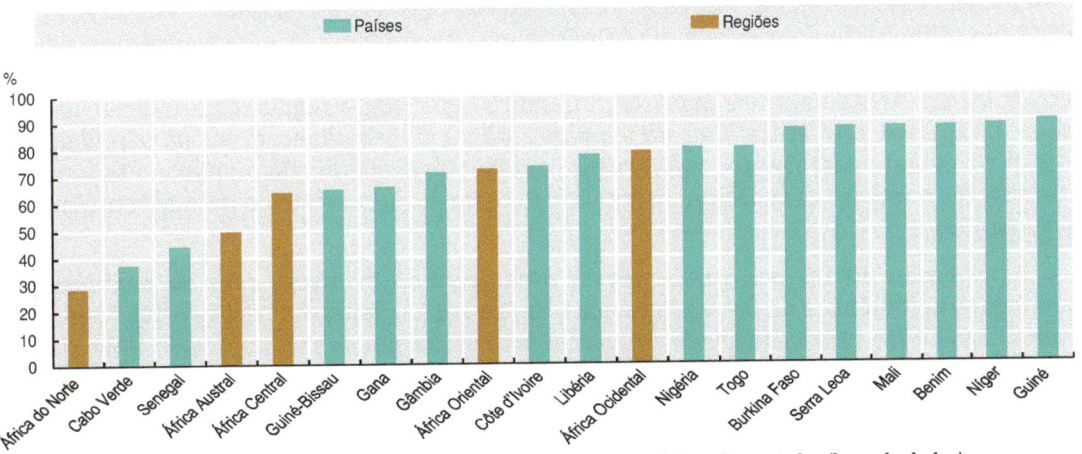

Fonte: Cálculos dos autores com base em OIT (2019), *Key Indicators of the Labour Market* (base de dados).
StatLink 🔗 https://doi.org/10.1787/888933967644

A conjuntura económica depende muito das exportações de produtos primários

Sendo a segunda região económica do continente a seguir ao Norte de África, a África Ocidental regista um crescimento sustentado, mas está exposta a choques externos. O crescimento económico foi muito significativo entre 2000 e 2014, embora o seu ritmo tenha abrandado ao longo do período. O PIB per capita diminuiu entre 2015 e 2016 devido à crise do petróleo de 2015 e a região registou uma diminuição do crescimento económico de 0.5% em 2016, antes de recuperar para 2.7% em 2017 e para 3.2% em 2018 (Figura 6.1). As diferentes fases de crescimento após 2000 foram marcadas pelo aumento das despesas públicas, enquanto o investimento privado, tanto nacional como estrangeiro (Tabela 6.A1.1 no anexo), se manteve em níveis insuficientes.

A maior economia da região é a Nigéria (77% do PIB total e 52% da população), que foi fortemente afetada pela queda dos preços do petróleo e pela ineficácia das políticas anti cíclicas. Neste país, o crescimento aumentou entre 2017 e 2018, passando de 0.8% para 1.9%, graças a menos perturbações na produção de petróleo e a uma recuperação da economia não petrolífera. As repercussões positivas para o crescimento do Benim e do Níger, situaram-se nos 0.5 e 0.33 pontos percentuais, respetivamente (BAfD, 2018).

De um modo geral, os cabazes de exportação dos países da África Ocidental continuam a ser pouco diversificados. Em média, cinco produtos foram responsáveis por 75% do valor total das exportações em 2017 e apenas 12 produtos representaram 90% do total. O índice Herfindahl–Hirschman, que é a única medida padrão usada atendendo à natureza dos dados, confirma a elevada concentração das exportações. Quando a diversificação é máxima assume o valor "0" (ou seja, *n* bens exportados em quantidades iguais). Quando tende para "1", a concentração passa a ser máxima: as exportações do país baseiam-se num único ou num pequeno número de bens. A análise deste índice mostra que a concentração aumentou em nove países da região (Tabela 6.A1.2), enquanto outros seis países (Benim, Guiné, Libéria, Níger, Nigéria e Togo) melhoraram o seu nível de diversificação.

A competitividade industrial mantém-se baixa

Os indicadores de competitividade revelam progressos reduzidos ou mesmo um declínio na maioria dos países. A competitividade da região foi avaliada com base em três indicadores: o Índice de Inovação Global (IIG), o Índice de Competitividade Global (ICG) e o Índice de Competitividade Industrial (ICI). O IIG mede os aspetos multidimensionais dos desempenhos da inovação numa economia através das alterações nos sistemas políticos, ambientais e de negócios, na governação, na educação, na investigação e desenvolvimento (I&D), nas infraestruturas, na tecnologia de informação e comunicação (TIC), na sofisticação do mercado, no comércio, na concorrência, nos investimentos, na sofisticação dos negócios, na aquisição e na divulgação de conhecimentos e tecnologias, etc. O IIG apresenta uma tendência de diminuição em toda a região, com índices que se situavam, em 2017, entre 27.11 no Senegal e 6.1 na Libéria. Além disso, os países da África Ocidental figuram entre os 26 países com pior desempenho do mundo em termos de inovação em todas as suas dimensões. O fosso em relação ao resto do mundo continua a aumentar.

A avaliação do IIG por países revela desempenhos diversos, com os melhores resultados na Gâmbia e no Senegal (Tabela 6.3). Em 2017, o Senegal ocupava o 106.º lugar numa lista de 126 países, depois de ter ganho uma vantagem de seis pontos, e a Gâmbia o 117.º lugar, com uma subida equivalente, graças às boas condições climáticas, a um melhor ambiente de negócios e ao aumento dos preços das matérias-primas. A Nigéria, que ocupava o 118.º lugar, subiu dois pontos em 2017, apesar do declínio contínuo desde 2012 associado à incerteza no ambiente de negócios. Este país enfrenta hoje enormes desafios para se adaptar à descida verificada nos preços do petróleo.

Tabela 6.3. Índice de Inovação Global (IIG) para a África Ocidental, 2013-18

	2013	2014	2015	2016	2017	2018	Classificação em 2018 dos 126 países
Benim	25.1	24.21		22.20	23.04	20.61	121
Burkina Faso	27.03	28.18	28.7	21	21.86	18.96	124
Cabo Verde	26.9	27	28.6	28.6	27	-	
Côte d'Ivoire	23.42	27.02	27.2	25.8	23.96	19.96	123
Gâmbia	26.39	27	27.5	27.7	27.9		117
Gana	31	30.26	28	26.7	26.8	24.52	107
Guiné	25.7	20.25	18.5	18.3	18.2	20.71	119
Guiné-Bissau	9.5	10.2	10.6	17.2	18	-	
Libéria	10	10.4	10.5	6	6.1	-	
Mali	28.84	26.18	28.4	24.8	22.48	23.32	112
Níger	24.03	24.27	21.2	20.4	21.18	20.57	122
Nigéria	26.57	27.79	23.7	23.1	21.92	22.37	118
Senegal	30.48	30.06	31	26.1	27.11	26.53	100
Togo	23.04	17.65	18.4	18.4	18.41	18.91	125
CEDEAO	**24.14**	**23.61**	**23.25**	**21.85**	**21.71**		

Fonte: Cálculos dos autores com base em Global Innovation Index (2018), *Global Innovation Index* (base de dados).

Figura 6.3. Índice de Competitividade Global (ICG), África Ocidental, 2006-17

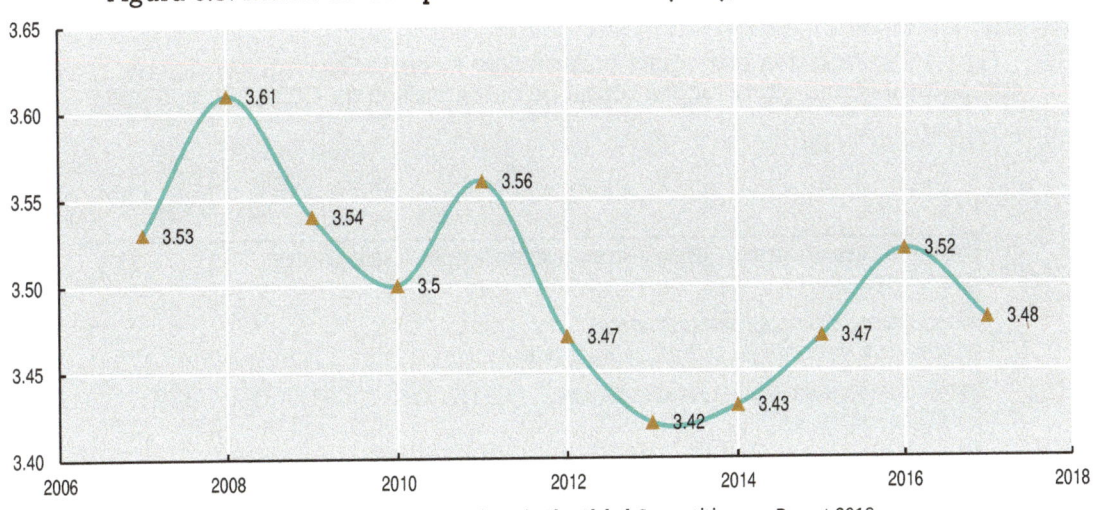

Fonte: Cálculos dos autores com base em FEM (2018), *The Global Competitiveness Report 2018*.
StatLink ᓚᔥᔪ https://doi.org/10.1787/888933967663

As vantagens comparativas das exportações estão subaproveitadas

Vários produtos primários exportados com vantagem comparativa são bastante estratégicos no comércio mundial. De um modo geral, a CEDEAO tem uma vantagem comparativa comprovada em produtos que representaram 24.2% do comércio mundial entre 2008 e 2011, e 17.4%, entre 2001 e 2003 (BAfD, 2013). A África Ocidental é altamente especializada na produção e na exportação de produtos primários (cacau, urânio, algodão). A análise desagregada de alguns produtos emblemáticos dos países líderes da região (Nigéria, Côte d'Ivoire, Gana, Senegal e Burkina Faso) revela também resultados esclarecedores (Figura 6.4).

- A **Côte d'Ivoire** é o primeiro produtor mundial de cacau e o peso das exportações deste produto nas exportações nacionais foi muito significativo nos dois períodos da análise (mais de 40% no período 2005-15). Esta matéria-prima contribui para 10% do PIB e 15% das receitas públicas do país (Banco Mundial, 2017). Cerca de 600 000 gestores agrícolas familiares integram o aparelho de produção e asseguram o sustento de cerca de 6 milhões de pessoas.

- O **Burkina Faso** tem uma vantagem comparativa muito elevada no algodão (65.49). A elevada quota do algodão no total das exportações (64% em 2005-10) diminuiu acentuadamente para 25.3% em 2011-15 devido a alterações nas condições climáticas.

- O **Gana** usufrui igualmente de uma vantagem comparativa elevada no cacau, que tem um peso significativo nas suas exportações (51.9% no período de 2005-10 e 23.5% em 2011-15).

- A **Nigéria** tem uma pequena vantagem comparativa comprovada no petróleo que representou 86.5% e 81.5% das suas exportações nos dois subperíodos 2005-10 e 2011-15. A Nigéria é o 12.º produtor mundial de petróleo e o número um em África, cujas receitas de exportação tem impulsionado o crescimento económico do país. No entanto, a incerteza regulamentar, as atividades militares e o roubo de petróleo no Delta do Níger desencorajam os investimentos no país, a ponto de Angola estar prestes a retirar o título de principal produtor africano à Nigéria.

- No **Senegal**, o setor do amendoim beneficiou de uma vantagem comparativa favorável nos períodos de 2005-10 e de 2011-15, apesar do peso reduzido no total das exportações. No entanto, a descoberta de importantes jazidas de petróleo e de gás poderá ser um fator de mudança.

Figura 6.4. Peso dos principais produtos de exportação com vantagens comparativas nas exportações totais de cinco países da CEDEAO, 2005-15

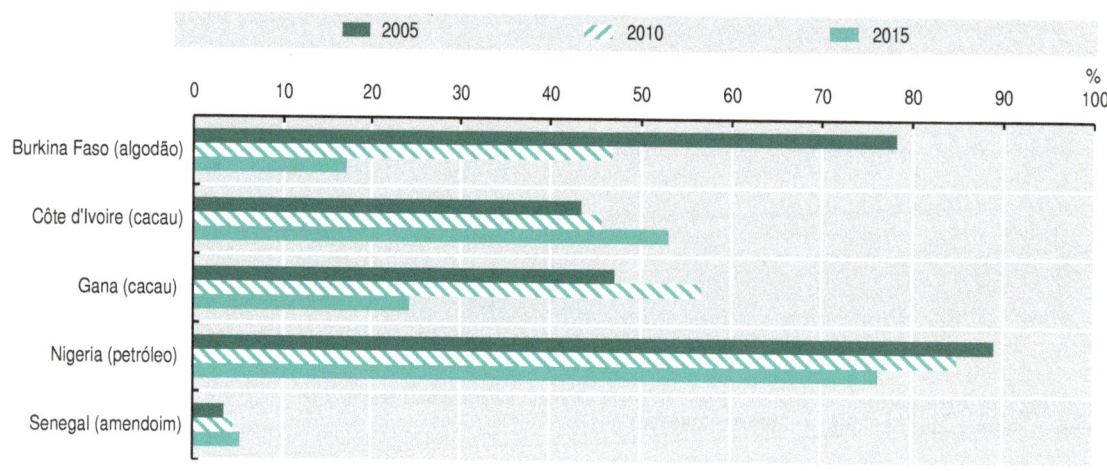

Fonte: Cálculos dos autores com base em United Nations Statistics Division (2018), *UN Comtrade* (base de dados).
StatLink ⬛🔗 https://doi.org/10.1787/888933967682

As exportações também se concentram num número limitado de parceiros. No período 2002-09, 1% dos parceiros mais importantes absorviam quase 46% das exportações face a 45% em 2010-16 (Figura 6.5). Em 2016, os principais parceiros eram: a Índia (16% das exportações), a Suíça e o Liechtenstein (7.2%), os Estados Unidos da América (6.6%), os Emirados Árabes Unidos (6.1%), os Países Baixos (5.1%) e França (5%). As percentagens combinadas das exportações para 5% e 10% dos parceiros, foram respetivamente de 75% e de 84% em 2002-09, e posteriormente de 77% e de 86% em 2010-16.

Figura 6.5. **Peso dos principais parceiros comerciais nas exportações totais da África Ocidental**

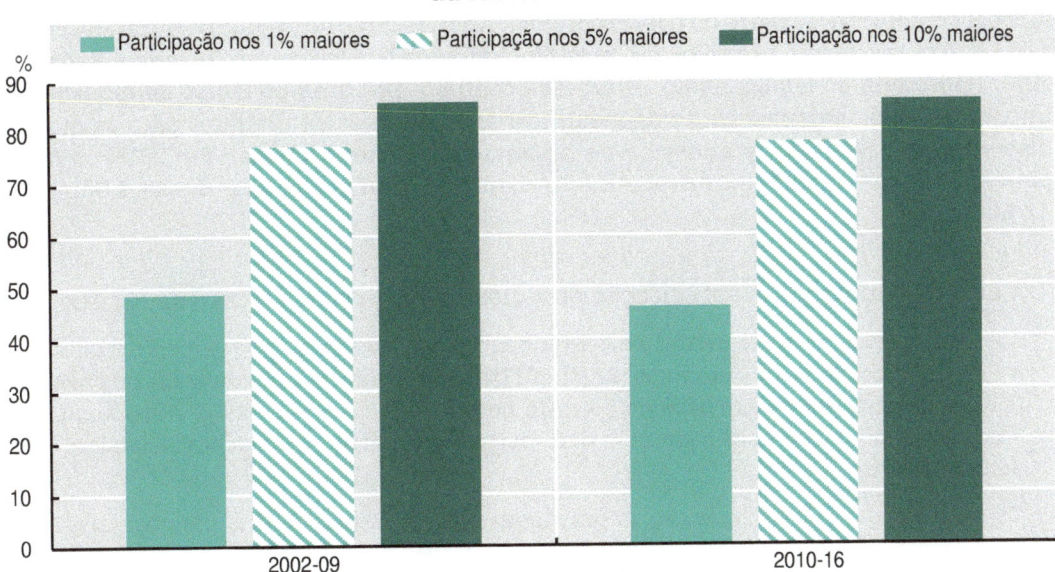

Fonte: Cálculos dos autores com base nos dados da CNUCED (2019), *UNCTADStat* (base de dados).
StatLink ⟨⟩ https://doi.org/10.1787/888933967701

As exportações contribuem muito pouco para o crescimento produtivo

A análise do índice de complexidade económica e do índice de sofisticação das exportações fornece informações sobre o processo de transformação produtiva e de evolução do mercado do país. A complexidade económica de um país é calculada com base na diversidade das exportações produzidas e no número de países capazes de os produzir. O índice de complexidade da região é negativo para o período em análise em quase todos os países, situando-se abaixo da média mundial, e estando em declínio na generalidade dos países. O índice diminuiu para -0.51 no período 2000-04 e para -1.05 em 2015-16 (Figura 6.6). O declínio é mais acentuado na Nigéria, na Guiné-Bissau, no Níger, no Burkina Faso, na Guiné, na Côte d'Ivoire, na Gâmbia e no Gana. Apenas Cabo Verde apresenta índices positivos ao longo de todo o período.

Figura 6.6. **Índice de complexidade económica na África Ocidental**

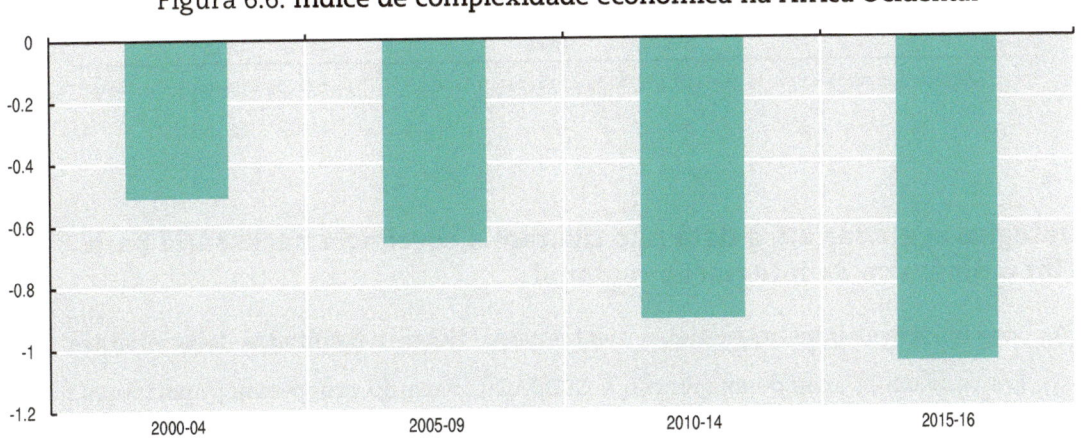

Fonte: Cálculos dos autores com base no Center for International Development (2019), *The Atlas of Economic Complexity* (base de dados).
StatLink ⟨⟩ https://doi.org/10.1787/888933967720

A sofisticação dos produtos exportados é simultaneamente um vetor de transformação estrutural das capacidades produtivas e um motor de crescimento económico futuro, independentemente do perfil do país exportador. A sofisticação do produto k, encarada pelo seu $PRODY_K$ representa um nível de receita/produtividade (Hausmann, Hwang e Rodrik, 2007; Hausmann e Hidalgo, 2011). A procura contínua por uma melhoria da qualidade implica que cada país seja capaz de identificar as variedades de produtos para os quais dispõe de vantagens comparativas e de responder à procura mundial. Em 2013, os dez países com o nível mais baixo de sofisticação no mundo incluíam a Guiné-Bissau, a Gâmbia e o Mali.

Caixa 6.1. Aumentar a sofisticação produtos de exportação: o caso da Nigéria

A elevada percentagem de petróleo nas exportações deixa à Nigéria pouca margem para a especialização de outros produtos (BAfD, 2013). A economia era mais diversificada nos anos de 1960, antes da explosão do petróleo no início da década de 1970. Atualmente a economia do país é dominada pelo ouro negro e pelo efeito da "doença holandesa" noutros setores.

Os produtos petrolíferos, que são as principais exportações da Nigéria para os países da CEDEAO, representam mais de 85% das exportações desde 1997, em detrimento de outros produtos. O valor das exportações e as receitas aumentaram consideravelmente, mas continuam muito voláteis, tornando a economia muito dependente do exterior e vulnerável.

A Nigéria começa a beneficiar de um aumento da sofisticação dos produtos. Impulsionado por uma forte procura interna, a Nigéria oferece grandes oportunidades para a diversificação do mercado de serviços (que contribuíram com 60% do PIB em 2016). Esta tendência é suportada, em particular, pela indústria cinematográfica de Nollywood, o segundo maior empregador do país após a agricultura, com quase 1 milhão de empregos diretos e indiretos.

Tabela 6.4. Evolução do indicador de sofisticação dos produtos ($PRODY_k$) em cinco países impulsionadores da África Ocidental (em USD mil milhões)

	2005-10	2011-15
Nigéria	4 370.40	5 596.76
Gana	1 501.39	1 101.10
Côte d'Ivoire	1 242.83	1 707.85
Burkina Faso	813.40	408.09
Senegal	108.14	91.85

Fonte: Cálculos dos autores com base na United Nations Statistics Division (2018), *UN Comtrade* (base de dados).

As estratégias seguidas até à data não tiveram a coerência necessária para potenciar a dinâmica da integração regional

As boas iniciativas implementadas a nível regional tiveram resultados dececionantes

Em mais de 44 anos de existência, a CEDEAO conseguiu progressos importantes na harmonização monetária e comercial da região. Foram registados bons desempenhos em alguns dos indicadores macroeconómicos incluídos nos critérios de convergência. A CEDEAO deu início a ações concretas, como a harmonização das políticas monetárias e comerciais. Por exemplo, a União Económica e Monetária da África Ocidental (UEMOA), que reúne o Benim, o Burkina Faso, a Côte d'Ivoire, a Guiné-Bissau, o Mali, o Níger, o Senegal e o Togo. Por outro lado, a Zona Monetária da África Ocidental (ZMAO) foi criada em 2000 pela Gâmbia, Gana, Guiné, Libéria, Nigéria e Serra Leoa, a fim de preparar uma moeda comum. A criação de uma união aduaneira com uma pauta externa comum (PEC) em 2015 é também considerada como um passo importante (Caixa 6.2). Outro importante passo para a integração regional na África Ocidental é o projeto para a criação de uma moeda única para os 15 países da CEDEAO em 2020, cujo nome "ECO", foi aprovado em junho de 2019.

A região também é referida como um exemplo em matéria de eliminação dos obstáculos à livre circulação de pessoas e ao direito de residência e de estabelecimento (ENDA/CACID, 2013). Os cidadãos dos Estados-Membros não precisam de visto para circular no espaço a da CEDEAO (Figura 6.7).

Figura 6.7. **Percentagem de países que em cada grupo regional permitem a circulação sem visto a cidadãos do mesmo bloco, 2018**

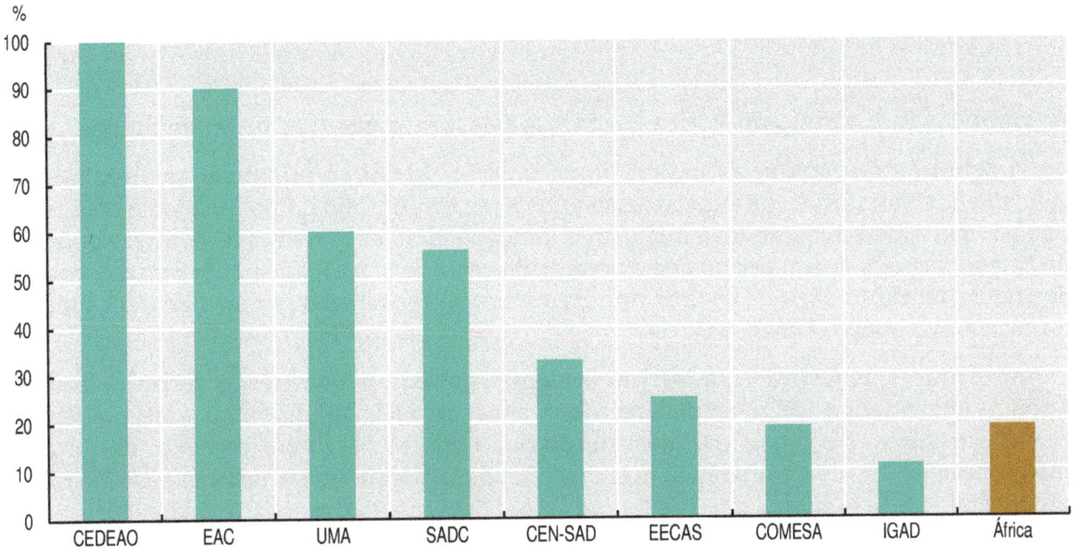

Fonte: Cálculos dos autores com base na OMT (2019), *2019 Visa Openness Report for Africa*.
StatLink ⟦⟧ https://doi.org/10.1787/888933967739

Caixa 6.2. **A Pauta Aduaneira Comum na África Ocidental**

A Pauta Aduaneira Comum (PAC) da UEMOA foi adotada em 1997 e entrou em vigor em 1 de janeiro de 2000. Este dispositivo foi concebido como um instrumento dinâmico de política comercial destinado a combater os desvios de tráfego, a harmonizar e a simplificar os sistemas de tributação dos Estados-Membros, a proporcionar às empresas um sistema de proteção adequado à sua competitividade e a oferecer à população um modelo otimizado para o abastecimento em bens de consumo. Graças a um crescimento forte, sustentado e constante das receitas aduaneiras, este instrumento visa melhorar as finanças públicas dos países da região, assim como estimular o comércio intracomunitário, reduzindo os custos das transações. A PAC tem ainda como objetivo melhorar a balança comercial da União com o resto do mundo, através de ganhos de produtividade. A PAC foi revista e alargada ao conjunto dos Estados-Membros da CEDEAO em 2014, no âmbito do estabelecimento de uma união aduaneira, passando a incluir direitos aduaneiros, taxas estatísticas e taxas comunitárias de solidariedade.

Caixa 6.2. **A Pauta Aduaneira Comum na África Ocidental** (cont.)

A PAC entrou em vigor em 1 de janeiro de 2015 nos 15 Estados da CEDEAO. Os direitos aduaneiros são agora harmonizados e aplicados de acordo com uma nomenclatura comum abrangendo 5 899 posições pautais. Os produtos incluídos na nomenclatura pautal e estatística da PAC são distribuídos por cinco categorias, com taxas que variam entre 0% e 35%. Estão em curso trabalhos sobre o quinto escalão. Apesar da adoção deste instrumento, ainda existem barreiras tarifárias e não tarifárias. Com vista a superar estes obstáculos, está a ser finalizado um projeto de código aduaneiro da CEDEAO. Foi igualmente realizado um estudo sobre os textos das convenções em matéria de determinação do valor aduaneiro e um projeto de avaliação aduaneira para as mercadorias da CEDEAO. Em termos de resultados, a PAC teve um impacto reduzido na competitividade das economias da região. O peso dos direitos portuários (abrangidos pela PAC) no total das receitas fiscais não sofreu alterações significativas desde o início da sua implementação. Além disso, a aplicação da PAC tem suscitado também algumas questões de incompatibilidade com os compromissos assumidos pelos países membros na Organização Mundial do Comércio (OMC).

As políticas industriais na África Ocidental passaram por três grandes etapas

A definição de estratégias para a transformação produtiva pressupõe que tenham sido aprendidas as lições de experiências anteriores no domínio da política industrial. A história da industrialização teve início após a independência com uma forte intervenção do Estado, seguida de um período de ajustamento estrutural marcado por privatizações e desindustrialização, seguido de uma retoma do controlo pelo Estado a partir de 1995, tudo num contexto liberal (Tabela 6.5).

As políticas industriais na África Ocidental passaram por três grandes etapas. Após os movimentos de independência nos anos de 1960, predominou uma política de industrialização baseada na substituição das importações, num contexto de forte intervenção do Estado e preferência nacional. Tendo herdado uma economia baseada na produção de culturas agrícolas para exportação, os líderes políticos procuraram modernizar os seus países e juntar-se ao resto das nações dando prioridade ao desenvolvimento de grandes indústrias, muitas vezes intensivas em capital, com o objetivo de produzir localmente bens de grande consumo. O Gana, por exemplo, desenvolveu a produção de alumínio, aço, materiais de construção e lançou as indústrias elétrica, eletrónica e mecânica. Paralelamente, foi apoiado o desenvolvimento das PME através da promoção de empresas públicas e de empresas locais Foi igualmente introduzido um conjunto de medidas destinadas a proteger o aparelho de produção através de códigos de investimento e isenções fiscais, em particular.

- No início, esta política conduziu a um aumento da produção da indústria transformadora, mas o tecido industrial nunca foi além de um estado embrionário ou porque as políticas eram desadequadas ou porque formal implementadas.

- Acresce que a política de substituição das importações não foi associada à promoção das exportações, e os mercados internos não cresceram muito. Em última análise, os governos promoveram indústrias ineficientes e pouco competitivas a nível internacional (Bigsten e Söderbom, 2011). Esta situação conduziu à falência das empresas paraestatais no Gana, nomeadamente na indústria siderúrgica.

Num segundo período, dos anos de 1980 a 1995, os programas de ajustamento estrutural (PAE) implementados pelo Fundo Monetário Internacional (FMI) e pelo Banco Mundial promoveram o liberalismo económico. Estes programas resultaram na retirada do

Estado da economia e no descrédito das políticas de promoção de indústrias previamente definidas. De acordo com as instituições financeiras internacionais, as ineficiências das empresas ficaram a dever-se tanto a escolhas macroeconómicas inadequadas, como a distorções na alocação dos recursos decorrentes de políticas industriais seletivas. No entanto, o ajustamento estrutural levou à desindustrialização, com a insolvência de várias fábricas e a incapacidade das restantes empresas fazerem face à concorrência, em especial da Ásia.

A partir de 1995, a maioria dos países da África Ocidental recuperou o controlo para relançar o processo de industrialização. Foram realizadas um conjunto de reformas nos sistemas jurídicos e na legislação relativa ao direito de propriedade e foram criadas zonas de transformação para exportação e instituições financeiras para apoiar as empresas. A abordagem geral consistiu em melhorar o ambiente de negócios, esperando que arrastasse o investimento (Aryeeteya e Moyo, 2012).

Foram igualmente tomadas medidas para impulsionar a indústria. Em dezembro de 1999, os oito países da UEMOA adotaram uma Política Industrial Comum (PIC) para reestruturar as infraestruturas industriais, promover um tecido industrial coordenado e melhorar a competitividade das empresas. Em 2010, os países da CEDEAO estabeleceram a Política Industrial Comum na África Ocidental (PICAO) para acelerar a industrialização da África Ocidental através da transformação local das matérias-primas, da diversificação das capacidades, do reforço da integração regional e das exportações de produtos transformados (CEDEAO, 2012).

Tabela 6.5. **Políticas industriais na África Ocidental**

Estratégias industriais	Setores	Instrumentos	Resultados
1960-80: Substituição das importações	Bens de consumo não duradouros. Bens de consumo duradouros e produtos semiacabados (em aço e petroquímicos). Setores rudimentares	• Barreiras tarifárias com vista a proteger as indústrias locais, quotas de importação, subsídios às indústrias locais, prémios à exportação, empréstimos para apoiar a reestruturação industrial, limite máximo das taxas de juro, linhas de crédito orientadas, políticas fiscais flexíveis. • Decretos de promoção de empresas, no todo ou em parte, públicas e/ou pertencentes aos cidadãos nacionais.	Baixa industrialização
1980-94: Políticas de ajustamento estrutural (PAE)	Setores públicos de produção	• Privatização de empresas públicas. • Liberalização do comércio. • Fim dos subsídios às indústrias locais. • Código de investimento para incentivar o IDE. • Grandes investimentos em infraestruturas.	Desindustrialização
A partir de 1994: Substituição das importações e promoção das exportações	Todos os setores (indústrias ligeiras, serviços, diversificação das produções locais).	• Valorização e acesso aos recursos locais. • Reforço da competitividade das empresas industriais. • Criação de zonas francas. • Desenvolvimento de instituições financeiras. • Criação de uma instituição de apoio ao setor privado. • Reformas do sistema jurídico. • Continuação do programa de privatizações. • Eliminação dos prémios à exportação. • Redução da tarifa aduaneira. • Reduções fiscais. • Reforma dos procedimentos de desembaraço aduaneiro. • Melhoria do fluxo rodoviário. • PICAO in 2010.	Industrialização fraca

Fonte: Compilado pelos autores com base em Otoo, K. (2013), *Industrial Policy in West Africa*.

Apesar destes esforços, a industrialização da região continua a ser um desafio. O desemprego dos jovens poderá tornar-se um fator de instabilidade (OCDE, 2018). Além disso, subsistem muitos desafios, entre os quais a segurança e a estabilidade política, que comprometem os esforços de desenvolvimento de vários Estados-Membros, devido a crises, conflitos e ao aumento do orçamento destinado à defesa e segurança. A África Ocidental também enfrenta riscos ao nível da segurança alimentar e das alterações climáticas.

Cinco estratégias para acelerar a transformação produtiva

1. Explorar as complementaridades regionais para reforçar as vantagens comparativas

A exploração de novos caminhos poderá potenciar o aproveitamento das complementaridade e semelhanças entre países no contexto da cooperação regional. Alguns países da CEDEAO apresentam índices de complementaridade elevados em matéria de relações comerciais. Em 2017, estes países eram por ordem decrescente: Côte d'Ivoire e Senegal, Senegal e Mali, Senegal e Gana, Senegal e Togo, Senegal e Nigéria, Gâmbia e Níger, Côte d'Ivoire e Burkina Faso (Tabela 6.A1.3). Simultaneamente, as estruturas de produção (agrícola e mineira) de vários produtos exportados com vantagem comparativa apresentam semelhanças significativas e poderiam por isso, melhorar as respetivas vantagens comparativas promovendo as cadeias de valor regionais (CVR) e as zonas económicas especiais (ZEE). Estes dois elementos poderiam contribuir para melhorar a produtividade e a competitividade das empresas, facilitar o acesso aos mercados nacionais, regionais e continentais, fomentar uma melhor integração da região nas cadeias de valor globais e assegurar a coerência das políticas regionais para a transformação produtiva.

Promover cadeias de valor regionais (CVR) com elevado potencial

Entre os países da CEDEAO há maior complementaridade do que concorrência. A África Ocidental contava com cinco a nove países entre os 20 maiores produtores mundiais dos 13 principais produtos agrícolas, em 2017 (Tabela 6.6). A região dispõe, assim, de um quase monopólio na produção mundial de sementes de karité, fonio e inhame, com percentagens superiores a 90% da produção. É também líder na produção de outros produtos, tais como cacau, castanha de caju e mandioca.

As oportunidades de desenvolver cadeias de valor regionais poderão ser concretizadas através de ZEE integradas. Por exemplo, a manteiga de karité é, frequentemente, exportada em bruto quando poderia ser transformada localmente, gerando empregos e recursos financeiros importantes. Os sete principais países produtores do mundo encontram-se todos na África Ocidental: Nigéria, Mali, Burkina Faso, Gana, Côte d'Ivoire, Benim e Togo. A manteiga de karité dá trabalho direto ou indireto a cerca de três milhões de mulheres africanas (PNUD, 2013). A procura por produtos derivados da mandioca está também a aumentar. Um terço da produção mundial é proveniente da África Ocidental e cinco países da região figuram entre os 20 principais produtores. As capacidades de transformação industrial deverão ser aumentadas para acompanhar o ritmo da procura. Os países produtores da região poderão incentivar a instalação de empresas industriais de transformação na proximidade das grandes zonas de produção agrícola.

A promoção das CVR requer uma boa gestão do setor agrícola e a adoção de novas tecnologias para valorizar a produção agrícola. Com vista a promover as cadeias de valor, o Senegal criou cinco centros de serviços agrícolas de emprego intensivo, centrados na formação de agricultores com um mínimo de 10 hectares de terra, acesso a água, e acesso a instalações de armazenamento das colheitas. Criou também instalações para comercialização, marketing e embalagem dos produtos. Pelo seu lado, a Côte d'Ivoire lançou um programa de certificação da qualidade dos produtos no âmbito do seu Plano de Desenvolvimento Nacional 2016-20 (OCDE, 2018). As parcerias com grandes empresas internacionais, como a do no Burkina Faso para a manteiga de karité (PNUD, 2013; APEX–Burkina, 2016) também podem ajudar as empresas locais na transformação e na exportação.

Tabela 6.6. **Exemplos de cadeias de valor de elevado potencial na África Ocidental**

Produtos agrícolas	Produção total, 2017 (em milhares de toneladas)	Quota da África Ocidental na produção mundial (em %)	Número de países entre os 20 principais produtores mundiais
Fonio	671.4	99.9	9
Castanha de caju, não descascada	1 410.5	35.5	9
Semente de karité	548.2	99.9	7
Inhames	67 309.3	92.2	7
Painço	9 128.0	32.1	7
Quiabos	2 722.4	28.2	7
Amendoins com casca	6 006.6	12.8	7
Noz de cola	228.4	84.0	5
Feijão seco	6 177.9	83.4	5
Grãos de cacau	3302.3	63.5	5
Mandioca	96 223.9	33.0	5
Borracha natural	849.6	6.0	5
Óleo, noz de palma	14 789.0	4.7	5

Fonte: Cálculos dos autores com base nos dados FAO (2019), *FAOstat* (base de dados).

A integração nas cadeias de valor pode ser melhorada no setor mineiro. O continente é uma reserva mundial de minerais e um dos futuros palcos de intervenção d para as indústrias extrativas (Lopes, 2014; Chisanga, 2017). A nível mundial, 80% dos projetos de exploração mineira centram-se em quatro recursos minerais essenciais: minério de ferro, cobre, ouro e níquel. O Gana, o Mali e o Burkina Faso fazem estão entre os maiores produtores de ouro em África. Descobertas recentes de ferro, gás, ouro, carvão e petróleo na Guiné, no Gana, na Libéria e no Senegal mostram a abundância de recursos minerais nesta região. Estes recursos poderão mudar o curso do crescimento destes países se as políticas de transformação local selecionarem cuidadosamente as atividades com maior impacto potencial no resto da economia.

Promover ZEE integradas a nível regional

A criação de ZEE pode valorizar as potencialidades dos países produtores dos mesmos bens. Os planos para impulsionar a agricultura da região entre a Côte d'Ivoire, o Burkina Faso e o Mali estão em destaque. O projeto Sikasso-Korhogo-Bobo-Dioulasso (SKBO), assinado em janeiro de 2017, tem por objetivo coordenar e reforçar a cooperação entre estes três países. O projeto teve início em maio de 2018e visa promover a criação e o reforço de projetos industriais, públicos e privados, através de incentivos ao setor privado (Baba, 2018). Este tipo de parceria deveria ser reforçado, com uma vontade política forte dos países envolvidos.

Uma nova ZEE baseada na indústria do chocolate é possível entre a Côte d'Ivoire e o Gana, dado que os dois países representam dois terços da produção mundial. Para tal será necessário dar início a uma boa colaboração entre os países a fim de promover o desenvolvimento de uma tecnologia de transformação de produtos de base, incluindo o cacau, o café e a castanha de caju. As ligações entre os vários países através de infraestruturas adequadas e o desenvolvimento da economia digital seriam vantagens adicionais. Estes investimentos públicos em infraestruturas podem ajudar a eliminar obstáculos às empresas.

2. Promover a inovação empresarial em subsetores com fortes externalidades positivas

As políticas deverão visar a promoção do desenvolvimento do setor financeiro regional e o acesso a meios de pagamento. O acesso ao crédito deve ser melhorado, especialmente para as PME, garantindo que as taxas de juro e os requisitos em matéria de garantias não dissuadem os investimentos em setores produtivos.

Explorar o potencial da economia digital

A quota das exportações de alta e média tecnologia no total das exportações (em valor) dos países da África Ocidental segue uma tendência descendente, o que revela uma perda de competitividade neste segmento. As diminuições mais significativas registam-se na Gâmbia, em Cabo Verde e, sobretudo, na Nigéria, onde este rácio passou de 0.78% em 2001 para 0.19% em 2014, o que representa uma diminuição de quase 76%. Em toda a região, a quota média das exportações de alta e média tecnologia no total das exportações (em valor) diminuiu de 0.26% para 0.18% entre 2001 e 2014, devido à baixa complexidade dos produtos e a uma perda de competitividade no setor.

A nova era digital é promissora para a região, tanto em termos de criação de *start-ups* e de desempenho do setor privado, como para o reforço das relações comerciais. A África Ocidental deu início à transformação digital com a plataforma de comércio eletrónico do grupo Jumia, lançada na Nigéria em 2012, que está hoje entre as *start-ups* mais dinâmicas em África (ver Capítulo 1). Contudo, é necessário que as políticas de transformação produtiva sejam ser integradas no contexto mais amplo da política de desenvolvimento centrada no reforço da acumulação de capital e de conhecimento. Os desafios continuam a ser enormes, nomeadamente ao nível dos investimentos em infraestruturas fibra ótica e dos esforços necessários para assegurar o acesso à internet da maioria da população

Desenvolver mecanismos de financiamento para empreendedores e PMEs

A contribuição financeira da diáspora para economia é muito significativa. As remessas dos migrantes para a África Ocidental aumentaram de USD 27.3 mil milhões para USD 31.5 mil milhões entre 2011 e 2017, ultrapassando os UDS 32 mil milhões em 2018 (Banco Mundial/Knomad, 2019). A crescer desde 2000, representaram 1.7% do PIB da África Ocidental entre 2000 e 2004, 4.3% entre 2010 e 2014 e 5.6% em 2017. Entre os países que mais dependem destas remessas em percentagem do PIB encontram-se a Gâmbia (14%), a Libéria (12.3%), Cabo Verde (11.9%), o Senegal (11.4%), o Togo (8.9%) e o Gana (6%). Em termos de volume, o maior beneficiário destas remessas na África Ocidental é a Nigéria (USD 24.3 mil milhões em 2018, ou 6.1% do PIB).

Embora os bancos comerciais da região apresentem excesso de liquidez, as PME/PMI têm dificuldade em ter acesso a um financiamento adequado. Neste contexto, o Programa de Cooperação Monetária da CEDEAO, em vigor desde 1987, tem grandes dificuldades em atingir os seus objetivos. Os bancos da região não desempenham plenamente o seu papel de financiamento da economia, em parte devido à dimensão do setor informal e do não recurso à banca por parte de um grande número de empresas informais. Os bancos tendem a funcionar como instituições de depósitos e estão menos orientados para as necessidades financeiras das grandes empresas ou do Estado. A estrutura dos depósitos limita fortemente a capacidade dos bancos criarem ativos de longo prazo e, por conseguinte, de financiarem o investimento (Tabela 6.7). Os empréstimos de médio e longo prazo estão a aumentar (42% dos empréstimos em 2015), mas continuam a ser insuficientes para satisfazer as necessidades do mercado. Além disso, os bancos colocam uma parte cada vez mais importante da sua liquidez em títulos públicos emitidos no mercado regional.

Tabela 6.7. **Origem dos recursos obtidos pelo sistema bancário da UEMOA, 2015**

Tipo de recurso	Montante (em mil milhões de euros)	Proporção (em percentagem)
Recursos totais obtidos pelo sistema bancário da UEMOA	40	100
Depósitos	34	85
Dos quais, depósito de curto prazo (menos de dois anos)	32	80
Dos quais, depósito de médio e longo prazo (mais de dois anos)	2	5
Outros	6	15

Fonte: UEMOA e Banco Central dos Estados da África Ocidental (BCEAO).

Um financiamento adequado das PME/PMI deve ter em conta a importância do setor informal e poderá basear-se na harmonização dos em registos de garantias. No Benim, 98% das empresas dispõem de um capital inferior a USD 3 400. Estas companhias representam 60 a 70% do PIB e empregam 90% da população ativa. Na Côte d'Ivoire, o programa Phoenix visa criar um fundo de garantia para o financiamento das PME. A sua implementação tem-se vindo a atrasar e permanece incerta, dada a instabilidade das pastas ministeriais na gestão deste projeto (OCDE, 2018). Desde 2012, o Senegal implementou um conjunto de medidas para facilitar o acesso ao crédito, especialmente dirigido às PME (OCDE, 2017). Este conjunto de medidas inclui um fundo soberano de investimentos estratégicos (FONSIS), o Banco Nacional de Desenvolvimento Económico (BNDE) e o fundo de garantia de investimentos prioritários (FONGIP).

Para ir mais além, a implementação de sistemas unificados de registo de garantias poderá aumentar o acesso das empresas ao crédito. Este sistema reduz o custo da gestão de empréstimos e permite às instituições financeiras alargar o crédito aos pequenos empresários (MFW4A, 2017). O sistema de registo de garantias (CRS) estabelecido no Gana em 2010 ao abrigo da lei de 2008 sobre mutuários e mutuantes é o primeiro do género na África subsariana (Oppong-Adusah, 2012). Este sistema permitiu melhorar o acesso das PME a empréstimos e a serviços financeiros uma vez que 63% dos bancos e instituições financeiras o utilizam. Em dezembro de 2002, cerca de 9 000 PME e 30 000 microempresas tinham obtido mais de USD 6 mil milhões em empréstimos, tendo dado como garantia bens próprios inscritos no registo. No final de 2016, os bancos centrais da Libéria e da Nigéria tinham também adotado este instrumento (BAfD/OCDE/PNUD, 2017).

Acesso à formação

Em termos de capital humano, a falta de correspondência entre a formação e as necessidades do mercado de trabalho não favorece a inovação. Apesar dos investimentos consideráveis realizados na formação, a África Subsariana ainda sofre de um deficit de competências. Apenas 1% dos adultos concluíram o ensino superior face, a 3.9%, em, a nível mundial (Barro e Lee, 2010). A África Ocidental está atrasada em relação a África e ao resto do mundo, especialmente no que se refere à qualidade do ensino em matemática e ciências, à disponibilidade de serviços de investigação e formação, bem como ao nível de formação do pessoal (Tabela 6.8).

Tabela 6.8. Pontuação no Índice de Competitividade Mundial (ICM)
para o ensino superior e a formação na África Ocidental e noutras regiões (escala
de 1 a 7), 2010-11

Região	Sistema educativo	Ensino da matemática e das ciências naturais	Disponibilidade de serviços de investigação e de formação	Nível de formação do pessoal
África Ocidental	3.7	3.5	3.9	3.7
África	3.5	3.5	3.6	3.8
Ásia Oriental	4.6	4.7	4.5	4.6
China	4	4.7	4.4	4.1
Benim	4.2	4.2	3.9	3.5
Côte d'Ivoire	3.1	3.6	4.2	4.3
Gana	3.7	3.9	3.5	3.8
Mali	2.7	2.4	3.8	3
Níger	3.8	2.9	3.7	3.9
Senegal	3.6	3.9	4.5	3.3

Fonte: BAfD (2011b), *African Development Report.*

A baixa taxa de inscrição em ciências e tecnologia (22.2% face a 38.8% na Ásia Oriental) resulta numa grave escassez de competências no mercado de trabalho. O número de técnicos por 1 000 trabalhadores não ultrapassava 0.63 na África Subsariana, em 2007, em comparação com 42.81 na China, enquanto o número de investigadores por 1 000 trabalhadores era de 0.99 (em comparação com 4.76 na China) (Instituto de Estatística da UNESCO, 2010). Tal escassez prejudica o desenvolvimento do setor privado e deixa a economia dependente de atividades de mão-de-obra intensiva e pouco qualificada (agricultura e setor informal não agrícola). Mesmo no setor agrícola, a ausência de qualificações atrasa o desenvolvimento, a modernização e a melhoria da produtividade, apesar do forte potencial de exportação dos produtos com vantagens comparativas. Esta situação reduz a procura de capital humano e perpetua a baixa acumulação de capital humano. O perfil dos licenciados também não corresponde à procura, conduzindo a uma elevada taxa de desemprego entre os licenciados, um grande número dos quais estudou ciências humanas (AFD/CREMIDE, 2019). Como consequência, é difícil captar IDE intensivo em tecnologia. A transferência de tecnologia é afetada, enquanto os postos de trabalho criados continuam a ser, em grande medida, informais (93.4% dos trabalhadores na Côte d'Ivoire).

À luz destas observações, formulam-se duas recomendações. Para promover a transformação produtiva, a África Ocidental tem de corrigir o desfasamento entre competências e empregos. A fim de alinhar a oferta às necessidades do mercado torna-se necessário reforçar as ligações entre o ensino geral e profissional e o ensino secundário qualificado. E ainda, apoiar as ofertas de requalificação e de aprendizagem dos jovens desempregados e desenvolver as PPP para integrar as competências adquiridas no setor informal.

São também necessárias medidas para melhorar a qualidade do ensino a todos os níveis. Em muitos países da África Ocidental, os governos apoiam financeiramente as instituições de ensino privado, especialmente no ciclo superior, sem disporem de um verdadeiro mecanismo de controlo da qualidade ou de requisitos de desempenho. Tornou-se imperativo apoiar os bons professores e promover uma cultura de avaliação das competências. Este objetivo pode ser alcançado através da indexação do aumento dos salários dos professores ao desempenho e pelo reforço das suas qualificações através de formação contínua.

3. Eliminação das barreiras não tarifárias no acesso aos mercados nacionais, regionais e continentais

A transformação produtiva nos países da CEDEAO deverá passar por um acesso mais fácil aos mercados nacionais e continentais. O baixo nível de trocas comerciais entre os países da região apesar da união aduaneira é explicado pela existência de regras de origem e de barreiras não tarifárias, tais como infraestruturas rodoviárias e ferroviárias pouco desenvolvidas e muitas vezes em mau estado. Outras barreiras não tarifárias decorrem da baixa competitividade da rede de transportes e dos serviços de logística.

Embora a região já tenha realizado progressos significativos em matéria de livre circulação de pessoas, os obstáculos administrativos à livre circulação de bens na África Ocidental continuam a ser muito elevados. Nos principais eixos rodoviários da região, existem quatro postos de controlo a cada 100 km, que são muitas vezes fonte de pequena corrupção (Tabela 6.9). Este número não parece ter sido influenciado pela união aduaneira entre os países da UEMOA, uma vez que o número de controlos é o mesmo nas estradas do espaço UEMOA e nos que ligam outros países da CEDEAO.

Tabela 6.9. **Controlos administrativos em estradas da África Ocidental**

Estrada	Distância	Número de controlos a cada 100 km
Abidjan-Ouagadougou	1 122 km	3
Lomé-Ouagadougou	989 km	4
Cotonou-Niamey	1 036 km	3
Niamey-Ouagadougou	529 km	4
Acra-Ouagadougou	972 km	2
Lagos-Abidjan	992 km	7

Fonte: Akanni-Honvo (2003), L'UEMOA et la Cedeao: Intégration à géométrie variable ou fusion (p. 247).

As PME são as mais afetadas por estas barreiras à entrada nos mercados regionais, cujo impacto é agravado pelo desconhecimento da legislação em vigor e da evolução da integração formal. A fragilidade do comércio inter-regional explica-se, em grande medida, pela baixa competitividade das unidades de produção e pelo grande número de barreiras, entre as quais se incluem: regras de qualidade e de conformidade, regras de origem, informação comercial, implementação de acordos comerciais e procedimentos aduaneiros.

Reforço da cooperação regional através de harmonização das regras de origem

As regras gerais estabelecidas pela Organização Mundial das Alfândegas (OMA) e aplicadas pela OMC estipulam que os países em desenvolvimento devem beneficiar de tarifas favoráveis na maioria dos países desenvolvidos. As tarifas que lhes são concedidas estipulam que os produtos exportados pelos países em desenvolvimento só tenham de conter 40% de conteúdo local. Em geral, os acordos de comércio livre preveem regras de origem preferenciais para as mercadorias produzidas com uma determinada percentagem de matérias-primas provenientes dos países signatários no acordo. Um exportador cujos produtos sejam fabricados com matérias não originárias deve, por isso, pagar direitos aduaneiros. Além disso, o produtor pode beneficiar de uma tarifa preferencial se as matérias-primas utilizadas forem "substancialmente transformadas" para criar um produto novo.

No entanto, nos acordos Norte-Sul, o racional subjacente à definição das regras de origem é diferente. Com efeito, estas refletem, em geral, os interesses do norte, cujas tarifas são inferiores às dos seus parceiros do sul. É o caso da União Europeia (UE) e dos países do grupo África-Caraíbas-Pacífico (ACP). Nos acordos Norte-Sul, as regras de origem refletem o desejo dos parceiros do norte de evitar o alargamento involuntário do benefícios associado ao tratamento preferencial a produtores não elegíveis ou a produtos que apenas tenham sido ligeiramente transformados na região. Podem também refletir o desejo de controlar o processo de liberalização preferencial, de modo a reduzir os custos de ajustamento em nome dos interesses industriais do norte.

As regras de origem estão a provar ser demasiado restritivas e a criar custos para as empresas locais. Estas limitam a aplicação de preferências aos produtores efetivamente elegíveis. Contudo, na ausência de uma regra de origem harmonizada, a extensão involuntária do tratamento preferencial a produtores que se limitam a transformar ligeiramente (ou apenas transportar) as suas mercadorias nos países elegíveis contribui para diluir as preferências concedidas a produtores efetivamente elegíveis. Num acordo de comércio livre, os países membros conservam a liberdade de determinar as tarifas externas. Na ausência de regras de origem, esta liberdade pode criar oportunidades para importar para os países membros produtos de fora da zona através do país com as tarifas externas mais baixas. Tal "desvio do tráfego" priva os restantes países membros das receitas tarifárias correspondentes e pode provocar uma redução das tarifas externas, cujo resultado final tenderá a ser a sua eliminação. Um resultado ideal do ponto de vista do bem-estar geral, mas não necessariamente desejado pelos governos dos países membros.

Desenvolver redes de transportes e serviços logísticos competitivos

O reforço da complementaridade requer uma melhoria das redes de transportes. De acordo com o Índice de Integração Regional Africana (CUA/BAfD/CEA, 2016), a classificação global da África Ocidental no índice é o resultado de uma integração produtiva insuficiente entre os países membros e de infraestruturas deficientes. As classificações da CEDEAO (0.265 para a integração produtiva e 0.426 para as infraestruturas) estão abaixo da média das oito comunidades económicas regionais de África (Figura 6.8).

Figura 6.8. Integração regional global: classificação média das CER em cinco dimensões

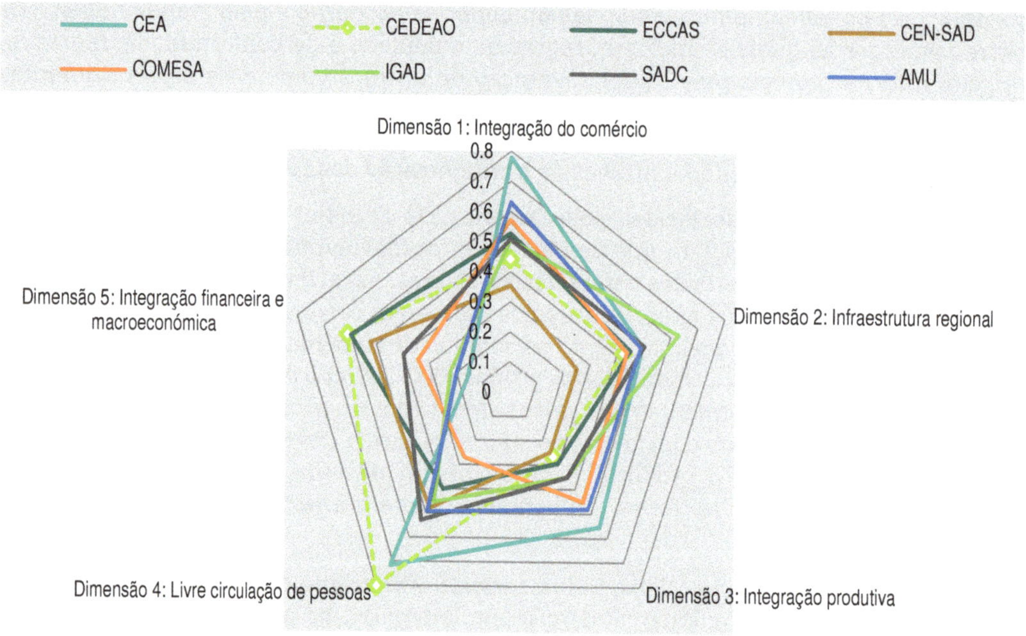

Fonte: Ilustração dos autores com base em CUA/BAfD/CEA (2016), *Africa Regional Integration Index 2016*.
StatLink ᵐˢᵖ https://doi.org/10.1787/888933967758

Os países da região teriam muito a ganhar se acelerassem o desenvolvimento das infraestruturas regionais e das interligações entre os Estados-Membros. Tal poderia ser alcançado através da mobilização de recursos financeiros para o financiamento de projetos prioritários no âmbito do Programa Comunitário de Desenvolvimento, da implementação efetiva do Programa Regional para a Facilitação do Transporte Rodoviário e do Tráfico, assim como da liberalização efetiva do transporte aéreo na região.

Iniciativas como o corredor Abidjan-Lagos, que deverá facilitar o comércio entre a Côte d'Ivoire, o Gana, o Togo, o Benim e a Nigéria, deverão ser facilitadas. Estas poderão conduzir a uma redução dos custos, diretos e indiretos, com o comércio e ao aumento da competitividade dos produtos. O projeto do posto conjunto de controlo Semé-Kraté, concebido para facilitar a circulação entre o Benim e a Nigéria foi concluído em outubro de 2018, com o apoio financeiro da União Europeia (UE). Outros projetos estão previstos no âmbito do Programa Comunitário de Desenvolvimento, incluindo a autoestrada de Lagos-Dakar, a rede ferroviária Cotonou-Niamey-Ouagadougou-Doris-Abidjan, o caminho-de-ferro Ouagadougou-Bamako, sem esquecer a Academia de Ciências da África Ocidental (AOAS) e o satélite de observação Ecoati, entre outros.

Além disso, as infraestruturas portuárias da África Ocidental são menos competitivas do que outras em termos de taxas e outros custos de transação. Independentemente do indicador escolhido, estas infraestruturas ficam aquém das melhores práticas mundiais. Apesar da existência de uma dúzia de grandes portos marítimos na região, nenhum faz parte dos 70 maiores portos do mundo. Pelo contrário, os portos da região estão entre os mais caros e os mais lentos em termos dos prazos de processamento – entre 11 e 30 dias por contentor, ou seja, uma média de duas semanas, enquanto o padrão internacional é de sete dias ou menos (CEA, 2017). Estes atrasos resultam em custos adicionais elevados.

4. A coordenação das políticas fiscais merece especial atenção

É essencial que as políticas fiscais sejam coordenadas para estimular a exportação, a competitividade e a motivação dos fornecedores para reorientarem a sua produção. As políticas económicas devem ser coordenadas e orientadas para o desenvolvimento de determinados setores da economia, de modo a motivar a participação dos investidores e dos fornecedores. A obtenção de resultados eficazes depende do grau de alinhamento entre as políticas económicas e a promoção da transformação produtiva. Por exemplo, as políticas de câmbio têm também impacto nos incentivos à participação dos investidores no longo prazo.

Por outro lado, os países beneficiariam em cooperar para evitar a concorrência ao nível dos benefícios fiscais oferecidos aos investidores. O investimento direto estrangeiro (IDE) diminuiu de USD 18.3 para USD 9.2 mil milhões entre 2011 e 2015, antes de recuperar para USD 11.2 mil milhões em 2016. Entre 2013 e 2017, a região da África Ocidental atraiu 19% dos novos projetos de IDE em África (fDi Markets, 2018). Estes novos projetos são principalmente atraídos pelo potencial do mercado regional e são dirigidos a vários setores de atividade.

5. É necessário melhorar o acesso à energia e à terra para a transformação produtiva da economia

Acesso à energia

Os países da CEDEAO devem reforçar a cooperação regional para melhorar o acesso à eletricidade, o que permitirá assegurar custos de produção mais baixos e mais previsíveis para as empresas da região. Foi com este objetivo que foi criada a Rede de Energia da África Ocidental em 1999, que abrange 14 países e reúne cerca de 30 empresas públicas e privadas. No entanto, 30% da população da África Subsariana sem acesso eletricidade ainda estão na África Ocidental. A taxa média de acesso à eletricidade é de 52%, com cortes de eletricidade de até 80 horas por mês (Banco Mundial, 2018b). O Gana aumentou este acesso de 45% para 84% entre 2000 e 2016, mas a fiabilidade do fornecimento continua a ser problemática. O Senegal foi também proactivo e duplicou a taxa de acesso à eletricidade da população entre 2000 e 2016 passando de 30% para 64%. A Nigéria tem uma taxa de eletrificação de cerca de 61% (113 milhões de pessoas num total de 185 milhões de habitantes). No entanto, cerca de 80% dos nigerianos dispõem de uma fonte alternativa de fornecimento de energia, sob a forma de geradores a diesel. Com um custo de USD 0.25 por quilowatt-hora, a eletricidade na região também continua a ser muito cara, custando duas vezes mais do que o preço médio no resto do mundo (Banco Mundial, 2018b).

Acesso à terra

Na África Ocidental, o acesso à terra é fundamental para a transformação produtiva das economias agrícolas. O acesso à terra pode também facilitar a estabilidade necessária para os investimentos, como no Gana, onde a terra está disponível em grande escala desde os anos de 1900 (Frankema e Van Waijenburg, 2018). É também um pilar fundamental na consolidação da paz e da segurança. É necessário introduzir sistemas de cadastro ou registo predial para facilitar a recolha de dados sobre o rendimento das propriedades, ou mesmo certificar as transferências de propriedade, num contexto em que o direito consuetudinário continua a ser predominante. Estas medidas poderiam fazer parte dos Programas Nacionais de Investimento Agrícola (PNIA) e do Programa Regional de Investimento Agrícola (PRIA), bem como da ofensiva regional para a produção alimentar e da luta contra a fome. Apenas 10% das terras rurais na região estão registadas (UA/OCDE, 2018).

Anexo 6.A1. Indicadores económicos da África Ocidental

Tabela 6.A1.1. Indicadores macroeconómicos na região da África Ocidental

	2000-04	2005-09	2010-14	2015-18	2019-22
Crescimento real do PIB	7.3	6.5	6.4	4.9	5.6
População (taxa de crescimento)	2.7	2.7	2.8	5.5	4.0
PIB/habitante (taxa de crescimento)	4.5	3.6	3.6	-0.6	1.6
Despesa pública (percentagem do PIB)	18.3	19.4	22.0	23.6	23.6
Investimento público (percentagem de crescimento do PIB) (*)	6.9	8.4	13.2	11.8	-
Investimento privado (percentagem de crescimento do PIB) (*)	4.3	3.5	4.1	3.8	-
Exportações (percentagem do PIB)	25.8	26.0	22.8	17.7	18.7
Importações (percentagem do PIB)	22.3	22.9	23.5	21.4	22.4
IDE em percentagem do PIB (*)	1.8	2.7	2.4	1.9	-
Remessas de migrantes (percentagem do PIB)	1.7	5.6	4.3	5.3	-

Nota: (*) O dado mais recente disponível é do ano de 2017.
Fonte: FMI (2019), *World Economic Outlook* (base de dados), e Banco Mundial (2018), *World Development Indicators* (base de dados)

Tabela 6.A1.2. Número de produtos, percentagem das exportações e índice de Herfindahl nos países da África Ocidental

	Número de produtos e percentagens nas exportações em 2007			Número de produtos e percentagens nas exportações em 2017			Índice de concentração de Herfindahl por período			
	50 % dos fluxos	75% dos fluxos	90% dos fluxos	50 % dos fluxos	75% dos fluxos	90% dos fluxos	Período 2000-04	Período 2005-09	Período 2010-14	Período 2015-16
Benim	3 (51)	8 (77.5)	16 (90.6)	3 (59.4)	7 (78)	17 (90.2)	0.55	0.32	0.33	0.31
Burkina Faso	1 (72.1)	2 (77.3)	10 (90)	1 (62.2)	2 (78.6)	6 (90.7)	0.60	0.62	0.59	0.70
Cabo Verde	3 (52.1)	9 (76.6)	24 (90.5)	2 (58.1)	6 (76.9)	13 (90.2)	0.29	0.36	0.33	0.32
Côte d'Ivoire	3 (58.7)	8 (76.4)	21 (90.6)	2 (53.1)	8 (76.1)	22 (90)	0.37	0.33	0.34	0.40
Gâmbia	4 (51.7)	9 (75.5)	23 (90.1)	2 (61.7)	8 (76)	26 (90.1)	0.27	0.30	0.30	0.35
Gana	2 (59.9)	6 (75.3)	20 (90.3)	2 (62.7)	3 (80.6)	10 (90.5)	0.40	0.43	0.42	0.43
Guiné	1 (50.3)	2 (77.2)	8 (90.3)	2 (65.1)	4 (77.6)	8 (90.4)	0.55	0.59	0.45	0.45
Guiné-Bissau	1 (87.7)	1 (87.7)	2 (92.2)	1 (88.4)	1 (88.4)	2 (92.6)	0.70	0.87	0.87	0.88
Libéria	1 (63.9)	2 (84.2)	3 (94.6)	2 (63.4)	4 (81.4)	7 (92.2)	0.68	0.67	0.40	0.39
Mali	1 (57.7)	2 (83.9)	5 (90.6)	1 (61.9)	2 (78.3)	6 (90.3)	0.59	0.61	0.68	0.76
Níger	2 (69.9)	3 (77.1)	9 (90.3)	3 (60.5)	5 (77.4)	11 (90.5)	0.38	0.41	0.39	0.34
Nigéria	1 (86.6)	1 (86.6)	2 (93.2)	1 (77.1)	1 (77.1)	4 (90.7)	0.88	0.86	0.79	0.73
Senegal	5 (50.5)	19 (75)	48 (90)	5 (54.4)	12 (75.6)	33 (90.2)	0.23	0.26	0.25	0.22
Serra Leoa	4 (50.5)	17 (75.7)	47 (90.1)	3 (56.4)	5 (77.2)	15 (90.6)	0.43	0.31	0.38	0.60
Togo	5 (56.4)	11 (75.5)	28 (90.4)	5 (53.3)	12 (75.8)	25 (90.6)	0.25	0.23	0.24	0.21
CEDEAO							**0.48**	**0.48**	**0.45**	**0.47**

Fonte: Cálculos dos autores com base em CNUCED (2019), *UNCTADstat* (base de dados).

Tabela 6.A1.3. Índice de complementaridade intrarregional na África Ocidental, 2003

	País exportador												
País importador	Benim	Burkina Faso	Côte d'Ivoire	Cabo Verde	Gana	Guiné	Gâmbia	Mali	Níger	Nigéria	Senegal	Togo	Média
Benim		20.3	48.6	10.30	25.2	19.2	46.1	9.3	18.7	16.7	55.9	40.0	26.4
Burkina Faso	19.9		52.3	8.7	22.7	24.7	36.3	10.1	11.6	22.4	60.2	41.1	27.0
Côte d'Ivoire	26.4	20.3		9.9	n.apl.	27.1	24.6	16.9	14.0	26.5	65.3	34.0	27.0
Cabo Verde	24.4	23.8	47.0		30.4	13.2	50.2	14.1	15.0	15.3	47.0	46.0	28.2
Gana	20.5	20.2	n.apl.	12.7		n.apl.	39.7	11.0	13.0	20.6	61.3	42.0	26.0
Guiné	26.7	20.8	50.2	11.9	n.apl.		30.6	12.2	17.7	27.8	43.5	34.9	26.0
Gâmbia	23.7	22.8	39.4	10.2	24.8	15.1		8.4	17.4	12.7	49.4	41.6	22.8
Mali	19.4	19.9	45.8	9.9	24.1	24.0	36.3		11.3	19.7	61.7	40.0	26.9
Níger	23.8	22.8	47.7	9.0	24.1	14.2	51.9	8.5		16.2	55.3	35.3	26.2
Nigéria	21.2	20.6	40.5	12.9	25.0	27.2	36.9	13.7	12.3		54.6	43.7	26.9
Senegal	25.1	24.3	55.5	13.6	30.3	17.6	45.9	14.9	15.9	20.8		40.5	27.1
Togo	24.3	25.8	42.9	15.6	29.2	23.0	41.1	18.0	18.5	20.9	59.7		28.0
Média	**22.7**	**21.7**	**46.0**	**11.4**	**26.0**	**21.0**	**39.8**	**12.0**	**14.6**	**18.0**	**55.2**	**39.5**	

Fonte: Cálculo dos autores com base em Banco Mundial (2018a), *World Development Indicators* (base de dados)

Bibliografia

AFD/Cremide (2019), « Agir sur les sources de l'inadéquation compétence-emploi en Côte d'Ivoire », *Note de synthèse de l'atelier de restitution de l'étude sur les Sources de l'inadéquation compétence-emploi en Côte d'Ivoire*, Agence française de développement, Paris et Centre de recherche micro-économique sur le développement, Abidjan, www.cremide.ci/cremide/#.

Akanni-Honvo, A. (2003), *L'UEMOA et la Cedeao : intégration à géométrie variable ou fusion*, in Hugon, P. (sous la direction), *Les économies en développement à l'heure de la régionalisation*, Karthala, Paris.

APEX–Burkina (2016), Offre exportable du Burkina Faso: Cas du karité, page web : www.importateur. apexb.bf/offre-exportable-du-burkina-faso-cas-du-karite-2/ (acesso em 14 de junho de 2019).

Baba, A. (2018), « Infrastructures : Sikobo, une mini-Cedeao au Mali », in *Jeune Afrique Économie*, 12 juin 2018, www.jeuneafrique.com/mag/562630/economie/infrastructures-sikobo-une-mini-Cedeao-au-mali/ (acesso em 14 de junho de 2019).

BAfD (2013), *Intégration régionale en Afrique de l'Ouest : défis et opportunités pour le Sénégal*, Banque africaine de développement, Abidjan, www.afdb.org/fileadmin/uploads/afdb/Documents/ Publications/SEN-Rap_final__Integ_Rég_FR.pdf.

BAfD (2011a), *Document de stratégie d'intégration pour l'Afrique de l'Ouest 2011-2015*, Banque africaine de développement, Tunis, www.afdb.org/fileadmin/uploads/afdb/Documents/Policy-Documents/ DSIR%20pour%20l%27Afrique%20de%20l%27Ouest%20-%20REV%202.pdf (acesso em 14 de junho de 2019).

BAfD (2011b), *Rapport sur le développement en Afrique*, Banque africaine de développement, Tunis, www.afdb.org/fileadmin/uploads/afdb/Documents/Publications/Rapport%20sur%20le%20 d%C3%A9veloppement%20en%20Afrique%202011.pdf.

BAfD/OCDE/PNUD (2017), « Gouvernance politique et économique en Afrique », in *Perspectives économiques en Afrique 2017 : entrepreneuriat et industrialisation*, Publicações OCDE, Paris, https://doi.org/10.1787/aeo-2017-8-fr.

Banco Mundial (2017), *Situation économique en Côte d'Ivoire : et si l'émergence était une femme ?*, Groupe de la Banque mondiale, Washington, D.C., www.caidp.ci/uploads/3c4c25c9866b1e13a3f3a291df 0f215e.pdf.

Banco Mundial (2018a), *World Development Indicators* (base de données des indicateurs du developpement dans le monde), https://databank.worldbank.org/data/reports.aspx?source=world-development-indicators (acesso em abril de 2019).

Banco Mundial (2018b), *Un marché régional de l'énergie en Afrique de l'Ouest : pour une énergie abordable et fiable*, Groupe de la Banque Mondiale, Washington, D.C., www.banquemondiale.org/fr/news/ feature/2018/04/20/regional-power-trade-west-africa-offers-promise-affordable-reliable-electricity.

Banco Mundial /Knomad (2019), « Migration and Remittances, Recent Development and Outlook », *Migration Development Brief 31*, World Bank Group/Knowmad, Washington, D.C., www.knomad. org/publication/migration-and-development-brief-31.

Cadot, O., C. Djiofack e J. de Melo (2008), « Préférences commerciales et règles d'origine : perspectives des Accords de partenariat économique pour l'Afrique de l'Ouest et centrale », *Revue d'économie du développement 2008/3*, Vol. 16, pp. 5-48, https://doi.org/10.3917/edd.223.0005.

CEA (2017), *Les infrastructures régionales en Afrique de l'Ouest : état des lieux, enjeux et impact sur la zone de libre-échange* », Commission économique pour l'Afrique, Addis-Abeba, https://repository. uneca.org/bitstream/handle/10855/24265/b11883534.pdf?sequence=1.

CEA (2013), *Economic Transformation for Africa's Development*, Commission économique pour l'Afrique, Addis-Abeba, www.uneca.org/sites/default/files/uploaded-documents/Macroeconomy/ africaeconomictransformation_en.pdf.

CEDEAO (2017), *Rapport de convergence 2016*, Communauté économique des États d'Afrique de l'Ouest, Abuja, www.ecowas.int/wp-content/uploads/2017/11/Rapport-convregnece-2016_Final_final.pdf (acesso em 19 de abril de 2019).

CEDEAO (2010), *Politiques industrielles communes de l'Afrique de l'Ouest – Picao*, Communauté économique des États de l'Afrique de l'Ouest, Abuja, www.aidfortrade.ecowas.int/programmes-2/politique-industrielle-commune-de-lafrique-de-louest?lang=fr.

Center for International Development (2019), *The Atlas of Economic Complexity* (base de dados), Harvard University, https://atlas.cid.harvard.edu (acesso em 5 de abril de 2019)

Château, P. (2018), « Les huit chiffres à connaître sur l'économie sud-coréenne », in *Le Figaro.fr. Économie*, Paris, www.lefigaro.fr/conjoncture/2018/02/09/20002-20180209ARTFIG00197-les-sept-chiffres-a-connaitre-sur-l-economie-sud-coreenne.php.

Chisanga, E. (2017), « L'industrie en Afrique : quels enseignements tirer de l'expérience asiatique ? », *Passerelles, International Centre for Trade and Sustainable Development (ICTSD)*, Vol. 18, n° 1, 23 février 2017, www.ictsd.org/bridges-news/passerelles/news/l'industrie-en-afrique-quels-enseignements-tirer-de-l'expérience.

CNUCED (2019), *UNCTADStat* (base de dados), United Nations Conference on Trade and Development, Geneva, https://unctadstat.unctad.org

Conference Board (2019), *Total Economy* (base de dados), www.conference-board.org/data/economydatabase/ (acesso em maio de 2019).

CUA/BAfD/CEA (2016), *L'indice d'intégration régionale en Afrique*, Commission de l'Union africaine, Banque africaine de développement, Commission économique pour l'Afrique, Addis-Abeba, www.integrate-africa.org/fileadmin/uploads/afdb/Documents/IIRA-Report2016_FR_web.pdf.

CUA/OCDE (2018), *Dynamiques du développement en Afrique (2018) : Croissance, emploi et inégalités*, Commission de l'Union africaine, Addis-Abeba, Éditions OCDE, Paris/CUA, Addis-Abeba, https://doi.org/10.1787/9789264302525-fr.

DGT (2017), *Secteur Bancaire de l'UEMOA*, Ministère de l'Économie et des Finances, Paris, www.tresor.economie.gouv.fr/Ressources/16643_secteur-bancaire-de-luemoa.

ENDA-CACID (2013), *Evaluation du protocole sur la libre circulation des personnes et des marchandises de 1979 et du schéma de libéralisation des échanges (SLEC) de la CEDEAO*, Centre Africain pour le Commerce, l'Integration et le Développement (ENDA CACID), Dakar, Sénégal, décembre 2013, https://endacacid.org/latest/index.php?option=com_wrapper&view=wrapper&Itemid=1791.

FAO (2019), *FAOstat* (base de dados), Food and Agriculture Organization of the United Nations, Rome, https://faostat3.fao.org.

fDi Markets (2018), *fDi Markets* (base de données), www.fdimarkets.com (acesso em dezembro 2018).

FEM (2018), *The Global Competitiveness Index Report 2018*, World Economic Forum, Geneva, https://reports.weforum.org/global-competitiveness-report-2018/.

FMI (2019), *World Economic Outlook*, mise à jour avril 2019 (base de données), Fonds monétaire international, Washington, D.C., www.imf.org/external/pubs/ft/weo/2018/01/weodata/index.aspx (acesso em maio 2019).

Frankema, E. e M. Van Waijenburg (2018), « Africa Rising? A Historical Perspective », *African Affairs*, Oxford Academic, Vol. 117, Issue 469, juin 2018, pp. 543–568, https://doi.org/10.1093/afraf/ady022.

Global Innovation Index (2018), *Global Innovation Index* (base de dados), "Analysis", www.globalinnovationindex.org/analysis-indicator (acesso em 19 de abril de 2019).

ISO (2018), *The ISO Survey of Management System Standard Certifications* (base de dados), International Organization for Standardization, Geneva, www.iso.org/the-iso-survey.html (acesso em 19 de abril de 2019).

Hausmann, R. et al. (2011), *The Atlas of Economic Complexity: Mapping paths to Prosperity*, Center for International Development at Harvard University, Harvard Kennedy School, MIT Media Lab, www.tinyurl.com/lf8y4uw.

Hausmann, R. e C. Hidalgo (2011), « The Network Structure of Economic Output », *Journal of Economic Growth*, Vol. 16, n° 4, pp. 309-342, https://doi.org/10.1007/s10887-011-9071-4.

Institut de statistiques de l'Unesco (2010), « Trends in Tertiary Education: SubSaharan Africa », *UIS Fact Sheet*, décembre 2010, n° 10, Institut de statistiques de l'Unesco, Montréal.

Lopes, C. (2014), « Miser sur l'industrie extractive en Afrique pour une transformation économique inclusive », in *Great Insights*, Vol. 3, n° 7, https://ecdpm.org/great-insights/secteur-extractif-perspectives-africaines/miser-sur-lindustrie-extractive-en-afrique-pour-une-transformation-economique-inclusive/.

MFW4A (2017), *Registres des garanties mobilières*, Making Finance Work for Africa, Abidjan. www.mfw4a.org/fr/infrastructure-financiere/registres-des-garanties-mobilieres.html.

Mbate, M. (2014), « Industrial Policy and Structural Change : Some Policy Perspectives », in *Advances in African Economic, Social and Political Development*, pp. 181-195, doi.org/10.1007/978-3-319-16826-5_9.

Ministério de Finanças do Senegal (2012), Plan Sénégal émergent (PSE), Dakar, www.finances.gouv.sn/plan-senegal-emergent/.

OCDE (2018), *Suivi de la mise en œuvre des réformes vers l'émergence de la Côte d'Ivoire*, n° 3, Publicações OCDE, Paris, www.oecd.org/development/MDCR-Rapport-d-avancement-Cote-d-Ivoire.pdf.

OCDE (2017), *Examen multidimensionnel du Sénégal : Volume 1, évaluation initiale*, Les voies de développement, Publicações OCDE, Paris, https://doi.org/10.1787/9789264273092-fr.

OCDE-CAD (2018a), *International Development Statistics* (base de dados), www.oecd.org/dac/stats/idsonline.htm (acesso em maio de 2019).

OCDE-CAD (2018b), *Country Programmable Aid* (base de dados), www.oecd.org/dac/financing-sustainabledevelopment/development-finance-standards/cpa.htm (acesso em maio de 2019).

OIT (2019), *ILOSTAT Key Indicators of the Labour Market (KILM) (base de dados), International Labour Organization,* www.ilo.org/ilostat/ *(acesso em 29 de abril de 2019).*

OMT (2019), *2019 Visa Openness Report for Africa*, Organisation mondiale du tourisme, Madrid, https://doi.org/10.18111/9789284421039

ONUDI (2018), *Competitive Industrial Performance Index* (base de dados), United Nations Industrial Development Organization, https://stat.unido.org/database/CIP%202018.

ONUDI e RCI (2012), *Nouvelle politique industrielle de la République de Côte d'Ivoire, Phase I : Diagnostic du secteur industriel et du cadre institutionnel*, Organisation des Nations Unies pour le développement industriel et République de Côte d'Ivoire, www.unido.org/sites/default/files/2015-12/Industrial_Policy_Report_Cote_d_Ivoire_Oct_2012_0.pdf.

Oppong-Adusah, M. (2012), *Highlights of the Collateral Registry Ghana Redesign Project*, Société financière internationale (SFI), Washington, D.C., www.ifc.org/wps/wcm/connect/145330004bea0e32a239e71be6561834/Day2-session4-Mike+Oppong Adusah-Ghana+registry+project+highlights.pdf?MOD=AJPERES.

Otoo, K. (2013), *Politiques industrielles en Afrique de l'Ouest*, Friedrich Ebert Stiftung, Cotonou, library.fes.de/pdf-files/bueros/benin/10241.pdf.

PNUD (2013), *L'Occitane au Burkina Faso : Bien plus que du commerce avec les producteurs de beurre de karité,* Programme des Nations Unies pour le développement (PNUD, https://growinginclusivemarkets.org/media/cases/BurkinaFaso_L%27Occitane_French.pdf.

Poncet, S. e F. Starosta de Waldemar (2013), « Export Upgrading and Growth : the Prerequisite of Domestic Embeddedness », in *World Development*, Vol 51, pp. 104-118, Amsterdam, https://doi.org/10.1016/j.worlddev.2013.05.010.

UNESCO Institute for Statistics, (2010), "Trends in Tertiary Education: Sub-Saharan Africa", *UIS Fact Sheet*, December 2010, n° 10, UNESCO Institute for Statistics, Montreal.

UNSD (2019), *United Nations COMTRADE* (base de dados), https://comtrade.un.org/ (acesso em 5 de abril de 2019).

Anexo estatístico

Os dados utilizados nesta edição de *Dinâmicas do Desenvolvimento em África* foram compilados e organizados em tabelas que poderão ser descarregados gratuitamente a partir da página *web* do Centro de Desenvolvimento da OCDE (https://oe.cd/afdd2019), juntamente com indicadores sociais e económicos adicionais que ajudam a contextualizar a análise do relatório. As estatísticas são apresentadas numa base nacional para os países africanos para os quais há dados disponíveis.

Todos os indicadores apresentados no anexo incluem dados nacionais para todos ou quase todos os países africanos, bem como para a maioria dos demais países do mundo. Os indicadores foram escolhidos de modo a permitir comparações entre países africanos, bem como comparações com grupos de países semelhantes fora de África, que possam servir de referência. Estes dados contribuirão para contextualizar a análise apresentada no relatório e permitirão aos leitores analisar os dados subjacentes de forma mais detalhada, assim como, com o passar do tempo, dados mais recentes do que os fornecidos no relatório.

Os dados foram obtidos a partir de várias fontes, incluindo conjuntos harmonizados de dados nacionais anuais provenientes de instituições internacionais reputadas e indicadores elaborados pelos autores do relatório. O anexo estatístico será atualizado regularmente, a fim de incorporar valores mais recentes, atualizações e correções em fontes de dados externas e alterações que forem sendo realizadas nas diversas classificações dos países utilizadas nos dados. Assim, algumas diferenças entre os valores apresentados no anexo estatístico e os valores constantes do relatório podem refletir alterações que tenham sido efetuadas nas tabelas de dados após a publicação do relatório escrito.

As tabelas disponíveis em formato Excel são os seguintes:

Tabela 1	Indicadores de crescimento, emprego e desigualdade	Tabela 12	Diversificação das exportações
Tabela 2	Taxa de crescimento real anual do PIB, 2000-23	Tabela 13	Comércio global e regional
Tabela 3	Taxa de crescimento demográfico anual, 2000-23	Tabela 14	Entradas fluxos financeiros externos
Tabela 4	Taxa de crescimento real anual do PIB per capita, 2000-23	Tabela 15	Estimativas e projeções demográficas
Tabela 5	Divisão setorial da economia	Tabela 16	Bem-estar subjetivo
Tabela 6	Decomposição do crescimento por despesas	Tabela 17	Indicadores de saúde básica
Tabela 7	Finanças públicas	Tabela 18	Indicadores de educação básica
Tabela 8	Indicadores de desigualdade e pobreza	Tabela 19	Infraestruturas
Tabela 9	Indicadores de género	Tabela 20	Sustentabilidade ecológica
Tabela 10	Características da mão de obra	Tabela 21	Empreendedorismo e ambiente empresarial
Tabela 11	Comércio por intensidade de transformação		

Os valores apresentados nestas tabelas estatísticas, à exceção das tabelas 2 a 4, representam os anos mais recentes para os quais há dados disponíveis. Contudo, um conjunto completo de dados contendo todos estes indicadores, de 2000 até 2020, encontra-se disponível no mesmo *website*. Os dados também podem ser visualizados com o auxilio da ferramenta interativa de análise de dados "*Compare your country*". Os mesmos dados podem ainda ser consultados no portal estatístico da OCDE, no endereço eletrónico https://stats.oecd.org/, clicando no ícone "*Development*" seguido de "*Africa's Development Dynamics*", que se encontram no menu.

Para além dos dados nacionais, são apresentadas estatísticas agregadas para os seguintes grupos:

- As cinco regiões da União Africana (tal como definidas pelo Tratado de Abuja).
- África, Ásia, América Latina e Caraíbas e Mundo.
- **Países ricos em recursos naturais**
  Os países "ricos em recursos naturais" são países que obtêm uma parte significativa do seu PIB a partir da extração de recursos naturais do subsolo. Estas dotações

em recursos naturais podem ter grandes implicações ao nível do desenvolvimento económico, político e social. No presente relatório, os países são identificados como sendo ricos em recursos naturais em função da frequência com que, ao longo dos últimos anos, o valor dos hidrocarbonetos, carvão e minerais extraídos foi superior a uma determinada percentagem do PIB.

- **Nível de rendimento**
O Banco Mundial classifica os países do mundo em quatro categorias de acordo como o respetivo rendimento nacional bruto (RNB) por habitante, utilizando o Método Atlas[1]: países de baixo rendimento, países de rendimento médio-baixo, países de rendimento médio-alto e países de rendimento alto.

- **Acesso geográfico**
O relatório apresenta uma divisão dos países de acordo com sua situação geográfica: países sem litoral, países que possuem costa e nações insulares. O acesso ao comércio mundial pode ser complicado pelo fato de um determinado país ter acesso ou não ao litoral, enquanto as nações insulares apresentam padrões de desenvolvimento diferentes dos observados nas nações costeiras. Para além da divisão dos países nestas três categorias, o relatório também fornece dados sobre os "Países em Desenvolvimento sem Litoral (LLDC)" e os "Pequenos Estados Insulares em Desenvolvimento (SIDS)", assim classificados pelo Gabinete das Nações Unidas do Alto Representante para os Países Menos Avançados, os Países em Desenvolvimento sem Litoral e os Pequenos Estados Insulares em Desenvolvimento (UN-OHRLLS).[2]

- **Países Menos Avançados[3]**
Para além das categorias acima referidas, o UN-OHRLLS também classifica alguns países como "Países Menos Avançados (PMA)". Esta classificação foi oficialmente estabelecida em 1971 pela Assembleia Geral das Nações Unidas e engloba os países que se caracterizam por baixos níveis de desenvolvimento socioeconómico. Três critérios são tidos em conta nesta classificação: o rendimento, o nível de saúde e educação da população e a vulnerabilidade económica.

- **Estados frágeis[4]**
A OCDE estuda a fragilidade como um conceito multidimensional de riscos que podem constituir um obstáculo essencial à capacidade dos países de atingirem suas aspirações de desenvolvimento, em especial no que diz respeito aos objetivos da Agenda das Nações Unidas para o Desenvolvimento Sustentável de 2030. De acordo com os resultados deste estudo, apresentados no relatório da OCDE *Estados de Fragilidade*, os países são classificados como "frágeis" ou "extremamente frágeis".

- **Comunidades Económicas Regionais e outras organizações intergovernamentais**
As parcerias entre países que têm por finalidade a integração ou cooperação regional de âmbito económico ou político e que são particularmente relevantes para uma análise do desempenho económico africano, também estão incluídas neste anexo estatístico. Neste contexto, estão contempladas as oito Comunidades Económicas Regionais (CER) reconhecidas pela União Africana, bem como outras organizações regionais e internacionais, tais como a Associação das Nações do Sudeste Asiático (ASEAN), o Mercado Comum do Sul (MERCOSUL), a União Europeia (UE) e a OCDE, que servem de referências para análise realizada.

Notas

1. Consulta complementar: http://datahelpdesk.worldbank.org/knowledgebase/articles/378832-what-is-theworld- bank-atlas-method.
2. Consulta complementar: http://unohrlls.org.
3. Consulta complementar: unohrlls.org/about-ldcs/criteria-for-ldcs.
4. Consulta complementar: http://www.oecd.org/dac/conflict-fragility-resilience/listofstateoffragilityreports.htm.

9 789264 588881